文化遗产保护与研究

第1辑

陕西省文物保护研究院 编

文物出版社

图书在版编目（CIP）数据

文化遗产保护与研究．第1辑／陕西省文物保护研究院编．-- 北京：文物出版社，2023.6
ISBN 978-7-5010-7904-9

Ⅰ．①文… Ⅱ．①陕… Ⅲ．①文化遗产－保护－中国－文集 Ⅳ．①K203-53

中国版本图书馆 CIP 数据核字（2022）第 234054 号

文化遗产保护与研究（第1辑）

编　　者：陕西省文物保护研究院
责任编辑：窦旭耀
责任印制：张道奇
装帧设计：雅昌设计中心

出版发行：文物出版社
社　　址：北京市东城区东直门内北小街2号楼
邮　　编：100007
网　　址：http://www.wenwu.com
经　　销：新华书店
印　　刷：北京雅昌艺术印刷有限公司
开　　本：889mm×1194mm　1/16
印　　张：17.25
版　　次：2023年6月第1版
印　　次：2023年6月第1次印刷
书　　号：ISBN 978-7-5010-7904-9
定　　价：280.00元

《文化遗产保护与研究》编委会

序

文化遗产是一个民族、国家或特定群体在历史发展过程中创造的一切物质财富和精神财富，具有历史、文化、艺术、科学等多重价值。人类文明史不仅蕴藏在汗牛充栋的典籍之中，更凝聚于浩如烟海的文化遗产之中。中华文明源远流长、博大精深，古人为我们留下了丰富多彩的文化遗产，这些宝贵遗产是研究我国古代社会政治、经济、文化、科学、技术发展状况的实物资料，也是揭开中华文明起源、形成、发展脉络的重要物证。

习近平总书记高度重视文物保护利用和文化遗产保护传承工作，多次强调“文物和文化遗产承载着中华民族的基因和血脉，是不可再生、不可替代的中华优秀文明资源。要积极推进文物保护利用和文化遗产保护传承，挖掘文物和文化遗产的多重价值，传播更多承载中华文化、中国精神的价值符号和文化产品”，为我们做好新时代文物工作指明了方向，提供了根本遵循。

陕西省文物保护研究院因中意交流合作而诞生，经借鉴、学习、融合、创新等发展阶段，逐步走出了一条以科研与保护为依托的科学发展之路。近年来，在彩绘泥塑、建筑彩画、墓葬壁画、砖石质文物保护等优势领域深度发展的基础上，又开辟了石窟寺保护、黄河文化遗产保护、文物预防性保护等探索创新之路。经过三十多年的积淀，陕西省文物保护研究院已经发展成为集文物研究、文物保护修复、文化遗产调查、文物鉴定于一体的综合性文物保护研究机构，正在踔厉奋发、笃行不怠，向着“文物科技保护一流国家平台”“对外交流合作一流高地”的目标前进。

为顺应新时代文物保护工作的要求，加快推进陕西文物事业“七个一流”目标创建工作，由陕西省文物保护研究院创办的《文化遗产保护与研究》孕育而生，它将为文博工作者提供一个交流学习文化遗产保护创新理论、科学前沿、技术推广与应用示范的学术园地。阐释文化遗产的丰富内涵不仅需要历史、考古等社会科学，而且需要材料、化学、生物等自然科学的襄助参与。因此，该论丛以文化遗产保护为导向，融通社会科学和自然科学，编录的研究文章从不同学科维度探讨物质和非物质文化遗产，促进文化遗产保护研究成果的共享与传播。文博工作者在这里各抒己见、畅所欲言，为构建古代物质和精神文明的发展脉络提供新理论、新见解和新方法。

我们相信《文化遗产保护与研究》一定能够积极践行“保护第一、加强管理、挖掘价值、有效利用、让文物活起来”新时代文物工作方针，为陕西乃至全国的文物和文化遗产保护理论与实践者搭建广阔的学术交流平台，连通作者与读者，繁荣学术阵地，宣传弘扬文化遗产所蕴含的中华优秀传统文化，真正让文物活起来。

陕西省文物局局长
罗文利

目　录

CONTENTS

科学检测分析在古代青铜器鉴定中的应用
——以青铜器锈蚀产物和成分分析为例

党小娟

陕西省文物保护研究院，陕西西安 710075

Application of Scientific Analysis in the Identification of Ancient Bronze Wares
Taking the Morphology and Components of Corrosion Products of Bronze Wares as an Example

Dang Xiaojuan

Shaanxi Institute for the Preservation of Cultural Heritage, Xi'an 710075, China

摘　要： 本文针对存疑青铜器鉴定工作中，采用锈蚀产物成分及形貌特征作为科技鉴定特征指标，结合目前常用的几类分析仪器研究结果，论述该指标作为青铜器鉴定依据的可行性。

关键词： 青铜器　锈蚀产物　形貌特征　科学检测分析

Abstract: In this paper, the components and morphology features of corrosion products of bronze wares are used as the indicators of technological identification of questionable bronze wares. Based on the research results of several commonly used analytical instruments,we discussed the feasibility of using these indexes as the basis for bronze wares identification is discussed.

Key words: Bronze wares; Corrosion products; Morphology features; Scientific detection analysis

引　言

随着现代科学技术的发展，文物作假手段越来越复杂和多样，根据以往的传统鉴定方法、体系对青铜器进行鉴定工作，遇到了前所未有的挑战。继承传统鉴定已有成熟、完备的方法基础，如何打破传统鉴定的局限和破解传统鉴定的瓶颈问题，正确引入和借助现代仪器分析手段，拓展、延伸传统鉴定的视野与科学认知，完善信息提取的客观性、准确性、丰富性和深入性，对青铜器存疑案例进行全方位的科学解析，提取准确的信息数据及影像资料，赋予正确的鉴定结论，最终实现鉴定工作目标，显得尤为必要。大量的鉴定工作实例验证，现代仪器分析手段辅助鉴定文物，可大大提升鉴定的工作效率、鉴定的准确性，同时客观上规避了人为主观因素的干扰。

一　青铜器锈蚀形貌及成分研究的目的

青铜器的锈蚀机理及锈蚀的产生，不仅与铸造青铜器的合金材料本身的物理、化学性质有关，跟埋藏环境以及锈蚀产生的过程、埋藏时间等因素也存在着紧密的联系。日常文物鉴定工作中，结合多种科学仪器分析研究，存疑青铜器物的锈蚀产物无论在微观、宏观方面，均与青铜文物的锈蚀产物，在形貌特征及成分两方面存在明显区别。正是基于这样的研究基础，采用青铜器锈蚀产物形貌及成分研究结果，以此作为青铜器科技鉴定的特征指标、重要的鉴定依据，具备一定的可行性。

二 青铜器锈蚀产生原因及类型

青铜器锈蚀产物，是青铜器在潮湿、含氧的地下环境中，发生化学腐蚀或电化学腐蚀的结果，此类反应与地质作用无关，因此，自然界铜矿石中铜的各类氧化产物，与青铜器或者青铜器文物的锈蚀产物的成因存在区别，两类锈蚀产物的结构特征等也不相同。

查阅以往的青铜器锈蚀产物的研究文献资料，文物研究领域一致认为，青铜器的锈蚀产物一般可以分两类：一类为无害锈，主要指存在于青铜器表面的古斑、皮壳等，特点是锈层坚硬致密（例如碱式碳酸铜等）。另一类是有害锈，形同粉状，通常称为粉状锈（例如碱式氯化铜），此类病害起核心作用的氯离子，极具穿透性，碱式氯化铜是青铜器严重劣化伴生的氧化产物。

（一）青铜器锈蚀产物宏观及微观特征

在馆藏或者考古发掘出土的青铜文物表面，往往存在大量斑驳的红、蓝、绿锈，这是青铜器时代久远的显著特征，这类锈蚀往往经历漫长自然过程而形成。其锈蚀特征及成分属性，利用仪器分析所揭示的研究结果是科学鉴定工作的基础。通常此类研究，大多需要进行少量取样，一般选取青铜器残断处，样品前处理需要经过水砂纸抛光和精细抛光，之后置于光学显微镜下观察，此时研究会发现，青铜器产生的锈蚀产物不仅仅存在于器物表面，而是一直深入到器物内部，并且这种穿透性的腐蚀现象在青铜文物中普遍存在。究其原因，古代用于铸造青铜器的组成材料，一般为铜、锡、铅两元或三元合金材料，这类合金属于铸态偏析组织，由于其材料本身的特性，其中铅、锡相容易被腐蚀，一旦与周围环境中的水、氧气、酸性介质接触，极易发生电化学腐蚀反应，而产生氧化产物。

通过显微红外光谱以及扫描电镜能谱分析研究表明，青铜文物的锈蚀产物在结构及成分特征存在以下特点：在结构上，结构一般有三到四层。最外层呈不同程度的绿色，第二层为褐红色，第三层呈灰白色。对这几层的锈蚀产物基体通过显微红外光谱、扫描电镜能谱分析研究，会发现最外层锈蚀产物厚度不均、结构疏松、晶形难辩，多为二价铜的各种碱式矿化物；第二层分析结果主要是氧化亚铜层；第三层主要是氯化亚铜；第四层为铜锡合金基体组织。

基于以上的研究结论，青铜文物处于相同的、不同的埋藏环境所产生的锈蚀产物，借助仪器分析，通过金属锈蚀的微观表现、各组织的形貌特征以及成分解析，可对器物保存状况及腐蚀程度做出评估，间接作为科技鉴定存疑青铜器物的一个重要依据。

（二）锈蚀产物宏观、微观研究情况

不同青铜器锈蚀产物的形貌区分、锈蚀产物成分以及与器物的结合情况、在显微观察手段下的形貌特征等，可以帮助研究者断定锈蚀真假以及器物所处埋藏环境的不同。

1. 锈蚀产物的成分与埋藏环境的关系

1995年，铁付德对河南安阳和信阳两地的土壤进行了研究，发现对于青铜器锈蚀来说，两地的锈蚀产物和锈蚀程度有明显的区别，安阳一带土壤是含有硫酸盐与氯化物类型，青铜器表面疏松多孔，多为有害锈，而信阳地区则由于淋滤作用形成的土壤。土壤中盐分流失，出土铜器表面致密相对光滑，极少有粉状锈和有害锈。相较而言，信阳地区青铜器劣化程度比安阳地区要弱得多[1]。

1999 年，张晓梅等对周原遗址的研究表明，器物基本保存状况较好，基体完全矿化的现象较少，宝鸡周原出土的青铜器保存状况优于其他墓地出土文物，造成差异的主要原因除了与器物本身合金成分，铸造工艺中温度等处理因素所造成的组织差异有关外，还与埋藏环境有关。

2. 锈蚀产物宏观和微观层面的区别

利用宏观和微观两方面来研究青铜器锈蚀产物，宏观观察锈蚀基本以蓝色、绿色锈蚀居多，红色锈蚀因为属于第一阶段的初始氧化产物，往往被蓝色和绿色锈蚀覆盖（图一、图二）。并且青铜器自然腐蚀所生成的红、蓝、绿锈的质感和色泽接近天然矿物，与器物本体结合自然、紧密。微观研究，在显微镜下观察，往往会发现锈蚀生成具备一定的层次顺序及一定的规律性。

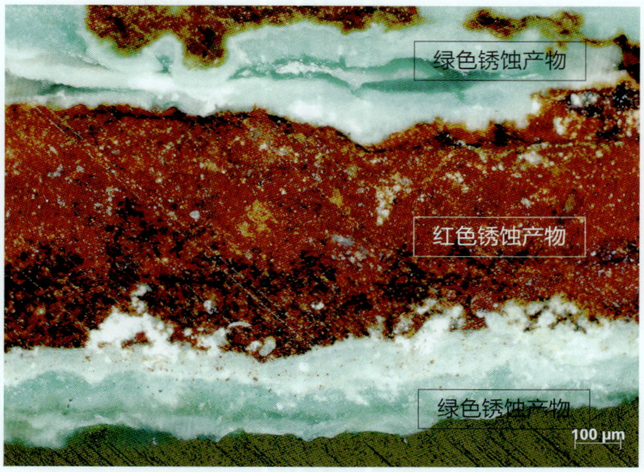

图一 青铜器微观锈蚀特征

图二 青铜器宏观锈蚀特征

三 青铜器锈蚀产物科学仪器鉴定应用研究

1. 青铜器锈蚀产物鉴定常用检测仪器

超景深三维视频显微镜及金相研究级显微镜：这类分析测试主要进行锈蚀产物形貌特征观察，为其他综合性仪器研究提供更具体、更有指向性的研究对象，为后续的扫描电镜能谱分析，显微红外光谱分析提供结论参考。

显微红外光谱仪：根据已有的各类锈蚀产物的特征谱峰，确定青铜器锈蚀产物无机及有机物成分，甄别是否存在存疑的锈蚀产物。

扫描电子显微镜及能谱分析：分析确定锈蚀产物中各具体的元素及含量情况，为进一步甄别存疑锈蚀提供数据支持。

X 射线衍射分析：分析锈蚀产物物相组成，确定锈蚀产物的类型及是否存疑。

2. 研究结果及相关问题讨论

①馆藏及考古出土的青铜器锈蚀产物情况

非粉状锈的青铜腐蚀层一般分层结构较简单，外层是二价铜的盐类化合物等；锈蚀产物主要是孔雀石、蓝铜矿、赤铁矿和石英、锡石等，不含碱式氯化铜。

粉状锈的青铜腐蚀层一般分为三至四层，外层绿色多为二价铜的含氯碱式化合物(包括副氯铜矿)，第二层是红褐色氧化亚铜层，第三层浅色主要是氯化亚铜层，第四层则为合金基体层。

②青铜器锈蚀存疑情况

存疑青铜器的锈蚀产物经过显微形貌及相关仪器分析结果显示：锈蚀产物大多采用色泽接近孔雀石、蓝铜矿、群青等合成颜料来进行作伪处理；在仪器检测结果中往往会检测到现代有机物的痕迹，这一发现属于作伪过程中为了锈蚀与器物的贴合紧密而进行处理后的物质残留。

四 结 论

不同地域、不同时代古代青铜器的锈蚀产物会有一些自身特点，这与器物本身的特征元素、组织结构以及埋藏环境所处的土壤元素有关。这对于有明确地域特征的青铜器存疑，通过科技分析手段结论，为传统鉴定排除可能存在的主观干扰，提供科学数据支撑依据。

由于古代青铜器文物锈蚀产物是一个长时间化学反应积累的过程，最终形成铜的各类氧化产物，不含有机胶及有机颜料成分，有明显的锈蚀层状结构，主要是氧化铜、氧化亚铜、硫化铜、硫化亚铜、碱式碳酸铜、碱式氯化铜、硫酸铜、碱式硫酸铜、氯化亚铜、氧化锡、沉积铜等[2][3]，短期人为的锈蚀产物，我们通过仪器检测往往可以捕捉到其锈蚀形貌上留下的人为处理痕迹，结合显微红外光谱、扫描电镜能谱以及 X 射线衍射分析结果寻找到存疑物质，最终综合多种科学仪器手段的研究结果为传统青铜器鉴定工作提供科学依据。

---

[1] 铁付德，陈卫，于鲁冀，等．古代青铜器的腐蚀及其控制研究 [J]. 文物保护与考古科学，1997, 9(2)：9-15.

[2] 杨秋颖，齐扬，赵林娟，等．宝鸡眉县出土 27 件窖藏青铜器锈蚀特征及成分的分析研究 [J]. 文物保护与考古科学，2007, 19(4)：23-27.

[3] 周浩，祝鸿范，蔡兰坤．青铜器锈蚀结构组成及形态的比较研究 [J]. 文物保护与考古科学，2005,17(3)：22-26.

血池遗址保护与展示策略探讨

田原曦[1]，郁菁[2]

1. 陕西省文物保护研究院，陕西西安 710075
2. 空军军医大学国际口腔医学博物馆，陕西西安 710038

Discussion on Preservation and Display Strategies of Xuechi Site

Tian Yuanxi[1] Yu Jing[2]

1. Shaanxi Institute for the Preservation of Cultural Heritage, Xi'an 710075, China
2. International Museum of Stomatology, Air Force Medical University, Xi'an 710038, China

摘　要：血池遗址是迄今为止发现时代最早、与文献记载相吻合、等级最高的祭天遗址，是研究中国传统礼仪文化的重要实证资料。本文以考古发现为依据，对血池遗址的当代价值、历史价值、文化价值进行解读，并结合遗址总体现状，提出多媒体展示、实景展示、原状展示、复原展示、标识展示等多元化的保护展示策略，以期为血池遗址的保护与利用提供借鉴。

关键词：血池遗址　祭祀礼仪　保护展示

Abstract: Xuechi Site, the earliest site discovered so far, has good agreement with literature records and the highest level of worship sites. It is an important empirical material for the study of Chinese traditional etiquette culture. Based on archaeological discoveries, in this paper we interpret the contemporary, historical value and cultural value of the Xuechi Site. Combined with the current situation of the site, we put forward diversified protection and display strategies, such as multimedia display, scene display, original state display, restoration display and signs display, so as to provide reference for the preservation and utilization of the Xuechi Site.

Keywords: Xuechi site; Sacrificial etiquette; Preservation and display

引　言

血池遗址位于陕西省宝鸡市凤翔区西北的柳林镇原半坡铺村五组的血池村，东至原沟南村之间的山梁与山前台地上，西临原半坡铺村约 1.5 千米，南临原尧典村约 1.65 千米，距离凤翔区 15 千米，距东南秦雍城遗址 15 千米（图一）。雍山血池祭祀遗址曾先后荣获“2016 年度全国十大考古新发现”和“2016—2017 年田野考古一等奖”，2018 年 7 月，雍山血池祭祀遗址被陕西省政府公布为第七批陕西省级文物保护单位，2019 年 10 月，遗址被国务院公布为第八批全国重点文物保护单位。

一　血池遗址的意义与价值

血池遗址发现了种类多样、数量丰富、价值重

图一 血池遗址地貌与范围

要的车马器、玉器等遗物及不同类型的祭祀坑遗迹，对探讨秦汉时期高等级祭祀遗址规格与国家级祭祀活动的礼仪规程提供了直观的依据。

（一）当代价值

血池遗址是研究中国秦汉时期礼制文化的实证资料，为保护中国礼仪文化提供了可靠依据，能够促进树立文化自信。中国自古就是礼仪之邦，祭祀文化是礼仪中的关键组成部分。从古至今，中华民族有着悠久的祭祀传统，如今在每年的春节、清明节、端午节等传统节日，仍然会有各种形式的祭祀活动。血池遗址对于探讨中华民族祭祀礼仪的形成具有重要的意义，血池村的名称也应是来源于遗址的祭祀功能。

如今，凤翔区当地流传的灵山“照东不照西，照远不照近”的传说也可能与血池遗址有着一定的关联。这对于研究中国传统文化、探索祭祀文明的源头、祭祀制度的形成都提供了直观的资料。中国社会科学院学部委员刘庆柱认为，“可以根据《史记·秦本纪》的记载，甚至可以从祭祀文化追溯到五千年中华文明不断裂的源头”。

（二）历史价值

血池遗址是秦汉时期皇家祭天遗址的首次发现，直观地印证了文献记载中关于秦汉时期国家最高规格祭祀场所的信息。血池的发现，填补了秦汉时期皇家祭天遗址的空白。遗址的选址、形制与《史记·封禅书》《汉书·郊祀志》中“高山之下，小山之上”，“封土为坛，除地为场，为坛三垓”的记载完全吻合。对秦汉血池遗址，唐代圜丘遗址，明清天坛遗址等不同历史时期祭天遗址进行比较研究，有助于推动古代祭祀礼仪制度在不同历史时期的传承、演变的探讨。

（三）文化价值

血池遗址填补了雍城多年考古发现中郊祀“畤”的空白，更进一步完善了雍城遗址的功能与内涵，确认了雍城在秦汉时期的“圣城”[1]地位，表明了雍城在东周至汉代始终都是国家非常重要的一座城市，是秦国国君和西汉多位皇帝亲临主祭的国家祭祀场所。雍城在东周时期作为秦国都城使用长达近 300 年，是秦国的政治、经济、文化中心，血池遗址的发现，表明在秦人迁都之后的 700 多年里，虽然雍城不再作为国都，但是仍然具备重要的政治功能，秦始皇、汉高祖、汉武帝等多位皇帝都先后来到此地，主持一个国家最高规格的祭祀典礼，雍城作为“圣城”仍然发挥着重要的作用。

二 血池遗址的多元化展示方式

结合考古发现与遗址现状，笔者认为目前在保护遗址原真性、完整性的前提下，分区域，采用多媒体展示、实景展示、原状展示、复原展示、标识展示等多元化的手段，保护血池遗址，发挥科研、教育、游憩的功能，阐释礼仪文明，弘扬历史文化。

（一）多媒体展示

利用 AR，VR 技术手段，制作出数字化游戏，线上、线下模式相结合，设置祭祀场景中参与主体的多种不同角色，增加与公众之间的互动，通过虚拟体验祭祀活动，直观地展示秦汉皇家祭祀礼仪制度。

图二 血池遗址分布与地形地貌图

（二）实景展示

依据秦汉不同时期的历史背景，联合文化创意制作团队，在条件成熟时推出大型实景类真人演绎节目，再现当时国家祭祀的盛况。

（三）原状展示

在遗址保护范围之外设置公众模拟考古体验区域，在考古工作者的指导下，有序地组织文物爱好者开展社会实践活动，现场参与模拟考古发掘和文物保护工作，直观感受并亲身接触。

（四）复原展示

依据考古资料和文献记载，代表性地选择复原几个重点宫殿、斋宫、祠官的常驻馆舍和祭具的存放场所、点燃烟火的烽火台等建筑群落，以可逆的方式在遗址上复原，以此增强遗址的可读性。

（五）标识展示

可以对考古已经探明的建筑基址，地上物已经消失的，将柱础石原貌展示、地基等建筑基址以辅饰，对地台形式地表标识。因建筑物年代久远，已经难以恢复重建的区域制作文字说明牌，做标识性展示。对山间河道进行标识展示（图二）。

三　血池遗址保护与展示策略探讨

（一）以影像形式再现祭天仪式全过程

“血池遗址是与古文献记载吻合的时代最早、规模最大、持续时间最长，且功能结构趋于完整的、性质明确的国家大型‘祭天台’。”[2] 根据历史记载和考古发现新收获，以动画、视频的形式，制作影像短片，再现秦汉时期的雍山祭祀场景和祭天仪式的步骤：①皇帝率文武百官，从京城奔赴雍山；②皇帝祭天的献祭之物，有大量马、牛、羊，称作“三牲献食”，饲养专职人员已提前挑选并清洗了围栏于黑马灶的“涤牲”；③皇帝登临此处“省牲”，亲自检查口齿、年龄、毛色是否纯正，是否符合礼仪规范要求；④省牲之后，庖厨开始宰杀马、牛、羊，仍然保留完整的牲体，将大量的牲血集中存放在池子里或好多大型木盆中，像血池一样；⑤皇帝入宅宫，沐浴、更衣、静思，进行祭祀活动之前的充分准备；⑥随着夜幕降临，在坛场上第一个台阶到第三个台阶，分别由皇帝、百官和参祭礼官，手捧盛满生肉的祭器，依次摆放于坛场之上；⑦皇帝立于祭天台中心，手捧祭文，肃立诵读，祭文诵读完毕，皇帝手执火把点燃坛场上的柴火堆，主祭的官员用捆绑起来的芦苇梢穗，从盆中蘸着血往火中撩洒，每当血落到火上以后，出现浓烟和腥味，天神闻到后就下凡到人间；⑧祭祀活动结束之际，坛场上皇帝手持火把再次点燃柴火堆，庄严肃穆的歌舞音乐袅袅飘来，祭祀的所有人员仰望星空，目睹天神升天；⑨同时当坛场上的火堆点燃，不远处的山头看到燃火后也会相继点火，一直将圣火相继传递到京城，祭祀活动结束后，即行撤馔，然后在坛场附近山坡上挖很多深坑，把车马、玉帛、三牲献食等祭品一同瘗埋。

（二）以多媒体方式增加与公众的互动

“司马迁曾以郎中、太史令、中书令（因李陵事件受辱出狱后贬官）身份多次随汉武帝来雍祭祀五帝。[3]”血池遗址的发现，印证了历史文献对于祭祀文化的记载，起到了证史的作用，同时，根据考古发现的遗迹、出土的文物，有助于探索秦汉时期皇家最高规格的祭祀礼仪。《史记》中关于雍祭的简略记载是真实可信的，据《史记·封禅书》记载：“自古以雍州积高，神明之隩故立畤郊上帝，诸神祠皆聚云。盖黄帝时尝用事，虽晚周亦郊焉，其语不经见，缙绅者不道。[4]”“唯雍四畤，上帝为尊，三年一郊。秦以冬十月为岁首，故常以十月上宿郊见，通权火，拜于咸阳之旁，而衣上白，其用如经祠云。[5]”

“祭祀礼仪本身所蕴含的人文精神，以及参礼者、观礼者对这种人文精神的体验、感受等无形的礼仪，比起有形的礼仪行为活动更加重要。心祭重于形祭。……祭礼中，我们要通过历史文化知识的宣传，体现出中华文明创造的精神。我们施礼的人以自己对民族优秀文化的真正认识、真实情感来实施礼仪活动。通过这种以真性情为基础的祭祀活动，使所有观礼的人，都能受到优秀民族文化的感染。[6]”

推出立体电影，以克服静态遗存无法充分展示历史风貌的缺陷，用生动直观的数字化技术来替代生硬枯燥的讲解，再现当时祭天台、宫殿的盛况和重大祭祀场景。“我们不是古代祖先神的崇拜者。我们祭祀……不是把黄帝当成神灵来祭祀，而是在一种肃穆的气氛中，追思先民们如何创造文明，如何造福子孙。因此，我们的祭祀，在形式上也应当是人文的，而不是神化的。我们祭祀黄帝，不是祭祀鬼神，也不是盲目崇拜，而是人文精神的陶冶，传统优秀文化的教育和普及，培育和弘扬民族精神，使中华民族的伟大复兴在21世纪真正实现。[7]”在展厅内用影像资料、幻影成像技术等虚实结合来表现当时的祭天场景，以便更生动更逼真地体现出血池遗址的历史文化价值。

（三）建设文物陈列馆，展示出土文物

选择在适宜地点或者在雍山道观西南侧位置建设血池遗址文物陈列馆，对2015-2018年连续四年的调查、勘探与发掘的三千多件（组）出土文物进行收藏，主要陈列展览考古发掘出土的祭祀用的青铜车马器、陶器、玉器、弩机、箭镞，还包括男、女俑人。大体分为玉器类：玉人、玉琮、玉璜、玉璋、玉璧；建筑材料类：砖、瓦、石、柱、瓦当；车马器零部件类：车辖、车軎、车轪、马衔、马镳、铜环、铜泡、铜帽、铜管、衡末饰、盖弓帽等专门用于祭祀之物，这些出土器物多达三千多件（组），距今有两千多年，可看出其造型优美、工艺精湛，种类极其丰富。通过精心设计，使展览陈列馆为公众提供生动实证的祭祀实物（图三至图六）。

（四）设置模拟考古区，增强公众直观体验

在浓厚的兴趣中学习掌握历史、文物、考古、地理知识，增加对传统文化的了解。尽可能人性化、系统化为公众展示血池遗址考古工作的过程以及发掘成果，引导公众科学、客观地了解真实的考古工作，激发公众走近遗址，热爱历史，保护文物的热情，

图三 玉器

图四 车马器

图五 铜弩机

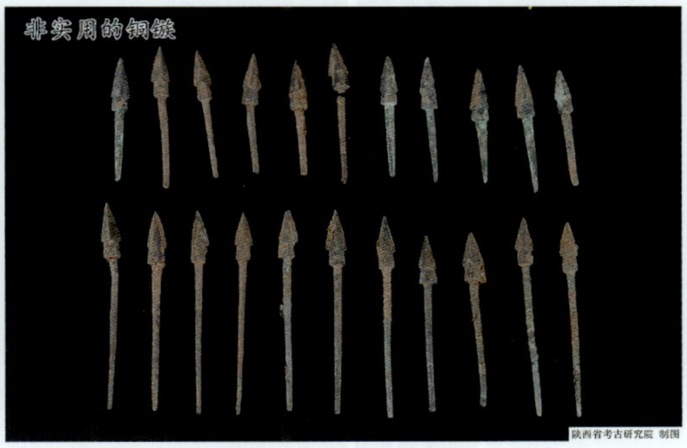

图六 铜箭镞

吸引更多的人共同领略历史文化的魅力。

（五）原状展示祭天台

处在遗址核心地位的祭天台（夯土台）位于雍山东侧山梁上，北侧为更高的山地，夯土台高 5.2 米，基座直径 23.5 米，下体为粗夯，上体密实夯，从台顶面的迹象和圆台周围出土的秦汉时期以及更晚的陶质屋顶建筑判断，当时在夯土台上还可能建有亭阁类小型建筑，且秦汉之后还曾继续使用。环绕“夯土台”的是一个圜状“壝”(即环围夯土台的围沟)，整个环“壝”的直径 31 米，口径宽 5 米，底径宽 4.1 米，深 1.5 米。在“壝”的外侧有三层台阶平地，地中附近的踩踏面坚实，其他两台地由于历代耕作踩踏面几近消失。其选址在“高山之下，小山之上”，筑坛有“封土为坛，除地为场，为坛三垓”的形式和规模，符合秦汉时期置“畤”的条件，也与《史记·封禅书》、《汉书·郊祀志》等文献记载相吻合，与今天北京的天坛相比高度相似（图七）。

我们据此可以在保护好夯土台原状的基础上，依据考古资料，对现有的坛场规划整修，秦砖铺地，三层环状台阶梯次围绕，建设一座具有世界一流水平的国家地标性的建筑物，再现秦汉气势和神韵的祭天殿或亭。

（六）覆罩展示

针对土遗址和出土文物本身材质比较脆弱的特性，在 2016-2018 年相继进行考古发掘区域，考虑建设厅棚展示区。在已发掘的马、牛、羊牲肉祭祀坑、车马祭祀坑中选择部分典型，上面采用特殊材质的电加热玻璃幕罩对已发掘区域封闭，在保护遗址的前提下，以考古发掘区域展现给观众，让公众可以亲眼见到两千多年前的祭祀品。

（七）复原礼仪性建筑设施

古人对祭天礼仪高度的重视，“国之大事，在

图七 “封土为坛，除地为场，为坛三垓”形式

祀与戎。[8]”便说明了这一点，并且制定有详尽的礼仪程序，通过血池遗址发掘收获，大体知道至少有详细规定和程序，并依据考古资料和历史文献借鉴最新研究成果，以图片或者影像方式，再现当时的祭祀场景和过程，大体有：“提请、择吉日、出行、抵达、涤牲、省牲（君主亲自过目马牲的口齿年龄和毛色）、宰牲与聚血、入斋宫（做静思、沐浴和更衣祭祀礼仪之前的准备）、坛场祭献、迎天神（燔燎祭祀与歌舞演唱）、送天神、撤馔、瘗埋等。[9]”在每一处建筑设施配备礼仪规程文字、图片说明，并展示其在秦汉时期祭天仪式中所承载的功能。

（八）对遗址的重要节点进行辅助展示

考古探明血池遗址道路系统包括两部分，一是由京城至雍山的主干道交通大路。分为一条由塔林遗址到血池遗址的陆路交通，另一条从渭河到千河的水岸交通。二是从雍山下到上山祭祀道路均是羊肠小道，这是因为皇帝到达雍山下之后，要怀着虔诚敬畏之心祭天，只能步行上山。已发现由山下分别通往血池遗址祭祀地点的斋宫、房舍、祭祀中心——祭天台及各个祭祀埋葬区之间有多条互通小路，这很可能与当时国家祭祀时不同等级不同地方参祭官员前往祭祀场所时所走的道路不同有关，这与文献当中记载的“神道八通”相印证。我们可依照遗存的道路，对上、下山的大小道路分别设计绿化隔离带，建设游客游览车道、休闲有氧游憩步道，吸引更多的公众走进郊野森林氧吧。

通过制作血池遗址立体地形地图模型，分遗址点、个别地段的放大图片以及制作文字标识指示牌等进行提示性展示。制作文字、图片说明牌，对雍山、雍水河的重要地段进行标识性展示，并增加与雍水河相关的“秦晋之好”“泛舟之役”的历史人文故事场景的展示说明。

根据遗址现状，采用多元化的保护展示模式，既坚持真实性、系统性、可持续性的保护原则，又做到最大程度还原当时历史环境和场景；既注重规模范围、空间结构、功能布局的因地制宜合理可操作性，又便于让公众近距离感受到祭祀文化的独特魅力，从而使血池遗址的文化价值和历史价值，特别是古代传统的祭祀制度、礼仪得以深入挖掘和传承弘扬。

[1] 陕西省考古研究院秦汉考古研究室 .2008-2017 年陕西秦汉考古综述 [J]. 考古与文物，2018（05）：66-110.

[2] 田亚岐 . 血池遗址考古发现与秦人祭祀文化的认知 [N]. 光明日报，2019-01-07（14）.

[3] 辛怡华 . 血池遗址与雍地五畤 [J]. 宝鸡社会科学，2012（02）：56.

[4][西汉] 司马迁 . 史记 · 封禅书 [M]. 北京：中华书局，2014：1635.

[5][西汉] 司马迁 . 史记 · 封禅书 [M]. 北京：中华书局，2014：1655-1656.

[6] 张岂之 . 略论我国古代祭祀文化的特点 [J]. 华夏文化，2007（06）：7.

[7] 张岂之 . 略论我国古代祭祀文化的特点 [J]. 华夏文化 2007（06）：7.

[8] 杨伯峻 .“成公十三年”条，春秋左传注 [M]. 北京：中华书局，1981：861.

[9] 田亚岐 . 血池遗址考古发现与秦人祭祀文化的认知 [N]. 光明日报，2019-01-07（14）.

陕西紫阳北五省会馆壁画三国故事研究

柏柯[1]，王荔君[1]，姜波[2]，田小平[1]，刘东博[1]

1. 陕西省文物保护研究院，陕西西安 710075

2. 紫阳县文化旅游和广电局，陕西安康 725300

Study on the Murals of the Three Kingdoms Story from the Five Northern Provinces Assembly Hall in Ziyang County, Shaanxi

Bai Ke[1] Wang Lijun[1] Jiang Bo[2] Tian Xiaoping[1] Liu Dongbo[1]

1. Shaanxi Institute for the Preservation of Cultural Heritage, Xi'an 710075, China

2. Ziyang County Cultural Tourism, Radio, Film and Television Bureau, Ankang 725300, China)

摘　要： 陕西紫阳北五省会馆壁画为陕西发现的面积最大、保存最为完整的清代殿堂壁画。会馆供奉关公造像，同时殿内壁画内容多涉及三国故事。研究通过对壁画人物、题记研究，结合与颐和园中同类题材的彩画比较，确定和解读了壁画所描绘的三国故事。发现壁画的绘制内容以《三国演义》为蓝本，杂糅了折子戏等元素，具有明显的感情倾向，反映了当时民众对于"蜀汉集团"所体现的正统和忠义思想的崇拜，体现了清代陕南地区民间对家庭、事业的态度、认知，反映了陕南地区会馆文化特色。

关键词： 北五省会馆　壁画　三国　忠义

Abstract: The murals in Assembly Hall of the Five Northern Provinces in Ziyang, are the largest and the best preserved Palace murals of Qing Dynasty architecture mural discovered in Shaanxi. The statue of Guan Gong is enshrined in the hall, with murals inside the hall mostly involving the story of the Three Kingdoms. The story is confirmed and interpreted by studying the characters and inscriptions of the murals, and comparing with polychrome paintings of the similar theme in the Summer Palace. The content of murals, based on novel *the Romance of the Three Kingdoms* and elements such as local opera excerpts, has obvious emotional tendency. It reflects the people's worship of orthodoxy and loyalty for "Shu Han Political Group", embodies attitude of folks in southern Shaanxi towards family, career, cognition in the Qing Dynasty, and reflects the cultural characteristics of assembly halls in Southern Shaanxi.

Key words: the Five Northern Provinces Assembly Hall; Mural ; The Three Kingdoms; Loyalty

一　紫阳北五省会馆壁画概况

紫阳北五省会馆位于陕西省安康市紫阳县瓦房店，毗邻汉江、任河，为古代东部诸省自陕入川主要通道之一，航运发达，商贾云集。会馆依山势营构，坐北面南，沿南北中轴线上依次建有山门、观戏楼、钟鼓楼、过殿、大殿，形成三进院落，东西宽近20米，南北进深65米，占地约1300平方米。

会馆初建于乾隆末年，俗称陕西会馆。道光年间修葺戏楼，并增建观戏楼一座。同治年间，各省商贾因在秦地经商，共同出资扩建会馆，相继建起钟楼、鼓楼、过殿、正殿等建筑物，形成了今日所见规模。其中以秦、晋、豫等五省商号捐资最多，故有“北五省会馆”之称。

会馆现存壁画九幅，分别位于正殿、过殿内墙，其中正殿七幅、过殿[1]二幅，面积约 110 平方米。正殿东西两墙各绘有大型三国题材壁画一幅，单幅画面高约 3.8 米，宽约 4.9 米。

马琳燕[2]对三国壁画的工艺画法和艺术价值做过研究，是工笔手法绘制而成，描金富彩，壁画人物众多，神态各异，个性鲜活，为会馆壁画中价值最高者。

虽然梁晓泉[3]、窦梓月[4]等都对北五省会馆壁画三国故事内容作过研究，但解读上不够详尽，整体把握不够。会馆壁画保护项目实施期间，笔者能够近距离、长期细致地观察壁画内容、题记等，因此对三国壁画故事有较全面、准确的理解。两幅壁画故事内容符合《三国演义》所述，可辨识出的主要人物包括赵云、曹操、刘备、诸葛亮、关羽、张飞、周瑜、吴国太、孙尚香、鲁肃、庞统等，主要体现了刘备、诸葛亮、赵云、关羽等的正面形象，且相邻故事之间多有承继顺序，西墙壁画故事发生时间早于东墙。

二　壁画内容

（一）研究方法

对于壁画故事内容的研究方法，最开始通过画面故事的分布、人物形象等的推断，并且发现画面内容的描述与《三国演义》有许多的细节符合（如长坂坡）。但是画面的绘制又可见很大的不确定性，故事内容设计似乎还受到折子戏的影响，这主要体现在东墙画面设计和分割上，更接近于戏曲中“回荆州”。后续的研究主要集中在两个方面：

一是故事中少量文字题记。故事总体以分割的连环画式排布，在一些画面中有点睛式的建筑或旗帜，上书最能识别故事的自题记。典型代表是东墙壁画建筑题记“甘露寺”“大佛寺”，孙尚香手中团扇“魁占百花”；西墙左上角旗帜上文字“大都督周”，西墙故事一、二之间有一处牌楼，上书“□□楼”三字，可惜前两字无法识别，这也导致西墙最重要的故事二内容无法明确（图一）。

二是同类类比。查阅资料发现，会馆的三国故事壁画与北京颐和园彩画中许多的画面内容从题材选择到人物位置构图都非常类似。颐和园彩画的定名和解读，有助于对紫阳壁画的内容确定和释读。

（二）故事内容

西墙三国壁画故事为长坂坡（故事一）、刘皇叔登基（故事二）、赤壁之战（故事三）和华容道（故事四）几个故事讲述，突出显示了三国演义中蜀汉集团的几个经典片段。故事之间以山丘、树木间隔，画面内容分割清晰（图二、图三）。

故事一有解读为“三英战吕布”，但明显谬误，应为“长坂坡”。画面有两部分，一是占据画面主要内容的战斗场景，中心有一着甲武将，白面无须，一手持枪一手握剑被多人围攻，武将腰间用黄色布兜系一婴儿，婴儿身上升起一条白色幡状云气。右上画面为山崖上站立数人，簇拥一红袍长须者观战，应为站在景山观望战场的曹操一行（见图二右上角）。

颐和园彩画中也有同样题材的画面（图四），

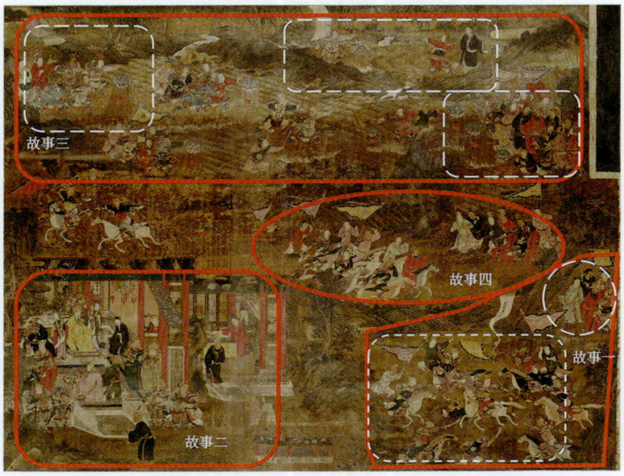

图一 正殿西墙三国壁画全貌与故事分图

图二 正殿西墙故事一“长坂坡”

图三 赵子龙怀中婴儿

图四 颐和园彩画之“长坂坡”[5]

图五 故事中多次出现的刘备

不难发现从构图等角度，两幅画面有高度的相似性。完全符合《三国演义》中相关第四十一回描述。赵云杀了夏侯恩，夺了“青釭”宝剑，“云插剑提枪，复杀入重围，回顾手下从骑，已没一人，只剩得孤身……忽然一道红光，从土坑中滚起”，壁画为白色的幡状云气；演义中该回提及“后面赶的是马延、张顗，前面阻的是焦触、张南……赵云力战四将，曹军一齐拥至”以及“夏侯惇部将钟缙、钟绅兄弟二人”共计六位将领。“曹操在景山顶上，望见一将，所到之处，威不可当，急问左右是谁”。

西墙故事二场面宏大，人物众多，但无明显的辨识特征。窦梓月解读为“刘备自领益州牧”，梁晓泉解读为“玄德进位汉中王”。无论是哪种解释，都有一定道理。演义中自领益州牧和进位汉中王时，都提到了有“尽皆重赏，定拟名爵”的描述。封赏了诸葛亮、关羽等蜀汉集团的诸多人物。

画面中有几处值得推敲的地方：画面主体发生的宫殿有一匾额，上书“太和殿”，画面座上一人黄袍端坐，两侧及下方文武并立多人。而“太和殿”为明永乐年间建成，这里明显是画师想象天子所在宫殿，而在以刘备为汉室正统的三国演义故事之中，该形象应是表现刘备；画中黄袍长髯者面容也与后面重复出现的刘备形象一致（图五）；最靠近刘备的左右手分别为一身黑衣儒服的诸葛亮和“虬髯黑面”的张飞。而关羽则缺席，是由于演义原文“刘备自领益州牧”“玄德进位汉中王”时，关羽都不在刘备身边。

故事三横跨整个壁画上部，可以发现主要表现了赤壁之战对峙三方（图六）。左上角红袍体态丰腴者确认为周瑜，上方旗帜上有“大都督周”文字。右上方有黑衣冠者持剑作法，旁边小将指向一艘满帆船只，应当是“七星坛诸葛祭风”场景。右下为一群文武官员簇拥曹操，当为“宴长江曹操赋诗，锁战船北军用武”场景。

在颐和园彩画中也有赤壁之战的场景描写“借东风”（图七）、“横槊赋诗”（图八），且与北五省会馆壁画构图相似。

故事四位于西墙壁画中部，内容表现为华容道“关云长义释曹操”无疑。左侧曹操一袭红衣率领人马拱手致谢，右侧关羽骑红马持偃月刀作言语状（图九、图一〇）。

东墙三国壁画故事内容基本明确，依次为故事五“甘露寺招亲”、故事六“回荆州”、故事七“三气周瑜”，故事八为“单刀赴会”，故事九内容为“走马荐诸葛”。除故事九外，东墙主要壁画内容与西墙从时间线上一脉相承（图一一）。

故事五讲的是刘备至南徐招亲的故事。故事五在壁画右下方，有牌坊上书“甘露寺”，人物所在建筑上也有“大佛殿”三字匾额。画面中吴国太高坐审视，刘备、赵云立于厅中，周围文武环视，院中有士兵、人马等等，与演义中“子龙带剑而入，立于玄德之侧……于廊下巡视，见房内有刀斧手埋伏”相合。

故事六则为刘备、孙尚香与赵云逃离的场景。画中刘备骑白马在前，回首探视。孙尚香坐在车中，手执一团扇，上书“魁占百花”。队尾赵云一身铠甲，执枪回顾追兵。再后方蜿蜒山路中有四将追赶。正和了演义中描述“夫人乘车，止带随身一应细软。玄德上马，引数骑跟随出城，与赵云相会。”追赶的四将应当为徐盛、丁奉、陈武、潘璋。

故事七为“三气周瑜”。一侧戎装接应刘备的关羽、张飞等人，另一侧周瑜气愤昏倒后被人搀扶，一人从正面掐其人中，演义中无此情景。画面与京剧“芦花荡”描述基本一致：张飞奉命假扮渔夫，预伏芦花荡，伺周瑜领兵到来，突出，擒而纵之，周瑜吐血晕倒[8]。

故事八内容为“单刀赴会”，画面人物较少，可见左侧乘船而来的关羽和捧刀的周仓，江水一侧的鲁肃等人拱手而立。

故事九为刘关张三人并排而立，送别一人，梁晓泉解读为“元直走马荐诸葛”（图一二），从内容上符合，颐和园才华中也有类似题材（图

图六 赤壁之战

图七 颐和园彩画之“借东风”[6]

图八 颐和园彩画之“横槊赋诗”[7]

图九 故事四 华容道

图一〇 颐和园彩画之“华容道”

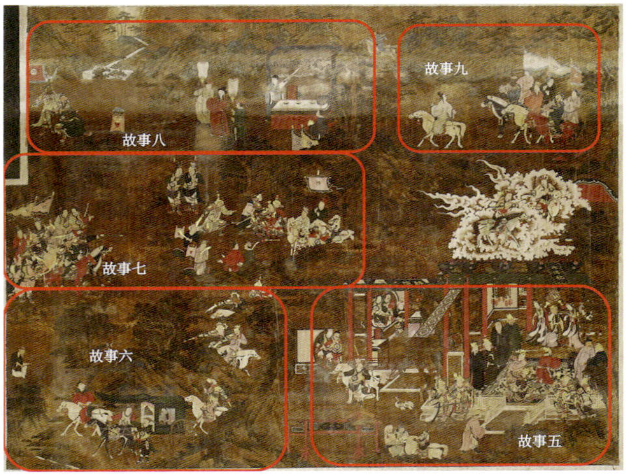

图一一 正殿东墙三国壁画全貌

图一二 走马荐诸葛故事

图一三 颐和园彩画“走马荐诸葛”

一三）。值得推敲的是，“走马荐诸葛”与两幅壁画故事时间线矛盾，违反了前面故事排布一直遵循的时间逻辑。

另外颐和园彩画中还有一幅“夜战马超”，与紫阳壁画中两人对战的画面非常类似。马上对战的两人身体外附一层“烟尘”或者“云气”，静态的画面表现出动态的效果，如同现代漫画中的爆气效果，非常特别。

三 关于紫阳北五省会馆壁画故事的几点思考

（一）壁画故事的时代和题材考证

通过对壁画内容释读以及与北京颐和园彩画内容的对比，可以看出二者相似性较高，有多幅题材内容高度相似，已发现的有“长坂坡”“横槊赋诗”“华容道”“借东风”“智回荆州”“卧龙吊丧”“走马荐诸葛”。此外，近来对北五省会馆彩画研究中发现了更多的类似题材，如“鞭打督邮”“关公约三事”“汜水关”“苦肉计”等。

“长坂坡之战”“赤壁之战”及“元直走马荐诸葛”这三组故事的构图、布局与画面组成元素等方面两处相似度极高。“长坂坡之战”在北五省会馆的壁画中主要表现了以赵云为中心的战斗场面及以曹操为中心的观战场面，这与颐和园彩画该主题的场景选择一致，并且布局也相同，观战场景均位于画面的右上方，同时二者均用到了飘扬的三角形战旗来烘托战斗紧张的氛围；“赤壁之战”中用满帆小舟与做法场景来表现“借东风”，以及“横槊赋诗”场景中人物形象的站位布局亦是高度相似犹如复刻；而“元直走马荐诸葛”场景的布局较为类似，但二者描绘的场景顺序有先后差异，北五省壁画中是拜别，而颐和园彩画中徐庶已经骑马远去了。若仅是题材选择上相似还可以用典型场景来解释，但山西省大同市关帝庙的三国故事壁画中亦有一幅绘制了“长坂坡之战”的故事，其画面中并没有表现曹操观战的场景，烘托氛围的旗帜形状也有所不同。北五省三国壁画与颐和园彩画在表现题材的选择、画面布局及细节元素等方面都表现出较高相似性，而两地又相距较远，因此这种现象的产生原因是值得探究的。

据考证北五省会馆壁画的绘制年代当在正殿三国东题记：“岁在戊申年写于端月望后三日”及“岁在戊申年写于端月”两个涉及时间的隐款。表明该壁画绘制完成于公元 1848 年[9]。而颐和园前身清漪园始建于 1750 年，1860 年清漪园被英法联军焚毁。

光绪十四年（1888 年）重建，改称颐和园。颐和园彩画的绘制年代当在 1888 年前后。因此，两处的时代接近。由此对会馆三国壁画题材来源有一些推断。一般若出现两幅相似度较高的壁画或绘画作品其形成原因较为合理的解释是同一画师的作品或是参考了同一范本。

会馆三国壁画与北京颐和园彩画的布局与细节元素是相似的，但通过对比可以明显发现他们的绘画风格是存在较大差异的，特别在山水树木的虚实表现以及人物神态的绘制上都是不同的，而绘画风格是最具画师个人特征的表现，因此为同一画师或同一画师团队分别在两处所绘的可能性相对较小。结合明清时期民间关帝信仰较为兴盛及民众对三国故事及“蜀汉集团”人物极为推崇的时代背景，三国演义故事的流传度较广，可以说是当时的畅销题材，有较高可能存在相关的绘图范本或绘本故事等类似产物。颐和园彩画及北五省三国故事壁画的画师们便可能是借鉴自同一范本，但更确切的判断还有待于更多相似的同时期绘画作品来作为参照或范本本身被发现。

（二）壁画内容所反映的时代信息

会馆是在明清时期市场经济萌芽这一特殊的时代背景下产生的新事物，是明清时期随着商帮的出现而产生的对流寓商人进行管理的组织形式和物质建筑[10]。会馆的出现既是当时社会急剧发展变化的产物，又是特定时代经济、文化等方面形态表现的见证。陕西地区明清时期留存的会馆数量较多，由于建筑使用性质的特殊性，很多会馆都主要供奉关公像，但如北五省会馆这样在内部绘制了大面积三国题材壁画的情况是较为少见的。根据 2016 年的统计数据，北方地区明清时期包含三国人物壁画的遗迹约二十处，且大多绘制于关帝庙、老爷庙等庙宇建筑中，而绘于会馆建筑内的仅北五省会馆这一处[11]。

通过对壁画本身内容的探讨并结合前人相关研究成果，北五省会馆三国壁画的出现应包括但不限于以下三个原因：首先是明清以来三国题材流行的时代背景，且该时期宗教庙宇壁画风格与选材更趋向民间化与世俗化发展，为了达到更好的宣扬影响效果，题材多选择广为流传、通俗易懂，人民喜闻乐见的内容。北五省会馆三国壁画的核心区域突出显示了蜀汉集团的人物群像——刘备、赵云、关羽、诸葛亮等人的经典片段，并且所绘故事内容选取的都是最广为人知的故事场景。“长坂坡”“夏口布兵”“赤壁之战”“华容道”“甘露寺”“回荆州”“三气周瑜”单刀会等场景也都是传统戏曲中的经典曲目，画师选择这些内容，某种程度上也反映了在晚清时期陕南地区三国文化的流行和民众的喜好；其次是道德崇拜与实用主义需要。结合前文所述该组壁画主要选择“蜀汉集团”人物的相关故事情节，而周瑜、曹操等形象出现频次少，且出现在画面边角处。壁画中形象及故事内容的偏重反映出民众情感上对忠义、勇武形象及体现出“仁、智、勇”三大德的正面人物的道德崇拜。壁画内容符合了商贸会馆“崇忠义、重信义、通商情、叙乡情”的主旨。结合过殿壁画二十四孝故事，以及正殿的福禄寿等内容，讲述了“孝悌”“祈福”，体现了清代会馆建造者传达的成功哲学即为人要讲孝悌，做事重忠义，礼天地得福运寿禄。同时会馆对关公的供奉及壁画中对该形象大量的着墨与当时流行的关帝崇拜密不可分，特别是对于商贸会馆来说，关公身上的品性正符合了商品贸易中对诚信、忠义的追求以及祈求商路运行平顺的愿景，是最符合宣扬需求的形象，亦是最贴切的“代表人物”；最后是明清时期陕西地区民间信仰的发展趋势大环境影响。会馆刚出现时作为一种经济发展产生的新事物，会安放神位以满足祭拜的需求，但建造与宗教信仰相关性并不强，但发展至后期呈现出“馆庙合一”的趋势，陕西地区的一些会馆还会按照庙堂形制来修建，因此发展后期受地区宗教信仰发展趋势的大背景影响愈发明显。中国自古以来处于多神信仰环境中，形成了民间信仰实用性与功利性的特征，只要有用的神都会拿来供奉[12]，一些历史名人完成了由人至神的形象转变，成为民众的信仰并被大量供奉。陕南地区在明清时期民间信仰的内容极为丰富，其中关帝信仰较为流行，该时间段内关帝庙大量出现，并且宗教寺庙内的壁画也不拘于佛教、道教的内容，因此，北五省会馆中绘制三国壁画既是特定时代背景下受到了宗教信仰影响的表现，亦为该时期民间信仰发展情况的研究提供了印证。

四 总 结

本文通过对紫阳北五省会馆壁画人物、题记的研究，结合与颐和园中同类题材的彩画比较，确定和解读了壁画所描绘的三国故事。通过对会馆壁画内容和题材的识读发现其绘制内容以《三国演义》为蓝本，在故事表现的设计上则借鉴了折子戏等风格元素，使壁画内容表达更具重点，体现出明显的感情倾向。

中国古代社会在明清时期宗教信仰方面发展至民俗化特征凸显的阶段，佛教、道教等众多宗教信仰皆体现出实践性特征，即表现出较强的应用性与民间性，民众的信奉程度在很大程度上决定了绘、塑对象的题材，紫阳北五省会馆的三国故事壁画即是这一时期阶段特征的具体表现。会馆依靠商帮组织而建又为商帮组织服务，商人是该崇拜体系的核心构成和信众，会馆中的塑像及彩绘皆为其崇拜诉求的直接表现。因此紫阳北五省会馆中三国题材壁画反映了当时该地区对于“蜀汉集团”所体现的正统和忠义思想的崇拜，以及陕南地区民间对家庭、事业的态度、认知，展现了陕南地区会馆文化特色，对探讨明清时期该地区经济、文化、信仰等社会形态领域的研究均有所裨益。

[1]张芳.紫阳北五省会馆屏风壁画题字小考[J].文博，2011(06)：61-63.

[2]马琳燕.陕西紫阳北五省会馆壁画艺术价值研究[J].西安电子科技大学学报(社会科学版), 2015, 25(03)：95-99.

[3]梁晓泉.浅析紫阳北五省会馆正殿壁画武将造型[D].西安美术学院，2014.

[4]窦梓月.紫阳北五省会馆壁画艺术研究[D].陕西师范大学,2016.

[5]曹胜利.颐和园长廊彩画故事大全[M].沈阳：沈阳出版社，2002.

[6]曹胜利.颐和园长廊彩画故事大全[M].沈阳：沈阳出版社，2002：92.

[7]曹胜利.颐和园长廊彩画故事大全[M].沈阳：沈阳出版社，2002：36.

[8]陶君起.京剧剧目初探曲[M].北京：中华书局，2008.

[9]马琳燕等.陕西紫阳北五省会馆壁画修复研究报告[M].西安：世界图书出版公司,待刊.

[10]李薇.明清时期山陕会馆崇拜体系及其伦理意涵研究[D].南京大学,2020.

[11]张佳.论凤县天开寺三国人物壁画的特色及流行原因[J].陕西历史博物馆馆刊，2016(00)：288-291.

[12]张晓粉.关帝信仰形成原因探究[J].宗教学研究，2006(04)：30-36.

红色美术宣传品的历史价值和保护管理

王卫斌
瑞金市红色文化研究院，江西瑞金 342500

Historical Value and Protective Management of Propaganda Art of Red Culture

Wang Weibin
Ruijin Red Culture Research Institute, Ruijin 342500, China

摘　要：限于当时的条件，红军美术宣传工作者因陋就简，创作出了大量通俗易懂、生动活泼的美术宣传作品，令白军饱尝其威力之苦。但是，经过长期的自然消损或人为破坏，这笔珍贵的红色文化遗产正面临严重破坏。

关键词：红军宣传　艺术武器　红色印迹

Abstract: Despite the limited conditions, propaganda workers of the Red Army created a large number of understandable and vivid propaganda arts, which made the White Army suffer a lot. However, long-term natural deterioration and man-made destruction made this precious Red cultural heritage face the risk of severe damage.

Key words: Propaganda of the Red Army; Artistic Weapon; the Red Culture imprint

引　言

中国共产党历来重视军队的政治宣传工作，毛泽东早在红军创建之初，就明确把政治宣传列为红军的第一工作，甚至上升到决定红军生死存亡、革命兴衰成败的高度。而美术宣传因其通俗易懂、形象直观，受众面广，更是成为红军凝聚军心民意、分化瓦解敌人的重要艺术武器。

当年广大红军美术宣传工作者克服重重困难，因陋就简创作出的大量美术宣传作品，历经几番风雨剥蚀、数度沧桑巨变，从一个独特的角度，为后人真实地复制了那段风云激荡的光辉岁月，还原了战火纷飞的历史场景，在中国革命历史进程中留下了一抹光彩夺目的红色印迹，被誉为红色“活化石”。

一　一条标语一幅画，胜似千军与万马

1927 年大革命失败后，中国共产党吸取血的教训，在国民党统治的薄弱环节举行了一系列武装暴动、起义，创建了中国工农红军，实行工农武装割据，开始走上了一条以暴抗暴的军事斗争道路。

毛泽东在秋收起义受挫后，深感加强党对军队的绝对领导和思想政治工作的重要性，但由于地方群众和红军官兵文化素质普遍较低，要让他们了解和接受党的政治主张，认识并承担红军的历史使命，就得采取一种深入浅出、生动活泼的宣传教育方式，

美术宣传由此应运而生。鉴于军中能写会画的美术人才奇缺，毛泽东还特地写信向党中央要求调派绘画专家，以解燃眉之急[1]。

1928 年 6 月，蒋介石调集湘、赣两省 10 余万兵力，向井冈山革命根据地发动所谓的联合“会剿”。红军正因战前宣传到位，奠定了坚实的群众基础，军民携手，在湘赣革命根据地的中心——江西永新县龙源口一举击溃了赣军杨如轩、杨池生部，取得了龙源口大捷。战后红四军宣传科的宣传员满怀胜利的喜悦心情，用麻刷沾石灰水书写了一条酣畅淋漓、大快人心的标语“不费红军三分力，打败江西两只羊（杨）！”红军在该县留下宣传标语 1.26 万条，其数量之多、时间跨度之大、涉及部队范围之广，堪称全国之最[2]。

1929 年古田会议后，苏区的美术宣传事业更加蓬勃发展，红军的美术宣传队伍迅速壮大。红军各部队相继成立了专门的美术宣传机构，设有专职美术宣传员，红军军委对美术宣传作品严格把关，实行统一、规范的管理。他们充分发挥创造力，采用石刻、木刻、手写标语和胶绘、油绘、漆绘壁画等多种多样的艺术表现形式，从地面、河流、空中三位一体投放，展开强大的宣传攻势。红军所到之处，宣传标语铺天盖地，宣传壁画顶天立地，大灭剥削阶级威风，大长无产阶级志气。

这些宣传标语和壁画有的激情澎湃、气势如虹，比如，江西横峰县葛源镇枫林村原闽浙赣省委旧址有一组宣传标语“不是战争便是虚无”“不是血淋淋的战争便是死！”“革命的工农群众快起来，冲锋挺进到红军中去宣传，冲破敌人的四次围攻！”贵州兴义市威舍镇布依村也有一条“脚踩滇军，拖死中央军。”江西武宁县大洞乡彭坪村还有一幅宣传壁画，画面一边是红军战士持枪冲锋、呐喊：“工农兵联合起来，快起来，推翻国民政府，牌旗已经折毁地下来了！”另一边是白军官兵跪地、举手乞降：“好啊！同志们你莫开枪，我来投降你！我缴枪给你！”[3]

有的率真直白、幽默诙谐，比如，湖南炎陵县城的江家试馆有一条宣传标语：“中国白军挨户团半岁，中国工农红军万岁，拥护红独师万万岁！”贵州遵义也有一条：“红军到，干（穷）人笑，要使干人天天笑，白军不到红军到，要使土豪天天叫，白军兄弟拖枪炮。”江西上栗县东源乡小枧村还有一幅宣传壁画，只见画面上蒋介石俯首帖耳，跪倒在日、英、美、法四个洋人面前，一副认贼作父、卖国求荣的丑恶嘴脸，名曰：国民党出卖中国民族利益的写真。

更多的是阐明主张、图解政策，比如，赣南苏区城乡触目可及的宣传标语：“推翻帝国主义在华的统治”“打土豪分田地，实行土地革命”“红军是工农自己的军队”“实行婚姻自由，反对买卖包办婚姻”等等。江西崇义县思顺圩场上有几宣传壁画，其中一幅画着一个军阀在刺杀一个百姓，揭示的是“军阀压迫工农”主题。还有一幅画着一个地主在跟一群农民算账，农民据理力争，表达的是“彻底分配田地”愿望。

限于当时的条件，红军美术宣传工作者没有充裕的时间字斟句酌、精雕细刻，也没有像样的美工用品浓墨重彩、铺锦列绣，他们利用行军、战斗的间隙，硬是用麻纤维扎成刷笔，拿锅灰、有色泥土调制颜料，急就章创作出的一条标语一幅画，胜似千军与万马，令饱尝其威力之苦的白军不由得仰天哀叹：“毒矣哉！”

白军视红军的美术宣传作品为眼中钉、肉中刺，一旦发现，即予以彻底铲除或恶意涂改，取而代之的是“拔朱毛”“共产共妻”之类的反动内容。福建长汀县就有白军画的一幅屠夫刮猪毛的漫画，意在丑化“朱毛”红军。湖南炎陵县十都镇小江村还有红、白二军留下的巨幅宣传标语各一条，红军写的是：“杀尽国民党！”白军在旁边写的是：“民众要将畏匪的心理变作铲匪的勇气。”双方为此经常展开“拉锯战”，但白军的“阳春白雪”显然敌不过红军的“下里巴人”。

二　革命号角犹在耳，红色印迹尚可循

第五次反“围剿”失败后，红军主力被迫退出中央革命根据地，开始踏上了北上抗日的万里征程。国民党军队和地方反动势力随即卷土重来，疯狂地抹杀红军留下的一切印迹，企图消除所谓的“赤化”影响。江西井冈山市茨坪乡行洲村有一条标语：“红军是为劳苦工农谋利益的先锋队。”白军来时，村民把“红”字改成“国”字，白军走后，他们再改回“红”字，如此循环往复，令白军无可奈何而又无计可施。正因当地群众冒着生命危险，跟白军斗智斗勇，极力掩盖和保护，部分红色文物才得以保存至今。近十几年来，红军活动过的地方相继有宣传标语和壁画被大量集中、完整地发现[4]。

1998 年 11 月，著名的“将军县”——江西兴国县方太乡宝石村，发现了 5 幅大型壁画组画，其中一幅画着一个国民党军官在追一名农村妇女，农村妇女一边逃一边喊“哎呀！国民党军阀强奸呀。”国民党军官一边追一边威胁“你不要叫，你再叫我就打死你。”这批壁画组画的完整发现，在江西尚属首次，在中国革命文物史上具有特别重要的意义。

2001 年 6 月，中华苏维埃共和国临时中央政府所在地——江西瑞金市瑞林镇长沙村，发现了一个大型红军标语群，有“共产党万岁”“共产党是穷人的大救星，红军是穷人的保护神”等标语 90 多条。2007 年 2 月，该市叶坪乡洋溪村原教育人民委员部旧址内发现 15 幅漫画，随后又在松坪村原中国工农红军通讯学校旧址内发现一幅高清晰壁画，被认为是目前苏区保存得最完整、最大规模的红军壁画。

2001 年 6 月，江西宁都县小布镇赤坎村龚家祠——原中共苏区中央局、中华苏维埃革命军事委员会旧址内，首次发现一幅有红军战士亲笔署名、题字的壁画，由红军第四军野战医院特务长邱凤德，为庆祝龙岗大捷，活捉国民党军 18 师师长、前线总指挥张辉瓒而作。该县至今已发现红军宣传标语、宣传画千余条（幅）。

自 2006 年开春以来，地处闽西苏区边缘的福建永安市小陶镇石峰村、洪田镇马洪村和青水乡沧海村，陆续发现了大量红军北上抗日宣传标语，据说这类标语的发现在国内属于最早，为研究红军以北上抗日的名义实施战略转移，提供了重要的实物依据。

红军北上抗日，在沿途国民党重兵的围、追、堵、截下，一路恶战不断，险象环生，但他们始终不忘履行“宣传机”“播种机”的政治职责，宣传力度不为所减，反有所增。在川陕苏区发现的大量红军美术宣传作品，无论使用的材质，还是制作的规模，都是前所未有的。

四川江油市青林口镇黄公祠外墙上有一条用油漆刷写的标语“红军是中国民族和劳苦民众的救星！”15 个大字占据了整幅墙面的上半部分，是国内现存最大、也是唯一的一条红军油漆标语。

在该省万源市河口镇行县坪村一块长 9.7 米、高 3.9 米的石壁上，有一条连字带标点符号多达 167 个的石刻标语，是国内现存篇幅最长的红军石刻标语。在通江县沙溪镇景家塬村一座海拔 800 多米的悬崖上，还有一条字体高达 5.9 米、宽 4.9 米的石刻标语“赤化全川。”无疑是国内现存最高、最大、最有气势的红军石刻标语了。

此外，甘肃通渭县榜罗镇也发现了一条用毛笔书写在木板上的标语“取消一切苛捐杂税！”这种红军木质宣传标语比较少见，被定为国家一级革命文物，具有非常独特的收藏价值。

由于红军在创作过程中，所使用的工具和材料过于简陋，对载体的处理也很简单，这些美术宣传作品经过长期的自然消损或人为破坏，开始急剧锐减。人民军队第一个连队党支部的诞生地——湖南炎陵县，解放初期还有 8000 余条红军标语和大量壁画，时至今日，剩下的标语已经不到 400 条，壁画仅 8 幅。鄂豫皖革命根据地的中心——安徽金寨县

古碑镇陈冲村葛氏祠，原先也有不少标语、壁画，其中一幅壁画画着一个洋人在啃吃大饼，象征帝国主义侵吞我中华大地，画旁还配有一副对联“打破了数千年的黑暗；现出来全世界的红光。”被文物专家称为“极为罕见，全国少有”，但因缺乏科学保护，红军标语损毁严重，急需更好地保护[5]。

即使是素有“刻在石头上的革命”之称的红军石刻标语，也照样难脱厄运。当年红军在川陕苏区大大小小制作了15000余条石刻标语，如今仅存4000余条。四川通江县著名的“赤化全川”石刻标语也出现大面积崩裂，存在严重险情。有识之士认为，如果不及时揭取、加固、修复、转移，20年之内，这笔珍贵的红色文化遗产将会损失殆尽[6]。

抢救、保护红色“活化石”，留住不能忘却的红色记忆，刻不容缓！

[1]毛泽东．井冈山的斗争．毛泽东选集（第一卷）[M]．北京：人民出版社，1991：67．

[2]段金梅．万余条红军标语现身永新[N]．江南都市报，2009-05-06（04）．

[3]九江市史志办公室．红军壁画、上汤乡红军标语．九江市志（文物卷）[G]．南京：凤凰出版社，2004：106．

[4]吴天根．井冈山红军标语记载革命岁月[N]．南湖晚报，2006-05-10（05）．

[5]周怀立．湖南炎陵县保护红军标语纪实[N]．湖南日报，2007-07-18（02）．

[6]张仕文．“标语王”长征建新功[N]．解放军报，2007-06-27（07）．

中央苏区社会保险事业的探索实践

王卫斌

瑞金市红色文化研究院，江西瑞金 342500

Exploration and Practices of Social Insurance in the Central Soviet Area

Wang Weibin

Ruijin Red Culture Research Institute, Ruijin 342500, China

摘　要：中央苏区的劳动和社会保险政策法律，主动回应了中国劳动者的权利诉求，社会保险对象从产业工人延伸到了农民，社会保险种类涵盖了现代意义的所谓“五险”。中央苏区专门工作与群众路线紧密结合，专门机关与职能部门齐抓共管，确保了劳动和社会保险政策法律的贯彻落实。中央苏区综合施策、双向发力，以多种多样的社会保险替代补充方式，有效地分散化解了各种劳动风险。

关键词：中央苏区　社会保险事业　探索实践

Abstract: The laws about labor and social insurance policies in the Central Soviet Area actively responded to the right demands of Chinese workers. The objects of social insurance extended from industrial workers to farmers, and insurance types covered the so-called "five insurances" in the modern sense. The closely combinationof special work and the mass route, and the joint management of special institution and functional departmentsin the Central Soviet Area, ensured the implementation of labor and social insurance policy laws. The Central Soviet Area implemented comprehensive policies, made two-way efforts, and adopted a variety of alternative forms of social insurance, effectively dispersing and defusing various laber risks.

Key words: the Central Soviet Area; Social insurance; Exploration and Practices

“所谓保险者，不过以一人一身之祸派及众人。”[1]我国自古就有“有福同享，有难同当”“养儿防老，积谷防饥”之类的朴素保险思想，形成了义仓、广惠仓、常平仓之类的原始保险制度，产生了船帮、镖局、共济社团之类的保险组织雏形。中华民族风雨同舟、生生不息的奋斗历程，本身就是一部彼此帮扶、相互保险的历史。但自近代两次鸦片战争爆发以来，西方列强用坚船利炮打开了我国的大门，通过一系列不平等条约摄取了各种在华特权，渗透推行了野蛮贪婪的资本主义生产生活方式，移植输入了唯利是图的保险商业化运作模式，开发扩张垄断了我国的保险市场。而且对华商的承保条件极其苛刻，保费高得近乎勒索，配合洋商对我民族工商实业实施双重的控制操纵。

一些爱国知识分子纷纷著书立说，极力主张“师夷长技以制夷”，“以中国之人保中国之货”。一些官僚、军阀和实业家出于不同目的，采用官办、民办和官督商办等形式，投资创办了为数不少的保险公司，打破了洋人一统天下的局面。然而民族保险业整体实力不足，溢额分保还得依赖外国保险公司，更有甚者救活不救死、济富不济穷，附股代理外商趁火打劫自己的同胞。“中国商人不再雇佣中国帆船了，海上保险的原则消灭了中国帆船。”[2]在帝国主义、封建主义和官僚资本主义三座大山的残酷压榨下，中国人民内在的防灾抗险能力日益衰弱，中华民族传统的风险保障机制失去作用，亿万工农无产阶级和大多数中产阶级，时刻都面临着失业失地破产和饥寒伤病死亡的威胁。

一 建党夺权为工农，立法决策谋福利

俄国十月革命一声炮响，为全世界被压迫人民、被压迫民族和一切进步人类，送来了重新认识世界、改造世界的锐利思想武器——马克思列宁主义。马克思无情地揭穿了资本家发财致富的秘密，认为资本家的利润，实质就是劳动者所创造价值与所获得报酬之间的差额，亦即剩余价值。“对于由异常的自然现象，火灾、水灾等引起的破坏所做的保险，和损耗的补偿及维修劳动完全不同”，分担劳动领域中存在的各种风险，维持劳动力的再生产，“必须由剩余价值补偿，是剩余价值的一种扣除”[3]。列宁强调革命政党必须补课，既要坚持“不合法”的武装斗争，推翻反动统治，也要学会在最反动的议会、工会，以及受反动法律限制的合作社、保险基金会等组织中，进行“合法”的维权斗争。革命民主国家应该实行保险事业国有化，立法降低保险金，减轻投保者的负担，扩大保险覆盖范围。

中国共产党是中国无产阶级政党，也是马列主义的忠实信徒和继承发展者，历来注重运用马列主义的立场、观点和方法，研究制定有利于工农群众的路线、方针和政策。党的第一个决议就做出决定，要在每个产业工会组织设立研究机构，重点研究马克思的经济学说和中国工人运动的实际问题。党的第一次对于时局的主张公开提出，要制定保护童工女工、改善工厂卫生条件和实行工人保险的法律。在北洋军阀政府恢复国会、酝酿立宪之际，中国共产党以中国劳动组合书记部的名义，拟定了《劳动立法原则》和《劳动法案大纲》，明确表示“失业救济及疾病保险等为吾人梦想所不及”[4]，强烈要求由工人参加规定一切保险事业，由雇主或国家全额缴纳保险费，保障所有企业和机关工人的损失或危险。随后又特地举办国会议员招待会，从理论道义上进一步陈述了劳动立法的种种理由和大体要点。

国民党蒋介石、汪精卫集团叛变革命后，中国共产党毅然走上了独立领导中国革命的道路，开始独立自主地制定劳动和社会保险政策法律。1927年8月底，南昌起义部队滞留赣南瑞金期间，前委会“未经过严重的讨论”通过了一个《劳动保护暂行条例》，简略地规定了工人因公伤亡赔偿、疾病死亡抚恤，以及失业保险和童工女工保护等事项。1929年下半年和1930年上半年，红四军抓住国民党内讧的有利时机，迅速占领赤化了赣南闽西二十余个县域，密集出台了《上杭县劳动法》《永定县保护劳动法》《闽西劳动法》《赣西南劳动保护法》。其中《上杭县劳动法》规定工人有病时由东家发给医药费，失业由政府设法救济。《闽西劳动法》规定工厂、运输和自由手工业工人遇疾病死伤，分别由厂主东家供给或酌贴医药费、抚恤费；工场作坊工人因病回家，东家还要给以川资。

在这些地方性劳动法规的基础上，1930年5月，全国苏维埃区域代表大会讨论通过了全国苏区通行的《劳动保护法》，首次单列了一个章节专门规范社会保险关系，非常宽泛地细分了疾病时的医药、暂时丧失劳动能力、失业、残废衰老，以及生育、结婚、丧葬、意外灾难、死亡失踪工人的家属等项津贴，笼统地规定由雇主按工人工资成数出资缴付。同年9月，全国苏维埃大会中央准备委员会又在此基础上拟定了《劳动法草案》，社会保险优恤种类精简为普通病、失业、残疾、母亲与婴儿、死葬、医药、房屋等七大类，优恤对象包括了所有被国家、

合作社和私人雇用的工人，并硬性规定社会保险基金由雇主按应付工资总额的10%-15%支付，绝对不能向工人征收，或从工资中扣除。对各类社会保险的适用对象和范围，以及相应的优恤补助额度和领取办法，也作了简明扼要的规定。

1931年11月7日至20日，中华苏维埃第一次全国代表大会在赣南瑞金召开，中华苏维埃共和国临时中央政府宣告成立。这次大会正式审议通过了《中华苏维埃共和国劳动法》，有关社会保险的内容跟《劳动法草案》有所不同，免费的医药帮助和丧葬津贴费施及到了工人家属，失业津贴费施及到了未成年人，工人家属贫困补助金兼顾到了工人失踪的情况，领取资格由受雇两个月以上增加到了六个月以上。婴儿的补助金也不分男工女工，施及到了男工的妻子，购买小孩必需物品由九个月增加到了十个月，还特别增加了牛奶。同年12月底，临时中央政府公布《关于实施劳动法的决议案》，决定从1932年1月1日起，正式在中华苏维埃共和国境内实施《劳动法》，以前各级政府所颁布的一切劳动法令和劳动问题决议不再发生效力，中央苏区的劳动和社会保险法律制度趋于统一。

该法经过一年半时间的实施检验，临时中央政府多方听取干部群众意见，于1933年10月15日修改颁布了新的《劳动法》。社会保险实施范围扩大到了商店家庭内服务行业，涉及了农业工人、家庭工人和苦力、零工等辅助劳动力，保险费的缴纳额度也浮动到了应付工人工资总额的5%-20%之间。同时规定暂时丧失劳动能力者津贴的支付额数、失业津贴的领取期限，需要依照当地情形和社会保险基金状况加以限制。被保险人死亡或失踪的家属补助金，只有被保险人未满十六岁的子女和兄弟姐妹、无劳动能力的父母和妻子，或虽有劳动能力但被保险人有未满八岁的子女者，才能领取。新《劳动法》补充了很多实际而又迫切的事项，“对于城市与乡村，对于大企业与小企业，都能使之应用适当”[5]，明显增强了执行的灵活性和针对性，中央苏区的劳动和社会保险法律制度趋于完善。

中央苏区时期的劳动立法决策，自始至终都没有完全摆脱“城市中心论”的影响，“中国乡村中间的复杂情形，和乡村中间许多半无产阶级的成分，及苏区土地革命后的情形的变动，把苏区许多同志的脑筋弄糊涂了”[6]。社会保险更是缺少经验积累，自始至终都没有制定过一部单行专项法规。但广大立法决策工作者尽了最大努力，自觉抵制排除“左”和右的干扰，遵循马列主义的基本理念和根本原则，结合中央苏区的客观环境和具体实践，从简单模仿西欧模式、照搬苏联条文起步，逐渐创立形成了具有鲜明阶级性、浓厚时代性和广泛适用性的社会保险制度。中央苏区的劳动和社会保险政策法律，主动回应了中国劳动者的权利诉求，社会保险对象从产业工人延伸到了农民，社会保险种类涵盖了现代意义的所谓“五险”，彻底解除了苏区群众的后顾之忧，极大地激发了白区群众的反抗斗志。

二　以上率下聚合力，齐抓共管重落实

孙中山先生认为，“民生主义就是社会主义，也就是共产主义”，社会主义“不但不能说是和民生主义相冲突，并且是一个好朋友”[7]。社会保险蕴含着天然的社会主义因素，具备了平衡劳资双方损益、促进社会和谐稳定的功能。西方资本主义国家通过建立社会保险制度，在一定程度上缓解了尖锐对立的阶级矛盾，平息了风起云涌的工人运动。中国资产阶级口头上也主张“劳资合作”“阶级协调”“拥护工农利益”，但“讲到社会主义，一般资本家都是害怕，要起来反对”。而国内政党“暮楚朝秦，宗旨靡定；权利是猎，臣妾可为”，致使“民众蠕蠕，不知所向”[8]，只能沦为任人宰割的牺牲品、苟延残喘的机器附属物。北洋军阀和南京国民政府出于维持自身统治的需要，都曾制定过劳动保护和劳工保险法规，终究是一纸“防范重于扶导、干涉过于保护”的空文，从未真正付诸实施。

中国共产党是中国无产阶级的先锋队组织，也是普天下弱势群体利益的坚定捍卫者和执行者，历来善于发挥关键少数的示范、引领和凝聚作用，有组织、有纪律、有步骤地推进各项事业。仅从1922年秋到1923年春半年时间之内，中国共产党自上而下通过各级劳动团体采取统一行动，在全国各地发起了大大小小96次罢工斗争，参加人数达到27万。工人运动发展到鼎盛时期，工会俨然成了“第一个政府，而且是最有力量，命令最能通行的政府，他的权力有时超过正式政府”[9]。工人的工作生活条件大有改善，社会地位空前高涨，时人皆称工人为“万岁”。中国共产党严密的组织体系、强大的执行能力，让悲观绝望的孙中山先生看到了希望，力排众议促成了反帝反封建的国民革命统一战线。但正因如此，也引起了国民党内部日甚一日的猜疑攻击，第一次国共合作最终完全破裂。

大革命失败后，中国共产党的工作重心由城市转向农村，斗争形式也由罢工抗议转向武装夺取政权，建立工农群众自己管理自己生活的机关，真实确立和强制实行社会保险制度。1927年11月，中共江西省委颁布《江西省苏维埃临时组织法》，规定省县市苏维埃执行委员会之下，均应指定三人至七人组织劳动保险及失业救济委员会。赣西南和闽西苏维埃政府成立后，区以上政府均设社会保险部，乡设社会保险科，村设社会保险委员。其职责兼管民政工作，如兴国县永丰区政府曾下令要求单身男女赶快找对象，第一乡洋坊村有个雇农本来“由”到了老婆，但乡政府社会保险科长认为他俩“过去有勾搭，不准登记”[10]。其地位高于一般工作人员，如吉水县水南区第八乡木口村政府九个办事人中，社会保险委员排位仅次于主席、秘书和土地委员，高于赤卫、粮食、裁判和妇女、青年委员。

1930年5月，全国苏维埃区域代表大会颁布《劳动保护法》，规定社会保险应由工会负责办理。附录的《劳动保护法解释书》认为，“办理社会保险之权赋予工会机关，俾能完全根据工人利益为正当的支配”。并强调劳动监察机关的设立，“实为执行本法唯一保证，否则将使本法失其意义”[11]，要求苏维埃政府从速组织正式的劳动监察机关，经常注意执行劳动监察工作。1931年11月27日，中央执行委员会第一次会议选举成立了中央劳动部，讨论通过了《苏维埃地方政府的暂行组织条例》，规定省县区苏维埃政府均应设立劳动部，城市苏维埃政府设劳动科，劳动部和劳动科之下设劳动检查所。《中华苏维埃共和国劳动法》规定，在社会保险处尚未成立之前，暂时由职工会的代表大会选举社会保险管理委员会，并在职工会和劳动部的监督之下，负责社会保险基金的收集与用途。

鉴于工会收支管理混乱、劳动部门指导监督不力的弊端，1932年12月30日，中央劳动部颁布《关于社会保险费及失业劳动介绍所》的第二号命令，要求立即建立社会保险局专负其责，同时责令各级劳动部门联合同级工会，限期清查已收保险费的数目及其用途，调查、检查资本家雇主履行合同的程度，依法追缴拖欠的保险费，并逐级上报以便审查。1933年12月12日，中央执行委员会颁布《中华苏维埃共和国地方苏维埃暂行组织法（草案）》，规定省县区市各级劳动部之下，均应设立社会保险局分局、支局或办事处，专门负责管理社会保险的工作。1934年1月，毛泽东同志在中华苏维埃第二次全国代表大会上重申：“社会保险制度，必须在一切可能实行的地方真实的实行，必须给予社会保险局的工作以应有的注意，必须避免过去有些地方对于保险金支配上的错误。”[12]

1933年4月12日，中央司法部颁布第九号命令，要求各县区苏裁判部和市苏裁判科之下，均应指定专人组织劳动法庭。1934年4月8日，中央执行委员会颁布中字第五号命令，授权区劳动法庭可以自主捉拿嫌疑犯人。中央执行委员会还先后颁布《违反劳动法令惩罚条例》、《关于惩治贪污浪费行为》的第二十六号训令，为惩罚私营企业、国有企业及合作社雇主违反劳动法令，惩治政府机关、国营企业及公共团体工作人员贪污浪费公款，提供了量刑定罪的标准依据。石城县劳动部副部长谢德昌及其下属黄坚如等人，总计贪污挪用社会保险费486.29元，于都县劳动部长、文书和城区劳动部副部长丁云汉等人，总计贪污挪用社会保险费84元，中央印刷厂社会保险局长曾玉浪、会计廖前生和保险委员王承根等人，合伙贪污社会保险费72.7元，诸犯均受到苏维埃严刑峻法的制裁。

中央苏区专门工作与群众路线紧密结合，专门机关与职能部门齐抓共管，确保了劳动和社会保险政策法律的贯彻落实。工人群众被组织起来，参与苏维埃的制度建设和政权建设。中央苏区11.3676万工人中，有95%加入了各种区域性、行业性工会。江西兴国、公略、于都和福建长汀、上杭、宁化等12县，7.058万工会会员中，有28%参加了红军和游击队，有10%进入了党政机关，而且大部分担任了领导职务。工人阶级成为真正的主人翁，政治觉悟和维权意识不断增强。在工人群众的积极斗争和苏维埃政府的严厉监督下，一般雇主和公职人员都能自觉遵纪守法，劳资双方普遍签订了劳动合同，拒缴少缴和贪污挪用社会保险费的现象大为减少。“社会保险制度是确立了，社会保险局已建立在苏区各个城市中。所有这些，都是工人们在国民党政权下所丝毫不能得到的。”[13]

三 自力更生保平安，互助合作化危机

中国无产阶级因近代工业的兴起而产生，随着农村自然经济的解体和手工业的破产而壮大，但过剩的劳动力反过来又加剧了职场竞争，降低了整体福利待遇。帝国主义破坏了中国封建社会的经济基础，客观上刺激了中国资本主义的发展，但为了独占中国商品市场，掠夺更多的资源，反过来又极力维持中国封建势力，阻止中国资本主义的发展，中国资产阶级也是在夹缝里求生存。正如孙中山先生所言：“中国人大家都是贫，并没有大富的特殊阶级，只有一般普通的贫。”[14]社会保险制度之所以难以建立，实业尚未发达是主要原因。白区工人运动之所以遭到国内外反动势力的联合绞杀，跟工人提出过高过左的经济要求不无关系。工人运动领袖刘少奇也承认，资本家原来是同情工人的，正因“工人自己的幼稚、骄傲、轻敌，工人的领袖也要坐花车”[15]，资本家就与军阀勾结起来反对工人运动了。

中国共产党是彻底的唯物论者，也是人民史观的论证和确立者，历来主张要从根本上解放生产力发展经济，依靠群众自己的力量战胜一切天然和人为的困难。1923年8月20日，刘少奇在回顾安源路矿工人俱乐部成立一年来的工作时，针对工人遇事动辄以罢工为要挟的不良倾向进行了严肃批评，警告“罢工是工人的武器，不是好玩的”，罢工并非工人的目的，只是一种手段。无产阶级的终极目的是在产业公有制度下，“以极大的速力发展实业，减少人类所受自然的压迫”[16]。同年9月7日，李大钊在上海大学纪念十月革命胜利六周年大会上，着重解释纠正了对于社会主义的几种误解偏见，坦言：“社会主义是要富的，不是要穷的，是整理生产的，不是破坏生产的”[17]。在社会主义制度下，劳动人民享有真正的经济自由、劳动自由，做工是很愉快很舒服的，不会发生因劳苦而怠工的现象。

中国共产党被国民党反动派逼上梁山，早期革命根据地大多处于偏僻落后的农村地区，国民党持续的军事“围剿”和经济封锁，造成工业品极端缺乏而昂贵，农产品至贱又滞销。农民的购买力直线下降，更加恶化了工商业的经营环境，依靠资方筹集社会保险基金越来越困难。严峻的形势、残酷的现实，搅动了自大革命失败以来，中共党内“不自然的故意做作”[18]要“左”一点的沉闷气氛。张闻天、陈云等人纷纷站出来，指责机械地推行罢工自由、借口战争而忽视经济建设的观点和做法。1932年5月1日，临时中央政府颁布《合作社暂行组织条例》，正式确定合作社组织为发展苏区经济的主要方式、保障工农群众利益的有力武器。1933年8月中下旬，

毛泽东亲自主持召开了中央苏区两次经济建设大会，面向社会各界发行了300万元经济建设公债，掀起了大规模的经济建设热潮。

中央苏区基层干部群众克服恩赐和依赖思想，自动自发地把分散的人力、物力和财力集中起来，开展联合生产和经营，抵抗资本家、商人和富农的怠工、操纵和剥削，实行互助和自救。永定县太平区集中群众的闲散资金，永新和兴国县集中私人的缝衣机、打袜机，上杭县才溪乡调剂使用劳动力，分别创办了中央苏区乃至全国苏区，首个或首批信用、手工业和劳动互助合作社。赣西南苏区因白色恐怖、盲动主义和经济破产，制造了大量流离失所的难民。吉安县儒行区济难会给予部分流落到当地的难民每人两元大洋，但他们并不高兴，觉得这点钱用完了就无办法了，没有得到的更不高兴。区委和区政府决定把他们组织起来，强壮男子送去前方编入赤卫队，老弱妇女留在后方分配力所能及的工作，妥善解决了他们的经济出路，“这样一来紊乱的难民，于是有条不紊的，而且他们非常高兴”[19]。

闽西苏区因“黄金水路”汀江航道淤塞、航运停摆，以至于木船工人失业长达半年之久，困窘到上山挖山牛蹄充饥的地步。福建省职工联合会筹集社会保险费800元，向贸易局借款500元，发动工人集资参股、疏浚航道，收回船主卖掉的旧船创办旧船合作社，在短期内改造和新造了300艘木船，解决了水运和锯板、造船等相关产业工人的就业。他们还向工人募股500元，向资本家征收失业保险金200元，向政府争取拨款1000元，在汀州市创办了一个消费合作社，综合开展熬盐、纺织和对外贸易等业务。瑞金县石水乡过去30%的农民都没有耕牛，租牛耕种一亩地要出稻谷20斤。无牛群众集股买牛首创犁牛合作社，仅耕种两年节省的牛租就可赚到一头壮牛，大牛还会繁殖小牛。其盘活利用各类资金、放大倍数效应的创新实践，已经含有现代经营管理和商业保险的成分。

据不完全统计，截止到1934年2月，中央苏区诸如此类的消费、粮食和生产合作社已发展到2300个，拥有57万社员，60余万股金。公营企业发展到33个，仅中华钨矿公司就有3个公营企业、5个生产合作社，从业工人5000多名，年产值200余万元。这些广泛分布、门类齐全的经济实体组织，促进了工矿农业和流通服务各业的协同发展，水涨船高扩大了物产和就业的有效供给，支撑完善了多层次、广覆盖的社会保障体系。中央苏区农民的整体生活水平至少提高了一倍，一般工人的工资增加了20%以上。中央直属县瑞金泥水木匠工人工资增加了80%，工商业中心汀州市布业工人工资更是惊人的增加了14.5倍。中华钨矿公司还高薪聘请郎中，投资创办了设施齐全的职工医院，瑞金县壬田区消费合作社也聘请了专职医生坐堂，免费为职工社员和当地群众看病治病。

中国共产党和苏维埃政府在极其艰难的战争环境条件下，积极进行各项必要和可能的经济建设事业，真正成为革命战争和群众生活的领导者、组织者，敌对势力费尽心机散布“共产党只有破坏没有建设”的谣诼不攻自破。中央苏区综合施策、双向发力，以多种多样的社会保险替代补充方式，有效地分散化解了各种劳动风险，右倾机会主义者妄议“社会保险制度不适用于苏区”的论调不值一哂。广大工农群众在互助合作中巩固了工农联盟，得到了看得见摸得着的物质福利，发自内心地赞叹：“共产党真正好，什么事情都替我们想到了。”资本家富农间接也减轻了负担，减少了对立面。整个社会风气和精神面貌为之一变，出现了“夜不闭户，道不拾遗”；“园无荒土，野无游民”的新气象。“那些说工人在革命后没有得到什么东西，说工人的积极性没有发扬起来，只可算作完全的胡说。”[20]

[1][清]郑观应.盛世危言.郑观应集(上册)[M].上海：上海人民出版社,1982：647.
[2]英国领事报告.中国近代航运史资料(第一辑)[G].上海：上海人民出版社,1983：602.
[3][德]马克思.资本论(第二卷)[M].北京：人民出版社,1975：198.
[4]中国劳动组合书记部.劳动立法原则.第一次中国劳动年鉴[G].北京：北平社会调查部,1928：436.
[5][13][20]毛泽东.对第二次全国苏维埃代表大会的报告[N].红色中华,1934-01-26(6).
[6]刘少奇.苏区阶级工会的会员成份[N].红旗周报,1932-05-02(39).
[7]孙中山.民生主义第二讲.三民主义.孙中山全集(第九卷)[M].北京：中华书局,1986：386.
[8]孙中山.中国国民党改组宣言.孙中山全集(第八卷)[M].北京：中华书局,1986：429.
[9]刘少奇.关于大革命历史教训中的一个问题.刘少奇论工人运动[M].北京：中央文献出版社,1988：213.
[10]毛泽东.兴国调查.毛泽东农村调查文集[M].北京：人民出版社,1982：223.
[11]劳动保护法解释书.中国新民主主义革命时期根据地法制文献选编(第四卷)[M].北京：中国社会科学出版社,1981：556.
[12]毛泽东.对第二次全国苏维埃代表大会的报告[N].红色中华,1934-01-26(12).
[14]孙中山.民生主义第二讲.三民主义.孙中山全集(第九卷)[M].北京：中华书局,1986：381.
[15]刘少奇.中国职工运动简史.刘少奇论工人运动[M].北京：中央文献出版社,1988：285.
[16]刘少奇.对俱乐部工作的回顾.刘少奇论工人运动[M].北京：中央文献出版社,1988：2.
[17]李大钊.社会主义释疑[N].民国日报,1923-11-13(觉悟副刊).
[18]刘少奇.关于大革命历史教训中的一个问题.刘少奇论工人运动[M].北京：中央文献出版社,1988：220.
[19]赣西南刘作抚同志给中央的综合性报告.中央革命根据地史料选编(上册)[M].南昌：江西人民出版社,1982：252.

陕西文物保护的历史回顾与未来展望
——基于研究主题的思考*

梁敏[1]，张攀[1]，杨瑾[2]

1. 陕西历史博物馆，陕西西安 710061

2. 陕西师范大学历史文化学院，陕西西安 710119

Historical Review and Future Prospect of Cultural Relics Protection in Shaanxi: Based on Reflections of Research Theme

Liang Min[1] Zhang Pan[1] Yang Jin[2]

1. Shaanxi History museum, Xi'an, 710061, China

2. School of History and Civilization, Shaanxi Normal University, Xi'an, 710119, China

摘　要： 陕西文物保护研究历程伴随并型塑着从“物化本体”转向“精神价值”的理念，从工作层面到学术研究层面再到创新性研究层面，构建起多学科深度融合、现代科技强力支撑的理论与实践相结合、宏观与微观相兼顾的研究体系，开创出全省文物的全域化、特色化、数字化保护之路。面对当前研究中存在的全省视野、新趋势，关键问题仍需继续探索，这将有利于充分发挥陕西十四朝古都文化强省在实现中华民族伟大复兴征程中的重要作用。

关键词： 陕西　文物保护　本体　精神　价值

Abstract: The research process of the cultural relics protection in Shaanxi is accompanied by shaping the concept from “materialized noumenon” to “spiritual value”. From the routine work and academic research to the innovative research, a research system is constructed which deeply integrates multidiscipline, combines theory and practice with the strong support of modern science and technology, and integrating macro research and micro-research. Therefore, a globalized, characterized and digitized cultural relics protection road is created. In the face of the provincial vision and new trends, it is still necessary to continuously explore key issues existing in the current research, so that Shaanxi, where fourteen dynasties had set their capitals, keeps playing its important role in realizing the great rejuvenation of the Chinese nation.

Key words: Shaanxi Province; Cultural relics protection; Noumenon; Spirits; Value

* 陕西省社会科学基金陕西省重大现实问题研究项目“陕西加大文物保护路径研究”（2020ZD07）。

引　言

陕西是中华文明重要摇篮之一，周秦汉唐等十四朝古都，也是著名的丝绸之路起点，中外文明在这里聚集交汇，地上地下文物多彩纷呈，种类丰富、序列完整、数量众多、品质至高，可谓“三秦文物，文明华章”。截至 2019 年 12 月 31 日，全省共有各类不可移动文物 49058 处[1]、可移动文物 3009455 套，7748750 件，总数位居全国第二[2]。如此巨大数量的文物蔚为壮观，承载着周秦汉唐时期中国和世界文明交流互鉴的丰富内涵，对当今陕西社会经济发展具有非常重要的意义。因此，保护好这些珍贵文物一直是陕西文物工作的重要内容，而相关研究又为文物保护提供了坚实学术支撑[3]。以研究主题为线索，对陕西文物保护的历史、现状与模式构建进行总结回顾，有助于进一步贯彻落实党中央关于文物工作的重要指示，有助于进一步完善与发展具有陕西特色的现代文物保护体系，为我国文物保护事业做出有益贡献。

一　历史回顾：文物与文化遗产主题并置性探讨与研究

文物（Cultural Relics）是人类在社会历史发展进程中创造、制作或因人类活动而留有印迹的一切有价值的物质性遗存之总称，其核心内容是“物质遗存”。一般意义上的文物包括可移动文物和不可移动文物两大类，法律意义上的文物包括一般法意义上的文物和特别法意义上的文物。前者指文物的“物”性，即物质性、价值性和可支配性等一般特征。后者指文物因稀有性、不可替代性和文化价值性而有别于普通物品，作为一种特殊之物而被纳入特别法——文物保护法的调整范畴[4]。同义词有古物（Antiquities）、文化遗产（Cultural Heritage）等。文化遗产属于世界遗产的一部分，包括物质文化遗产和非物质文化遗产两大类。文物和文化遗产在概念上虽有重叠，但不能等同，因此无论是政府文件，还是学界研究，采取“文物”和“文化遗产”并存的做法。文物保护在广义上指对其本体及附加价值的全面保护（protection），狭义上指对具有历史价值、文化价值、科学价值的可移动文物和不可移动文物采取一系列防止其受到损害的措施的过程(conservation)，包括保护、防护、修复、检测等。本文讨论的“文物保护”以广义语境为主，也涉及一些狭义范围。

目前，关于陕西文物保护的研讨集中见于改革开放带来的文物事业蓬勃发展时代，主要有：

（一）工作层面的研究

主要是文物管理部门，如陕西省文物局编辑出版的系列省级文物保护单位材料[5]和专项调研报告[6]。市级文物管理部门也有类似基础材料和调研报告[7]。陕西省文物局定期以全省视角将文物保护规划、总结、分析研判等工作在中国文物报、陕西日报等报刊专文发布[8]，也有一些新闻媒体的评论性文章，如李瑞对陕西文物保护工作的总结[9]。此外，还有陕西省文物保护研究院等单位的出版物[10]。

（二）学术层面的研究

1. 宏观性研究。包括全省文物保护与综合管理，如陕西省文物志第二十八章梳理从清代以前至 2012 年的陕西文物保护历程、管理机构与主要成就[11]；综论，如《文物保护学》[2]、《文物保护与科技考古》等[13]。文物管理者关于文物保护管理的思考与规划，如张廷皓、赵荣等[14]。学者们则针对陕西文物保护现状进行研判，如刘卫红对大遗址保护的系统论述[15]。齐章安认为文物保护体制要适应社会主义市场经济发展[16]。张井炜等针对陕西文物保护工作中存在的文物受损、制度制约、资金短缺等问题提出相应的对策[17]。庞子涛对全省 222 个文物保护管理所的机构类型、职能、设施建设等进行分析，指出基层文管所在文物保护工作中的重要地位和瓶颈问题，如文物保护资金欠缺问题，他认为应该通过完善社会参与机制来不断拓展资金来源渠道[18]。

2. 专题性研究。

（1）陕西省早期的文物保护。曹凤权以清代毕沅编撰的《关中胜迹图志》《关中金石记》为材料，充分肯定毕沅在保护帝陵、修复古建等方面为陕西文物保护做出的巨大贡献[19]。魏麒鹏的讨论也不出其右[20]。罗宏才系统全面回顾了民国时期西京筹委会对帝陵（周陵、昭陵、茂陵）与西安地区部分古建筑（秦阿房宫、汉长安城、唐大明宫等文物遗址）的保护修复工作，以及在抗战时期对陕西文物的有力保护[21]。谭前学按时段对陕西早期文物保护过程进行梳理[22]。罗冬琴则对陕甘宁边区文物保护工作予以充分肯定[23]。此外，还有一些著述谈到了于右任保护碑石事迹、抗日战争时期碑林专家保护石碑的故事。

（2）大遗址保护。赵荣主编的大遗址保护系列丛书及文章阐述了陕西省大遗址保护与当地社会经济发展相结合、与当地群众生活水平提供相结合、与当地社会城乡基本建设相结合、与当地环境改善相结合的重要原则，以及国家公园、集团运作和市民公园三种模式[24]。陆武认为陕西大遗址发展要遵循开放共享的管理理念[25]。孙满利认为陕西土遗址保护存在预防性保护不足、保护技术还不成熟、核心价值研究深度不够、保护和经济发展不协调等问题，应创新理念和技术，整体规划、统一部署，加大研究[26]。向德认为西安大遗址保护要遵循可持续发展的理念[27]。魏乾涛认为汉武帝茂陵文物保护要发挥群众文物保护员的力量，“三防”结合严厉打击文物违法犯罪活动[28]。

（3）革命文物保护。唐前以延安枣园为例认为革命文物保护要与利用相结合[29]。潘明娟梳理了陕西革命建筑保护现状与主要成就，提出从保护原则、智能手段、价值提升等方面加大对陕西革命建筑的保护、开发与利用[30]。

（4）文物保护与社会经济。姚迪等认为西安地铁建设对地上地下文物保护带来负面影响，特别是28个国宝及省保文物保护单位，地铁建设要兼顾文物保护[31]。张廷皓认为陕西旅游业可持续发展要遵循文物保护规律[32]。赵荣认为城镇化进程中要做好古城址保护[33]。李红艳认为大遗址保护对资源型城市经济转型提供出路，大遗址的保护与展示为建设社会主义新农村提供物质基础[34]。梁佩仪、余杰认为陕西省新型城镇化过程中应在保护遗产基础上进行旅游开发，形成文化遗产旅游与传统行业的块状或链状发展形式[35]。

（5）考古遗址与文物保护修复。陕西省考古研究所与德国美因兹——日耳曼中央博物馆联合对陕西出土文物修复保护方法进行改进研究[36]。邵安定等在2008年杨军昌等对陕西文物科技保护研究总结基础上，通过多个考古现场文物保护典型案例对陕西省考古研究院2008—2017年的文物科技保护工作进行了回顾和总结[37]。张志军、容波、周铁从陶质文物病害认知、制陶工艺研究、保护机理研究、保护修复案例等方面进行文献综述[38]。杨军昌、赵西晨、杨文宗对汉唐墓葬壁画研究进行回顾[39]。

（6）文物保护法律法规。郭宪曾认为帝陵保护要遵循《陕西省文物保护条例》《陕西省秦始皇陵保护条例》《陕西省黄帝陵保护管理办法》，与群众生产生活、与城乡发展、与生态环境紧密结合关[40]。程钦毓认为罚金刑、加强刑法预防犯罪功能、乡村法庭等是惩罚文物犯罪的有效方式[41]。张晓霞、庞博认为2020年3月25日陕西省人民代表大会常务委员会发布《关于加强检察公益诉讼工作的决定》，将陕西历史文化古迹和文物保护等领域侵害国家利益及社会公共利益的案件纳入公益诉讼，为陕西文化遗产保护和优秀历史文化传承工作提供强有力法治保障[42]。朱铭、陈全则以陕西历史博物馆为例谈到法律风险管理体系的构建[43]。

（7）文物犯罪。陈国芬、袁青安、曹楠华、韩育林以案件为基础对陕西打击文物犯罪工作中存在的困难进行梳理，提出加强专业队伍建设、扩展情报来源、加强侦破案件协作等策略[44]。马柯从社会经济、文物行政管理、刑事侦查审判、刑罚裁量方面提出从社会、行政、侦查和惩罚方面预防文物犯罪[45]。罗娟丽认为应在社会治安防控体系下建设陕西田野文物立体化保护体系[46]。彭蕾认为中国被盗文物数据信息发布平台对于打击文物犯罪、规范市场运营秩序、促进文物返还等具有非常重要意义[47]。宝鸡市公安局、宝鸡市文物旅游局对文物犯罪采用“打防结合，监控举报，精确定位，主动出击”工作策略[48]。

（8）灾害性文物保护。刘志刚、雷俊才提出保护石碑和古塔的有效方法是对本体进行加固[49]。淳庆等对西安碑林石碑文物抗震加固技术进行研究[50]。郭宪曾和吴晓丛系统梳理了汶川地震中陕西文物损毁情况，包括86处庙宇、塔、殿等古代建筑类文物保护单位和307件市县文物库房、部分博物馆文物库房及陈列展览中的国有可移动文物，提出要建立文博行业预防地震灾害的长效机制，把博物馆以及开放参观场馆等公共建筑的安全质量、相关规范、抗震预案纳入文物保护各项工作的范围[51]。

（9）文物数字化保护。赵东对陕西历史文化资源数字化保护与开发进行讨论[52]。张露颖、吴林等以陕西历史博物馆为例，探讨互联网+文物保护的实践与探索[53]。卢昉认为陕西丝绸之路文化遗产保护与“活化”利用的有效之道是互联网+视域下“美术遗产+活态互动、公众娱乐与信息技术”模式[54]。

3. 个案性研究。侯卫东、方芳认为保护复原华清宫汤池建筑基址应进行结构复原保护、遗址平面复原和建筑轮廓复原[55]。李兵认为新中国成立后西安明城墙的整体保护、立法、监察、宣传、改善旅游环境、整合旅游资源、发展非物质文化遗产、特色经营等做法值得借鉴[56]。吴晓丛认为汉阳陵遗址保护性展示是一种创新性实践。[57]赵强认为保护性展示是文物遗址发展的有效途径[58]。刘向阳认为乾陵文物保护工作非常有效[59]。郭清华认为诸葛亮研究会的研究极大地促进了对诸葛亮遗址和纪念地的保护[60]。南竣祥等认为陕西要加强明长城周边经济建设的审批和监管力度、长城保护的法制建设与执法力度以及宣传工作[61]。樊海强等认为西安市历史名城保护应采用模糊评价体系[62]。赵治、唐培淞认为陕西古代石刻艺术珍品对于系统研究和继承中华古代优秀文明非常重要[63]。此外，还有针对彬县石窟寺、汉阳陵遗址保护的研究。

近年来，随着文物保护成为热点话题，很多高校硕士论文以此为主题，如文物保护单位现状调查与信息技术开发、陵墓保护、古镇保护、古村落保护、长城及长城文物保护、考古遗址保护、互联网+文物保护、文物保护管理建设、古树保护、乾陵保护、石刻艺术保护、历史名城保护、土遗址保护、城墙保护、红色遗址、革命建筑遗址、石窟寺和寺庙遗址等。

综上所述，学界关于陕西文物保护的研究具有以下特点：一是研究范围上基本实现了全域覆盖。既有工作层面的基础性研究，也有学术层面的创新性研究。后者涉及宏观性研究、专题性研究和个案研究，专题性研究包括早期文物保护、大遗址保护、革命文物保护、田野文物保护、文物保护与社会经济、考古遗址与文物保护修复、文物保护立法、文物犯罪、灾害性文物保护、数字化文物保护等主题，形成了文物或遗址从被发现、出土(发掘)、馆藏、展示、传播等各个环节的“物化本体全环节保护”研究体系[64]。二是研究内容多以文物本体保护为中心，重点在于保护文物的“物质性”，以宏观理论研究和技术研究为内涵，前者关注文物保护与管理，如管理体制、基础设施、法律法规、资金投入、人才队伍等。后者以强调完整性和原真性的保护修复。三是从研究者构成来看，本省文物系统占多数，且省级部门或单位管理者及学者居多，高校及科研院所研究者大多集中于材料或技术性研究，或规划研究。四是研究成果总量上与陕西省文物种类之繁多、数量之巨大还有明显差距，比如跨学科、智能交叉型研究成果占比较小，还存在一些针对显性问题的浅层讨论或以偶发现象为主题的分析，少见高质量的整合性比较研究和理论探索，文物保护“透物见人”

的价值挖掘与研讨也不足。

二　未来展望：物化本体与精神价值融合性研究

随着陕西文物保护工作进入“十四五”新发展阶段，研究工作也将以此为基础，力争更高站位、更高质量的融合性创新发展。

（一）进一步加强文物保护的学术性研究

著名文物保护学家谢辰生曾说：“没有保护就没有研究，没有研究就无法更好地保护，发挥文物作用。我们要研究文物，更要研究文物保护，保护也是大学问。今天我们探索符合国情的文物保护利用之路，建设中国特色文物科学应该是重要的理论基础。”[65]针对上文所言，目前陕西省文物保护研究中仍存在不足和新问题，应转变研究理念，改革创新研究方式，进一步讨论“原真性”“美学性”“修旧如旧”“修旧如新”等悬而未决的问题，并加强从“过程性本体保护”到“价值性文化保护”的学理性研究。

（二）进一步加强“文物保护全省一盘棋”的整体性研究

陕西文物保护历来就是全省人民的共同责任，文物保护的研究也应以全省为视角，整合全省优势研究资源，加强重点难点问题的联合科技攻关，加大对陕西文物保护的未来发展愿景及路径研究。文物管理部门承担起统合全省文物保护研究的责任，制定面向并包括全省人民的文物保护研究规划和实施方案。加强文物保护的社会宣传和大众普及，提升全省人民的文物保护素养和积极性，尤其是加强基层广大人民对文物的情感认同和保护意识。

（三）进一步完善全省文物保护综合研究体系

以基础研究为支撑，以工作研究为服务，以学术研究为重心，以创新研究为引领，不断完善省域性文物保护研究大格局。

1. 加强全省文物保护的基础性研究。一是全省文物保护研究资料的全面搜集、系统整理与数字化储存，尤其是早期资料和基层文物保护原始档案资料，增容数据库，夯实“云”保护基础。二是有关全省文物保护现状的调研材料，如基层文物保护人员数据、全省文物保护摸底调查数据（问卷调查、新媒体调查）、全省文物保护相关单位人员调查等。三是全省文物保护沿革史的编辑整理，包括口述史、音频与影像材料、相关出版物、陈列展览、文物或其他物证等。四是数字保护、智能修复相关概念、定义、术语等资料汇编。

2. 重视全省文物保护的工作性研究。注重文物保护过程中的科研生长点，进行预置、实验与提炼，包括失败案例。首先是科技时代全省文物大保护理念研究，即改变“当前文物保护利用实践中普遍存在重文物本体‘保存、延续’，轻社会文化价值传承弘扬”的现象（即其固有社会功能价值的当代延续）[66]。透过“文物”本身保护深入研究文物保护的“价值”（历史、艺术、技术、文化与精神——哲学思想、人文精神、价值理念、道德规范），以及对价值的认知、挖掘、传承与利用。其次是文物保护过程管理方面的研究，包括考古勘探或挖掘、陈列展示、科学研究、传播教育等。

3. 提升全省文物保护学术性研究的水平。依托砖石质文物保护国家文物局重点科研基地（陕西省文物保护研究院）、考古发掘现场文物保护国家文物局重点科研基地（陕西考古研究院）、陶质彩绘文物保护国家文物局重点科研基地（秦始皇帝陵博物院）、馆藏壁画保护修复与材料科学研究国家文物局重点科研基地（陕西历史博物馆）、陕西师范大学历史文化遗产保护教育部工程中心等，着力开展一批重点预研究项目，如“文物风险预控技术体系及关键技术开发、既有文物保存环境功能提升关键技术研究、预防性保护预警体系关键技术研究与应用”等课题任务。

4. 加大全省文物保护的创新性研究。如数字文物保护新路径、新型文物保护材料、打击防范文物犯罪联合工作机制、文物保护立法、司法机制、文物预防性保护服务体系、文物保护智能交叉重点实验室建设与提升、新兴文化遗产（工业遗产、农业遗产或乡村文物、建筑遗产、军工文物）保护的空间分布与影响机理等重大理论研究。

（四）进一步加大数字化研究手段的应用推广

刘玉珠认为，“深刻阐明数字与实体、历史与当代、传承与发展、保护与利用的辩证关系，是新时代文物事业守正创新、奋发奋进的坚定指引，是信息革命背景下推动文物数字互联、赋能赋彩的强大动力[67]。”一是不断完善全省数字化文物保护管理与研究体系，如文物保护数据库的安全性、效能性、可链接性、可持续性；再如，文物保护数字展示、网络化传播、智能化分发、精准化供给等可视化诠释方式的综合研究。二是借助数字互联，打通全省文物保护行业内外研究的数据壁垒，加强文物保护研究与科技、民生、教育与旅游等行业深度融合机制研究，加强珍贵脆弱文物本体转化为可深度利用数据生产要素过程研究。三是充分利用 AI、AR、VR、MR 等智能交叉、数字人文等新型数字化保护研究手段，加强数字化文物保护政策法规与标准规范研究，加强文物保护的信息化研究纳入全省数字经济新蓝海、重大战略新基建、“十四五”时期新规划路径研究，加强数字地理信息系统支持下文物保护空间信息和属性信息与国土空间规划和国土空间保护开发“一张图”耦合度研究，加强数字保护专业人才培养机制研究。五是加强文物保护利用成果数字化转化路径研究。按照中办、国办《关于加强文物保护利用改革的若干意见》，加强文物保护云建设工程研究，加强文物遗址、考古、建筑云智慧保护模式，加强文物保护价值传播推广体系研究，加强文物保护与中华民族独特的价值体系和精神追求以及民族认同、文化认同、国家认同关系研究。加强陕西流失文物数字化回归研究，加强陕西文物保护与优秀文化艺术资源全球数字化共享研究。

（五）进一步凝练全省文物保护研究的理论范式

秉承理论探索与应用研究相结合，宏观研究与个案研究相结合，趋势研究与技术研究相结合等原则，进一步凝练陕西文物保护研究的“陕西模式”。1. 在理论探索方面，重点关注文物保护理念、思想、制度、机制体制、政策、规范、标准等方面的提炼与总结。目前，陕西在各类文物保护修复方面均达到国际水准，文物保护技术主题研究已走在全国前列，发表了大量文物保护典型个案研究成果，如大遗址保护、长城保护、石窟寺保护、古代壁画、陶质彩绘等。2. 在立法方面，加强有关陕西文物保护法律法规标准规范和司法实践的研究，如陕西可移动和不可移动文物保护立法完善研究、文物部门与公安和检察机关联合预防打击文物犯罪机制研究。3. 在模式方面，进一步突出全省文物保护研究的地方性特色。在国际文化遗产保护语境下探索具有社会主义特色的、符合我省省情的文物保护理论体系。陕西省文物部门在文物保护领域已经跻身全国第一战队，构建起一套具有地域特色的文物保护模式，如何着眼行业内外，以“出圈”思维和理念，制定多圈层的统合性文物保护战略规划，整合多方资源，实现深度资源共享与融合，更高远站位、更强整合能力、更鲜明省域特色，需要创新改革的勇气，承担起全省范围内文物保护思维提升和竞争力提高的重任。

（六）进一步加强文物保护的数字化研究

整合全省数字文物保护力量，构建全省文物保护数字科研网络。如将文物部门、公安机关、司法机关、检察机关、科技部门、海关、教育部门等与文物保护有关的数字资源充分整合，形成科技化、信息化的预防、保护、修复、打击、追索以及诠释、传承与利用的多层数字流动圈，特别注重广大乡村田野文物和农业遗产的数字保护，利用强大的数据深入挖掘文物蕴含的哲学思想、人文精神、价值理念、道德规范等文化价值，助力陕西建设数字文物强省的伟大事业，力争在数字中国建设中发挥积极作用。

---

[1]包括古遗址23453处、古墓葬14367处、古建筑6702处、石窟寺及石刻1068处、近现代重要史迹及代表性建筑3213处、其他255处。全国重点文物保护单位270处。陕西省文物保护单位1131处，市县级文物保护单位3590处。

[2]其中，一级文物11166（件/套）、二级文物23848（件/套）、三级文物112568（件/套）、其他文物10.4万件套。

[3]a.张礼智．陕西博物馆百年史[M]．西安：三秦出版社，2014. b.徐柄昶，常惠．陕西调查古迹报告[M]．北京：国立北平研究院出版部，1933. c.（清）毕沅．关中胜迹图志[M]．西安：西京日报社，1934. d.足立喜六，著，杨炼，译．关中史迹考[M]．北京：商务印书馆，1935. e.阎文儒．西京圣迹考[M]．新中国文化出版社，1943.

[4]编写组．文物学概论[M]．北京：高等教育出版社，2020：2-3.

[5]a.陕西省文物局，编.陕西省文物古迹大观——全国重点文物保护单位[M]．西安：三秦出版社，1998. b.陕西省文物局，编．陕西省文物古迹大观——全国重点文物保护单位巡礼之二[M]．西安：三秦出版社，2003.

[6]陕西文物局，编．陕西文物工作调研报告汇编[M]．内部资料，2019.

[7]西安市文物局，编．文物工作法规制度手册[M]．（上、下）2016（内部资料）.

[8]a.陕西省文物局，努力实现陕西文物保护事业新跨越[N]．中国文物报，2016-12-23. b.陕文.全面统筹保护与利用的关系——陕西积极推动文物工作的扶贫引领作用[N]．中国文物报，2017-9-8. c.陕西省文物局．全面提升陕西文化遗产保护利用水平[N]．中国文物报，2017-11-7. d.张坤．陕西馆藏文物预防性保护工作取得成效[N]．中国文物报，2020-7-28.

[9]李瑞．坚守初心使命，陕西文博人的文物保护利用之路[N].中国文物报，2020-5-1.

[10]陕西省文物局，编．陕西文物古迹大观——陕西省级文物保护单位巡礼[M]．西安：三秦出版社，2006.

[11]陕西省地方志编纂委员会．文物志（下）[M].西安：陕西人民出版社，2016：1664-1701.

[12]王惠贞.文物保护学[M]．文物出版社，2009.

[13]西北大学文博学院，中国化学会应用化学委员会考古与文物保护化学委员会，中国科技考古委员会编．文物保护与科技考古[M]．西安：三秦出版社，2006.

[14]赵荣．强化责任 拓展利用 努力开创文物工作新局面[N]．中国文物报，2016-3-22. 陕西省文物局．全面提升陕西文化遗产保护利用水平[N]．中国文物报，2017-11-7.

[15][66]刘卫红．符合国情的文物保护利用之路实现理路探析[J]．建筑与文化，2020(02)：22-27.

[16]齐章安．建立与社会主义市场经济相适应的文物保护体制[J]．陕西社会主义学院学报，2001(4)：38-40.

[17]张井炜，冉伟，王璞．浅谈陕西文物保护的现状、问题及对策[J]．文物鉴定与鉴赏，2020(9)：112-113.

[18]庞子涛．陕西省文物保护管理所现状及对策探析[D]．西北大学，2015.

[19]曹凤权．毕沅及其对陕西文物的保护[J]．文博，1989(01)：79-83.

[20]魏麒鹏．毕沅对陕西的文物保护贡献[J]．人类文化遗产保护，2016(00)：78-80.

[21]罗宏才．西京筹委会与民国时期陕西的文物保护[J]．文博，1998(3)：85-91.罗宏才．抗战中陕西考古会及西安碑林部分文物移藏始末[M]．碑林集刊，1994：15-27. 赵静，罗宏才.杨虎城与陕西文物事业[J]．文博，2006(6)：49-51.

[22]谭前学．民国时期的陕西文物保护与管理[J]．文博，2014(6)：80-85.

[23]罗冬琴．简论陕甘宁边区的文物保护事业[J].中国民族

博览, 2016(10): 238-239.

[24]赵荣. 陕西大遗址的保护[J]. 文博, 2005(4): 4-6. 赵荣. 陕西省大遗址保护新理念的探索与实践[J]. 考古与文物, 2009(02): 3-7.赵荣, 主编. 陕西大遗址保护的探索与实践[M]. 北京, 文物出版社, 2012.

[25]a.陆武. “十二五”期间陕西大遗址分级保护的思考[N]. 中国文物报2012-10-1. b. 陆武.陕西大遗址保护与利用的几点思考[J]. 西北工业大学学报(社会科学版), 2012(3): 72-76.

[26]孙满利. 陕西土遗址保护现状及对策[J]. 西部考古, 2013: 381-388.

[27]向德, 主编. 西安大遗址保护[J].文物出版社, 2009.

[28]魏乾涛. 田野文物保护的几点思考——以陕西兴平茂陵保护区田野文物保护为例[N].中国文物报, 2013-1-9.

[29]唐前. 革命文物的保护与利用研究[J]. 建筑与文化, 2018(09): 195-196.

[30]潘明娟. 陕西革命建筑保护开发现状与策略建议[J].新西部, 2020(Z3): 103-104.

[31]姚迪, 芦佳洁, 邵书玥. 城市轨道交通建设过程中文物保护技术路线刍议——以西安地铁三号线为例[J]. 文博, 2012(5): 86-91.

[32]张廷皓. 物保护与陕西旅游业可持续发展[J]. 文博, 1998(6): 37-39.

[33]赵荣. 切实做好城镇化进程中的文物保护工作[N]. 中国文物报, 2014-3-19.

[34]李红艳. 陕西大遗址保护与规划对区域经济的影响[J]. 西安文理学院学报(社会科学版), 2007(3): 32-34.

[35]梁佩仪, 余杰. 丝绸之路遗产旅游-城镇化耦合协调实证研究——以陕西省为例[J]. 西北师范大学学报, 2019(3): 118-124.

[36]陕西省考古研究所, 德国美因兹罗马——日耳曼中央博物馆编著. 修复与保护: 关于改进中国陕西出土文物修复保护方法的研究报告[M]. 西安: 陕西人民美术出版社, 1996.

[37]杨军昌, 等. 陕西文物科技保护研究综述[J].考古与文物, 2008(6): 222-232. 邵安定,等. 2008～2017年陕西文物保护研究综述[J]. 考古与文物, 2018(5): 148-169.

[38]张志军. 秦始皇陵兵马俑文物保护研究[J].西安: 陕西人民教育出版社,1998.容波,周铁.陶质文物科技保护研究现状[J]. 文物保护与考古科学, 2011(23): 2

[39]a.杨军昌, 赵西晨. 汉唐墓葬壁画保护与修复[M]. 西安: 三秦出版社, 2010. b. 杨文宗.陕西历史博物馆壁画保护工作回顾与展望[M]. 陕西历史博物馆馆刊, 西安: 三秦出版社, 2016: 331-335. c. 陕西历史博物馆, 编. 唐墓壁画保护修复研究报告[M]. 西安: 三秦出版社, 2011.

[40]郭宪曾. 陕西帝陵保护立法调研初探[J]. 中国文物报, 2014-3-7.

[41]程钦毓. 文物保护的刑法研究——以陕西为例[J]. 环球市场信息导报, 2017(21): 10.

[42]a.张晓霞. 加强检察公益诉讼建设 助力陕西文物保护事业[J]. 法治与社会, 2020(6): 49-50. b. 庞博. 陕西文物领域纳入公益诉讼意义重大[N].中国文物报2020-6-23.

[43]朱铭, 陈全.文物系统法律风险管理体系构建之浅谈——以陕西历史博物馆为例[J].陕西历史博物馆馆刊, 2018: 387-392.

[44]a. 陈国芬, 袁青安. 陕西文物犯罪现状与对策[J]. 中国刑事警察, 2005(2): 41-43. b. 曹楠华, 韩育林. 西安文物犯罪及打防对策[J]. 中国刑事警察, 2009(3): 35-36.

[45]马柯. S省盗掘古文化遗址、古墓葬犯罪现状与防控对策研究[D]. 西北大学, 2019.

[46]罗娟丽. 社会治安防控体系下田野文物的立体化保护[J]. 山西警察学院学报, 2020(2): 34-39.

[47]彭蕾. 关于中国被盗文物数据信息发布平台的几点看法[J]. 中国文物科学研究, 2017(2): 41-45.

[48]宝鸡市公安局, 宝鸡市文物旅游局. 优势互补 密切配合 创建打击文物违法犯罪长效机制[N]. 中国文物报, 2011-10-28.

[49]刘俊刚, 雷俊才. 论陕西地区文物古迹的修复和抗震加固[J]. 地震工程动态, 1983(Z1): 1-8.

[50]淳庆, 孟哲, 华一唯. 传统石碑文物的抗震加固技术研

究——以西安碑林石碑为例[J]. Journal of Southeast University (English Edition), 2018(3)：323-330.
[51]郭宪曾，吴晓丛. 汶川地震三秦文物损毁实录与思考[J]. 文博，2008(4)：3-12.
[52]赵东. 数字化生存下的历史文化资源保护与开发研究——以陕西为中心[D]. 山东大学，2014.
[53]张露颖，吴林，等. 互联网+文物保护的实践与探索——基于陕西历史博物馆调研报告数据分析[J]. 教育现代化，2016(35)：341-342.
[54]卢昉. “互联网+”视域下的文化史迹“活态化”保护——以陕西丝绸之路美术遗产保护模式为例[J]. 艺术研究，2020(4)：90-91.
[55]侯卫东，方芳. 陕西临潼华清宫汤池建筑基址及其复原保护设想[J]. 长安大学学报(建筑与环境科学版)，1991(Z1)：126.
[56]李兵. 建国后西安明城墙的保护历程及其启示[J]. 四川建筑，2009(1)：10-12.
[57]吴晓丛. 弃宏大而就无形 陕西汉阳陵博物馆遗址保护性展示建筑的创新实践[J]. 时代建筑，2006(6)：46-51.
[58]赵强. 陕西文物遗址保护展示的实践与发展探讨[J]. 文博，2015(4)：95-98.
[59]刘向阳. 唐乾陵文物保护工作历程的回顾与前瞻[J]. 乾陵文化研究，2006：266-278.
[60]郭清华. 诸葛亮研究的开展促进了文物保护[J]. 文博，1986(6)：20.
[61]南竣祥，李海泉，杨啸宇，等. 陕西省明长城文物保护监测[J]. 测绘与空间地理信息，2015(2)：45-47.
[62]樊海强，刘淑虎. 历史文化名城保护模糊综合评价研究——以西安市为例[J]. 建筑与文化，2014(12)：128-129.
[63]赵治，唐培凇. 加强对陕西古代艺术珍品保护刍议[J]. 理论导刊，2014(11)：77-79.
[64]姜昕. 从保护“物化本体”到传承“人文精神”——新时代我国文物保护的理念创新与转型发展初探[J]. 前沿，2020(5)：39.
[65]王征，谢辰生. 我一直坚信保护文物就是守护国家[N]. 中国文物报，2019-08-16.
[67]刘玉珠. 服务大局 开拓新局——探索文物保护利用数字互联新格局[J]. 人民论坛，2020(25)：6-8.

王莽时期布币叠式范铸的模拟实验研究

韩建武[1]，董子俊[2]，相建凯[1]，王翀[1]，党小娟[1]，杨相宏[2]

1. 陕西省文物保护研究院，陕西西安 710075
2. 周原博物馆，陕西宝鸡 722201

Study of Simulation Experiment on the Stack Casting of Spade-shaped Coins in Wang Mang Period

Han Jianwu[1] Dong Zijun[2] Xiang Jiankai[1] Wang Chong[1] Dang Xiaojuan[1] Yang Xianghong[2]

1. Shaanxi Institute for the Preservation of Cultural Heritage, Xi'an 710075, China
2. Zhouyuan Museum, Baoji 722201, China

摘　要： 从出土的考古实物资料可知，王莽时期钱币的铸造，采用了金属范串铸钱、叠范铸钱两种工艺。串铸钱工艺是沿用汉武帝以来的金属范铸钱工艺，而叠铸工艺在当时则是一种新的陶范铸造工艺。为了比较两种工艺各自的特点，对金属范串铸钱工艺以及叠铸钱工艺都做了相应的模拟实验研究。金属范串铸钱工艺另文发表，本文仅对叠铸钱的工艺流程进行阐述。

关键词： 王莽钱币　布币　叠铸　模拟实验

Abstract: On the basis of unearthed archaeological materials, the coins in Wang Mang period were made by cluster casting or stack casting. Cluster casting followed the metal mold casting method from Emperor Wu of Han Dynasty, while stack casting was a new ceramic mold casting technique at that time. In order to compare the characteristics of the two processes, we carried out simulated experiments. In the paper, we only discuss the technological process of stack casting, the process of cluster casting will be elaborated in another paper.

Key words: Wang Mang's coins; Spade-shaped coin; Stack casting; Simulated experiment

在王莽时期的遗存中，“六泉十布”的数量最大。不仅有大量的钱币存世，钱模、钱范的数量也相当多。为了研究王莽时期的钱币铸造工艺，2019 年 6 月至 2020 年 8 月，周原博物馆与陕西省文物保护研究院合作，对王莽时期的货泉、布币，进行了范铸工艺的模拟实验研究。

一　模拟实验

模拟实验的地址在老周原博物馆院内。下面，将模拟实验的具体步骤从制模到成品，论述如下。

（一）设计金属模盒

在古代范铸工艺思想中，绝大多数青铜器的制作，首先需要设计制作模具。为发展社会经济，战国时期各国已经在大量铸造钱币并流通。如齐国的刀币、晋国、魏国的布币、楚国的蚁鼻钱、秦国的圆形方孔钱等。这些钱币的形状各异，铸造方法也各种各样。其工艺有常规陶范铸造，如刀币，有石范铸造，如圆形方孔钱，有铜范铸造，如五铢钱。从战国到西汉，出土数量最大者，就是金属钱币。西汉及其以前的钱币铸造工艺比较落后，费工费时且产量低下。从遗存资料看，王莽时期的铸币技术超过了以往，将制模的工艺水平，提高到一个崭新的阶段。在王莽之前的范铸工艺中，一个模只能被范夯出一个面。而每个钱都具有两个面，即一个面有铭文，另一个面无铭文，这就需要同时制作出两个不同的模，分别夯制出两个不同面的范，对合后才能实现钱币两个不同面的铸造。而王莽时期的金属模盒，实现了一个模可同时夯出具有两个面的范。即以范面中心分两边，一边为正面，一边为反面。每当两块完全相同的范一经镜像翻转对合，就会形成正面与反面的对合。这项新技术的发明，不但省掉了一个制模的过程，且大大提高了功效。若从战国初算起，到王莽摄政时的铸造金属货币的技术也已经发展了475年。不能不说王莽时期的单模叠铸范的使用，是在前人的工艺技术基础上，加上当朝先民的智慧创造出来的。因为没有考证，这里不便定义是否王莽时期发明。可以肯定的是，在王莽时期的各种叠铸钱工艺中，对于采用单模叠铸范工艺技术，是十分普遍的。根据众多出土王莽时期金属模盒的具体形制，按照范铸工艺的原理，我们设计了一个制作金属模盒的工艺构思（图一）。

（二）制作原始模

在全国各地许多文博部门的陈列柜中，可看到王莽时期各种各样的金属钱币模盒。王莽之前的西汉，一直流通五铢，而王莽时期流通的钱币，是“六泉十布”。这些泉及布的形状，都是前所未有，属当时的创新，不会有现成的模具，需要他们自己根据创造的新钱型制作模具。从出土资料得知，王莽时期的叠铸钱范，是用泥料在金属模盒中翻制而成。所以，我们首先需要制作金属模盒，用以翻制叠铸钱范。

凡具有规律性几何形状的金属铸件，都是经过制模、制范及浇铸而得到的。出土的金属模盒都是铸件，是铸件就需要经过制模、制范、浇铸后才能得到。这就可以认定，金属模盒并非第一道模具，而铸造金属模盒的范，也一样需要用模具夯制而成。所以，我们现在所看到王莽时期的金属模盒，也是经过了制作原始模后再经过泥料翻制成范，浇铸后才得到的。那么在金属模盒之前，还有第一道原始模的制作工艺存在，是毫无疑问的。

从出土的资料看，古代范铸工艺中制作原始模的材料，无非是滑石、泥料及木材。为方便操作，我们选择了用木材制作原始模。

分别用木材做出叠铸金属模盒各部位的构件，外形轮廓、货布形状、直浇道、横浇道以及模盒地张。货布钱形有正面与反面。

根据馆藏货布范厚度，大约在10毫米以内，货布厚度1毫米左右，以此为数据，我们制作的钱模厚度为0.5毫米。将这些散件组合在一起，成为原始模具。在图二上半部分为分别制作出的布币、外框、直浇道及地板。在图二的下半部分，可看到一个完整的叠铸范模盒，是将分别制作的散件组装起来定位及粘接而成。此原始模是散件组装而成的，是暂

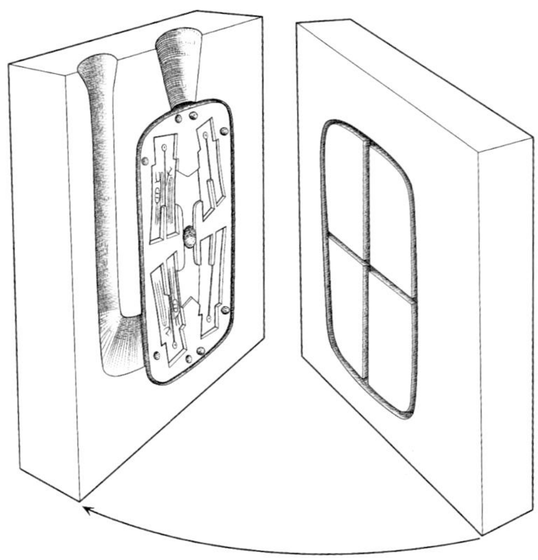

图一 钱模型腔设计图

图二 钱模盒组装

时被黏结剂粘成整体的。如果用此模翻制泥范，容易出现开胶散落现象，不适合批量制作泥范。所以，需要将散件组装的原始模翻制成为泥范，经阴干、焙烧、浇铸后成为整体的金属模盒，才适合大批量翻制钱范。

（三）制备泥料

这里的泥料配比需要分两种，一种是用于翻制金属模盒的泥料，另一种是用于翻制叠铸钱范的泥料。由于金属模盒有10厘米以上的长度，具有相当的体积，其制作工艺与制作一般青铜器是一样的工艺。

所以，其泥料当与制作青铜器一样的配比。一般夯制青铜器范时，由于青铜器范的背面往往有弧度，所以只要求范面规整光洁，并不要求范的背面规整。与制作青铜器范不同的是，叠铸钱范不但范的正面需要对合，每片范的背面也需要严密的对合，这就要求每一片钱范的正、背两面都必须十分规整，才能保证每片范叠压后的范包规整程度。所以，制作金属模盒范的泥料，与制作叠铸钱范的泥料是不一样的。但区别也不大，翻制金属模盒的泥料中，只是比青铜器的泥料配比多出10%的砂量，其他一样。

配制叠铸钱范的泥料时，我们用当地的生土。由于取来的生土是潮湿的，无法进行加工和配料。经过阴干、碾碎以及分筛，约达到150目左右的粉状待用。配料时，按土料75%，加入草木灰25%后搅拌均匀。翻制金属模盒的泥料是按土料65%，砂料10%，草木灰25%。当两种配比的料都各配制好并搅拌均匀后，分别用喷壶洒水，一层土一层水，将泥料洒水、陈腐一天时间，再将泥料进行反复揉、搓、炼制后，将泥料摔成团状备用。需要将泥料阴干，待泥料阴干到具有最大的湿强度又有很好的可塑性时，就可以翻制金属模盒范以及叠铸钱范了。

这里需要说明的是，用于夯制金属模盒的泥料，还需要再分出面料与背料两种不同粒度的泥料。面料与背料中的土、砂、草木灰的比例可以一样，区别只是粒度不同。由于要求金属模盒具有较高的表面光洁度，所以要求泥料的粒度必须足够细。泥料的粒度越粗，透气性越好。而泥料一旦细到一定程度后，失去了透气性就很容易出现铸造缺陷。解决这个问题的办法，就是将泥料分为两种，即较细的面料及较粗的背料。在图三中可以看到，上面是人工踩泥，下面是将泥料摔成团状待用。

图三 炼制面层料与背料

（四）制作金属模盒

将一个木框摆放在平板上，将原始木模摆放在木框中。在夯制金属模盒的范时，将一层约 2 毫米厚的面料覆盖原始模的表面，以保障金属模盒有较好的铸态毛坯光洁度，框内其余空间都用较粗的背料填充成范，范的厚度大约在 5 厘米左右。

制出的范需要阴干，同时制出配套的平板范，在自然条件下阴干，逐步释放水分。经过三十多天阴干后，放入窑中进行焙烧。焙烧的规范是先将泥范在窑内低温焙干约 8 小时后再逐渐升温，以每小时升温 100℃，逐步升温至 1050℃左右保持恒温两小时左右，泥范被烧成了陶范。待到陶范自然降至室温，即可与平板范对合，将对合好的陶范埋入木框中进行浇铸。在图四上图中，上面为用木质原始模夯出的泥范。当夯好泥范后，从泥范中取出原始模，打开木框修整泥范及开挖浇铸口，等待阴干、焙烧。图四下图是刚刚浇铸出来的金属模盒铸件，铸件的旁边为浇铸口，顶部为冒口。待铸件彻底冷却后，去掉浇冒口、毛刺等多余的部位，清理干净，打磨光滑，就可以进行下一道工序，即用泥料在金属模盒中夯制叠铸钱范了。

图四 钱模铸型与钱模毛坯

（五）制作叠铸钱范

取配制好并且经过陈腐好的细泥料待用。将铸造好的金属模盒打磨干净，将细泥料填入金属模盒中反复夯实，将泥料夯得高出金属模盒的口沿。用工具把高出金属模盒口沿的多余泥料刮除，并将钱范的背面抹平整后，将钱范从金属模盒中脱出。如此这样反复操作，制作出来的叠铸钱范片就会越来越多。图五是金属模盒，再从金属模盒中脱出来的单片叠铸钱范。再将夯出来的钱范每两片对合为一套，然后一套套叠压起来。

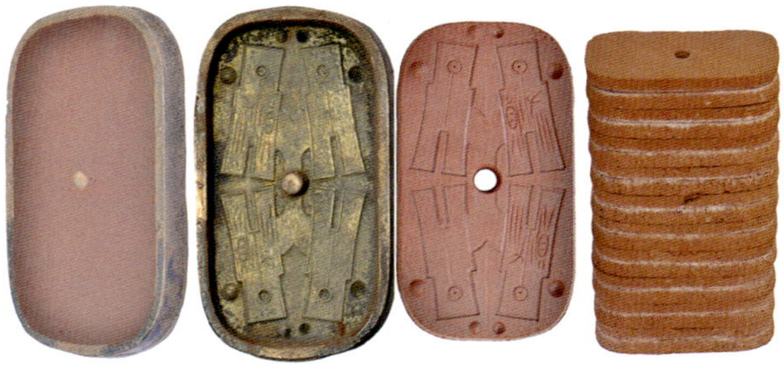

图五 钱模制出的叠铸范

从众多出土的汉代及王莽时期的金属模盒看，每个模盒的正中心，都有一个立柱状的浇道。正是由于在金属模盒的正中心设置了直浇道，造成翻制出来的每一块叠铸钱范片的正中心，就会自带一个直浇道孔。所以，不论叠压多少层范，当一层层的范片叠压成范包后，范包的中心都会存在一个直浇道，不需要再另行开挖浇道。具体操作时，只需要用泥料将夯出的第一块范的中心孔堵死，从第二块范开始，就再不用堵了。因为如果不将最下面范的中心浇道堵死，浇铸时铜液就会漏到范包外面去，造成浇不足以成废品。在夯范的操作过程中，范的叠压是面对着面、背对着背叠压的。从图五的范面我们可以看到，范的纵向中心有一条中心线，这是设计模盒时留下的线。要铸的钱厚度为 1 毫米，而在范面的钱型深度只有 0.5 毫米。当两块范对合后，钱型的厚度就会倍增为 1 毫米。同样道理中心线的左边是无铭的钱腔，中心线的右边是有铭的钱腔。对合后铸出的货布就会一面有铭一面无铭。再看范的中心线左边，沿边沿共有四个凹下去的圆窝，而在分别与四个圆窝对称的中心线右边，则有四个凸起的小点。在这里，凸者为榫，凹者为卯，即榫卯结构。因此从图中的金属模盒或者从模盒中翻出的范面，我们都可以看出，只要从这个金属模盒中翻出来的范镜像翻转180度，就可以达到有铭对合无铭、榫对合卯、卯对合榫的效果。

这里的榫卯对合，存在一个机械的公差配合问题。如果榫与卯的尺寸一样，榫就进不到卯底，两范也就对合不严。榫的尺寸必须小于卯，榫才能够对合到卯底。如果榫的尺寸小得过头，对合后两范之间就会松动。开始时，我们做的金属模盒翻出的范总是对合不严，说明榫的尺寸大了。重新制作金属模盒后，翻出的范对合后有活动量，说明榫的尺寸小的过了头。就这样我们反复制作了多次金属模盒，才实现了两范紧密的对合。最后的尺寸，是榫比卯小 0.2 毫米。

图六 浇铸钱腔与毛坯钱树

（六）阴干焙烧浇铸

当夯出足够的叠铸钱范并叠压好后，需要进行自然阴干。在阴干过程中，可看到范包的颜色在逐渐变浅。经过约一个月阴干。我们将麦草剁碎加入到稀泥料中炼制成草拌泥，将草拌泥料敷到叠铸钱范的外表将范包裹。在最上面一层范的中心浇口部位插入一个木棍，以阻挡草拌泥料进入浇口。当将草拌泥料在范的最上面堆起来后，拔掉木棍露出浇铸口，将上面的草拌泥料修整成漏斗形，再进行阴干。又经过约一个月阴干后，将范包装入窑中焙烧。焙烧的规范，与前面基本一样，只是保温时间加长 2 小时。当将叠铸范包焙烧好并自然冷却到室温后，需要将这些叠铸范包从窑中取出，放入木框内用湿砂土埋紧待浇铸。

在图六中，上面是叠铸范包都埋在木框中，正在将熔炼好的铜液浇入叠铸范包，下面是铜液冷却后，从木框中掏出来的范包。由于需要看叠铸范的范腔结构，需要掏出完整的钱树，所以我们很小心地清理掉了钱以外的范料。否则，浇铸凝固后可以直接摔破范包取钱。根据掏出来的钱树形状，我们绘制了叠铸范腔结构剖面图。

从图七中可以看到，里面是一层层的叠铸范，顶端有个漏斗形的浇铸口，中心有个直浇道通向每一枚钱，叠铸范的外面一周被草拌泥包裹。在叠铸范外面包草拌泥，有两个作用。其一，叠压好的范包便于移动。其二，浇铸时不容易跑火。通过几次浇铸实验我们得知，叠铸钱工艺的成功率高。我们先后浇铸了三次，少有浇不成的范出现。相比陶范串铸钱、金属范铸钱以及石范铸钱工艺而言，王莽时期的陶范叠铸钱工艺简单，生产效率明显提高。

二 相关问题讨论

王莽时期的范铸工艺技术，它延续继承了西汉

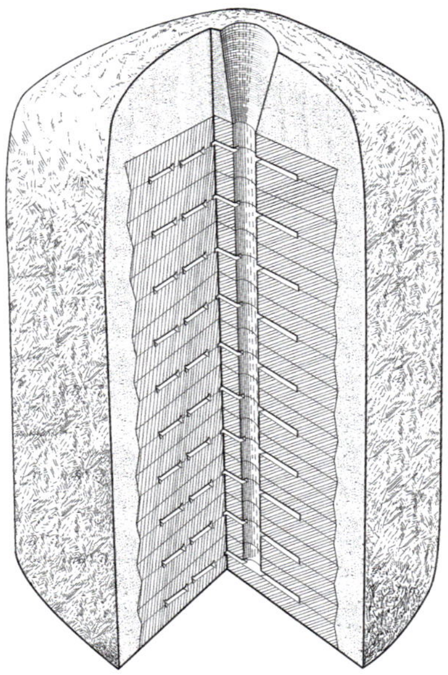

图七 货布叠铸范剖面图

的铸钱工艺。在更早的青铜时代里，先民们制造青铜器时，普遍采用了分型制模的工艺技术。一直到西汉，铸造一个鼎时，往往鼎的主体需要制作一个模，而鼎足及鼎耳，都是分别制作模具。即使到了汉武帝的三官铸钱时，铸造平面的五铢钱，也需要分别制作正、反两个面的钱模，分别制范后，才能对合成为一面有铭、一面无铭的五铢钱腔。

在西安北郊的相家巷遗址中，曾经出土了大量汉武帝三官铸钱的串铸陶范，绝大多数为有钱腔无铭文的背范。这些背范明显是从模上夯出来的，与背范对合的是五铢钱金属范。而在陕西的大荔县到韩城一带，曾经出土了一批五铢钱的金属范。这些都说明，西汉铸造五铢钱需要先制作出正、反两个面的模。从春秋战国时期各国开始铸造货币，至西汉的三官铸钱，这之间约 500 年时间，基本没有两个面一样的钱币，多是一面有铭、一面无铭。这说明，王莽以前铸造钱币，都是需要制作出两个不同的模，才能生产出两个面不同的钱。

图八是从本次铸造的钱树上取下来一枚钱的两个面。可看到一个面有铭文，另一个面无铭文。通过前面的论述说明，王莽的叠铸钱是单模制范，即只需要用一个模夯范，就可铸造出两个面不同的钱币。这种新工艺并不是新发明，只是模面的设计思想超前，是将本应分别两个不同的模面，设计成完全对称的一个模面。尽管此时的叠铸范只一个面有钱腔，但这一小小的革新，是划时代的，是中国古代铸币史上的里程碑。在陕西户县大王镇的兆伦村附近，曾经有王莽时期的叠铸钱范铸遗址，其叠铸钱范堆积如小山丘。其铸钱的工艺技术，已明显与汉武帝三官铸钱不同。串铸工艺与叠铸工艺相比较，串铸钱工艺需要制作两个模，串铸工艺的范体积大，在阴干过程中变形倾向大，废品率相对多。叠铸工艺只需要制作一个模，叠铸范体积小，阴干时变形倾向小，成功率相对高。其两种工艺的优劣是显而易见的。400 年后到六朝时期，萧梁的双面公式女钱范，达到了范的两个面都有钱腔。如果没有王莽时期的工艺技术勇攀高峰，就不会有六朝铸钱的登峰造极。

这里论述王莽时期的铸钱工艺技术，并非指王莽本人，而是指生活在王莽时期的先民。发明创造是需要条件的，是在十分熟练掌握前人的工艺技术基础上，才能有所发展。而最关键的条件，应是社会需求。王莽时期大量铸造发行钱币，除“六泉十布”的数量巨大外，更大量铸造了“一刀平五千”这种严重扰乱社会经济的货币。除政治原因外，错误的货币政策加速了王莽政权的覆灭。但是，也正是由于王莽大量发行货币，才促进了先民的铸钱技术向

图八 货布成品正反面

前发展。

早在商朝晚期，人们就已经认识到财货的流通，是促进社会经济发展的重要条件。商晚期的社会，就已经有着繁荣的贾市。当时流通的货币是贝币，出土有自然贝壳，亦有铸造的金属贝。所以，凡与“贝”字有关的汉字，基本都与财货相关。西周推翻商朝之初，抑制了商业的发展，把做买卖的人称之为商人，这就是今天“商人”一词的由来。至春秋以后，人们认识到社会财富的积累，很大程度上需要靠物质及货币的积累与流通。所以，各国都尽量发展贾市。随着采铜技术不断提高，在没有纸张及印刷术的条件下，为了发展社会经济，春秋时期各国使用了不同的金属货币。战国早期，已经有了成熟的货币铸造技术。从出土资料看，战国铸钱多使用了串铸技术。图九左图是安徽省繁昌县博物馆馆藏战国蚁鼻钱的金属范，我们把这样并串起来浇铸的工艺，称之为串铸。如这样的金属范，武汉市博物馆也有藏品。图九右图是在河南出土战国晚期的带钩陶模[1]，可以看到模面有 20 个带钩。这个带钩的工艺思想，明显是受到当时串铸钱工艺的影响。而在山西侯马工作站，我们可以看到很多出土的东周带钩模及带钩范，全是一范铸一器。所以，战国时期的串铸钱工艺，是当时的新工艺，对当时的铸造行业提高生产效率起到了积极作用。

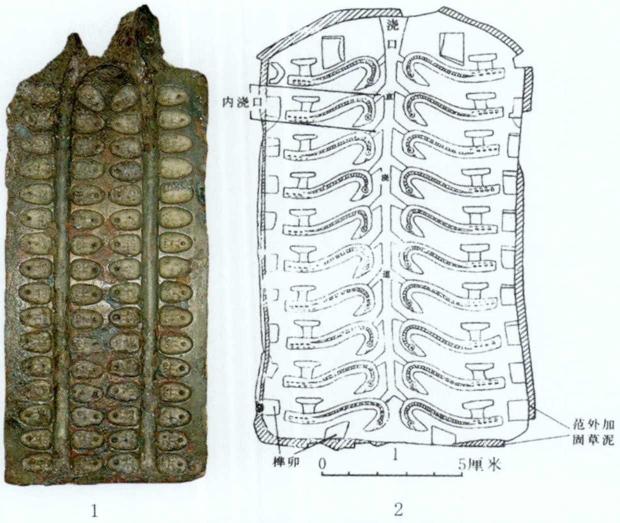

图九 战国蚁鼻钱铜范与战国晚期带钩陶模绘图

1. 战国蚁鼻钱铜范 2. 战国晚期带钩陶模绘图

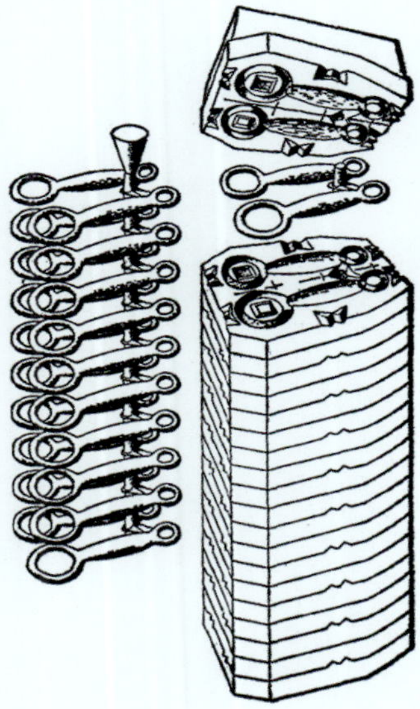

图一〇 叠铸马衔范绘图

叠铸钱工艺的发明，显然是在串铸钱的工艺思想上进行了再创造。也许我们今天看来似乎十分简单，只是将竖向造型的铸件改成了平向造型。而这一小小的改进，却是先民经过了数百年的技术积淀才完成的。一旦突破，就会用于铸造的方方面面，亦并非只是用于铸钱。只要几何形状符合条件的铸件，都可以采用叠铸工艺。在全国的文博部门中，多数藏有马衔，其出土量也较大。图一〇为河南温县烘范窑中出土的叠铸马衔范[2]，可看到叠压了 10 层。一次浇铸 20 件马衔，与过去一次浇铸一件马衔，功效提高了 20 倍。在温县烘范窑中，同时还出土有六角承、轴套承、车销、镳、革带扣等 36 种器型的叠铸范。毫无疑问，这些铸件采用了叠铸钱的工艺思想，使生产效率得到了空前提高。虽然王莽政权不长，但叠铸技术却并没有随之消亡，而是一直延续至东汉。

我们在做模拟实验的过程中体会到，叠铸范体积小，操作简单，变形倾向小，成功率高，浇铸时很少出废品。与叠铸相比，串铸范体积大，阴干过程中变形倾向大，成功率相对低。通过以上论述不难理解，王莽时期的叠铸钱工艺技术，对于当时提高生产效率，起到了十分重要的作用。

致谢：本文所用剖面图由曾令斌绘制，在此表示感谢。

[1]李京华.中原古代冶金技术研究（第二集）[M].郑州：中州古籍出版社，2003：192.

[2]河南省博物馆.汉代叠铸[M].北京：文物出版社，1978.

浅谈 XRD 技术在文物分析研究中的应用

孙凤[1,2,3]，王璐[1]，王若苏[1]，李璟钰[1]

1. 西北大学文化遗产学院，陕西西安 710069
2. 文化遗产研究与保护技术教育部重点实验室，陕西西安 710069
3. 中国—中亚人类与环境“一带一路”联合实验室，陕西西安，710069

Discussion on the Application of XRD Technology in Cultural Relic Analysis and Research

Sun Feng[1, 2, 3] Wang Lu[1] Wang Ruosu[1] Li Jingyu[1]

1. School of Cultural Heritage, Northwest University, Xi'an 710069, China
2. Key Laboratory of Cultural Heritage Research and Conservation(Northwest University), Ministry of Education, Xi'an 710069, China
3. China-central Asia Belt and Road Joint Laboratory on Human and Environment Research, Xi'an 710069, China

摘　要： 文物是人类历史的信息载体，对于文物本体的分析和病害研究可以为科技考古和文物保护等研究提供有价值的信息。本文梳理了 XRD 技术在文物分析研究中的运用，包括一般样品的物相分析以及有特殊分析需求样品的分析：微区分析、变温分析、同步辐射分析和二维分析。近年来 XRD 在文物中应用的创新，为文物保护研究与实践提供参考和借鉴意义。该技术具有应用范围广、所需样品量少或无损、分析速度快、准确度高、自动化程度高等优势，但是该技术不能分析含水文物，在解谱上需要经验具有一定困难，在定量分析方面误差较大，并且由于X射线较强的穿透性，在测试中容易检测到较薄物相之下的其他物相，造成结果不准确。

关键词： XRD　变温　微区　同步辐射　二维

Abstract: Cultural relics are the information carrier of human history. The analysis and disease research of cultural relics can provide valuable information for scientific archaeology and conservation. This paper summarizes the application of X-ray diffraction (XRD) technology in the analysis of cultural relics, including phase analysis of general samples and samples with special analysis requirements: microscopic-analysis, variabletemperature analysis, synchrotron radiation analysis and two-dimensional analysis. In recent years, the application of XRD in cultural relics has been innovated, providing reference for the research and practice of cultural relics preservation. This technique has many advantages, such as a wide application range, less or nondestructive samples needed, fast analysis, high accuracy and automation. However, it cannot be used to analysis the water-bearing relics, and is difficult for unskilled researcher to interpret the spectrums. Moreover, the error of quantitative analysis in XRD is large, and due to the strong penetration of X-ray, it can easily detect other phases under the thinner samples, giving inaccurate results in the test.

Key words: XRD(X-ray Diffraction); Variabletemperature analysis; Microanalysis; Synchrotron micro-X-ray; Two-dimensional

引 言

文物是人类社会活动遗留的具有历史、艺术、科学价值的遗物和遗迹。文物本身的组织、结构、性能会随着时间流逝和自身所处环境的变化受到物理、化学或生物因素的破坏。为了使文物本体及文物信息得到长期妥善的保存，我们需要运用恰当的科技手段对文物进行分析[1]。X 射线粉末衍射（XRD）是一种重要的材料物相及成分分析方法，作为文物分析中常用的分析技术，在文物保护中具有非常重要的地位。它在彩绘陶器、壁画、金属锈蚀产物等各种无机质文物的物相分析中具有广泛应用，并且对于部分有机质文物的物相分析以及部分保护材料的性能研究中也有应用。本文梳理总结了近年来文物分析研究与保护中 XRD 的应用案例，分析其优势与局限性，以期为深入进行文物保护研究工作提供借鉴。

一 XRD 在文物分析中的应用

（一）XRD 技术原理

XRD 是利用 X 射线在特定晶面发生衍射增强出现衍射峰的原理进行定性、定量分析的结构分析手段。当一束 X 射线通过晶体的特定晶面时，将发生衍射，衍射波叠加使射线的强度在某些方向上加强，出现衍射峰。由于每种晶体衍射峰的峰位置以及峰强度是独特的，因此通过分析 X 射线衍射花样与标准 PDF 卡片对比，便可确定晶体种类与结构。

XRD 主要有两种方法：劳厄法和粉末法，相对应的，X 射线衍射仪分为单晶衍射仪和多晶衍射仪两种。劳厄法以连续 X 射线照射固定不动的单晶进行晶体结构分析，粉末法则以固定波长的 X 射线照射粉末样品进行物相分析。由于文物历经千年，其表面结合物、颜料以及内部结构成分相对复杂，为多晶样品，因此在文物分析中常用的 X 射线衍射方法为粉末法。在进行粉末法分析时，试样包含无数取向无规则的细小粉末，将在满足布拉格方程的入射角处出现衍射峰，对衍射峰位置以及峰强度进行分析即可确定物相类型，从而定性分析。对衍射花样强度进行分析，可确定各物相含量，即定量分析。

（二）XRD 在文物中的应用

自 20 世纪 20 年代以来，XRD 是确定矿物中物相种类的主要方法。XRD 操作简单迅速、数据库全、结果准确，用以进行对比的标准“JCPDS”卡片汇集了世界各国发表的各种单晶物质的标准 XRD 数据。粉末 X 射线衍射技术应用最为广泛，具有操作简便、迅速、信息全面、样品量少、对样品无污染、衍射强度准确等优点。在文物分析中 XRD 常与激光拉曼和偏光显微分析等方法测试手段相结合共同进行文物分析。

1. XRD 一般样品物相分析

X 射线衍射技术是较早被应用在文物分析保护工作中的，发展相对成熟。XRD 在文物分析及文物保护的主要应用涉及金属[2]、矿石[3]、矿物颜料[4]、陶瓷（胎土[5]、釉层[6]）、腐蚀产物[7]、风化产物[8]等无机质文物的基体材料和蜕变产物等各种类别，应用有原料研究、烧成温度[9]、产地[5]、腐蚀物[10]等。XRD 在有机质文物的分析中也有应用，在纸张的填料[11]、颜料[12]、墨水[13]等分析以及纸张保护材料的研究，骨器中的无机成分的研究分析[14]、漆器的漆料、成色物质等的分析[15]中已经被广泛运用。

研究对象主要包括文物本体、文物衍生产物和保护材料三个方面。在文物本体方面，Eugenia P. Tomasini[3]对巴塔哥尼亚北部出土的彩绘人骨中用作黑色颜料的辉石矿物进行分析，得到的拉曼光谱和 XRD 结果表明红色颜料中含有赤铁矿，黑色颜料由辉石矿物群、硅铁和硅铁组成。G. A. Dela Fuente[16]采用粒子诱导 X 射线发射、XRD、电子显微探针分析和扫描电子显微镜等分析技术对彩陶焙烧前后的表面涂层进行表征。XRD 和 SEM-EDS 给出每个分析颜料的主要矿物相和特征形貌的信息。

结果表明每种颜色仅有一种颜料：分别是赤铁矿和锰矿物氧化物，而白色颜料的特征是方解石、钙长石和石膏。在文物衍生产物方面，赵静等[17]对高埈汉墓酥粉灰陶文物进行成分和可溶盐晶体、晶相组成的分析，测定了胎体和可溶盐的主要成分，最终发现可溶盐 NaCl 和 $NaNO_3$ 结晶含量最高，对陶质样品产生的破坏最大。王蕙贞等[18]对秦汉、唐九成宫遗址的铁器进行铁锈的成分分析。并且就不同区域不同时代的多件铁器分析结果，对长期以来认为铁锈的主要成分是 Fe_2O_3 提出质疑，提出主成分为三种不同构相的新的想法。从而为保护修复材料、工艺的选择提供了新的选择。在文物保护材料分析方面，洪坤等[19]在石质文物二氧化硅保护膜的研究中利用 XRD 分析薄膜的相结构，对比前后谱图得知处理后的石材表面有二氧化硅保护层生成。周浩等[20]将 XRD 应用于对铁器文物的脱盐清洗溶液缓蚀性能研究过程中，证明了清洗溶液的缓蚀性能。

2. XRD 特殊样品分析

普通 XRD 在分析过程中所需样品量较多，样品测试需要研磨并且对样品结晶度要求高，这对珍贵不能损坏或样品量少等特殊情况的文物样品极为不利。由于文物不可再生、不可多得，文物分析的基本要求之一就是无损分析或近似无损分析。近年来，随着 XRD 技术不断发展，更加适应文物分析的 XRD 技术应运而生。传统 XRD 技术的不足正在被完善。微区 XRD 相比于传统 XRD 所需样品量更少，具有微区、微量、原位和无损等优点，弥补了传统 XRD 非无损、所需样品量大的不足。同步辐射 XRD 相较于微区 XRD 灵敏度更高，分辨率更好，变温 XRD 对于了解古代器物烧制工艺有极大的指导意义等。

（1）微区 XRD 分析

微区 XRD 相比于粉末 XRD 使用更少的样品量，具有微区、微量、原位和无损等优点。微区 XRD 不需要将样品磨成粉末，实现了对样品的无损分析。这有效满足了行业内要求的文物样品尽可能无需制样，尽可能无损分析的特点，并且通过仪器内置显微镜对文物特定区域可以进行点对点的精准观察。成小林等[21]利用微区 XRD 对新干商墓青铜器非晶与纳米晶锈蚀产物结构进行分析研究。严静等[22]利用微区 XRD 结合多种测试手段，对韩休墓壁画材质和工艺进行了研究和探讨。孙凤等[23]在对汉阳陵东阙门出土蓝紫色颜料的科学分析中，使用微区 XRD 结合其他测试手段，对汉阳陵东阙门出土蓝紫色颜料样块的表层颜料部分进行无损分析，证实该蓝紫色颜料成分为中国紫。

（2）同步辐射 XRD 分析

同步辐射光源是一种频谱连续分布的光源，相比于普通 XRD，同步辐射 XRD 具有更为先进的灵敏度、超短采集时间和微米尺度的分辨率等优点，能够更为快速且准确的确定物相信息。Javier G. Iñañez[24]利用同步辐射 X 射线衍射评价美国马氏釉颜料配方的初步工艺。利用同步 X 射线衍射具有高亮度和小探针尺寸的特点识别晶相，利用微化学与微观结构技术提供了组成矿物的横截面剖面，最终提供了装饰中使用的颜料的性质和分布信息，结果揭示了样品之间的显著差异。V. Gonzalez[25]运用同步辐射 X 射线衍射分析大师绘画中铅白颜料的组成及微观结构，通过高分辨率 XRD 分析晶体的扩展尺寸和晶体的拓展物以揭示颜料的性质，引发对于艺术家选择、制备和处理白色颜料的偏好问题的进一步思考。L. K. Herrera[26]利用先进的同步辐射 X 射线衍射和 μ-XRF 与传统技术的结合应用，用于从巴洛克安达卢西亚绘画中识别图案材料体现出在多层绘画识别中同步辐射 X 射线衍射和 μ-XRF 结合用于识别多层颜料的优势。A. Lluveras[27]利用 SEM-EDS、FTIR 和 SR-XRD 用以证明 11 世纪祭坛壁画使用埃及蓝的研究中，用 SR-XRD 进一步佐证了 EDS 和 FTIR 的结果，最终证明在蓝色中存在铜铁矿。

（3）变温 XRD 分析

变温 XRD 即 X 射线衍射仪配备变温测试台，用以实现在升温过程中对样品进行同步测试而获得待测物的相变温度点，分析样品的烧制温度等内容，这对于了解古代器物烧制工艺有极大的指导意义[28]。陈茜等[29]利用变温 XRD 技术将样品置于 X 射线管全自动衍射仪高温装置中，分别在各个温度点恒温控制，并进行物相的测定，以探讨古代烧制中国紫颜料时的原料选用及烧制条件等问题。结果表明，中国紫的出现可能与这种独特的含钡矿物资源有关。张碧健等[30]利用变温 XRD 对青铜器有害锈在各个温度点测定物相，为消除青铜基体内有害锈“病灶体”的合适方法提供依据。

（4）二维 XRD 分析

更多 XRD 的新发展还有待在文物中运用。二维 XRD 分析（2D-XRD），即使用二维探测器并对由二维探测器记录的二维像、二维衍射花样的数据进行处理分析和解释样品的 X 射线衍射方法。在处理多晶样品时，二维 XRD 相比于一维 XRD 技术，能够更好地对大晶粒样品、织构样品和量少的样品进行物相分析[31]。这一特征对于文物鉴定和微量样品分析具有重要意义，2D-XRD 有望在未来更广泛地应用于文物鉴定与保护领域。

二 结 语

中华民族在漫长的历史发展过程中留下了无数的文物瑰宝来传承和记忆光辉灿烂的文明。随着文物保护行业的发展，文物保护理念和技术不断进步，由于文物不可再生并不可多得，对文物的分析技术手段要求也越来越高，越来越提倡无损分析或微损分析。随着 XRD 新的发展弥补传统 XRD 在文物分析中的不足，微区 XRD、同步辐射 XRD 和变温 XRD 等技术已实现对样品更加准确的微损分析，在各种不同文物类别的文物分析中得到了广泛运用。

但由于文物成分复杂，XRD 解谱往往存在一定的困难性且需要依靠经验。由于 X 射线具有强穿透性，在检测复合类型的文物时，例如检测带有地仗层残留的壁画残块上的颜料层时，检测经常得到颜料层之下的物相结果。另外 XRD 需要结合其他分析手段综合给出文物分析的结论，并且 XRD 虽然能够定量分析，但定量分析误差大，不能够分析含水的样品。

文物保护离不开仪器分析，XRD 具有所需样品量少或可以无损分析、分析速度快、准确度高、应用范围广、自动化程度高等特点，相信未来在科技考古和文物保护领域将会有更广阔的发展前景。

---

[1]王芳芳，莫剑毅．文化遗产保护管理与传承创新研讨会在敦煌召开[J]．敦煌研究，2020（4）：插1，封3.

[2]范崇正，吴佑实，王昌燧，等．青铜器粉状锈生长过程的动力学研究[J]．中国科学（B辑 化学 生命科学 地学），1992（05）：470-477.

[3]Eugenia P. Tomasini, Cristian M. Favier Dubois, Nicole C. Little, et al. Identification of pyroxene minerals used as black pigments in painted human bones excavated in Northern Patagonia by Raman spectroscopy and XRD[J]. Microchemical Journal, 2015, 121: 157-162.

[4]孙凤，吴萌蕾，孙满利，等．汉阳陵东阙门出土黑色颜料的科学分析[J]．文物保护与考古科学，2020，32（5）：94-97.

[5]朱君孝，李清临，王昌燧，等．二里头遗址陶器产地的初步研究[J]．复旦学报(自然科学版)，2004（04）：589-596.

[6]朱铁权，王昌燧，王洪敏，等．宋代绿釉陶表面“银釉”的分析及其形成机理[J]．应用化学，2007（09）：977-981.

[7]朱铁权，王昌燧，毛振伟，等．我国古代不同时期铅釉陶表面腐蚀物的分析研究[J]．光谱学与光谱分析，2010，30（01）：266-269.

[8]包春磊，贾世杰，刘爱虹，等．出水石质文物的风化腐蚀[J]．腐蚀与防护，2018，39（03）：218-221.

[9]张怡，朱剑，王涛，等．低温陶器的烧成温度测定及其初步应用[J]．南方文物，2012（01）：140-146.

[10] Rosie A. Grayburn, Mark G. Dowsett, Annemie Adriaens. Further advances in lead carboxylate coatings: coating unprimed heritage lead[J]. Heritage Science, 2016, 4(1): 1-3.

[11] 洪传真，阮锡根，曾石祥．用X射线衍射定量分析纸张中的无机填料[J]．中国造纸，1992（01）：45-48.

[12] Na Na, Qi-ming Ouyang, Hui Ma, et al. Non-destructive and in situ identification of rice paper, seals and pigments by FT-IR and XRD spectroscopy[J]. Talanta, 2004, 64(4): 1000-1008.

[13] Abdelmajid El Bakkali, Taibi Lamhasni, Saadia Ait Lyazidi, et al. Assessment of a multi-technical non-invasive approach for the typology of inks, dyes and pigments in two 19th century's ancient manuscripts of Morocco[J]. Vibrational Spectroscopy, 2014, 74: 47-56.

[14] 刘晓清，范敏，马振华，等．胶原基复合骨组织工程支架材料在骨质文物保护中的应用[J]．文物保护与考古科学，2013，25（01）：68-74.

[15] 王子尧，张杨，靳祎庆，等．扬州“妾莫书”墓出土漆器制造工艺的研究与思考[J]．文物保护与考古科学，2019，31（01）：79-85.

[16] G. A. Dela Fuente, V. G. Josa, G. Castellano, et al. Chemical and mineralogical characterization of Aguada Portezuelo pottery from Catamarca, north-western Argentina: PIXE, XRD and SEM-EDS studies applied to surface pre-and post-firing paints, slips and pastes[J]. Archaeometry, 2020, 62(2): 247-266.

[17] 赵静，罗宏杰，王丽琴，等．高汉墓酥粉灰陶文物的病变机理[J]．硅酸盐学报，2014，42（09）：1152-1160.

[18] 王蕙贞，朱虹，宋迪生，等．秦汉铁器锈蚀机理探讨及保护方法研究[J]．文物保护与考古科学，2003，15（1）：7-11.

[19] 洪坤，詹予忠，沈国鹏．仿生合成石质文物二氧化硅保护膜的研究[J]．文物保护与考古科学，2007（04）：33-36.

[20] 周浩，祝鸿范，蔡兰坤．铁器文物脱盐清洗溶液中硅酸盐缓蚀性能的研究[J]．文物保护与考古科学，2002，14（B12）：51-62.

[21] 成小林，潘路．新干商墓青铜器非晶与纳米晶锈蚀产物结构的分析研究[J]．光谱学与光谱分析，2012，32（05）：1270-1273.

[22] 严静，刘呆运，赵西晨，等．唐韩休墓壁画制作工艺及材质研究[J]．考古与文物，2016（02）：117-127.

[23] 孙凤，孙满利，赵西晨．汉阳陵东阙门出土蓝紫色颜料的科学分析[J]．光谱学与光谱分析，2018，38（05）：1588-1591.

[24] Javier G. Iñañez, Marisol Madrid-Fernández, Judit Molera, et al. Potters and pigments: preliminary technological assessment of pigment recipes of American majolica by synchrotron radiation micro-X-ray diffraction(Sr-μXRD)[J]. Journal of Archaeological Science, 2013, 40(2): 1408-1415.

[25] V. Gonzalez, T. Calligaro, G. Wallez, et al. Composition and microstructure of the lead white pigment in Masters paintings using HR Synchrotron XRD[J]. Microchemical Journal, 2016, 125: 43-49.

[26] L. K. Herrera, S.Montalbani, G.Chiavari, et al. Advanced combined application of μ-X-ray diffraction/μ-X-ray fluorescence with conventional techniques for the identification of pictorial materials from Baroque Andalusia paintings[J]. Talanta, 2009, 80(1): 71-83.

[27] A. Lluveras, A. Torrents, P. Giráldez, et al. Evidence for the use of egyptian blue in an 11th century mural altarpiece by SEM–EDS, FTIR and SR-XRD (church of sant pere, terrassa, spain)[J]. Archaeometry, 2010, 52(2): 308-319.

[28] 凌雪，吴萌蕾，廖原，等．文物研究与保护中的无损分析技术[J]．光谱学与光谱分析，2018，38（7）：2026-2031.

[29] 陈茜，秦颍，李小莉．天然矿物合成“中国紫”过程中的变温XRD分析[J]．光谱学与光谱分析，2012，32（04）：1111-1113.

[30]张碧健，秦颖，曼德付，等．青铜器有害锈变温XRD及热分析[J]．光谱实验室，2013，30（06）：2775-2778.

[31]杨传铮，汪保国，张建．二维X射线衍射及其应用研究进展[J]．物理学进展，2007（01）：69-91.

甘肃环县刘家湾出土铁器的保护修复研究

田小平，马琳燕，柏柯，党小娟，张洪，张家峰
陕西省文物保护研究院，陕西西安 710075

Research on the Conservation and Restoration of Iron Wares Unearthed from Liujiawan, Huanxian County, Gansu Province

Tian Xiaoping Ma Linyan Baike Dang Xiaojuan Zhang Hong Zhang Jiafeng
Shaanxi Institute for the Preservation of Cultural Heritage, Xi'an 710075, China

摘　要：采用透射偏光显微镜、X 射线荧光光谱仪和显微激光拉曼光谱仪对甘肃环县刘家湾出土铁器表面的不当修复和有害锈蚀进行了分析和研究，采用了科学的方法和有效的材料对其进行了保护修复。不仅使这批珍贵的铁质文物得到有效的保护，而且恢复了其应有的质地特征，展示效果也有了极大地提升。本文涉及的保护修复方法和材料能为其他铁器文物的保护修复工作提供借鉴和依据。

关键词：铁器　锈蚀分析　修复　保护

Abstract: The improper restoration and harmful corrosion products on the surface of iron wares unearthed from Liujiawan village, Huanxian County, Gansu Province are analyzed and investigated in this paper, by means of Transmitted Polarization Microscope, X-ray Fluorescence Spectrometer and Micro-laser Raman Spectrum. The protection and restoration of the iron wares are carried out by scientific methods and effective materials. Not only has this batch of precious iron cultural relics been effectively protected, but also its due texture characteristics have been restored, and the display effect has been greatly improved. The methods and materials applied in the conservation and restoration practice will provide reference for the conservation of other ironwares.

Key words: Iron wares; Corrosion analysis; Restoration; Conservation

引　言

1991 年，在甘肃省环县刘家湾东台地有居民修庄挖地基时发现古墓，随后向县博物馆报告。县博物馆立即组织专业人员赶赴现场，经勘查，此处有两座古墓。报请上级主管部门同意后，环县博物馆随即对墓葬进行了抢救性清理。从墓葬形制看，两座墓葬呈南北并列分布，编号为 LM1 和 LM2。LM1 为长方形竖穴砖室墓，坐东向西，封土与墓门已遭破坏，券顶完整，单室，长 4.4 米，宽 1.6 米，高 1.65 米，墓底距地表 3 米，葬具已完全腐朽，人骨架亦遭破坏，仅能判断为双人，但葬式不明，随葬品位置被扰乱。LM2 位于 LM1 的以北 6 米处，为长方形竖穴砖室墓，券顶，单室，长 3.9 米，宽 1.6 米，高 1.96 米，墓底距地表 3 米，葬具已完全腐朽，清理出人骨架一具，葬式不明。本次共清理出随葬器物 86 件，其中，陶器 3 件，铁器 53 件，铜器 6 件，玉石器 8 件，钱币 6 枚[1]。

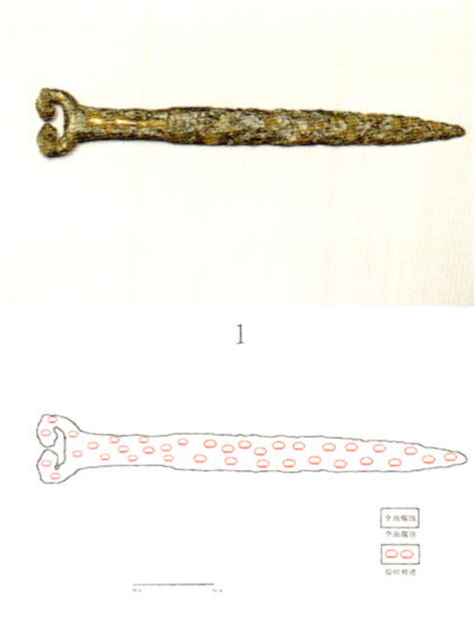

图一 战国镶金双鸟首短剑及病害图
1. 战国镶金双鸟首短剑 2. 病害图

图二 汉代铁釜及病害图
1. 汉代铁釜 2. 病害图

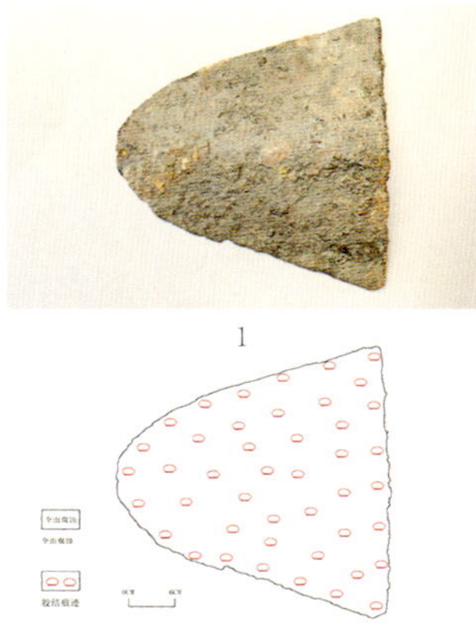

图三 汉代三角形铁犁铧及病害图
1. 汉代三角形铁犁铧 2. 病害图

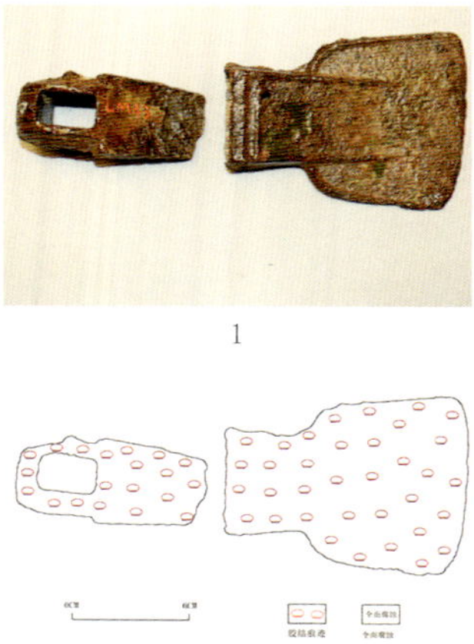

图四 汉代直板宽刃铁锄及病害图
1. 汉代直板宽刃铁锄 2. 病害图

图五 汉代铁锄头及病害图
1. 汉代铁锄头 2. 病害图

汉墓是环县及陇东地区最常见的墓葬类型，一般陪葬品以灰陶、釉陶和铜器为主，陪葬铁器情况较少，像刘家湾汉墓陪葬铁器达53件在陇东地区尚属首次。为研究本地区新莽时期的经济生活和丧葬习俗增添了新资料，也为研究当时铁器的发展状况提供了重要资料。值得注意的是LM2出土的3件铁锄，竖銎内嵌套横銎，去掉横銎可做铲用，安装横銎则为锄，这在国内考古发现中较为少见。尤其是嵌套的横銎并非固定的，现在仍能自由活动，反映了汉代本地区发达的农业生产技术[1]。这次保护修复的二十多件铁器大部分出自这两座墓葬。下面就以其中的四件和一件征集品铁器文物为例进行分析保护研究。

一 铁器文物的保存状况

这五件铁质文物，出土后长期存放于环县博物馆库房或展厅。库房及展厅内无温、湿度监控及调节系统，器物随自然环境的变化而变化，造成了严重的腐蚀和损坏。1996年，博物馆工作人员在器物表面涂刷了一层厚厚的油漆，包裹着器物，为防止器物的进一步腐蚀起到了一定的保护作用[2]。但却严重的改变了文物的外貌，让人无法辨别其质地。随着时间的推移，当时油漆处理时涂刷不够均匀，随着漆层的老化、变色、开裂导致空气中的水分通过一些孔洞、裂隙进入到漆层下面，铁质机体的腐蚀再次加快，形成黄色、橘黄色、砖红色、黑色等多种锈蚀产物，腐蚀产物的产生导致器物表面变得凹凸不平，基体发生酥粉结块、鳞片状脱落，起翘、变形等严重的病害，以致严重矿化，见图一至图五，铁器的基本信息见表一。这批铁器是研究战国及汉代，我国冶铁铸造业及细金工艺发展的重要实物资料，具有极高的历史价值和科研价值。2002 年，甘肃省文物鉴定委员会将这批待保护环县馆藏铁质文物分别定为国家一、二、三级文物 [3]。

二 铁器文物检测分析和结果

为了了解铁器的合金组成和锈蚀产物成分，对 5 件文物进行了采样分析，取样部位见表二。采用透射偏光显微镜、X 射线荧光光谱仪和显微激光拉曼光谱仪对铁器样品进行检测分析，经过分析与研究寻找造成铁器腐蚀的原因和存在的潜在危害，为下一步文物保护修复工作提供依据 [4]。

表一 铁器文物的基本信息

序号	文物名称	文物编号	级别	时代	尺寸（mm）重量（g）	保存状况	来源或出土地
1	战国镶金双鸟首短剑	Z1895	一	战国	长 320 宽 50 厚 15 重 329	存放地无温湿度监控调节系统，常年随自然环境的变化而变化。文物表面涂刷有较厚的漆层，除镶金外通体锈蚀严重，呈深褐色。剑面和剑刃局部出现锈层块状脱落。	环县合道乡陈旗原征集
2	汉代直板宽刃铁锄	Z1988	二	汉	长 128 刃宽 100 项长 95 重 550	通体被深褐色的漆包裹，漆层下有锈蚀，銎部套件脱落。	环县刘家湾东台汉墓出土
3	汉代铁釜	Z1662	三	汉	口径 280 底径 100 高 340 重 2500	通体被深褐色的漆包裹，漆层下面有锈蚀层，局部铁锈脱落。釜腹部有两处腐蚀的 5mm 小洞。	同上
4	汉代三角形铁犁铧	Z1666	三	汉	长 375 宽 380 高 110 重 5816	通体被厚厚的褐色漆包裹，局部漆面开裂，锈蚀严重，局部出现铁锈层状脱落。	同上
5	汉代铁锄头	Z1592	三	汉	长 84 刃宽 65 重 214	通体被厚厚的深褐色漆包裹，锈蚀严重，局部铁锈层状脱落。	同上

（一）样品的检测分析

1. 偏光显微分析

用偏光显微镜 LeicaDMLSP、体视显微镜和加热设备 LeicaWild 观察采集铁锈样品的形貌及主要物相组成。工具和材料：滴管、钨针、镊子、载玻片、擦拭纸、记号笔、固封树脂、无水乙醇、甲醇、丙酮等。

样品制备过程：首先用丙酮把载玻片表面处理洁净；用黑笔在背面标出载样区域；在体视显微镜下，用钨针将样品放在载样区；然后观察样品的分布状况，把丙酮和乙醇滴加至样品边缘，并用钨针搅拌样品均匀直至溶剂完全挥发；用镊子夹盖玻片放在样品上，把样品放在加热器上升温至 90℃—100℃；同时，将固封树脂沿盖缓慢渗满整个盖玻片；等待冷却后，在偏光显微镜下观察情况见图六。偏光显微观察具体描述和分析结果见表三。

2.X 射线荧光光谱仪分析

用 X 射线荧光光谱仪 Innov-XAlphaSeries 分析铁器的合金组成，可见其基本组成元素有 Fe、Cr、Ti，见表四。

3. 显微激光拉曼光谱分析

用 Renishaw 公司生产的装有 Leica 显微镜 invia 激光拉曼光谱分析仪检测铁器锈蚀的化学成分。采用氩离子激光器，激发光波长为 514nm，物镜放大倍数为 50、100 倍，信息采集时间为 10s，累加次数 2–5 次。样品制备：将锈蚀物剖面样品直接分析，在显微镜下选择上下层区域分别分析，结果见表五、图七至图九。

表二　采集样品位置

序号	文物名称	采样部位	样品编号
1	战国镶金双鸟首短剑 (Z1895)	刃部两侧剥落的锈蚀层	181
2	汉代直板宽刃铁锄 (Z1988)	表面及銎部	889
3	汉代铁釜 (Z1662)	铁釜内部中间段锈蚀层	851
4	汉代三角形铁犁铧 (Z1666)	銎部内壁锈蚀层	856
5	汉代铁锄头（Z1592)	銎部内壁锈蚀层	909

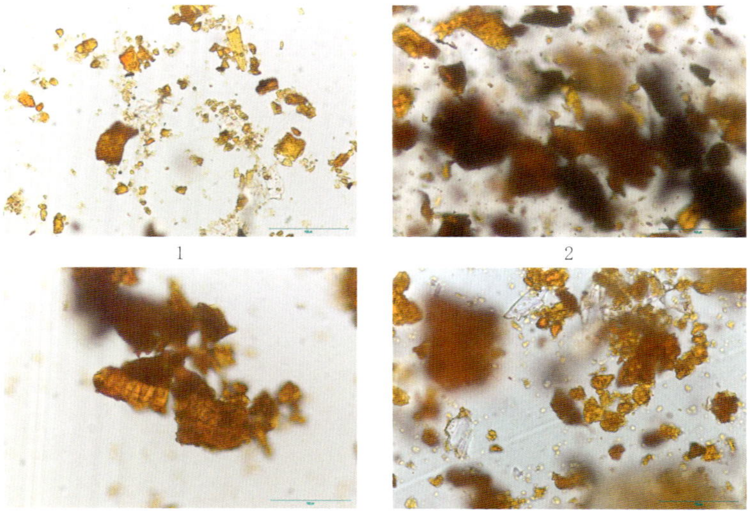

图六 锈蚀样品物偏光分析照片

1. 181 战国镶金双鸟首短剑（铁黄、针铁矿） 2. 851 汉代铁釜（磁铁矿、铁红、针铁矿、赤铁矿） 3. 856 汉代三角形铁犁铧（针铁矿） 4. 909 汉代铁锄头（铁黄）

表三　偏光显微分析结果

样品名称	具体描述	结果
181（战国镶金双鸟首短剑）	橘黄色，大部分晶体边缘圆润，全校光，少部分呈柱状，强消光	铁黄 + 针铁矿
851（汉代铁釜）	橘黄色，柱状，强消光	针铁矿
851 黑（汉代铁釜）	大量黑色颗粒，边缘显示红色调，另有红色和橘黄色全校光晶体，另有少量强消光红色晶体	磁铁矿 + 铁红 + 针铁矿 + 赤铁矿
856（汉代三角形铁犁铧）	橘黄色晶体，大部分晶体强消光	针铁矿
889（汉代直板宽刃铁锄）	橘黄色，大部分晶体边缘圆润，全校光，少部分强消光	铁黄 + 针铁矿
909（汉代铁锄头）	橘黄色，晶体边缘圆润，全校光	铁黄

表四　X 射线荧光光谱仪分析结果

样品名称	Fe（wt%）	Cr（wt%）	Ti（wt%）
181（战国镶金双鸟首短剑）	54.7	38.7	6.6
851(汉代铁釜)	57.1	36.6	6.3
856（汉代三角形铁犁铧）	58.5	35.5	6
889（汉代直板宽刃铁锄）	56.7	37.4	5.9
909（汉代铁锄头）	56.1	37.2	6.7

表五　显微激光拉曼光谱分析结果

样品名称	分析描述（主要峰值）	分析结果	谱图
181 上（战国镶金双鸟首短剑）	138w、302s、387s、717s	$\alpha-Fe_2O_3$	1
181 下（战国镶金双鸟首短剑）	141w、308vs、382s、541m、720s、1390m	$\alpha-FeO(OH)$	2
851 上（汉代铁釜）	214w、249vs、525、1295	$\gamma-Fe3+O(OH)$	3
851 中（汉代铁釜）	129w、207,461vs 252vs，387s，674m，1311s	$\gamma-Fe^{3+}O(OH)$; $\alpha-FeO(OH)$; $\alpha-Fe_2O_3$	4
856 上（汉代三角形铁犁铧）	249vs、1295s	$\gamma-Fe^{3+}O(OH)$	5
856 下（汉代三角形铁犁铧）	396vs，550m，689w，1291 249vs，375m，1300s	$\gamma-Fe^{3+}O(OH)$	6
889 上（汉代直板宽刃铁锄）	249vs，386m，1302vs	$\gamma-Fe^{3+}O(OH)$	7
889 下（汉代直板宽刃铁锄）	299s，383vs	$\alpha-FeO(OH)$	8
909 上（汉代铁锄头）	249m，299m，394s	$\alpha-FeO(OH)$	9
909 下（汉代铁锄头）	667s	$Fe^{2+}Fe^{3+}{}_2O_4$	10

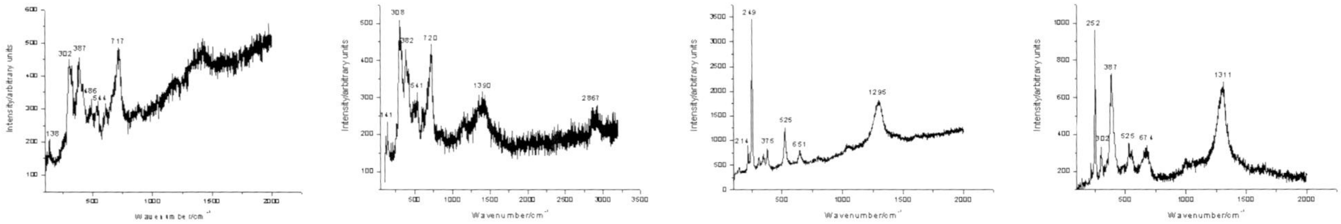

1　　2　　3　　4

图七 显微激光拉曼光谱分析图谱

1. 环县 181 上 100 倍 514_ 全功率 5%_10sx5_without baseline　B
2. 环县 181 下 100 倍 514_ 全功率 5%_10sx5_without baseline　B
3. 环县 851 上橘红 100 倍 514_ 全功率 5%_10sx10_without baseline　A
4. 环县 851 中 100 倍 514_ 全功率 5%_10sx5_without baseline　C

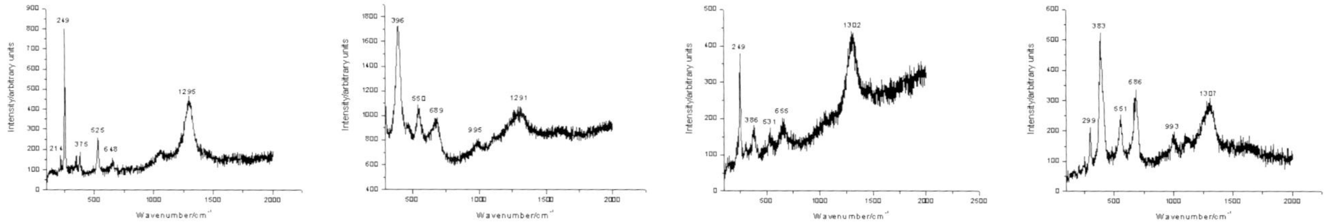

1　　2　　3　　4

图八 显微激光拉曼光谱分析图谱

1. 环县 856 上 100 倍 514_ 全功率 5%_10sx5_without baseline　A
2. 环县 856 下 100 倍 514_ 全功率 50%_10sx5_without baseline　D
3. 环县 889 上 100 倍 514_ 全功率 5%_10sx5_without baseline　B
4. 环县 889 下 100 倍 514_ 全功率 5%_10sx5_without baseline　D

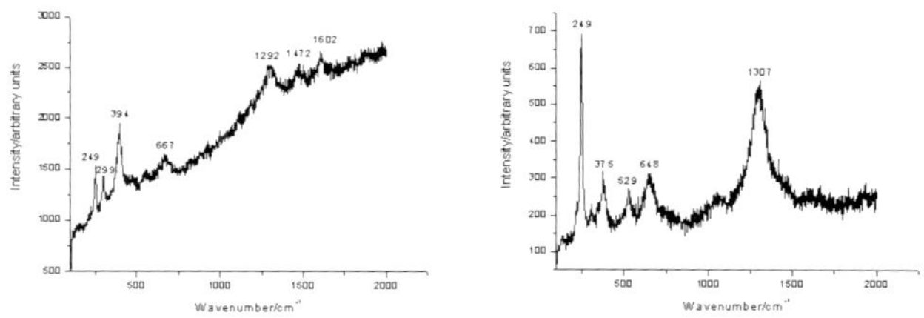

1　　2

图九 显微激光拉曼光谱分析图谱

1. 环县 909 上 100 倍 514_ 全功率 5%_10sx10_without baseline　A
2. 环县 909 下 100 倍 514_ 全功率 5%_10sx5_without baseline　C

（二）检测分析结果讨论

1. 文物基体主要元素：X 射线荧光光谱分析表明铁器文物的主要成分元素为 Fe、Cr、Ti。

2. 锈蚀产物：透射偏光显微分析结合显微激光拉曼光谱分析发现这批铁器文物的锈蚀物的主要物相为赤铁矿（Fe_2O_3）、磁铁矿（Fe_3O_4）、针铁矿（α-FeOOH）和纤铁矿（γ-FeOOH）等。从锈蚀的稳定性来看，Fe_2O_3 具有三方结构，是一种较为稳定的腐蚀产物，在铁器表面上能形成一薄层氧化膜与外界隔断，阻止铁器继续氧化；α-FeOOH具有正方或斜方结构，形态呈针状，是一种较稳定相；Fe_3O_4是尖晶石型晶体结构和较高晶格结合能使其具有较好的稳定性；γ-FeOOH为立方晶格，活性很大，又称活性铁锈酸。在空气、水或潮湿环境下γ-FeOOH会迅速向α-FeOOH或Fe_3O_4转变，形成比较稳定的物相。这些锈蚀物的稳定性由高到低依次为Fe_3O_4>Fe_2O_3>α-FeOOH>γ-FeOOH[5]。

三　铁器的保护修复方法

根据以上分析结果得知，造成这批铁器锈蚀的主要原因是纤铁矿（γ-FeOOH）的存在，而γ-FeOOH离子的产生和对铁器实现腐蚀破坏，又必须要空气和水的参与。这样保护思路就必须从隔离外界的空气、水与铁器接触这一环节来解决问题。因此我们确定保护修复应该进行脱盐、缓蚀、封护处理，这样处理可以使铁器与空气、水分子隔离，阻止其化学腐蚀和电化学腐蚀的发生。在制定修复实施方案时，本着尽量少干预的原则，决定采取机械和化学方法相结合，将除漆、除锈、清洗、脱盐同步进行。然后，再进行补配作色、缓蚀及封护处理。

（一）除漆、除锈、清洗、脱盐处理

这批铁器表面涂刷有厚厚的深黑色油漆，漆层下面是疏松的锈蚀层。由于漆层时间久远老化而产生裂缝等，选用丙酮、甲醇、乙酸乙酯等溶剂对漆层进行溶解软化处理。在操作时，首先用小的脱脂棉团蘸取少量试剂覆在漆层上，用塑料薄膜覆盖棉团区域。防止溶剂快速挥发，观察5—10分钟待漆膜软化后，用竹刀和鬃刷清除脱落的附着物。漆膜去除干净后即用丙酮和乙醇（1:1）溶液冲洗，再用去离子水进行刷洗，在去除表面残留的同时，也可以清除掉锈蚀中的一些可溶物等，达到清洗、脱盐的双重目的[5]。其次表面残存的硬结物用手术刀、超声波、微型电磨等去除。在接近文物本体时，操作应在显微镜下进行，防止损伤到器物本体。最后，铁器表面附着物清除干净后，放入干燥箱进行干燥处理。

（二）缓蚀

这是铁质文物保护技术的又一重要环节，就是用一种能够阻止金属腐蚀或减缓金属腐蚀速度的物质，在有金属基体的铁质文物表面形成一种保护层。这批铁器基体保存状况相对较好，腐蚀层并不是很深，所以选择了较为成熟的缓蚀剂，单宁酸复配溶液作为缓蚀剂。用0.1%单宁酸水溶液和0.01%的亚硫酸氢钠溶液进行复配，用毛刷在器物的表面均匀涂刷两遍，处理效果比较理想[6]。

（三）补配

对残缺的器物选用环氧树脂改性（AAA）胶作为黏结剂，有根据的进行补缺塑形，并用丙烯颜料作色协调。

（四）封护

作为阻隔空气、水分子和铁质基体接触，提高其耐腐蚀性的又一最重要的措施和方法。选用3% ParaloidB-72丙酮溶液在器物表面均匀的刷涂两遍作为封护材料。ParaloidB-72是当前使用范围较为广、可再次操作、附着力强、耐老化、阻水性能极好、透明性好、不改变文物原貌的一种封护材料[7]。

经过以上步骤，铁器保护修复已完成，保护前后效果对比见图一〇、图一一。

四　结　语

通过对环县博物馆馆藏铁质文物病害的科学分析，用有针对性的保护修复材料和方法，成功地去除了该批铁器表面的老化油漆层，恢复了铁质文物原有的外貌特征，实现了该批文物有效保护目的，

1

2

图一〇 战国镶金双鸟短剑修复前后对比照片

1. 修复前
2. 修复后

1

2

图一一 汉代直板宽刃铁锄修复前后对比照片

1. 修复前
2. 修复后

达到了现代展陈需求，使其历史、艺术、科学价值得以充分体现。保护修复过程符合文物保护的原则。经过保护修复的铁器，通过后来的跟踪观察，保护修复效果良好，达到了预期的目的和要求。

对于保护处理后的铁器，建议在无尘、干燥、温、湿度相对比较恒定的环境中保存。湿度控制在 50% 以下，温度控制在 20℃—25℃左右，这样更有利于铁器的长期保存。

---

[1]谢文科，道全耀，姚小勤，等.甘肃省环县刘家湾汉墓清理报告[J].考古与文物，2016（2）：18-22.

[2]a.陈淑英.铁质文物病害分析与保护研究[J].文物世界，2012（4）：17-25；b.成小林，梅建军，潘璐，等.不同保存环境下铁质文物中氯含量的分析[J].中国历史文物，2010（5）：25-31；c.杨菊，李延祥，于璞.北京延庆胡家营遗址出土铁器的科学分析[J].广西民族大学学报（自然科学版），2014，20（01）：37-43；d.陶宏.环境与铁质文物的保护[J].四川文物，1998（4）：67-70；e.潘郁生，黄槐武.广西博物馆汉代铁器修复保护研究[J].文物保护与考古科学，2006（3）：5-10，67-70；f.陈庚龄，弥卓君.甘肃省博物馆馆藏明代铁佛的修复与保护[J].丝绸之路，2011（16）：04-106.

[3]西安文物保护修复中心，天水市博物馆.环县博物馆铁质文物保护修复方案[R].2011-10.

[4]a.王蕙贞，朱虹，宋迪生，等.秦汉铁器锈蚀机理探讨及保护方法研究[J].文物保护与考古科学，2003（2）：7-11；b.王蕙贞，宋迪生，李涛，等.唐九成宫出土铁器的抢救性保护研[J].文物保护与考古科学，2008（4）：41-46，74-75；c.宋迪生.文物与化学[M].成都：四川教育出版社，1992：6；d.张治国，马清林，梅建军.钼酸盐与钨酸盐缓蚀体系在钢铁及铁质文物上的应用进展[J].腐蚀与防护，2008（11）：639-641，660.

[5]a.杨小林，胥谞.铁质文物有害盐脱除技术阶段性实验

研究[C].中国文物保护技术协会学术年会，2007：197-200；b.成小林，潘路，梅建军，等.氯离子选择性电极测定铁器碱性脱盐溶液中氯离子的含量[J].文物保护与考古科学，2010（3）：10-14；c.祝鸿范，周浩.出土铁器文物的脱盐清洗研究[J].文物保护与考古科学，1995（1）：1-10；d.吴天才.出土铁器的脱盐[J].考古与文物，2003（1）：94-16；e.邵安定.三种铁质文物脱盐处理对表面锈层影响的对比研究[J].考古与文物，2010（1）：99-102.

[6]a.张治国，马清林.单宁酸复配缓蚀剂在铁质文物上的应用研究[J].表面技术，2017（2）：27-32；b.祝鸿范，周浩，蔡兰坤.铁器文物保护中锈层化学稳定转化的研究[J].文物保护与考古科学，1995（2）：1-11；c.程蓓，何积铨.有机-无机杂化物在铁质文物保护中的应用研究[J].文物保护与考古科学，2008（3）：6-12，73-74；d.范敏，傅英毅，王文鹏，等.铁质文物防腐蚀保护材料及应用研究[J].广东化工，2014（14）：72-73，77.

[7]a.沈大娲，马立治，潘路，等.铁质文物保护的封护材料[J].涂料工业，2009（1）：17-19；b.陈安道.浅谈铁质文物保护及表面封护[J].丝绸之路，2013（24）：56-57.

铁器文物喷砂清洗材料对比研究

宋俊荣[1]，刘存良[2]，张雪艳[2]

1. 陕西省考古研究院，陕西西安 710054
2. 西安鼎诺测控技术有限公司，陕西西安 710077

Comparative Study on Sandblasting Cleaning Materials for Iron Ware

Song Junrong[1] Liu Cunliang[2] Zhang Xueyan[2]

1. Shaanxi Academy of Archaeology, Xi 'an 710054, China
2. Xi 'an Dingnuo Measurement and Control Technology Co., LTD., Xi 'an 710077, China

摘　要： 由于铁器文物的化学性质相对活泼，加之经历了漫长的岁月侵蚀和复杂的环境变化，铁器文物的表面形成了复杂的锈层，有氧化物、氯化物、吸附物等，这个表面层是自然形成的，其结构松散，空隙分布广，对水、气都具有较强的吸附力，所以铁器文物保护修复过程中，对铁器文物表面锈层的处理是一个非常重要的步骤，本文采用喷砂清洗技术，通过对比不同的喷砂砂料对铁器文物表面清洗的效果，进行技术探讨和效果评价。

关键词： 铁器文物　喷砂清洗　喷砂砂料

Abstract: Due to the relatively active chemical properties of iron wares, coupled with long-term erosion and complex environmental changes, the surface of iron wares has formed a complex rusty layer, including oxides, chlorides, absorbates, etc. Since this surface layer is naturally formed, with looses tructure, wide pore distribution, and strong absorption of water and air, it is of great importance to treat the rusty layer coupled in the process of conservation and restoration of iron wares. In this paper, sandblasting cleaning technology is used. By comparing the cleaning effects of different sandblasting materials on the iron wares surface, we discuss the cleaning technology and evaluate the cleaning effect.

Key words: Iron wares; Sandblasting cleaning; Sand materials for sandblasting

引　言

喷砂即喷砂工艺，是传统材料成型工艺之一，指利用高速砂流的冲击作用使工件的表面获得一定的清洁度和不同的粗糙度的过程。喷砂机是喷砂工艺使用最广泛的设备，它采用压缩空气做动力，将砂料高速喷射到工件表面，经过砂料冲击把工件表面锈污除去，达到改善工件表面质量的目的，通过吸尘器、真空泵或多级真空发生器产生的负压回收砂料和粉尘，使粉尘、锈污和砂料进入集尘箱。在文物修复领域中，充分借鉴和使用了这门技术，使用专业的文物喷砂清洗机对铁器文物的表面锈蚀、土锈、沉积物等进行喷砂清洗，实现文物表面洁净的效果。

一 铁器文物表面锈蚀清洗技术现状

随着科学技术的发展和进步，文物修复工作者对铁器文物表面的处理技术进行了广泛的研究和探讨。铁器文物的表面锈蚀类型变化多样[1]，机理复杂，文物不同于其他物品，不具有再生性和可代替性，对文物进行微观的保护和微观的修整尤为重要。近年来，物理方法（机械打磨等）和化学方法（溶液浸泡等）应用最多，其中化学方法作用直接、见效快，但化学试剂（如磷酸、柠檬酸）的稳定性和潜在危险以及副作用[2]，使修复人员一直谨慎的使用化学方法。喷砂清洗技术作为文物清洗的一种物理技术手段，近年来也被大多数文物修复工作者所熟知和使用，但由于喷砂材料的选择不当，操作者经验较少，使用效果欠佳，没有得到广泛普及。本文就关于铁器文物喷砂清洗用砂料的选择问题进行初步相关实验说明。

二 铁器文物喷砂清洗砂料对比实验

为了更好地发挥喷砂清洗技术在铁器文物修复过程中的作用，在此结合多年来的喷砂修复工作经验，通过实验的方法对各种常见清洗砂料进行效果对比。

（一）喷砂实验设备及实验条件

喷砂机分为多种类型，主要有干喷砂机、湿（液体）喷砂机、冷冻喷砂机及环保型喷砂机等。在文物修复工作中常用的是干喷砂机，其工作原理是以压缩空气为动力，通过气流的高速运动把砂料从砂罐、输砂管输送到喷枪并经喷嘴射出，将砂料高速喷射到工件表面，经过砂料冲击对工件表面进行清洗，改善工件表面质量，达到预期的清洗目的[3]。在喷砂机中，压缩空气既是提供砂料的输送动力又是砂料射流的加速动力，其输出压力根据实际使用需求可以进行调整。喷砂机主机一般根据工作需要可分为单缸和双缸两种，如图一所示，本实验使用单缸喷砂机。

喷砂机的喷枪由于喷嘴的口径不同，有多种规格，常见的喷嘴口径有 ϕ0.8mm、ϕ1.0mm、ϕ1.2mm、ϕ1.8mm，铁器文物清洗根据砂粒粒径通常选用 ϕ1.0mm 或 ϕ1.2mm 口径的喷嘴便可满足使用要求。本实验中使用口径 ϕ1.0mm 的喷嘴。

常用喷砂机的压缩空气压力范围为 0—1.0 MPa，实际操作时根据被清洗的文物锈蚀情况进行调整。本实验选择空气压力为 0.2 MPa，喷砂距离保持在 3—5cm 之间。

（二）喷砂材料的材质及形态

本实验中用到的砂料材质分别为刚玉砂（Al_2O_3）和玻璃砂（SiO_2）。这两种砂料是目前铁器文物喷砂清洗中较为常用的砂料，根据材质及砂粒粒径范围的不同，将实验用砂料分成以下 6 类：

特点 \ 名称	刚玉砂 1	刚玉砂 2	刚玉砂 3	刚玉砂 4	玻璃砂 1	玻璃砂 2
主要成分	Al_2O_3	Al_2O_3	Al_2O_3	Al_2O_3	SiO_2	SiO_2
标称粒径	≤ 150μm	53—75μm	63—90μm	63—106μm	70—110μm	100—200μm

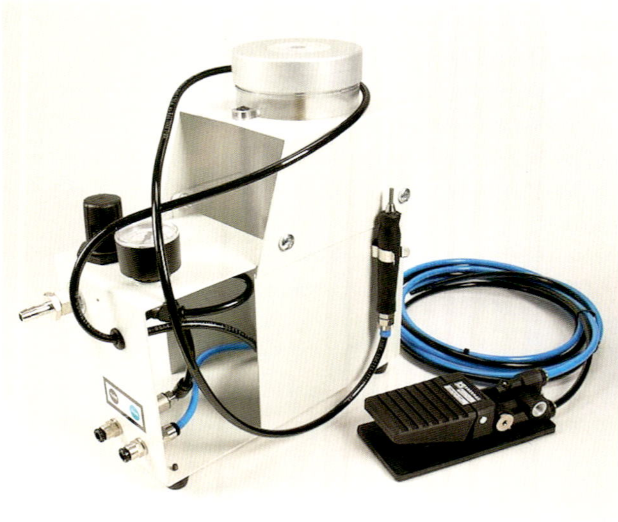

1

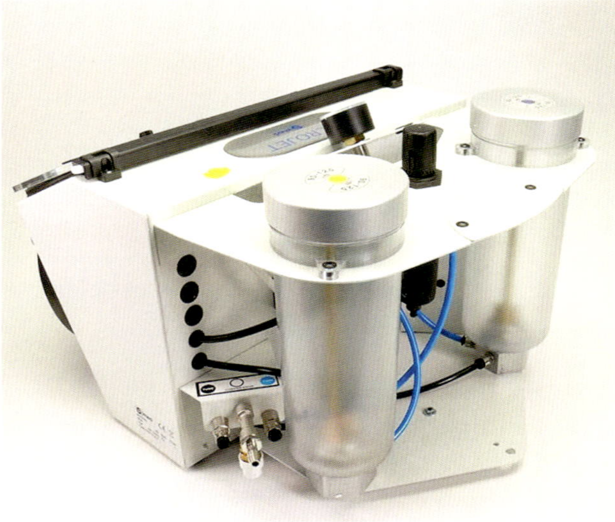

2

图一 单缸和双缸喷砂主机
1. 单缸喷砂主机
2. 双缸喷砂主机

在显微镜下选择不同的放大倍率观察砂粒的形态并拍照记录，如图二至四所示。经观察发现：刚玉砂1的砂粒径尺寸大部分在150μm以下，大小形状不一、级配丰富，呈多棱角状，部分较大尺寸的砂粒比较尖锐；刚玉砂2砂粒的粒径尺寸较小、大小均匀，多数分布在53—75μm之间，呈多棱角状；刚玉砂3砂粒的大部分粒径尺寸在63—90μm之间，呈多棱角状。其中有少数的砂粒粒径大于90μm，呈长条状并且比较尖锐；刚玉砂4砂粒的大部分粒径尺寸在63—106μm之间，呈多棱角状。其中有少数的砂粒粒径大于106μm，呈长条状并且比较尖锐；玻璃砂1大部分砂粒的粒径尺寸在70—110μm之间，呈圆球状，形状规则，分布均匀。有极少数的小颗粒和其他不规则形状；玻璃砂2砂粒的粒径尺寸在100—200μm之间，呈圆球状，形状规则，分布均匀。

（三）喷砂清洗过程

实验设备：dntest05组合式文物喷砂清洗机，如图五所示。设备主要由喷砂主机、喷砂箱、压缩空气装置、吸尘装置组成，喷砂箱为喷砂清洗工作提供一个封闭的工作空间，喷砂箱内含手套、喷枪、吸尘装置、照明装置等，喷砂箱体可以从正上方和正前方打开，文物样品从此路径放入喷砂箱内，工作人员双手从喷砂箱体正前面的双孔进入到箱体内进行文物样品的喷砂清洗工作。

准备实验样品铁镜1件，铁镜表面附着土较多，较为疏松，铁镜表面的土垢已钙化，硬度较大，加之铁镜表面锈蚀呈凹凸不平状，钙化土嵌于铁镜被腐蚀的凹面内，一般工具很难清理。将铁镜划分成六个区域，并做好标记，如图七所示。

在喷砂箱中进行喷砂清洗实验，分别采用6种不同的砂粒对应铁镜的6个标注区域进行喷砂清洗处理。依次在喷砂主机的砂罐中装入6种不同的砂粒，采用刚玉砂1对区域1进行喷砂，刚玉砂2对区域2进行喷砂，以此类推，完成铁镜6个区域的喷砂处理。喷砂清洗过程和喷砂清洗后铁镜整体效果如图六、图七所示。

不同区域喷砂清洗前后的对比，对比如图八所示。区域1使用刚玉砂1（≤150μm），该砂料清洗力度适中，出砂量较均匀，用喷枪在表面轻扫，清洗较为彻底。区域2使用刚玉砂2（53—75μm），该砂料清洗力度偏大，出砂量均匀。操作时用喷枪在表面迅速扫过，清洗较为彻底。区域3使用刚玉砂3（63—90μm），该砂料清洗力度较大，出砂量较均匀。操

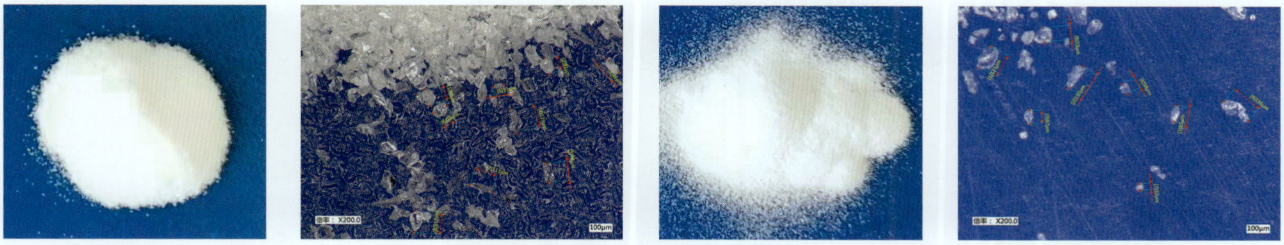

1 2 3 4

图二 砂料的显微形态和粒径尺寸

1. 刚玉砂 1（≤ 150 μ m）实物图 2. 刚玉砂 1（≤ 150 μ m）显微形态和粒径尺寸图
3. 刚玉砂 2（53—75 μ m）实物图 4. 刚玉砂 2（53—75 μ m）显微形态和粒径尺寸图

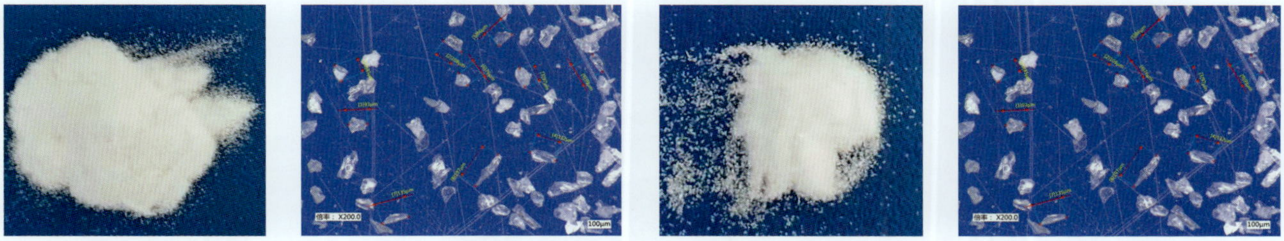

1 2 3 4

图三 砂料的显微形态和粒径尺寸

1. 刚玉砂 3（63—90 μ m）实物图 2. 刚玉砂 3（63—90 μ m）显微形态和粒径尺寸图
3. 刚玉砂 4（63—106 μ m）实物图 4. 刚玉砂 4（63—106 μ m）显微形态和粒径尺寸图

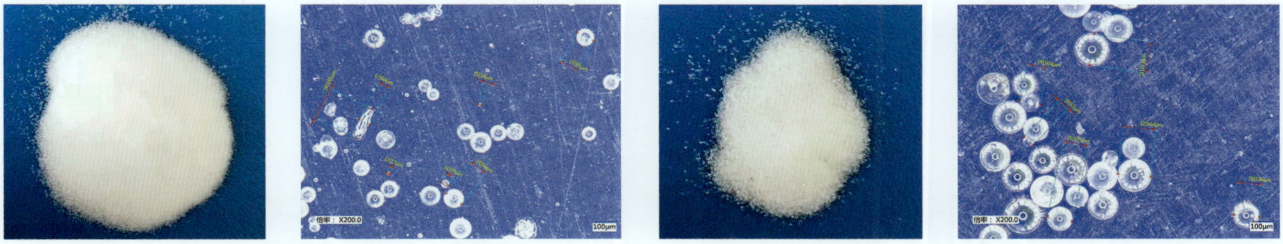

1 2 3 4

图四 砂料的显微形态和粒径尺寸

1. 玻璃砂 1（70—110 μ m）实物图 2. 玻璃砂 1（70—110 μ m）显微形态和粒径尺寸图
3. 玻璃砂 2（100—200 μ m）实物图 4. 玻璃砂 2（100—200 μ m）显微形态和粒径尺寸图

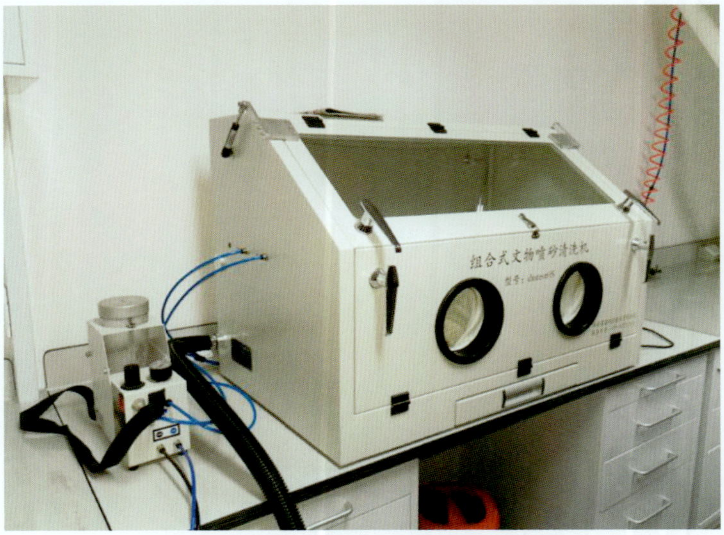

图五 dntest05 组合式文物喷砂清洗机

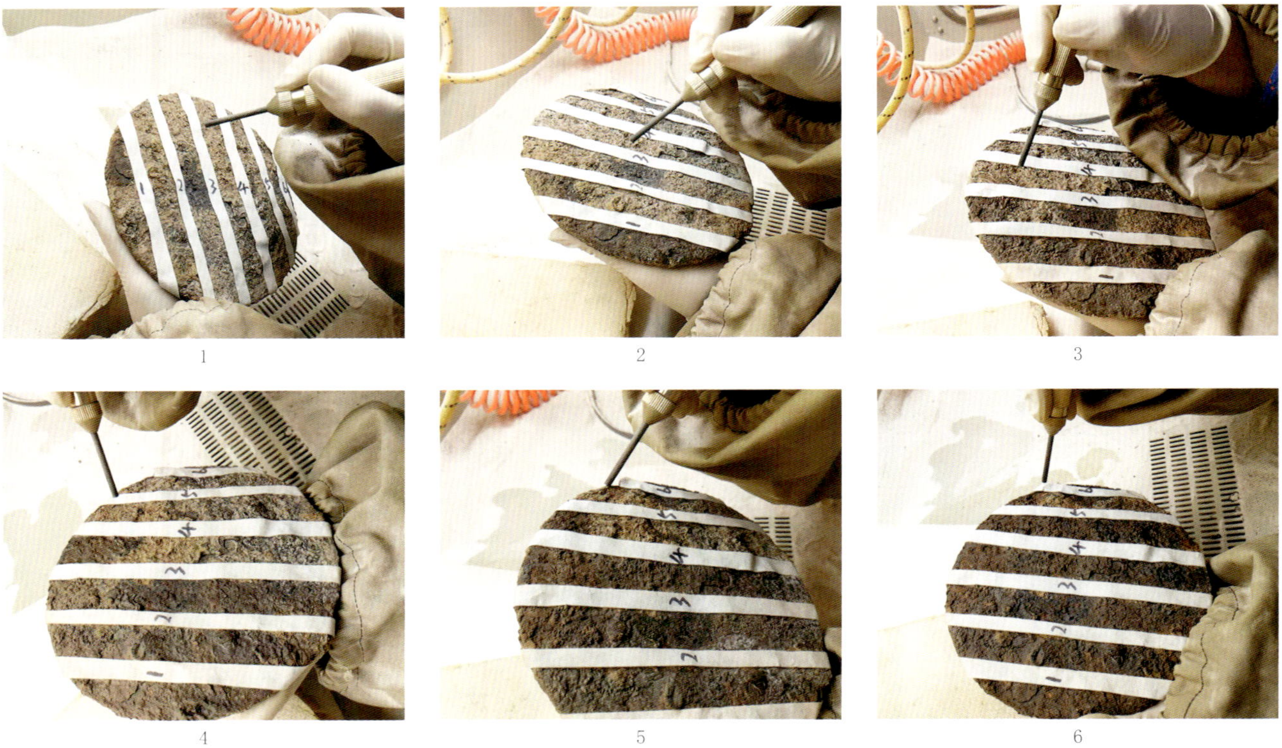

图六 喷砂清洗过程图

1. 区域 1 清洗　2. 区域 2 清洗　3. 区域 3 清洗
4. 区域 4 清洗　5. 区域 5 清洗　6. 区域 6 清洗

图七 铁镜喷砂清洗前后对比图

1. 喷砂清洗前
2. 喷砂清洗后

作时用喷枪轻扫表面，清洗效果明显。区域4使用刚玉砂4（63—106μm），该砂料清洗力度偏小，出砂量较均匀。操作时用喷枪缓缓扫过，清洗效果相比刚玉砂1、刚玉砂2、刚玉砂3较弱，需用喷枪多次清洗，可达到清洗效果。区域5使用玻璃砂1（70—110μm），该砂料清洗力度偏弱，出砂量不均匀。操作时喷枪需在清洗处稍做停留再移动清洗，需多次进行清洗，才能达到清洗效果。区域6使用玻璃砂2（100—200μm），该砂料清洗力度偏弱，出砂量不均匀。操作时喷枪需在清洗处做反复清扫移动清洗。需多次进行清洗，才能达到清洗效果。玻璃砂1和玻璃砂2喷砂清洗效果相近。

三　结论及经验总结

（一）砂料效果评估

经过以上铁镜的喷砂清洗实验，在相同使用条件下，刚玉砂（Al_2O_3）和玻璃砂（SiO_2）相比较，刚玉砂（Al_2O_3）清洗效果更佳。

刚玉砂砂粒显微形态呈多棱角状，粒径在一定范围内有多种级配，分布较均匀，清洗力度较大，清洗比较彻底，在刚玉砂粒中相对粒径越小清洗越彻底，清洗效率越高。

玻璃砂砂粒显微形态呈圆球状，形状规则，分布均匀，清洗力度偏弱，需多次清洗才能达到清洗效果，清洗效率低。

（二）喷砂清洗过程中砂料的选择

在前期工作中，刚玉砂1（≤150μm）是最常使用的砂料，该砂料清洗力度适中，出砂量均匀，用喷枪在器物表面轻扫，便可达到最佳效果，操作过程易于掌控。

实验中的其他五种砂料，选择刚玉砂2（53—75μm）或刚玉砂3（63—90μm）也可以达到比较好的清洗效果，选择刚玉砂2时砂料清洗力度偏大，喷枪需在器物表面迅速扫过，需要熟练操作，清扫效率高。

图八　喷砂清洗前后对比图

（三）喷砂机使用经验

1. 喷砂机的选择

（1）喷砂机箱体尽量选择正前方的开启方式，并且左右要有预留孔，方便文物的进出以及如铁剑等较长的文物的放置。

（2）喷砂箱体需要有较好的密封性，防止砂粒粉尘的外漏造成环境污染，同时配置吸尘装置，负压收集砂料和粉尘，使粉尘、锈污和砂料进入集尘箱。

（3）喷砂箱内需配置LED照明光源以及聚光灯，方便清晰观察喷砂清洗面，方便精准操作。

（4）喷砂箱内需配置有压力可控的清扫枪，可以在喷砂工作结束后进行箱内的清扫工作。

（5）喷砂机的喷枪由于喷嘴口径不同，一般有三种规格，使用时可根据砂料粒径的大小及具体的工作情况进行科学选择。

（6）喷砂机的压力必须可调，以适用不同的工作情况，常用范围为 0.1—1.0 MPa。

（7）喷砂机主机最好选用便携式，方便拆装，对不宜在喷砂箱里处理的较大器物可在原地或其他位置进行清洗。

2. 喷砂机操作注意事项

（1）喷砂清洗工作时，压缩空气需保持干燥，防止砂粒潮湿凝聚堵塞喷嘴，保证砂料正常喷出。

（2）喷砂工作开始之前，根据需要调整好空压机及喷砂机的压力。

（3）砂料注入砂罐时，必须保证砂料干燥，砂料注入量为砂罐容量的三分之二。

（4）喷枪到器物表面的距离根据文物表面污染和锈蚀情况、砂料的选用、压力的具体情况在清洗过程中进行调整，不宜太近也不宜太远。

（5）操作时喷枪勿在器物表面停留太久，及时观察清洗状况并进行调整，避免停留时间较长而造成的铁器表面出现泛白现象。

（6）根据铁器文物表面的具体情况，科学选择砂料的材质和粒径，通过实验确定相关条件，熟练操作手法，以保证文物安全、清洗效果和清洗效率。

（四）展望

喷砂清洗技术是铁器文物表面清洗的一种非常高效的技术手段，应在铁器文物保护修复工作中进行广泛的使用。本文通过对不同砂料对铁器文物表面清洗效果的初步比较研究，为铁器文物喷砂清洗砂料的选择提供了参考依据。在后续的实际工作中，我们将用不同砂料在不同条件下对铁器文物喷砂清洗的不同阶段的效果做进一步实验，加强清洗效果的科学评估和清洗操作的经验总结，为喷砂清洗技术在铁器文物清洗中的安全高效使用提供参考。

[1] 李建丽．铁器文物腐蚀与保护的几个问题[J]. 文物世界，2019（1）：70-71.

[2] 张然，成小林，潘路．铁质文物常用除锈试剂的除锈效率及其腐蚀性的比较研究[J]. 文物保护和考古科学，2020（3）：17-27.

[3] 乔丽．喷砂除锈技术在汉阳陵南阙门遗址保护覆罩建筑维修保养工程中的应用[J]. 门窗，2015（8）：286-287.

唐家民俗博物馆彩绘泥塑病害调查

张芳，刘林西，蔡博，杨秋颖

陕西省文物保护研究院砖石质文物保护国家文物局重点科研基地，陕西西安，710075

Diseases Investigation on Painted Clay Sculptures in Tangjia Folk Museum

Zhang Fang, Liu Linxi, Cai Bo, Yang Qiuying

Key Scientific Research Base of Conservation on Stone and Brick Materials, State Administration for Cultural Heritage, Shaanxi Institute for the Preservation of Cultural Heritage, Xi'an 710075, China

摘　要： 唐家民俗博物馆三号院彩塑群是具有一定时代特征的彩绘泥塑群，由上百个塑像组成四组情节性构图，具有一定的历史意义、教育意义和艺术价值。本文以保护唐家彩绘泥塑为目的，通过背景资料的查阅与收集、实地调研其保存环境和现状，了解彩绘泥塑的制作工艺、病害类型、病害成因，并提出保护修复建议，以期对其保护修复有借鉴意义。

关键词： 彩绘泥塑　保存现状　病害调查　保护修复

Abstract: The painted clay sculpture group in No.3 courtyard of Tangjia Folk Museum is a group of sculptures with certain characteristics of the times. With hundreds of statues divided into four groups, the sculptures have certain historical significance, educational significance and artistic value. For the purpose of conserving the painted clay sculptures, we have obtained the manufacturing technology, types and causes of clay sculptures diseases by consulting and collecting background information, as well as conducting field research on preservation environment and current state, and then put forward conservation suggestions, in order to provide reference in the process of conservation and restoration.

Key words: Painted clay sculpture; Current preservation state; Disease investigation; Conservation and restoration

引　言

唐家民俗博物馆（原唐家大院）位于陕西省咸阳市旬邑县（旧称三水）城西北 7 公里处的唐家村，是一处清代民居，1990 年被陕西省人民政府公布为省级重点文物保护单位。唐家民俗博物馆鼎盛时期有院落 87 个，约 2700 多间，被称为渭北高原上的民居瑰宝，现仅存二进三院，彩绘泥塑位于三号院内，是具有一定时代特征的泥塑群[1]，它用几十个真人大小的人物和上百个小塑像组成四组情节性构图，把中国传统寺庙和民间泥塑的观念、技巧与西方雕塑艺术的写实手法有机融合，生动地反映了新中国成立前地主剥削农民、人民在共产党领导下反抗压迫、解放军解救人民以及劳动人民拥军支前的情景，具有一定的历史意义、教育意义和艺术价值（图一、图二）。

一　保存现状及主要危害

唐家民俗博物馆三号院彩绘泥塑制作于 1970 年，1971 年作为阶级教育展览内容展出，曾引起很大反响，每日有上千人参观，院内配有十几位讲解员，1979 年关闭。院内现存大塑像 39 尊，小塑像 106 尊（最高 270 厘米，最小 20 厘米），壁塑、浮雕及影塑面积约 220 平方米。

三号院内的彩绘泥塑群分为四组（图三），每组由真人大小的主要人物形象和背景小塑像组成人物群像，结合高低不平的地台和背景上壁塑、浮雕及影塑形成不同情节，充分表现了贫下中农的革命形象对于地主阶级的罪恶的声讨。写实的造型服务于特定的主题与情节，人物形象刻画触及心理层面，深入而细致，创造出浓郁的悲愤、抗争的气氛。情节展开自然流畅，众多不同身份人物的动作、姿势相互呼应，构图紧凑而有节奏（图四）。

唐家民俗博物馆三号院彩绘泥塑群在半封闭环境内，相对避免了风、霜、雨、雪及阳光对其的直接破坏作用，但由于三号院处于整个院落边缘，西南墙面有雨水飘落，产生泥水流挂。在 2012 年整修建筑前，屋顶墙壁漏雨，彩绘泥塑遭受雨水侵蚀，梁架墙体变形和地面毛细水迁移引起的可溶盐循环结晶以及冻融现象引起的底部彩绘破坏，致使彩绘泥塑大部分损害较为严重。因此大部分彩绘泥塑保

图一 唐家民俗博物馆三号院外景

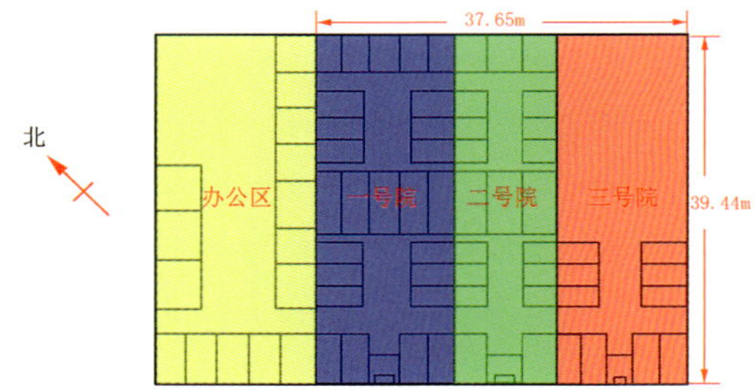

图二 唐家民俗博物馆平面示意图

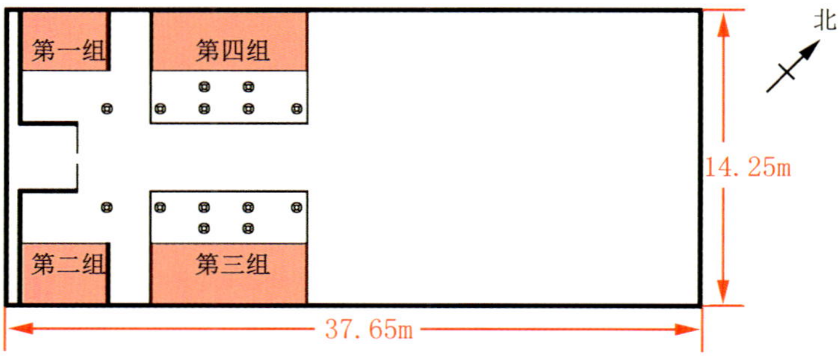

图三 三号院彩绘泥塑分组示意图

1 2 3 4

图四 三号院的四组彩绘泥塑群

1. 第一组 2. 第二组 3. 第三组 4. 第四组

存状况较差，主要病害有结构稳定性损害、损毁缺失、泥层病害、颜料层病害、表面污染、动物损害六大类。

1. 结构稳定性损害

因地震、卸荷、不均匀沉降等因素的影响，使支撑骨架失稳，致使唐家民俗博物馆三号院的彩绘泥塑壁塑大结构的平衡失稳，建筑与彩塑错综复杂的连接固定构造，使其牵一发而动全身，失去了重心和平衡骨架的壁塑和彩塑，无法长久负荷重量。第一组和第二组塑像群的壁塑顶部外斜 45 度角的支撑体失去平衡，变形、下沉，依靠外搭木桩支撑避免倒塌；第二组、第三组塑像群的地台大面积塌陷形成深坑，真人大小的塑像就在深坑边缘，随时有倒塌的风险；第二组、第三组、第四组塑像群的部分塑像主桩断裂，倒塌在地面上。同时细泥层或粗泥层的深层裂隙也是其最主要的病害之一，其与空臌相互影响，促使唐家民俗博物馆三号院的彩绘泥塑最终发生倾斜、倒塌、掉落、移位，个别塑像脱离原来的位置向外倾斜脱落，部分已经脱落的小塑像被后人随意放置在不完全正确的位置上（图五、图六）。

2. 损毁缺失

唐家民俗博物馆三号院的彩绘泥塑基本布局保存完整，但有大量的彩绘泥塑有缺失现象，特别是局部缺失非常严重。在漫长的历史长河中，三号院内的彩绘泥塑不但要经受自然力的破坏，而且在动荡的时代，它们还要经受人为的破坏，很多人物眼珠被挖出，有的被打碎致残，悬塑与墙体之间结合有松动掉落的迹象，塑像各个部分结合处也有松动掉落的迹象，部分掉落残块堆积在地上，有的堆放在殿内塑像的脚下，残块数量众多，收集的时候也

1 2 3 4

图五 彩绘泥塑结构稳定性损害

1. 壁塑失稳 2. 地面支撑塌陷 3、4. 大塑像主桩断裂倒塌

1 2 3 4

图六 彩绘泥塑结构稳定性损害

1、2. 深层裂隙 3、4. 小塑像倾斜、掉落、移位

1 2 3 4

图七 彩绘泥塑损毁缺失

1. 眼部缺失 2. 面部缺失 3. 地台缺失 4. 头部缺失

1 2 3 4

图八 彩绘泥塑损毁缺失

1、2. 殿内配件大量掉落、堆积 3、4. 手中物品缺失

1 2 3 4

图九 彩绘泥塑泥层病害

1、2. 地台酥粉 3、4 南外墙水渍明显

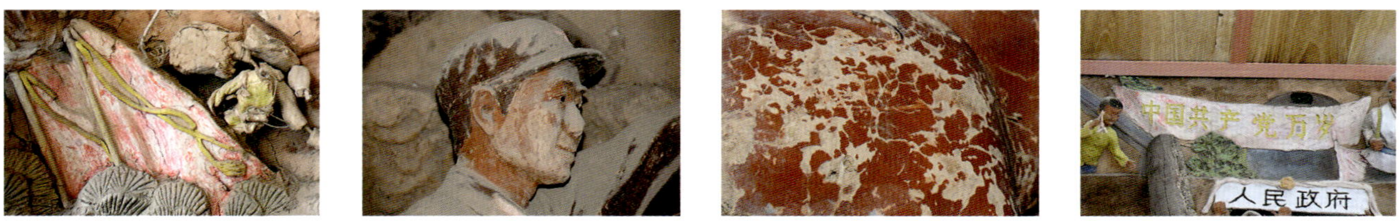

1 2 3 4

图一〇 彩绘泥塑颜料层病害

1、2. 颜料层剥落 3. 龟裂 4. 颜料变色

1　2　3　4

图一一 彩绘泥塑表面污染

1、2. 灰尘覆盖 3、4. 雨水流挂痕迹

没有分类整理，对以后的修复工作是一项巨大工作量的挑战（图七）。

同时从三号院内大塑像的姿态和手上残留可以看出，他们基本都有手持物品（农具、书本、油灯、竹篮、碗、刀枪等），这类物品几乎全部缺失（图八）。

3. 泥层病害

主要为酥粉病害，一般分布在地台的底部，主要原因是水分运移引起的。酥粉是可溶盐随环境湿度变化而溶解、结晶所产生的膨胀、收缩反复作用，导致局部的胶结力丧失，如果受轻微外力，就极易表现出颗粒状脱落，随着脱落的加剧，面积逐渐加大，呈现局部丧失，特别是靠近南外墙的第二组泥塑群地台酥粉最为明显（图九）。

4. 颜料层病害

主要有三类：（1）颜料层剥落（脱落）。三号院彩绘泥塑颜料层普遍存在局部剥落，主要表现是颜料层的局部的缺失，其造成原因多样，有起甲、酥粉等自然破坏，也有历史时期的人为破坏。（2）龟裂。颜料层受泥层或自身收缩膨胀等内应力的影响造成外观呈现龟甲状网格状开裂现象，这些网状开裂是彩绘泥塑表面的不稳定因素，进一步发展，能造成起甲、裂隙、剥落，更严重的是随着其发展变化，会造成局部缺失。（3）颜料变色。颜料层存在色相的改变，通常由物理因素和化学因素引起颜料变色，物理因素包括水浸、自然风化等引起的，化学因素是指颜料化学成分发生变化等所致（图一〇）。

5. 表面污染

唐家民俗博物馆三号院内彩绘泥塑都存在表面污染病害，主要分两类。

（1）灰尘覆盖。这是三号院内所有彩绘泥塑都存在的病害，大部分严重到看不清原来彩绘颜色。陕西旬邑地处北方，唐家民俗博物馆地处塬上，当地风沙降尘较大，加之唐家民俗博物馆三号院保存的彩绘泥塑为半封闭的保存环境，长时间缺乏修缮养护，基本上所有的彩绘泥塑都被灰尘覆盖，经过常年的堆积，造成灰尘结垢。

（2）雨水流挂痕迹。由于建筑年久失修，屋顶个别部位有漏缝，遇到刮风下雨降水便从露缝处流淌至殿内，致使位于此处的彩绘泥塑不同部位不同程度地存在雨水流挂痕迹，特别是靠近南墙的第二组彩绘泥塑更为明显。2012年馆方对建筑进行维修，漏雨现象有所好转（图一一）。

6. 动物损害

唐家民俗博物馆三号院彩绘泥塑处于半开放的展示空间，难免有小动物（鸟、蜘蛛、蜜蜂）的遗留痕迹，此次勘查中发现有鸟粪、鸟窝、蜘蛛网的遗留，并观察到有大量蜜蜂在塑像或墙体的缝隙内搭建巢穴，对塑像本身的影响是较为明显的（图一二）。

二　制作工艺及彩绘颜料调查

唐家民俗博物馆三号院彩绘泥塑的制作工艺，尚未发现有关资料记载，主要通过背景与彩绘泥塑残损断面观测制作工艺。

从第二组塑像背景墙的残缺部位可以看出，背景墙制作工艺基本为传统工艺，工艺结构为：木骨

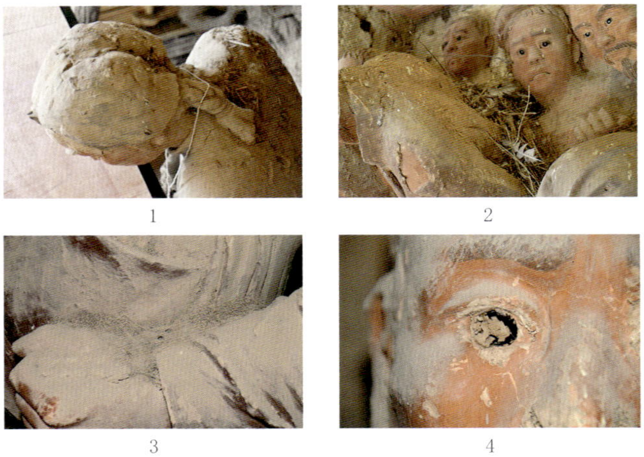

1　　　　2

3　　　　4

图一二 彩绘泥塑动物损害

1. 鸟粪 2. 鸟窝 3. 蜘蛛网 4. 蜂巢

图一三 背景墙工艺结构

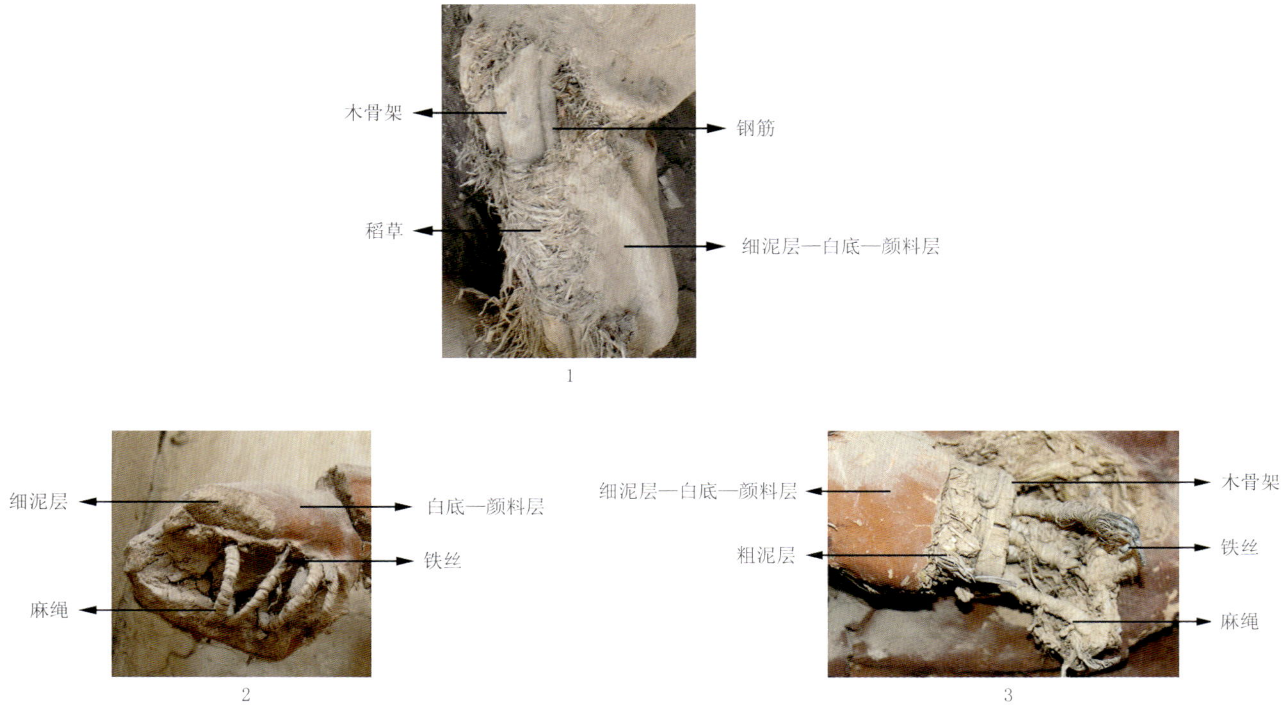

图一四 塑像腿部与手部工艺结构

1. 塑像腿部工艺结构

2、3. 塑像手部工艺结构

架——粗泥层——细泥层——颜料层。粗泥层较厚，细泥层很薄（0.2–0.4cm）。背景墙颜料层下未发现白灰层。颜料种类以赭石色、黄色、绿色、蓝色、红色为主。具体制作工艺见图一三。

从第二组塑像的残缺部位可以看出，彩塑制作工艺基本为传统工艺外加现代材料，工艺结构为：木骨架（加钢筋或铁丝）——稻草(麻绳或粗泥层)——细泥层——白底层——颜料层。一般腿部为木骨架加粗钢筋增加支撑力，手部和头颈连接处为木骨架加铁丝。颜料种类以赭石色为主。腿部与手部的具体制作工艺见图一四。

唐家民俗博物馆三号院彩绘泥塑制作工艺为传统工艺加现代材料（钢筋或铁丝），塑像颜色以赭石为主，背景墙以黄色、绿色、蓝色、红色为主。为了解颜料成分，取微量样品，使用X-射线衍射仪（XRD）分析其显色物质的成分，可以看出大部分样品的显色成分为矿物颜料，其中红色主要是赤铁矿，橙黄暗红色主要是红锌矿，黄色主要是重晶石，黑色主要是石墨。另外的显色矿物中基本都含有石膏、石英、钾长石、斜长石、伊利石，这是因为这些颜料直接绘于泥塑层上，分析时有泥土的成分干扰所致。没有找到蓝、绿两种颜色的发色矿物颜料，根据70年代物质极度缺乏的状况，估计使用了广告颜料，而根据相关报道，蓝、绿两种颜料当时以酞菁蓝和酞菁绿为主。

三　病害成因

针对唐家民俗博物馆彩绘泥塑的表现形式，在对唐家民俗博物馆现场全面详细调研取样的基础上，对彩绘泥塑的制作工艺及本身材质的分析检测，揭示病害的因果关系，从而指导病害治理材料、配方的研究及环境治理的措施。

1. 自然因素的影响

唐家民俗博物馆三号院彩绘泥塑群地处北方，风沙降尘较大，基本上所有的彩绘泥塑都被灰尘覆盖，经过长年的堆积，行成灰尘结垢附着在塑像表面，不仅吸附空气中的污染物，还会遇水产生彩绘表面的化学反应，造成颜料层病害。

塑像在半封闭环境内，相对避免了风、霜、雨、雪及阳光对其的直接破坏作用，但由于三号院处于整个院落边缘，院落年久失修，屋顶墙壁漏雨，彩绘泥塑遭受雨水侵蚀的同时，毛细水迁移引起的可溶盐循环结晶以及冻融现象引起破坏，致使彩绘泥塑大部分损害较为严重。

2. 制作工艺及材料老化的影响

现场勘查发现唐家民俗博物馆三号院彩绘泥塑使用传统工艺与现代材料相结合的制作方法，主骨架使用木桩加钢筋，彩绘层也使用了矿物颜料加广告色。为深入了解三号院塑像群修建情况，走访得知该院塑像群是冬季制作，当时为尽快开展，塑像塑好后用火炉烤干上色[2]。综上所述，由于塑像制作年代物质匮乏、亟待展出等原因，未全部使用传统彩绘泥塑制作材料，未按照传统彩绘泥塑制作周期干燥塑像泥坯，多种因素叠加为彩绘泥塑内部及颜料层胶结材料的迅速老化埋下了隐患，也是导致彩绘泥塑断裂、残缺、颜料层病害的主要原因之一。

3. 人为因素及动物因素的影响

唐家民俗博物馆三号院彩绘泥塑群在1979年关闭后长时间缺乏修缮养护，不可避免地经受人为破坏，几乎所有人物眼珠被挖出，有的被打碎致残，这些行为都给彩绘泥塑造成严重的破坏。同时，长期无人打理的院落寄居了大量野鸽子、蜜蜂、蜘蛛等在此筑窝建巢，鸟窝蜂巢就在塑像的缝隙、孔洞中，蜘蛛网分布在塑像表面，小动物反复出入爬行，致使塑像破坏日趋严重。

四　保护修复建议

文物保护修复过程是全方位接触彩绘泥塑的过程，也是对彩绘泥塑进行再认识和再研究不可或缺的机会，修复实践是解决病害难题的重要手段。

首先，通过多种形式、多种渠道进行背景调查，了解唐家民俗博物馆三号院彩绘泥塑的创作背景。在查阅大量文字资料的同时，通过旬邑资料馆找到塑像院为数不多的珍贵照片，并走访了建馆亲历者：原唐家民俗博物馆负责人年近90岁的秦忠谦老先生、参与泥塑院塑像制作的唐老先生，通过多重手段了解当年泥塑院修建的相关背景、材料选择、制作工艺、人物造型表情、复原塑像手持物品、塑像原始位置等，为保护修复提供了翔实可靠的参考依据。唐家民俗博物馆三号院彩塑用泥为当地的红胶泥，通过调查得知原取土处为唐家民俗博物馆前的深沟中，建议保护修复工作使用这种红胶泥。

其次，结构稳定性处理工作，稳定性方面的病害会给这类彩塑带来毁灭性的破坏。壁塑、浮雕、影塑组成群塑形式，靠内部的网状结构大骨架支撑；圆塑横竖交错的主骨架承担着整个塑像的受力，对整体稳定性的研究和修复至关重要。处理好稳定性问题才能根治结构性病害，是做好保护修复的基础。建议把所有失稳、移位、松动、断裂的塑像进行加固补强、矫形、归位。

第三，对损毁、缺失部位进行补塑、补配。唐家民俗博物馆三号院壁塑大量脱落、缺失，大体量圆塑的头、四肢也多有脱落、断裂，保护修复工作中可以收集掉落物件，经过前期研究考证和资料比对后修复、复位、补配。同时，在有依据的情况下可以对泥塑人物缺失的手持工具和物品进行补配。

---

[1]赵新贵.旬邑唐家民俗博物馆考述[J].人文杂志，1999（10）：135-136.

[2]陕西省文物保护研究院.陕西旬邑唐家大院彩绘泥塑保护修复方案[R].2013-06.

北方明清砖体建筑水盐破坏机理及治理初步研究

——以山东济南华阳宫古建筑壁画保护为例

李立[1, 2]，王永进[1]，王荔君[1]，周伟强[2]

1. 陕西省文物保护研究院，西安 710075
2. 西北大学文化遗产学院，西安 710069

Preliminary Study on Water-salt Damage Mechanism and Conservation Treatment of the Brick Buildings of Ming and Qing Dynasties in the Northern China

A Case Study of Murals Protection in Huayang Palace in Jinan, Shandong

Li Li[1, 2] Wang Yongjin[1] Wang Lijun[1] Zhou Weiqiang[2]

1. Shaanxi Institute for the Preservation of Cultural Heritage, Xi'an 710075, China
2. School of Cultural Heritage, Northwestern University, Xi'an 710069, China

摘　要：我国北方现存大量明清砖体建筑，其中不乏建筑艺术极具特色者。华阳宫古建筑壁画，历史悠久，内容丰富，具有很高的艺术和历史价值，然而潮湿的自然环境导致了砖墙和壁画长期受到水盐害侵蚀。通过对华阳宫周围环境长期监测、水盐病害状况调查以及综合研究三个方面，基本掌握了华阳宫壁画水害的主要来源以及破坏机理，并根据实际情况从墙根、墙基以及墙面制定了“堵”“阻”“排”相结合的综合性抢救治理方案。经过后期跟踪监测，评估效果良好，可以为明清砖体建筑的保护提供一定程度上的借鉴。

关键词：华阳宫　建筑壁画　盐害　砖风化

Abstract: In the northern China, there are still a large number of brick buildings of Ming and Qing Dynasties, among which there are many representatives with architectural art characteristics. The murals in Huayang Palace have a long history and rich content, with high artistic and historical value. However, humid environment leads to the result that brick walls and murals have suffered from water-salt damage and erosion for a long time. On the basis of long-term environment monitoring, water-salt diseases investigation, and comprehensive research, we have basically mastered the main sources of water-damage mechanism of murals. According to the situation of wall root, wall base and wall surface, we have formulated comprehensive rescuing treatments and conservation plan combining "plugging", "blocking" and "drainage". The later monitoring and evaluation shows that the treatment is effective and can provide a reference for preservation of similar ancient brick buildings.

Key words: Huayang Palace; Architectural murals; Salt damage; Brick weathering

引　言

在明清时期，由于制砖技术的提高，古建筑开始大量使用青砖，同时促进了砖石结构的发展，中国传统建筑达到了最后一个高峰。青砖是由黏土和水调和后，制成砖坯，低温烧制而成，自身多孔易吸水。在降雨及地下水活动的影响下，极易导致靠近地面部分砖体常出现泛白酥碱，甚至粉化剥落现象。这直接威胁到了文物建筑本体结构安全，需要进行深入研究并加以防治。下面以山东济南华阳宫古建筑群壁画保护工程中水盐破坏的治理为例，对砖体结构水盐破坏研究成果、治理措施及效果评估进行介绍。

华阳宫古建筑群地处济南市东北，黄河以南、小清河以北的平原地带，是济南地区最古老、规模最大的道教宫观之一[1]，同时遗留有300余平方米的古代壁画。经调查，华阳宫壁画主要分布在四季殿、元君殿、观音殿、十王殿东、西殿等十二处单体建筑内，总计面积320余平方米，艺术价值较高，保存状况堪忧。壁画以颜料层粉化脱落、颜料层酥碱起泡、地仗层酥碱以及大面积空鼓脱落等病害最为严重，其中造成大部分病害的直接原因和罪魁祸首就是“水”的侵害。

一　水盐病害状况调查

华阳宫古建筑背山而建，受地下水、雨水等影响严重，周围草木丛生，植被茂盛，地面和墙基长期处于潮湿环境，地衣苔藓满布。四季殿是华阳宫的主体建筑，位于华阳宫轴线的后部，由于建筑四周水路疏导不畅，墙体经常处于潮湿吸水状态，时间一长便造成地仗病害，进而引起壁画表面病害，危及壁画和古建筑的存在（图一、图二）。

十王殿位于建筑群的西南角，是整个建筑群中地势相对最低的区域，壁画破坏也是最严重的。东殿壁画支撑体糟朽空鼓严重，壁画大面积脱落。三教堂周边地势后高前低，墙外有排水渠高于室内地面，紧贴

图一 四季殿西侧潮湿环境

图二 四季殿西墙壁画空鼓脱落

墙根植物生长茂盛，水分不易散失，墙角浸泡严重，为各种病害的产生提供了条件。三教堂内壁画空鼓也很严重，粉化、酥碱以及长期潮湿生长大量霉菌。

华阳宫壁画是典型的明清砖体建筑壁画，不同于石窟壁画和墓葬壁画的显著特点是绘于佛教寺庙和道观的墙壁上，壁画支撑体为土木砖石建筑，壁画依附于其上，因此，壁画的病害很大程度上与建筑本体的稳定性息息相关。壁画本身距地面有一米多高，受地下水的影响较大的是下部壁画及砖体，当地气候多雨潮湿，雨水在毛细作用下上涌至墙体，导致墙体底部壁画的酥碱、空鼓、地仗层脱落等一系列病害，加速了壁画的破坏。

调查结果显示，酥碱、起甲、空鼓是华阳宫壁画病害中较为常见的三种病害，经研究墙体水盐运

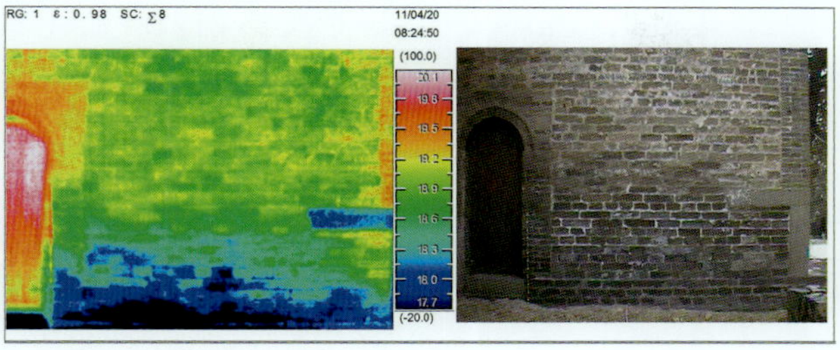

图三 四季殿西墙外部处理前

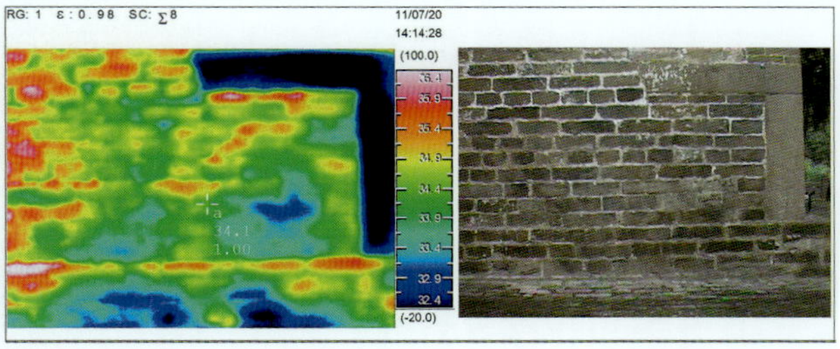

图四 四季殿西墙外部处理后三个月

移变化是壁画酥碱、起甲、空鼓的主要原因之一[2][3]。降雨之后四季殿东西墙出现明显的毛细水波动现象，吸水高度可达到 80—120cm，外墙砖体水蚀部分表面风化泛碱现象十分严重（图三）。壁画的酥碱、地仗脱落等病害最严重部位基本上与支撑体外墙所形成的水蚀部位是相吻合的。

二　水蚀破坏机理分析

前期研究已经充分说明造成华阳宫古建筑壁画主要病害的直接原因和罪魁祸首就是“水”的侵害，是水分不断迁移变化，并与可溶盐共同作用的结果。从形式上来讲，构成该区域水分来源主要有三种方式：大气降水、地表水和地下水。这三种形式相互联系和转化，形成该区域内的水循环系统[4]。

济南属暖温带大陆性季风气候区，四季分明，年降雨量较大。加之三面环山的地形，令水汽和热空气回流聚集不宜扩散，导致了济南的夏季闷热潮湿。济南境内泉水众多，河流也较为密集，地下水位很高，这些都不利于华阳宫砖体建筑及其壁画文物的长期保存。

砖石文物其本身孔隙率大和泥质胶结物等性质决定了易受到自然环境中大气降水、地下水和径流水的侵蚀破坏。雨水下泄对建筑外墙砖体产生侵蚀，而裂隙是水分进入砖体最主要的通道。地下水主要通过微孔的毛细作用上升进入砖体及建筑墙体内；对于地表水而言，如不采取措施，极有可能渗入地下而通过毛细作用进入墙体内[5]。而水对砖体的破坏作用主要包括溶蚀、冻融和盐结晶重结晶等几个方面。水会通过物理、化学和生物三方面作用带走砖石中部分结构性物质[6]；而在冬季气温在 0℃上下变化时，砖石中冻结的冰在白天融化，晚上冻结，昼夜往复，长期作用释放的应力对砖石产生破坏。这种融化、冻结的过程大大降低岩石整体稳定性，是造成砖石风化的主要原因之一[7]；砖石墙体长期处于干湿变化中，可溶性盐会产生结晶、溶解和重结晶现象，而且会伴随着水的迁移而迁移，这样的变化也造成了砖石风化破坏[8]。综上所述，水对砖石墙体的破坏是复杂多变的，伴随着自然环境中温湿度、光照、生物侵蚀等多种因素，给古建筑砖石墙体带来不可逆转的损害。

华阳宫壁画其依附于建筑墙体之上的特点，决定了对于该壁画的保护治理，最主要的问题就是对建筑墙体防潮阻水以及脱盐除盐的处理。所以对华阳宫古建筑墙体的防潮阻水处理成为壁画保护修复工作成败的关键一步。

三　防潮阻水保护处理

华阳宫防潮阻水保护工作严格按照“最小干预”、“不改变文物原状”的基本原则，在总体保护框架下制定了具有针对性的保护修复措施。结合前期现场实验和实验室模拟研究结果，制定了“堵”、“阻”、“排”相结合的综合保护治理方案[9]，即对墙基墙根做防潮防渗处理；对墙体墙裙做避潮层处理；对外墙墙面做防潮憎水处理，并外设排水沟以疏导水路，强化功效。

	处理前吸水率 (ml)			处理后吸水率 (ml)		
	区域一	区域二	区域三	区域一	区域二	区域三
30s	0.4	1.1	1.4	0	0	0.1
60s	0.8	2.3	2.4	0	0.1	0.1
90s	1.2	4.1	3.3	0	0.1	0.1
120s	1.7	5.6	4.1	0	0.2	0.2
150s	2.0	7.1	4.9	0	0.2	0.2
180s	2.4	8.7	5.7	0.1	0.2	0.2
210s	2.8	10	6.3	0.1	0.2	0.2
240s	3.2		7.2	0.1	0.3	0.2
270s	3.6		8.0	0.1	0.3	0.2
300s	4.0		9.0	0.1	0.3	0.2

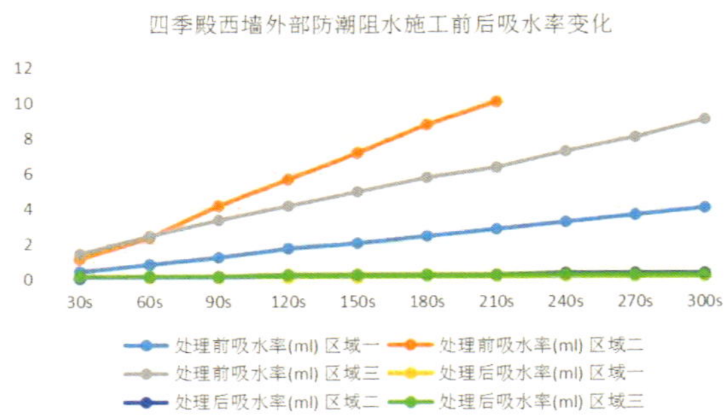

图五 四季殿西墙外部防潮阻水施工前后吸水率变化结果

（一）墙基防潮防渗处理

首先，拆除原地面铺设的青砖，挖开地基使其露出全部墙根。清理泥土和杂物之后，用修复砂浆填实墙面的孔隙，并喷涂有机硅憎水防护剂。待其完全渗透后，再涂刷聚合物防水砂浆层。最后，用传统材料 3:7 灰土进行墙基回填，并重新铺设青砖地面。

（二）墙体墙裙避潮层处理

在水蚀严重的墙体外部，距地面约 30 厘米高度沿砖缝机械钻孔，孔径 ф=8 毫米，斜度 30℃，间距 15、深 40 厘米的孔，孔内用气枪吹净；然后，预埋注浆头，根据孔径大小选择合适的注浆头，使用预先配制的天然水硬性石灰材料对灌浆区域砖缝进行封堵，养护至少 24 小时；加压灌入有机硅憎水剂乳液，反复两三遍，再加压灌入水硬性石灰浆至洞孔处 2 厘米，最后，用青砖修复砂浆进行洞口修复，做旧处理。

（三）外墙墙面防水憎水处理

首先，清除墙体表面的污染物、沉积物，清理局部表面的地衣、苔藓类植物；然后进行脱盐、除盐处理；采用硅酸乙酯加固剂对水蚀墙面进行渗透加固，特别是风化酥碱比较严重部位进行多次加固；然后用杀菌止霉剂喷淋处理表面，对青砖缺棱掉角、缺失、孔洞以及钻孔的表面进行修复；二次勾缝并做旧处理；最后墙面用有机硅憎水剂乳液喷涂保护。

华阳宫古建筑壁画墙体防潮阻水保护处理完成三个月之后，我们开始对阻水防水效果进行评估性测试与效果反馈，主要对墙面吸水性和含水率进行监测，每间隔一个月进行一次，对比前期调查研究阶段，对华阳宫主要水害建筑墙体进行红外热成像监测分析 [10] 结果。从直观的红外热成像图像上看，处理后各殿墙体水含量大量减少；表面吸水性测试结果也表明，外墙面吸水性也大大降低，降水的侵蚀以及地下水的渗入得到了较好的控制，在一定程度上控制了水对墙体壁画的侵蚀（图五）。

四 总 结

目前，我国大多数明清砖体建筑都存在一定程度的水蚀破坏，水可以直接或间接引发文物病变，防潮、治水一直是文物保护的重点及难点。砖体结构自身的多孔性、年代久远排水不畅以及露天环境变化引发的毛细水迁移等共同造成明清砖体建筑及其附属文物的逐渐损坏，而主要的问题就是建筑墙体防潮阻水的处理。

华阳宫古建筑壁画防潮阻水抢救性保护处理，由于工程施工的局限性、抢救性保护的特点以及古建筑本身存在的复杂性问题，存在一定的限制和不足，但有效缓解了大气降水和地下水对壁画墙体的侵蚀破坏，极大地提高了古建筑墙体的整体稳定性和抗水蚀能力，达到了壁画保护的理想效果，为后续保护修复工程的开展提供前提和保障。

采取“堵”“阻”“排”结合的综合保护方案，即对墙基墙根做防潮防渗处理；对墙体墙群做避潮层施工处理；对外墙墙面做防潮憎水处理，并外设排水沟以疏导水路，强化功效。通过这样的处理，简单而有效，能够从根源上减少水盐对北方明清砖体建筑的破坏，对于建筑及其附属文物保护修复和日常维护都有重要意义。

[1]王晶，张幼辉.济南巨观——华阳宫[M].济南：济南出版社，2008.

[2]张明全，张虎元，曾正中，等. 敦煌壁画盐害及其地质背景[A].敦煌研究文集·石窟保护篇(上)[C].兰州：甘肃民族出版社，1993.

[3]郭青林. 敦煌莫高窟壁画病害水盐来源研究[D].兰州：地质资源与地质工程，2009.

[4]郭宏，李最雄，宋大康，等. 敦煌壁画酥碱病害机理研究之一[J].敦煌研究，1998（3）：153-163.

[5]姜进展.户外砖石文物的风化及保护[J].文博，1986(4)：88-94.

[6]王金强，林光武，钱自强.WQ墙面清洗剂的研制与应用[J].企业技术开发，2000(3)：22-23.

[7]谢贵成.关于建筑用砖的现状分析及对策研究[J].中国建材科技，2012(2)：68-69，88.

[8]张春华.砖墙泛碱初探[J].山西建筑，2010(7)：107-108.

[9]郭宏，黄槐武.文物保护中的“水害”问题[J].文物保护与考古科学，2002(1)：56-62.

[10]吴育华，刘善军.岩画渗水病害的红外热成像检测研究[J].工程勘察，2010(5)：31-35.

20 世纪 50 年代陕西考古发掘记录档案的数字化保护探索

郭明卿

陕西省文物保护研究院，陕西西安，710075

Research on Digital Conservation of Shaanxi Archaeological Excavation Archives in the 1950s

Guo Mingqing

Shaanxi Institute for the Preservation of Cultural Heritage, Xi'an 710075, China

摘　要：20 世纪 50 年代，陕西西安等地的文物部门配合第一个五年计划建设项目，进行了大量的古代遗址墓葬的考古发掘，发掘过程中的纸质记录档案的文献价值甚为重要，这批庞杂的纸质档案存在脆化等不利于保护、管理、利用等问题。本文利用现代数字化信息技术对这批档案进行保护，以提高考古发掘档案的管理和利用水平。

关键词：考古发掘　档案记录　数字化

Abstract: With the first five-year plan of construction project carried out in the 1950 s, cultural relics departments of Xi 'an and other places excavated a large amount of ancient tombs and sites. The important details were recorded by paper files in the process of excavation. However, this batch of miscellaneous paper files has problems like aging and fragilization, which are not conducive to conservation, management and utilization. In the paper, we use modern digital information technology to preserve these archives in order to improve the management and utilization level of archaeological excavation archives.

Key words: Archaeological excavation; Archival records; Digitization

一　记录档案的形成背景、价值与意义

20 世纪 50 年代，新中国建立之初，百废待兴。为恢复国民经济、建设新中国，国家制定了第一个国民经济发展五年计划。在“一五”期间，全国掀起了大规模城市基本建设和工业建设高潮。期间，作为有着厚重历史文化积淀的陕西也不例外，从 1953 年起，陕西关中地区的西安市及周边地市相继开始了大规模城市建设和工业化进程。陕西是中国历史上建都朝代最多、建都历时最久的省份。陕西西安、咸阳、宝鸡等地有着丰富的历史文化遗存。在这些地区进行大规模的建设，势必会涉及许多古代历史文化遗存的保护。为了抢救建设区域丰富的地下遗址和古代墓葬，陕西省先后成立了“陕西省文物管理委员会”（简称“陕西省文管会”）和“西北工程地区文物清理委员会文物勘察清理队”（简

称“西北文物清理队”），配合基建进行文物勘察清理工作，形成一大批珍贵的清理发掘记录，称之为“陕西 50 年代考古发掘记录档案”。

这批发掘记录主要形成于 1953–1957 年间，涉及建设工地 300 多个，清理文物遗迹 3000 余处。发掘清理档案包括文字、图纸、拓片、照片以及相关工作日记、总结、往来文函等文件材料，共有 5300 余袋（图一）。记录档案从内容上主要分为墓葬和遗址两大类，其中包括 2900 余处墓葬（占到总数量 97%），100 余处遗址（占总数量 3%）。经过清理发掘的遗迹，有西周、秦、汉、北朝、隋、唐、五代、宋、元、明、清等多个时代，其中以唐代墓葬数量最多，占了总发掘墓葬一半以上。

在新中国建立之初的第一个五年计划经济建设迅速铺开大背景中，文物部门以有限的时间和在考古技术人才缺乏，设备不足的条件下，积极配合建设进行文物勘察清理，抢救了大批的文物，并形成这批珍贵的记录档案，委实不易。这批档案几经变迁，仍能较为完整地保存至今，已经成为一笔重要文化遗产。他不但包括了西安及周边地区历史遗存的相关考古发掘资料，填补了建设地区的空间历史信息，比如好多文物的身世价值、类属和源头，以及其背后的故事都需要发掘记录来体现和补充丰满，可以丰富一大批同出文物的相关信息，同时也反映了新中国陕西文物工作的一段特殊经历。这套档案仅存此一套，在保护文物及其他研究中具有不可替代的价值，在某种意义上说填补了陕西考古发掘一段历史空白。

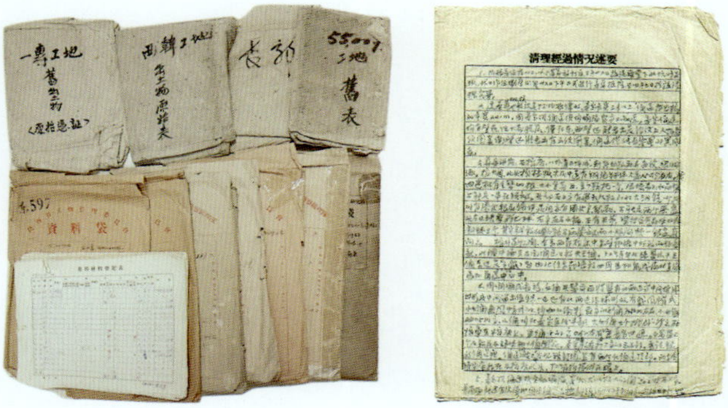

图一 考古发掘记录档案

二 记录档案现状与问题

最初的记录档案是按照各建设单位的发掘工地为单元建档的，分属于三百多个工地。由于当时任务紧迫，边形成边整理归档，因而，这些动态不定的内容难以建立起系统科学的管理体系，在管理过程中会发生一些混乱，保存现状不容乐观。

六十年来，虽有零星发表过少数消息和简报，编辑出版过少数书籍，但这批记录档案基本处于封存状态。虽有最初的排列整理和几次零星整理，但因年代久远，几经搬迁和人员变换，以及原始记录本身情况等原因，制约阻碍了研究与价值利用。2013 年–2016 年，陕西省文物保护研究院对其中重点墓葬进行整理研究，成果以《二十世纪五十年代陕西考古发掘资料整理研究》书籍出版形式公之于世，引起上级领导的高度重视和业界较大反响。然而，此次整理研究的也仅是其中的 306 座墓葬，只占墓葬总数的 1/10。可以说，截至目前，陕西 50 年代考古发掘记录档案中，大量的内容尚处于封存状态。因而影响其学术价值体现和历史价值的更深挖掘研究。

由于受到客观主管因素局限，形成于 60 多年前的这批档案保存环境和保存状况并不理想，档案安全令人担忧。

一是自身状况：例如，原始记录档案载体本身纸质发脆，一些文字记录是用圆珠笔或铅笔记录，已经发生颜色减退，字迹漫漶，难以辨认之病害；图纸与拓片纸张多有弥补拼接，容易开脱分离，还存在折叠破损较重、边角起毛等现象。如此各种不利因素，使得原始记录已经经不起过多翻阅查看。

二是保管问题：该记录档案形成后，虽就有过流水编号排列等初步整理（图二），但由于动态发掘工作，形成的记录档案，难以系统整理。加之，其间有过不同整理，出现重复编码标识，特别是原始记录因被直接利用而造成缺失等情况时常出现。这些问题给保护利用造成极大困难和障碍，保护与利用之间矛盾冲突愈为凸显，因此运用数字化技术进行保护迫切而必要。

图二 记录档案编目整理

三 数字化保护的目标与理念

为改变现存矛盾，我们对陕西省文物保护研究院存藏的20世纪50年代清理工作中全部清理记录档案，进行扫描等数字化保护。通过数字化处理完成相关数据库建设；借助先进的多媒体和虚拟技术永久地保存文物信息；通过数字化信息化管理替代和减少对原始档案的翻检查阅，从而达到有效保护和科学利用目的。通过本次保护整理，将形成包括原有的传统纸质档案资料与现代数字化档案资料两大系统，建成陕西50年代考古发掘档案数据库与研究利用平台，更好发挥其应有的学术研究价值。

此次数字化本着以规范整理、有效保护原始档案为目的，以全面、准确、完整提取资料信息为宗旨的理念进行。

这批文物档案客观地记录了古代墓葬遗址等文化遗迹及其清理发掘信息，从侧面反映了当时基本建设时期的时代背景下文物保护方法理念等情况，从某种意义上来说已经具有文物属性。因此，我们在有效保护原始档案形式和内容的基础上，借鉴实验室考古思路和方法去全面慎重提取信息。另外，还建成原始纸质档案之外的第二套数字信息档案系统。这批清理发掘记录直接或间接反映了60年前考古发掘、文物保护工作和社会情况，特别是工业化进程等，具有一定人文社会价值属性。我们依照档案管理理念，遵循档案的客观性、原始性、价值等属性进行整理。数字化保护，从保护载体本身，与完整、准确提炼信息出发，秉持保护原始档案原貌和维护原有信息间联系的理念，慎重对待每一环节，力争原始信息不流失、不失真，做到“可逆向复原”等保护整理，确保数字化新建的档案数据库与原始实体记录的科学对接、信息等同完整，如图二。

四 数字化保护工作流程及技术路线

针对陕西50年代考古发掘记录档案实际情况，结合档案资料数字化管理方法要求，我们与专业的档案数字化公司合作，制定整体工作流程，设计了具体技术路线。数字化保护工作流程图如图三。

数字化保护工作包括全面梳理、数字化、保护制作等，整个工作分四大项、七小项内容。大体顺序是：全面梳理→数字化与数据库建设→信息化管理平台建设→保护制作。原则是维护原貌，有效保护，规范整理，便于利用。不对原来的排列做大调整，但

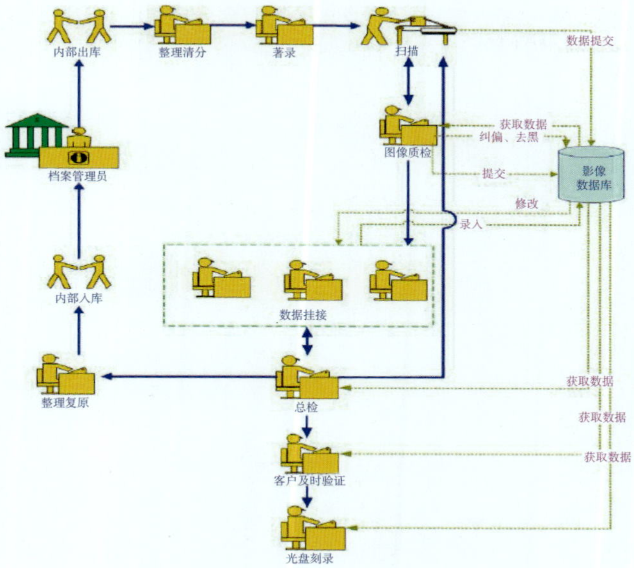

图三　数字化工作流程图

要将相关零散的各类记录搜集归入。对散存别处和从未整过的混杂内容的整理是工作的重点，而对其准确的归整则是工作的难点。梳理整理、数字化与数据库建设、系统信息化管理平台建设，以及案卷制作，穿插进行，互为推进，具体方法步骤等详见表一。

五　总结与展望

1. 档案数字化保护成效显著

本次档案资料数字化保护工作取得显著成效。首先，完成陕西 50 年代清理发掘记录档案梳理统计工作。目前经梳理统计这批清理发掘记录档案计 302 处考古工地，包含古墓葬和古遗址在内 3028 处文物遗存。梳理整理相关文档资料约 5300 多份，整理制作各类案卷 391 盒。其次，初步完成全部档案的数字化，共计扫描处理图片 9.8 万幅，以 A4 及小于 A4 尺寸图幅为主，其间也有 A3 到 A0 号超大尺幅图纸拓片，总计数据存储量为 300G, 基本建成陕西 50 年代清理发掘记录档案数据库（图四）。其三，著录各类条目，包含 Word、Excel 格式，以及系统条目共约 3 万条，挂接导入系统图片数据 10 万余条 / 幅，通过功能完善与系统试运行初步验收。

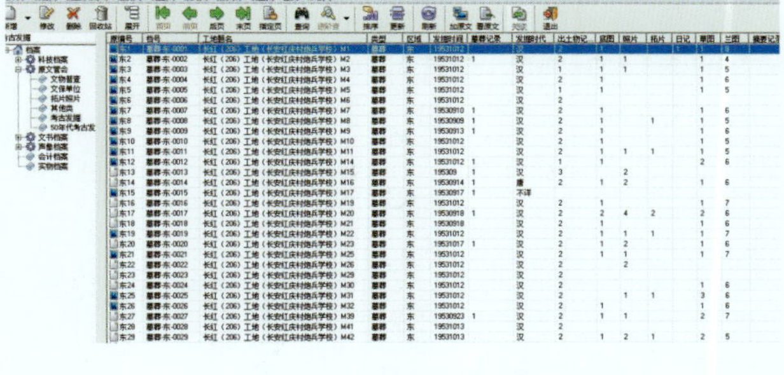

图四 发掘记录档案数据库

通过以上工作，建成陕西 50 年代清理发掘记录档案电子和纸质两套信息检索利用体系，为有效地解决保护与利用间的矛盾，发挥该批珍贵记录价值与作用打下坚实基础；为陕西文物保护行业，以及其他领域研究利用搭建了良好平台。

历时四年，全面完成“陕西 50 年代考古发掘记录档案”信息化管理平台建设（图五），平台功能有：一是，具有多层次、多途径检索利用功能。既可实现简单查询，也可按不同需求进行组合查询、快速检索、进阶检索，并独创“索引查询”和“特殊查询”功能，实现主题词、分类号等的索引检索和多个字段联合检索，保证了检索的速度、查全率和查准率。二是，该信息化管理平台，信息数据导入导出便利

表一 数字化保护工作表述

工作内容		具体对象	标准 / 要求	方法 / 步骤	目的 / 效果	重点 / 难点
整理梳理		全部相关的零散记录	参照档案整理要求，统筹规划，规范整理。	1. 以原始袋 / 包为单位，命名建档。 2. 阅读概括提炼要素、设计好栏目。 3. 逐件摘录统计，手抄完成纸质目录。	1. 既保留原始信息不丢失，又可逆还原。 2. 为电脑录入做好准备。	1、部分潦草模糊的原始记录辨识，错字别字校正费时。 2、对电话记录、往来文函、工作日记的阅读提炼、概括统计耗时费力。
数字化与数据库建设	文字录入	各类零散记录	统一 Word 格式，规范录入	以纸质目录为依据，在 Office 系统分类命名、分别建文件夹、建文档、录入。	做到了规范明细标注标识，为虚拟分类和归并打好基础。	生僻字、异体字、手写体字的认读和录入较慢。
	图片扫描	所有相关记录	依据档案数字化要求，确保图片原真、清晰，又利于检索运行。Excel 格式	1 逐类进行 . 按类分建文件夹。 2. 做好必要的保护处理准备。 3. 设定参数、扫描、优化处理。 4. 编辑命名存储图片。	1. 电脑上科学虚拟分类，为实体归拢合并提供依据。 2、建成相关原始记录数据库，为信息化建设准备。	1. 必要的修补、背补、覆压定位、覆膜保护等处理。 2. 扫描中相关参数设计与仿真优化。
信息化管理平台建设	框架构建	现存各类档案	依据分类大纲，构建管理系统	先完成系统整体层级框架构建，再分类分模块，再具体栏目。	1. 完成大类管理模块构建。 2. 完成发掘文字记录、拓片，及文书模块设计。	合理科学预留空间，前瞻性的创建设计层级、模块、栏目等内容，是重点和难点
	条目著录	1. 清理发掘记录 2. 文管会文书 3. 相关拓片	尊重原始记录，拓展系统功能，做到科学管理与利用。	在整体框架下，完成系统建设。 1. 以原有的排列为纲目和主线，完成清理发掘记录条目著录。 2. 依照前期整理结果，完成文书条目和拓片条目著录。	完成清理发掘记录、文书、拓片三模块的条目著录，为数据导入做好准备。	墓葬 / 遗址条目著录，每条要通过 14–28 项栏目编录完成；拓片和文书也需通过 7–9 项录入完成，细琐费时。
	数据导入	所有扫描处理图片	按照数字化标准要求，进行格式转换压缩。	1. 所有图片的挂接、质检，数据的校对 2. 零散内容的对应导入 3. 功能完善、安全运行与应用等。	完成三类档案的数据挂接和图片导入，建成相应的信息化管理平台。	各类图片精准导入，一一对应，特别是零散记录的准确归入是难点，数据安全运行最重要。
制作保护	纸质案卷制作	发掘记录及相关文书、拓片	参照档案整理相关规定，合理规范制作案卷。	通过排列固定、装订装盒等程序，先保护整理发掘记录，再整理制作文书案卷，最后，完成拓片案卷保护制作。	建成整体规范的纸质案卷系列，有效延长档案载体寿命。	1. 零散内容的合并放置与排列较棘手。 2. 拓片的制作及重分的妥善处理是重点。

灵活。可将系统中的数据信息按选择条件导出，形成文本或其他多种信息形式，也可将文本或多种信息形式改变为数据导入系统中，操作方便。三是，在管理上，通过严格的分级权限机制，确保了系统数据的安全性。除对整个数据库备份以外，增加了按不同实体分类，对任意数据库中的内容进行备份或恢复等功能，确保档案信息利用的安全性。

2. 档案数字化保护的展望

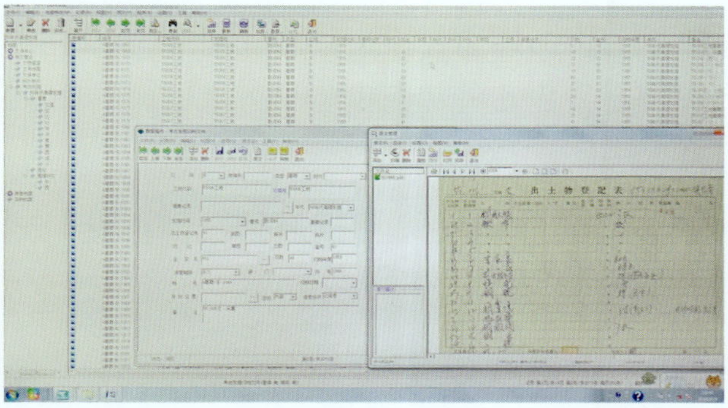

图五 信息化管理平台

本次建成陕西50年代考古发掘相关信息数据库，是对陕西“一五”时期文保档案资料的一次较为全面梳理和有效保护，同时，实现了这批记录档案的信息化科学管理。建成的信息检索利用体系，将有效解决保护与利用间的矛盾，为发挥该发掘记录珍贵价值与作用打下坚实基础，也为陕西文物保护及其他领域的研究和利用搭建了平台。随着50年代出土文物档案的实物资料及数字化信息库的建立，二者的对应联系将会带来更多研究成果的产生。这批档案的开放，是对陕西省该时期文物考古工作历程的总结和反映。本次数字化保护与信息化管理工作中的一些经验，对其他省市同时期文物档案工作的管理也有所参照和借鉴。

致谢：本项目在实施中，得到陕西省文物局和陕西文物保护研究院各级领导及有关方面的重视和支持，特别是马涛副院长的帮助，特此致谢。

文物修复对传统技艺的扬弃

——以古画重装为例

祝一宁

天津博物馆，天津 300202

The Sublation of Traditional Techniques in Cultural Relics Restoration

Take the Ancient Painting Remounting Techniques as an Example

Zhu Yining

Tianjin Museum, Tianjin 300202, China

摘　要： 在文物修复过程中，需要扬弃的对待传统技艺，以应对未有穷极的病害状况。笔者自"古画重装"文献资料和存世实物材料的调研出发，结合现行书画文物的修复规范，在此次《楷书玉台新咏集序卷》的修复过程中对古画重装的应用范围与方式开展了实践探索和理论总结。经过前期方案制订，中期修复实操以及后期数据复核等环节，最终按照预定计划完成了此次修复。同时也证明了传统技艺与现代文物修复方式是可以兼容并蓄的。

关键词： 文物修复　传统技艺　古画重装

Abstract: In the process of cultural relics restoration, it is necessary to sublate traditional techniques, so as to deal with endless diseases. Through investigation into the current literature and materials, coupled with the current calligraphy and painting restoring specification, we made practical exploration and theoretical summary of the ancient paintings"*the Preface Volume of Yutai New Ode Anthologies of Verse Written in the Regular Script*", in terms of the application range and methods of "ancient paintings remounting". After the process of early-period plan formulation, the mid-term repair operation, and the late-period data review, we have already completed the restoration program on schedule. The program also proved that traditional techniques and modern restoration methods can be compatible.

Key words: Cultural relics restoration; Traditional techniques; Ancient painting remounting

引 言

天津博物馆藏楷书《玉台新咏集序》卷（以下简称“何卷”）为清代书家何焯所作。何焯（1661—1722），江苏长洲（今苏州）人，寄籍崇明，为官后迁回长洲（今苏州）。初字润千，后因母早丧，改字屺瞻。因何焯先祖有“义门”旌，故自号义门，又号无勇，晚年多号茶仙。著名版本学家、书法家、学者。“何卷”创作于康熙甲申年，画心内容为何焯手抄南朝徐孝穆《玉台新咏集序》，纵24.8、横96.2厘米，钤有：“茶仙”“髯”等作者自用印。画心后有数则题跋，分属清代至近现代梁同书、朱其镇、杨蕴三、阎秉初等人。包首为仿宋锦，引首为藏经纸，天头、前后隔水皆为裱绫，尾纸为棉料宣纸。

何焯书风上追至晋唐，善真书、行书，在清初书坛中拥有很高的地位，与笪重光、姜宸英、汪士鋐并称为康熙年间“帖学四大家”。何焯书法胎息于欧阳询，不仅楷书亦步亦趋，行草书中点画方折、字形紧结的特点也是来源于此。其楷书也表现出一种端庄静穆、一丝不苟的夫子神态[1]。“何卷”为小楷一体书就，凡900余字，通篇布局乌丝栏尽显肃穆、整饬之风。此作笔法参有唐楷的严正与明清馆阁之意，古雅得趣；间架结体颇具欧书九成宫之风，足见得何焯平日笔下临帖之功。观览作品通篇，作者落笔行运于恪谨与萧散之间，劲力收放自如，轻重缓疾错落有致。气韵生动，熟练书写下却毫无刻意之习气，当属其代表之作。

此次修复，囿于“何卷”流传历时长久；手卷装裱形制的难度高；构件材质多样等限制条件，修复操作流程需细致且具备可逆性。何焯在清代学术史、书法史中的地位，以及该作本身所具备的艺术和历史双重价值，还决定了作品整体信息的完整性需要得到最大限度的保护。为应对上述复杂情况，笔者决定在修复中量体裁衣的运用古画重装这门传统技艺，以达成修复目标。

一 古画重装技艺对文物修复的意义

古画重装有深厚的历史渊源，又可称“恢复原裱”，是传统书画修复技艺中的一项重要内容。其指的是将已经污损、残破的作品，予以解体和清洗，继而揭除背纸，再重新托裱装池，画心缺损处并加以填补、全色、接笔等修复程序，亦可明之为“整旧”[2]。古画重装的技艺价值首先在于将古书画视为一个整体，画心与裱工都不必废弃，更不必为其“改头换面”，工作的重心在恢复裱工的保护功能。这样的操作思想与文物修复“最小干预、最大信息保留、渐进可控、操作可逆且可控”等原则的制定逻辑不谋而合。宋代米芾曾言：“古画若得之不脱，不需背褾。若不佳，换褾一次，背一次，坏屡更矣，深可惜。盖人物精神、发彩，花之浓艳、蜂蝶，只在约略浓淡之间，一经背多，或失之也。”[3]古画重装虽免不了也要揭除遭遇病害失去保护功能的部分，但是却能最大程度地区分保护仍然可以保留的部分，维持画作原貌，在历史传承和现实理论层面都具有支撑。

除了对书画作品的安全性考虑之外，作品信息的完整性、装裱形制准确性也是文物修复成功与否的一项重要参考因素。尤其是装裱如今也变成了书画文物断代、品评的一个重要标准。有关于此，南宋周密《齐东野语》中有云：“凡经前辈品题者，尽皆拆去，故今御府所藏，多无题识，其源委、授受、岁月、考订，邈不可求，为可恨耳。其装褾裁制，各有尺度，印识标题，具有成式。”[4]明代周嘉胄的《装潢志》也秉承原作的装裱部分存留着画作的历史与传承信息也需要维护原貌，不可尽数更换。举一存世实例，宣和年间宋徽宗以“宣和七玺”和一系列装裱形制共同组成“宣和装”。时年宽幅大轴并不常见于世，所以装裱者多以“竖幅横装”作为装裱形制。如今我们所见，五代黄居宷《山鹧棘雀图》、卫贤《高士图》（图一）上钤有的宣和玺印的原方与画心内容呈垂直角度，由此可证至少此二副作品在徽宗年间的装裱形制皆属“竖幅横装”。二作经后世诸多藏家递手，又改为立轴。尽管装裱形制发

图一 五代 卫贤《高士图》中天头、隔水与画心连接处

生了根本性的改变，但装裱者在重装过程中保存了钤印处的信息，这才为后世“以物证史”提供了足够的实据。综上，辩证的将保存文物信息和保护文物安全两方功用之间的矛盾用极其巧妙的方式化解，就是古画重装技艺运用于书画文物修复中的必要性。

当然，传统技艺也并非没有其局限性，也要扬弃的对待，甄别其中不适用于文物保护的部分。例如为了维护旧色和画面完整，古画重装会惯性的在局部残缺处随意全色和接笔。而依文物保护原则，这些“习惯”会传达错误信息，甚至破坏了文物原貌。如天津博物馆藏唐寅《行书七律四首诗卷》中就存留着多处过度的接笔和填字，这是建国之前古玩铺的习惯做法，即不管文物原来面貌，纵是完全失去踪迹的部分，也一定全色、接笔，甚至借鉴同类作品集字填入（图二、图三）。此举虽然可以使得文物看起来更加整体，但若以如今发展的角度来看，这与最小干预的原则是相悖的。且许多补笔粗劣不堪多系描摹，与原作气韵生动的部分产生疏离感，经不起推敲。此类补笔还不具有可逆性，文物原貌再难恢复。所以，技艺中诸如此类的操作部分是不应该被继承发扬的，研究者在发掘传统技艺过程中要审慎评估。

综上，古画重装技艺的核心思想、逻辑概念与如今的文物修复规范中“最小干预、最大信息保留、渐进可控、操作可逆且可控”等原则理念在极大层面是一致的，可以与之共通共融。在应用层面，其诸多“整旧”之法也能够应承博物馆文物保护与修复的工作目标。所以，将“古画重装”技法运用于博物馆书画文物修复是具有可行性与必要性的。当然，古画重装也有需要规避的部分。如何扬弃该门技艺，还需结合一系列的调研和规划。即合理剖析文物保存现状，制定详尽而科学的修复工作方案。

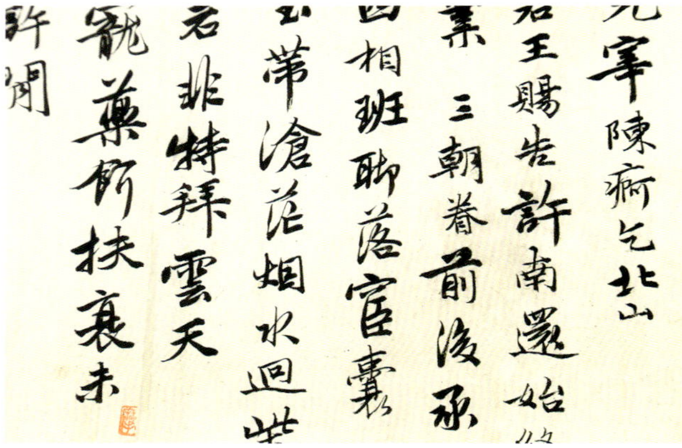

图二 明唐寅《行书七律四首诗卷》局部（“许”“前”“后”系填字，破坏了原作的章法行气）

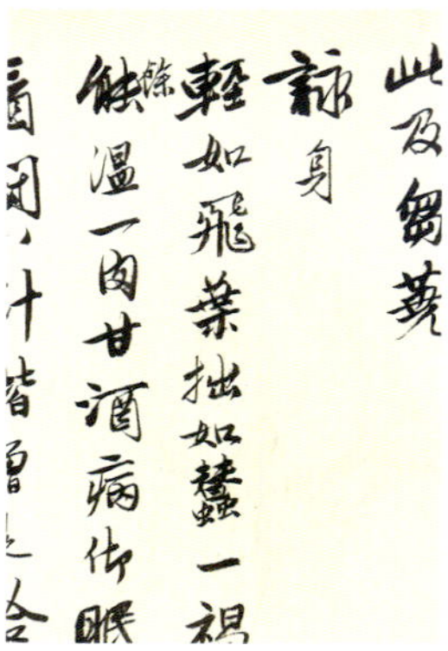

图三 明唐寅《行书七律四首诗卷》局部（“飞”字补笔极为粗劣）

二 病害分析与制定修复方案

在开展修复工作之前，笔者对“何卷”保存现状作了充足的调研，严守修复前后科技检测的程序。

目检和仪器的结合运用，为此次修复工作的安全性提供了保障。

（一）文物的保存现状

“何卷”画心整体保存状况尚可，初步目测存在污染、受潮伴随有一定折痕的病害状况。原裱工破损严重，成为对画心的潜在威胁。具体情况如下：

目下可见首先是油污问题，“何卷”画心与裱工都已经受到油污、灰尘等物的污染。细微斑点不计，大片污染约有12处，具体污染物质不明，遍及全篇，仍需结合检测仪器分析；其二，“何卷”年久受潮伴随有开裂与脱浆。尤其在包首和天头部分，原裱工的基础结构已经损坏，不能起到保护作用。其三，是上一病害的延伸。卷首包首失去作用，导致“何卷”内部受潮开裱，裱工多处破损，骑缝处断联，伴随着多处脱丝或是断裂，四周裱边开裂或者脱落，保护功能进一步丧失，已存在危及画心的可能性。传世过程中滋生了许多纵贯上下的折痕，尤其在卷后题跋部分尤甚，属潜在危险。其四，手卷内签、外签表层皆有磨损，还存在折痕以及脱浆等情况，需要揭取重新装裱；其五，原裱工存在一些不利于文物保护的状况，例如后隔水上钤印“云龙万宝之轩”处距离连接处太近且存在磨损、走油的情况，故应考虑在修复过程中对诸如此类不当装裱和修复进行有限度的修正。

依据目检初步情况，“何卷”的安全状况较差，已经不利于继续保存，更不符合正常展出的需求。文物目前病害有继续恶化、蔓延的趋势，属于急需修复的重要文物（图四至图六）。

（二）摄影记录与检测分析

笔者再次拍照留档，一并核定尺寸和裱工具体位置。除此之外，笔者分步骤进行了多项检测，并存留了图像和数据资料，其中包括保管环境与修

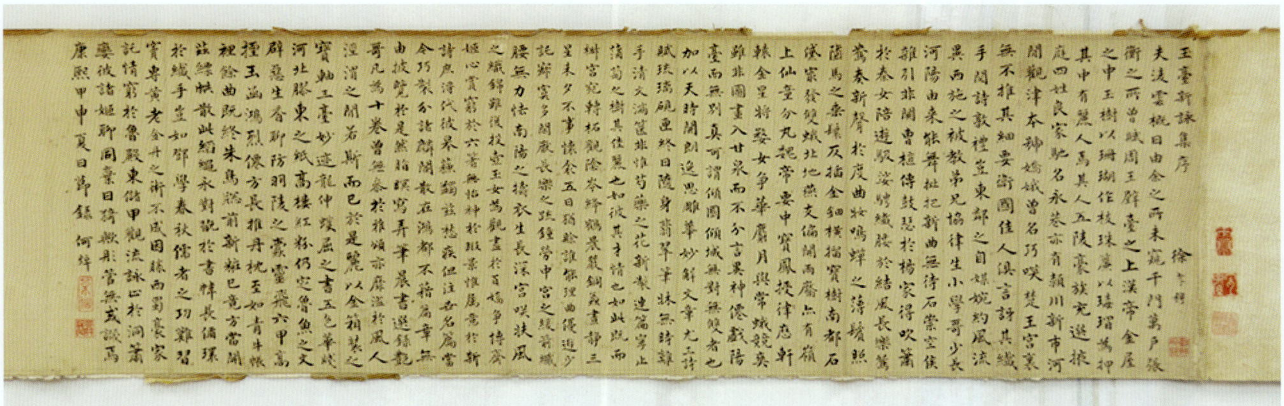

图四 “何卷”修复前的画心部分

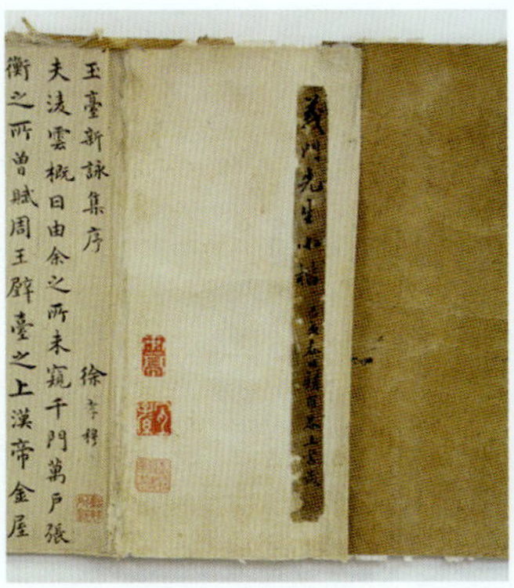

图五 “何卷”修复前的前隔水

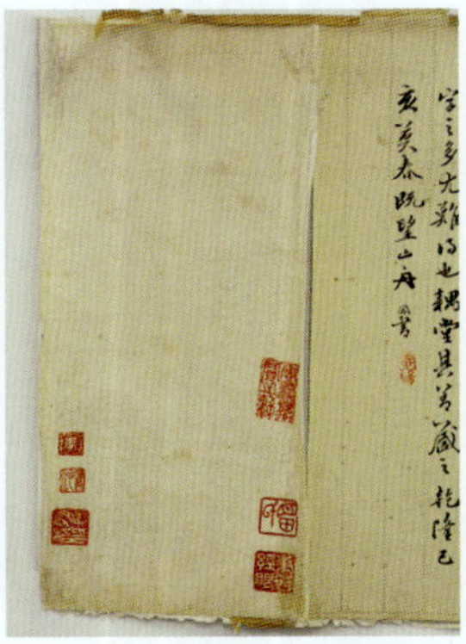

图六 “何卷”修复前的后隔水

复环境的湿度检测、文物色度检测、文物光泽度检测、文物纸质纤维检测等方面的内容（表一至表三）。在此过程之中，主要使用到的仪器为3nh三恩驰NH300便携式色差计、JKGZ60便携式色差计、VHX-5000型视频显微镜等仪器。

表一 纸质文物库房温湿度检测

检测地点	天津博物馆书画库房A-4					
检测目的	判断库房温湿度是否达标					
检测单位	天津博物馆文物保护技术部					
检测设备	无线传感实时监测系统					
检测结果	温度/℃			湿度/%		
	最高	最低	波动范围	最高	最低	波动范围
	23	19.4	3.6	52.6	49.7	2.9

表二 修复前文物色度检测

检测目的	记录修复前数据，待修复后核对				
检测单位	天津博物馆实验室				
检测设备	HPG-2132便携式色差计				
序号	文物名称	检测部位	色度检测		
			L	a	b
1	何焯楷书新咏集序卷	右下方印章下	80	8.1	21.2
		左下方印章下	78.3	7.2	18.2

表三 修复前文物光泽度检测

检测目的	记录修复前数据，待修复后核对		
检测单位	天津博物馆实验室		
检测设备	光泽度检测仪		
序号	文物名称	检测部位	光泽度检测
1	何焯楷书新咏集序卷	右下方印章下	3.8
		左下方印章下	4

检测结果表明，库房的温湿度适合文物的保管与保护，能够在修复工作完成后对“何卷”起到持续地保护。对“何卷”的显微观察，进一步确定油污与附着物成分单一，无需化学处理方法，降低了文物损坏的成本和文物修复过程中的风险。对于文物色度与光泽度的检测，也方便在修复方案完成后核验修复的技艺和过程是否对文物原貌造成较大的改变，以作为判定修复方案的合理性标准之一。

（三）制定修复方案

结合国家有关纸质文物[5]、丝织品文物保护修复管理规范[6]，与天津博物馆书画修复调查、检测规程，笔者制定了详尽的修复方案。在修复方案初步制定完成后，笔者又将修复步骤详细的列入计划之中，反复推演论证。在制定方案时，将“何卷”每个部分的特殊性质和病害问题都做了分类讨论，大致结果如下：

1.内签、外签。两签分别位于前隔水与包首上，内签需揭裱、全色，外签需揭裱。

2. 包首、天头。包首部分为仿宋锦，天头为旧绫。在整幅手卷中，二者保存状况最为堪忧（图七）。经过专家论证，建议更换新包首和天头，以保证“何卷”的安全。由于一部分也并未存在过多历史信息，所以笔者综合专家意见将此两部分彻底更换。

3. 引首。引首部分的材质为“藏经纸”，折痕较多，但是保存总体状况良好，可继续还原使用。

4. 前后隔水。前后隔水的主要问题在于裱边脱落、裱褙开裂以及绫子上的污垢积淀，针对上述问题结合前后隔水上钤有历代藏者的收藏印的状况，笔者决定以揭裱的方式让原装恢复。

5. 题跋部分主要分为三段，纸性各不相同，尤其是中间一段题跋，在拆解重镶的过程中要防止炸裂。

三　常规修复

（一）拆解与保存

修复之前，“何卷”画心与装裱部分已经分离、开裂。笔者决定采用干拆的方法，即用竹起子沿着自然开裂的裂口拆离剩余的部分。这样做的主要目的在于尽最大可能维存文物原有的纸性和细节，防止在上水湿揭后可能带来的技术难度。

（二）选取、准备修复材料

通过检测结果，对比过纸张材质和纤维密度之后，笔者决定选用红星棉连纸加以轻微染色作为命纸和覆背纸。接下来，精确测量“何卷”的尺寸，再依据尺寸准备命纸和覆背纸。覆背纸提前以两张托在一起，裁好备用。

因为大部分装裱作还原使用，所以笔者只针对包首、天头准备了新装裱材料。根据所测量的尺寸，挑选一块大小、纹样较为合适的仿宋锦以作为旧有包首的替换材料。绫子染旧色，以适应原裱色调。

（三）全面清洗

鉴于之前的论证分析，在初步清洗阶段先使用

图七 “何卷”包首部分已经残破至无法使用

60℃热水在正面淋洗，清除沉积污渍和灰尘。在此之前，先在案子上平铺一张结实的整绢，四边绷平，防止抓案。然后，在清理部分四周围一圈干毛巾，将已近分离开来的各个部分分别在热水淋洗结束后闷烫片刻，之后吸走淋洗出来的污水。待清洗部分稍干之后，观察清理程度再决定下一遍的水温和闷的时间，进行再次清洗。

（四）揭取画心覆背纸

“何卷”的画心背面，有一层厚覆背纸和一层命纸。首先第一步就是揭除覆背纸。待到清洗工作结束，纸张半干时就可以开始揭除工作。由于纸张已经清洗过而且之前还出现过空浆的情况，揭除工作较为顺利。

（五）揭除画心命纸

再下来就是揭除命纸的过程。在画心之上放置高丽纸，用棕刷排干多余水分，开始揭除命纸。由于手卷较长，揭之前用白线取直。画心和命纸黏合的较为紧实，在经过尝试之后，笔者决定命纸只揭取半层，搓下纸毛使得画心薄厚度适于重新装裱即可。对于此类情况切记不可揭取到底，以免有损到画心部分或者是揭不均匀（揭花）。

在揭取第三处题跋的命纸时，意外发现在现有杨蕴三的题跋之下还有一处其亲笔所书的一通相同材质的题跋。出于保护文物的考虑，笔者并没有分离两部分，而是在摄影拍照存留资料之后，恢复了原状。

（六）托画心

托纸四周要富余出一寸左右，方便加贴水局条。托完之后上下都要加高丽纸吸水排实，再放置到高丽纸上晾干，准备掸水缯平上墙。

四 古画重装的实际运用

前文论述中，以就是否还原、如何还原原装做出了必要性与可行性的论述。然而在实际操作中，如何让已经脆化、折断的装裱部分恢复状态，以继续保护画心，是摆在修复工作面前的一个现实问题。鉴于此事，笔者将原装部分以修复文物的标准进行全面修复，恢复了原装的保护功能。同时又按照原有装裱形式、尺寸进行了精确地还原处理。

（一）揭除原装覆背纸和命纸

原装绫子在之前已经有了脱丝、脆化的迹象，在清洗结束后。笔者为了确保原装能够真正地还原使用，在揭裱修复时就要加强保护。首先第一步，笔者就以水油纸保护住原装绫子。接下来将水油纸翻面，在案子上排实，以高丽纸吸干水分。因为绫子是原装，已经较为脆弱了，在揭下覆背纸和命纸之后就告停止，并没有像常规程序上进行没有搓浆的步骤。

揭除覆背纸和命纸之后，在绫子上下两端各加一条颜色、质地一致的绫子。绫子条刷水，揭除托纸，刷浆子镶在绫子上下，再用针锥做出标记，用剪刀剪去多余的绫子。此举是为了遵循较小干预的原则，进一步保护绫子，也确保原装还回后，手卷的整体长度、结构不发生大的改变。

（二）托绫子

托绫子用的托纸和托画心的纸张材质一致，属于染过旧色的红星棉连纸。在托之前，先将之前备好的纸用清水闷开。在绫子上塌好浆子刷平，在托纸之下加隐局条，保护原装绫子。

托好绫子之后排实，自正面刷清水润开水油纸，轻轻揭下。掸水缯平上墙。

（三）处理包首、天头

包首部分虽然已经残破，但是原有的签为梁同书所书，需要全色后再还回原用。笔者先刷水润开题签，再用小竹起子将签取下，再将揭下的签放置在绢上，揭下命纸，在背后重新托上一层薄纸，放置晾干后再进行全色。全色后以砑石压平，于新包首上挖入镶嵌。原有的包首、天头作简单处理之后封存，留作研究材料。

（四）原装镶联、覆背

镶联过程中，将各个部分依次摆放好，再以前一部分比量、校准镶联平直与否，确认前后部分能准确相连。镶活做好之后，将之前准备好的覆背纸刷好浆子，分段覆背。应当注意的是，在每段接口处一定要连接紧密，防止上墙之后覆背纸炸开（图八）。

（五）上墙

在确认屋内湿度和墙面光洁的情况下，开始手卷上墙。“何卷”前后总长在8米左右，上墙是一项颇具考验性的项目。覆背流程结束后，趁覆背纸上浆子未干，将手卷以圆木棍为轴卷起。两人配合，一人前缓步前进转动木棍卷出手卷，一人在后以棕刷疾刷上墙。待上墙结束后，再以打刷拍实四边和接口处。期间需要以水平仪与线取直，防止手卷在上墙过程中歪斜。在上墙结束后还要在画心掸水少许，以确保四周先干，避免画心受力不匀开裂（图九）。

五 完成修复

（一）下墙

“何卷”上墙大概贴了5个月左右，笔者每天都对其进行了细致观察，确保“何卷”在墙上处于一个安全的环境。和之前上墙的流程一样，下墙同样需要确认室内的湿度，如果自然湿度无法达到标准，则用加湿器和除湿机对室内湿度进行调节。

图八 镶联

图九 上墙过程

（二）压装卷轴

下墙之后的手卷半卷好平铺在案子上，再在覆背纸上打川蜡。在用砑石打压之前，首先在手卷下方铺垫一张托好、缮平的双层覆背纸，再开始用砑石压活，之后剃边。再接下来，将尾纸卷好，装上准备好的玉片轴头。装好天杆、绦子和玉别子。至此，手卷修复工作正式完成。

（三）检测复验

在所有步骤都完成之后，笔者又从三个方面复核了此次修复的成果。首先，目测发现的如油污、开裱、断裂、脱丝等病害再次进行核验，发现都得到了妥善的解决。其次，运用科技检测手段对文物的各项数值再次进行复验，确定其修复在安全范围之内。修复结果并没有过分干预到文物原有的面貌，更没有破坏文物质地。这使得古画重装与文物修复相容的理论有了数据的支撑（表四、表五）。最后，还要确保文物具备长期保存保管与临时展览的条件。根据之前对文物库房温湿度的检测，其具备继续保存保管文物的条件。既而还需对文物进行一系列的测试，比如平展后能否具备“软、平、光”等特质；能否在收卷时严丝紧扣，展收自如，等等。经过长达一个月多方面多频次的检测以及电子存档对照，得出“何卷”已经符合上述修复要求，基本解决了文物修复前出现的病害，且杜绝了出现严重病害的可能性，具备保存保管和展示的条件。

表四 修复后的色度检测

检测目的	保护修复完成后计算色差变化情况				
检测单位	天津博物馆实验室				
检测设备	HPG-2132 便携式色差计				
序号	文物名称	检测部位	色度检测		
			L	a	b
1	何焯楷书新咏集序卷	右下方印章下	77.33	7.9	20.32
		左下方印章下	77.03	6.48	17.16

表五 修复后的光泽度检测

检测目的	记录修复前数据，待修复后核对
检测单位	天津博物馆实验室
检测设备	光泽度检测仪

序号	文物名称	检测部位	光泽度检测
1	何焯楷书新咏集序卷	右下方印章下	3.6
		左下方印章下	4

图一〇 前隔水将旧签挖取再加入新的隔水中

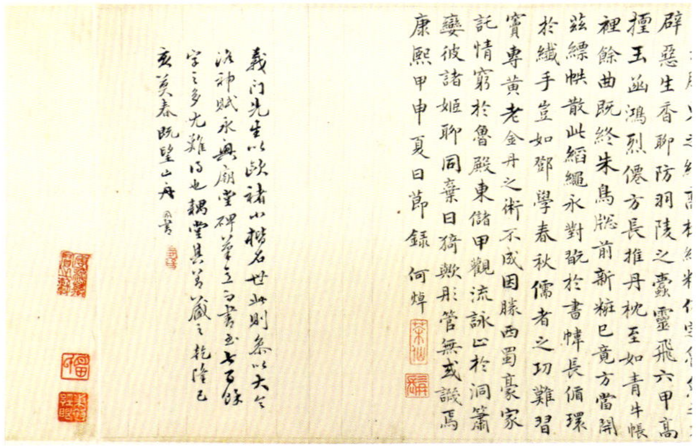

图一一 修复后局部

检测数据表明，“何卷”在修复前后虽然完成了由里及表一系列的修复行为，但并没有破坏其原有的表面结构和材质构造（图一〇、图一一）。

六 结 语

经过前期大量的调研、检测和制定辩证可行的方案，天津博物馆藏《楷书玉台新咏集序卷》整体的修复进程较为顺利，中期实际修复操作再到后期复核检验、总结理论成果，环环相扣，与方案规划几无出入。运用古画重装将原有裱工进行了还原使用，也确实起到了保护文物和维持文物原貌的修复目的。所以，此次修复是一个传统技艺与现代博物馆修复规范、理念成功融合的典型案例。也借此充分证明了传统技艺是可以被扬弃的运用于文物保护与修复的工作之中的。

[1]刘恒.中国书法史·清代卷[M].江苏：江苏教育出版社，2007：60.

[2]杜子熊.中国书画装裱[M].上海：上海书画出版社，1980：51.

[3][宋]米芾.画史（排印本）[M].上海：神州国光社，1936（民国二十五年）：35.

[4][宋]周密.齐东野语[M].刻本，虞山：张氏照旷阁，1806（清嘉庆十年）：69.

[5]中华人民共和国国家文物局.馆藏丝织品病害与图示：WW/T0013-2008[S].北京：文物出版社，2009.

[6]中华人民共和国国家文物局.馆藏纸质文物病害分类与图示：WW/T0026-2010[S].北京：文物出版社，2010.

书画装裱与修复琐谈

王博

中国国家博物馆科技保护中心，北京 100079

Discussion on Mounting and Restoration of Calligraphy and Painting

Wang Bo

Science and Technology Conservation Center of the National Museum of China, Beijing 100079, China

摘　要： 我国的书画装裱与修复技艺博大精深，正所谓“仰之弥高”“钻之弥坚”。作为一名从业人员，需要有精湛的技术手法，才能使裱件达到平、软、薄、光；需要有高雅的艺术审美，才能使作品违而不犯、和而不同；需要有基本的科学素养，才能使修复处理合理有效；需要有广泛的知识储备，才能在裱事之外亦懂藏知养。

关键词： 书画装裱　色彩选配　清洗去污　收藏保养

Abstract: As the proverb goes, “the more you admire, the profounder it becomes; the more you study, the deeper it becomes”. The mounting and restoring skills of China's calligraphy and paintingsare extensive and profound. Being a practitioner, one needs to have necessary exquisite techniques to make the mounting flat, soft, thin and smooth; one needs to have an elegant artistic aesthetic to make the work unconventional, harmony and different; one needs to have basic scientific literacy, to make the restoration treatment reasonable and effective; one needs to have a wide range of knowledge about calligraphy and paintings collection and maintenance apart from mounting them.

Key words: Painting and calligraphy mounting; Color matching; Cleaning and decontamination; Collection and maintenance

一　书画装裱的质量要求

书画装裱要做到完美，实属不易，每道工序环环相扣，只要一个环节把握不好，就会对最终装裱效果和质量产生影响，这要求装裱工作者不仅要有精湛的技艺、丰富的经验积累，还要具备细致耐心的工作态度和清静温和的平常心态。对一件装裱完成的书画作品进行评价时，应当从以下四个方面进行：

（一）画心完整

书画装裱是以保护画心为根本目的，所以装裱后一定要保证画心完整如初。基本要求是画心无褶皱、无脏污、无缺损、无晕色、无跑墨。

（二）美观协调

装饰作用是书画装裱的另一个主要功能，装裱应与书画本身相映生辉、协调美观，并能够最大程度衬托书画的艺术感染力。具体来说包括裱件样式是否合适、尺寸比例是否协调、色彩搭配是否和谐等。

（三）材料考究

装裱材料的选用应符合画心需求，宣纸光滑细腻、无杂质、无污染；绫绢质地柔软，经纬细密；天地杆粗细适中、平直均匀；绦绳、扎带等柔韧结实，耐摩擦。

（四）裱工精细

裱件要求整体平、软、薄、光，触手绵软细腻漫薄，展卷柔软坚韧，抖动时无纸板声，画幅平整，薄厚适中，无前后卷翘，无凹凸不平或荷叶边。裱背蜡匀密实，平滑无污。具体到细节之处，要求镶料裁切平直，无跳刀、无歪斜、无杂质；镶缝宽窄统一适中；纸层之间黏合牢固，无空壳、无折裂；天地杆包裹紧实，无松动、不偏斜。

二　书画装裱中的色彩选配

我国的绘画和书法艺术经过几千年的继承与发展取得了杰出的成就，与此同时，书画装裱技艺也得到了发展。书画艺术离不开色彩，书画装裱艺术同样离不开色彩，一件成功的书画装裱作品，是装裱技艺、装裱品式以及色彩搭配的综合体现。

书画装裱中色彩与色彩之间的搭配与组成直接影响书画作品最后的表现效果。色彩选配得当，能使书画作品的内容、色调得到补充、延伸和协调，可以提高其欣赏价值。而色彩选配不当，则会冲淡作品的内在精神，破坏作品原本的色彩表现和艺术感染力。

要实现较为理想的装裱色彩搭配，首先应当以一般美学的观点和技术方法指导配色，做到“违而不犯，和而不同”；另一方面还应“因画制宜”，即根据书画作品的内容、色调、规格等因素，选择和搭配合适的色彩，使装裱与书画本身相映生辉。

（一）装裱配色的基本原则

书画装裱配色的原则是，镶料应与画心色调和谐，且能够“突出画意”。这就要求，两者之间既要有主次之分，又要有层次感；既要有一定的对比，又要适当协调；既不能对比太强烈，也不能完全一致。

如果镶料色调与画心的主体色调对比太强烈，而忽视了色调的协调，会让人看上去很不舒服。但如果两者的色调太协调一致，没有一点对比的话，也会让人感到画心与镶料模糊不清，从而大大削弱作品的艺术感染力。

色彩的和谐原则就是色彩的异同整合原则。所谓异，就是指色相、明度、彩度互相区别和对照关系；所谓同，就是指色相、明度和彩度的相同与相近关系；所谓整合，就是色彩之间整体的相反相成关系。

色彩可以分为冷色、暖色和中间色，而在冷色、暖色、中间色中，又有深浅、浓烈之分。如果画心主体和镶料在冷暖色调上有所对比，就要在两者的深浅程度上达到相对的和谐。反之，如果两者在冷暖色调上相对一致，就要在深浅程度上进行对比。而当一幅画面中同时具有冷暖两种色调，则可以选配中间色调的镶料，且在深浅程度上有所对比，才能取得较好的效果。

当然，具体到不同风格作品、不同装裱品式，就要依靠装裱人员灵活处理对比与协调的统一问题，使书画主体与装裱镶料相辅相成。

（二）不同作品的装裱配色

对书画作品进行装裱时，一般先审视作品的内容和规格，确定装裱品式，然后再进行选料配色。

书法作品以墨色为主，画面除红色印章外，一般没有其他色彩，因此在设计书法作品的配色时应以简单淡雅为主，不宜采用色泽艳丽或色调深重的镶料。具体来说，不同字体、内容、风格和规格的书法作品也给人以不同的视觉感受，如笔画浑厚、间隔较密的书法作品与笔画纤细、较多飞白的书法作品，其镶料的配色就应有所区别。

绘画作品相比书法作品，题材更为广泛、色彩更加丰富，从色调上大体可以分为以墨色为主的单色调、以青绿为主的冷色调和以红黄为主的暖色调三大类。因此装裱绘画作品时，首先应当根据作品的色调特点进行色彩的选配。除此之外，还要考虑绘画作品的题材、内容和规格。

一色裱、镜片、对联、屏条、册页等装裱形式，四周镶料为一种颜色，相对来说颜色的选配比较容易，只求镶料与画心主体色调和谐，有时再配合设计局条颜色即可。如大于四尺整张的大幅作品，一般装裱成镜片，放入镜框展示，根据作品的内容和题材，一般多选择颜色较深的镶料，使形成厚重沉稳的效果。而扇面、斗方等小幅绘画作品，当总数在八幅至十幅以上，则可以选定一种浅色调的镶料，再以古铜色皮纸包边，挖嵌装裱成册页。

两色裱、三色裱以及手卷（尤其大镶手卷）等结构复杂的装裱形式，其色彩搭配则更为复杂，需要考虑几种镶料颜色的搭配与综合效果。其中既有一定的基本规律，更多则要依靠装裱人员的灵活处理。

两色裱、三色裱在选配色彩时，天地头宜选用凝重稳定的深青灰色，隔水多选择米色系列。三色裱的副隔水颜色应深于正隔水，如正隔水使用暖色调的浅米色，副隔水可使用稍深的米色，也可以选配冷色调的浅色。当没有足够把握时，也可以将画心放在镶料上比较一下，观察实际效果。

大镶手卷应先选定画心圈框的颜色，引首和拖尾的圈框使用同一种色调。天头宜取稍深色调为佳。三条隔水的色调要统一，并且要区别于画心、引首和拖尾。小镶手卷由于画心、引首和拖尾不镶圈框，配色相对简单，三条隔水采用统一色调的绫、绢，天头采用比隔水色调稍深一些的绫、绢即可。

另外一个需要注意的问题是揭裱修复的书画作品。此类书画本身色调多陈旧，故应选配色调古朴厚重的镶料，忌用色调明快而艳丽的镶料。为了避免色调过于一致，可在两者的冷暖色调上进行对比。

书画装裱是“技”和“艺”的有机结合，精湛的技术是装裱的根基，而包括色彩选配在内的艺术修养则是装裱的灵魂。这就要求装裱工作者一方面注意磨炼自己的装裱技术，另一方面也要自觉提高自己的艺术修养。在装裱配色时，根据书画作品的特点，结合自己的审美品位进行设计和选择。

三　书画修复中的清洗去污

书画作品在递藏过程中，由于年代久远、保存不善，会出现色暗气沉、水渍污物、虫屎霉斑等现象，修复时就需要进行清洗和去污，以去除这些有害附加物。清洗是书画修复的第一个重要环节，清洗适当与否，不仅影响整个修复过程和效果，更关系到书画作品的安全。

传统书画修复发展到现在，对于清洗的各种技术细节，如清洗前加固、清洗用水，以及清洗的温度、时间、方法、程度等积累了较为丰富的经验，与此同时，也与现代科学相结合，出现了化学清洗等各种新型清洗方法。

（一）纸绢与色墨的加固

书画清洗首先要保证清洗过程中书画作品的纸绢基底、字迹颜料不会受到损伤。

如果书画残缺破损严重，可在清洗前先在正面把画心碎片、断裂处摆正归位、填浆固定，或在背面用纸条加以固定，待干后再洗。否则画心破碎处遇水易脱落或移位，不仅对脆弱书画造成损伤，也会增加修复工作的难度和工作量。

当书画作品中使用石青、石绿等较为厚重的颜色，或者人物面部、花瓣上积染白粉，或者使用宿墨、劣墨时，常常有掉色、晕色或跑墨的现象，清洗前必须先对色墨进行加固。颜料加固最常使用的方法是刷胶矾水。胶矾水中明矾与明胶的协同作用，有助于提高颜料颗粒的固着力，因此在绘画、装裱和修复中都有广泛的应用。但明矾会加剧纸绢的酸化和脆化，影响其强度和长期保存。随着文物保护观念的深入，现在很多机构也开始对这一固色方法进行研究和改良。如南京博物院对不同比例的胶矾水进行试验研究，通过调整明矾的量，将明矾的弊端降到最低，也有人使用纯明胶代替胶矾水进行固色。

（二）清洗用水

清洗时不同水质的溶解能力有所不同，而且水在溶解、带出污垢的同时，水中的物质也会部分残留在书画作品中，因此清洗用水的选择尤为关键。一般来说，在书画清洗中应优先选择纯净水、蒸馏水等，而不能直接使用自来水进行清洗。

蒸馏水是实验室中常用的水，纯度高，不含杂质，离子含量低，具有吸纳溶剂其他离子的能力，可以除掉书画中的污染物和纤维老化产物。市售纯净水经过多层过滤，去掉了水中大部分的杂质、微量元素、无机盐。这两种水对于书画有比较好的清洁和保护作用。

而自来水中含有很多杂质，如对水体进行消毒时残留的氯离子、次氯酸根离子等，自来水流经管道和水龙头时带入的金属离子等，这些杂质残留在书画中会加速纸、绢的老化。另外，自来水通常硬度较大，呈一定的弱碱性，有人因此认为使用自来水清洗可以起到一定的脱酸作用，殊不知硬水中的钙镁离子会影响水的清洗能力，再加之各种杂质的作用，使用自来水清洗，在某种程度上对书画的弊大于利。

（三）清洗温度与时间

清洗时水的温度在很大程度上影响清洗的效果和书画的安全。温度越高，水的溶解能力越强，去污能力越好，但纸绢和色墨的溶胀也越显著。当使用凉水进行清洗时，书画整体不会受到太大影响，但去污能力极为有限，且纸层间的浆性也很难闷透。但温度过高，如使用80℃以上的热水进行清洗时，去污能力虽然提高，纸层间的糨糊也易浸透，但纸绢纤维以及色墨胶料过分溶胀，严重影响书画的安全。因此传统书画修复中进行清洗时一般使用60℃左右的热水，不仅可以有效去除积尘、水渍，对于一般纸绢和色墨也不会产生过多影响。

清洗时间与水温类似，时间越长，清洗得越彻底，但同时也越容易对书画作品造成损伤。

实际操作时对于水温和时间的控制要根据画心的质地特点、污渍类型、脏污程度及破损情况等，尤其对于特殊类型的书画作品，需要特别考虑。如书写绘制在蜡笺纸上的作品，色墨材料主要附着在蜡层上，清洗时须用冷水，而绝不能使用热水，清洗时间也不宜过长，否则书写在其上面的色墨容易发生晕染和脱落。另外，洒金纸也不能用热水长时间浸泡，否则金箔附着力减弱，与纸张分离，会同时造成金箔和色墨的遗失。

（四）清洗方式与程度

在清洗画心时，即使进行了纸绢和色墨的加固处理，也要慎重选择清洗方式和手法。传统书画清洗主要有刷洗、淋洗和浸泡三种方法。淋洗主要去除画面浅层污垢和积尘；刷洗法配合毛巾的推滚可以将褙纸和托纸中的污垢挤出；浸泡法由于与水的作用时间更长、更充分，能够将更深层次的污垢溶出。

选择清洗方法时需要考虑画心的质地特点和保存状态。当纸质画心酥脆松散时，如采用浸泡法洗画心，容易使画心化为纸浆，或使画心残片散落水中。当画心破损严重时，如正面不进行防护而直接刷洗或淋洗，则容易使画心再度破损、残缺。除此之外，画心清洗时还需要考虑后续操作，如当画心浆厚或者糨糊中掺有白芨时，仅用淋洗、刷洗和闷润方法虽然能够去除画面污垢，但是无法使褙纸和托纸顺利揭开，因此就需要使用浸泡法减弱浆性。

书画清洗不是遍数越多越好，画面越干净越好，一般洗至“稍见明净”即可。一方面，清洗本身对于色墨及纸绢有一定的损伤，过于追求干净，势必要增加清洗的时间、温度和力度等，从而在很大程度上增加书画受损的可能性。另一方面，书画修复需要存其“旧”气，过于干净也会损伤书画的神韵色彩。

清洗的主要目的是去除书画中影响作品观赏和

长期保存的有害物质，能不洗则不洗，能少洗则不多洗。这不仅是现代“最小干预”修复原则的体现，同时也是传统书画修复审美取向的要求。

（五）化学清洗

书画作品中的红霉、黑霉、返铅、油污等，仅用清水很难去除，使用合适的化学试剂则效果显著。

现在一般将使用化学试剂（或其水溶液）去除书画中污染物的方法称为“化学清洗”或“化学去污”。具体来说，根据化学试剂清洗的原理可以将化学清洗分为两大类。一类是利用试剂的溶解性能进行清洗、去污，如使用汽油、丙酮等去除油污、残胶时，汽油或丙酮并未与油污或残胶发生化学反应，而是利用“相似相溶”的原因，将油污或残胶溶解并带出，从本质上来说，与使用水来进行清洗是相同的。另一类是化学试剂与污渍发生化学反应，如使用高锰酸钾去除霉斑时，高锰酸钾与霉斑中的带色基团发生反应，生成无色的物质，而使用双氧水处理返铅，同样是利用过氧化氢将黑色的硫化铅转化为白色的硫酸铅。

了解了化学清洗的原理，则需要回归一个比较核心的问题，即化学清洗可能会对书画造成哪些危害，以及是否应当提倡化学清洗。

第一类利用物理溶解作用进行清洗的情况，在上文已经提到，其与使用水进行清洗的基本原理是相同的。当使用水进行清洗时，可能发生的负面作用包括水可能溶解色墨，导致跑墨、晕色，或者会使纸绢等过分溶胀导致形变或破损等。这一类化学清洗方法同样需要考虑这两方面的潜在危害，即对于色墨和纸绢的溶解和溶胀作用。因此，这一类化学试剂在清洗之前需要对待清洗处进行局部测试，一方面看是否有比较显著的清洗效果，另一方面看是否会对该处的颜色、墨迹以及纸绢造成不良影响。

第二类通过化学反应进行清洗的情况相对较为复杂。化学反应多种多样，有的化学反应会对书画本体造成较大的损伤，如使用高锰酸钾或过氧化氢进行清洗、去污时，高锰酸钾和过氧化氢均为强氧化剂，在与污渍发生反应的同时，也会与纸绢纤维等反应，加速纸绢的降解和老化，且该反应是不可逆的，对其造成的损伤是永久的。因此，一般不推荐使用高锰酸钾、过氧化氢等强氧化剂进行清洗、去污，针对一些污渍，可以先尝试使用还原性试剂或氧化性较弱的试剂。

总的来说，与水洗方法一样，化学试剂确实对书画本体有一定的潜在危害，但并不能因此反对使用化学试剂。有时候合理地使用化学试剂能够简单而有效地去除污渍，相比盲目使用传统方法长时间浸泡等，对于书画本身的伤害要小得多，因而也在一定程度上保护了书画作品。

传统书画修复行业对化学试剂视若大敌，很大程度上源于大多数修复师对于化学试剂以及化学知识相对欠缺。对于现代修复人员来说，一方面应当本着开放的心态，增加对于化学清洗的了解和认识，有针对性地利用化学原理和知识解决修复中出现的各种问题；另一方面仍要保有谨慎的态度，尤其在对某种化学试剂或清洗方法不够了解时，须在请教相关专业人员并进行足够前期试验的前提下，再真正应用于实际修复工作。

四　书画的收藏与保养

装裱和修复不仅能够装饰和美化书画作品，还有助于书画作品的长久保存。但书画装裱与修复之后并非一劳永逸，必须配合以合适的收藏条件、恰当的保养方法才能使书画作品流传久远，正所谓“书画装潢，亦贵珍藏”。

书画作品作为有机质材料，容易受潮湿、光照、虫蛀、霉菌、灰尘等的侵蚀。书画的日常收藏和保养技术，即指根据书画作品的特性，创造良好的保存环境，并提前采取一定的技术措施，将可能对书画作品产生危害的因素降至最低。

（一）书画的保存条件

温度、湿度、紫外线、微生物、昆虫、灰尘、有害气体等都会对书画作品产生危害，而且这种危害常常是多种因素相互关联造成的。创造良好的保存环境，使文物处于适宜的环境中，是阻止或延缓其自然损坏的首要措施。在书画装裱后的收藏过程中应注意保持恒定适宜的温湿度、防虫防霉、减少光照等。

1. 调节温湿度

书画作品为吸湿性物质。湿度过高会引发霉变，加速书画纸张纤维的水解，使纸张强度下降，也会使耐水性较差的字迹洇化褪色。湿度过低则会使书画中的水分过度蒸发，影响书画的平整，严重时还会使纸张纤维变硬变脆，强度下降。在日常保存条件下，温度对于书画的直接影响并不是很明显，但是温度的变化会引起相对湿度的变化，因此，维持适宜的温湿度，对于保护书画作品是非常重要的。

书画最适宜的保存温度为20℃左右，相对湿度为55%左右。具体温湿度值可以根据所在地区气候特点进行微调，如气候寒冷地区温度可调低，干燥地区相对湿度可略低，但一般湿度不宜超过60%。相比之下，恒定的温湿度对于书画保存更为重要，一般来说，温度波动应控制在2℃—5℃，相对湿度全年波动不宜超过5%。

维持稳定的温湿度环境，最有效的方法是使用恒温恒湿设备，条件不允许时，可使用家用空调、加湿器、除湿机、干燥剂等进行调节。而对于普通藏家来说，更简单的方法是根据天气变化，通过开关门窗等方法及时调节室内环境。

2. 防虫防霉

霉菌在潮湿的环境中会利用书画中的纸绢、糨糊、色墨等进行繁殖，轻则在画面上留下霉斑，重则使书画糟朽腐烂。而毛衣虫、蠹虫等昆虫也会在适宜的条件下迅速繁殖，并对书画进行噬咬，对其造成不可挽回的损失。书画作品在长期保存时最担心的就是发生虫霉病害，尤其当保存条件较为潮湿、卫生条件较差且长时间无人检阅时，容易发生较为严重的虫噬或霉变。

首先应当改善保存条件，尤其注意除湿防潮。对于常年气候潮湿的地区，建议使用除湿机等设备进行调控。如果只是部分季节较为潮湿，较为简单的方法是在阴雨潮湿天气或季节，尽量将匣柜密闭，并放入干燥剂，减少潮气侵入，待阴雨季节之后，及时打开匣柜释放潮气。

也可以在书画匣柜内放置防虫防霉药剂。传统多使用中药类防虫防霉剂，如宁波天一阁就使用芸香草对藏书辟蠹。近几十年各收藏机构多使用樟脑丸、卫生球等，但这类药剂对人体有一定危害，一般不建议使用。

另外，经常翻检也是一种比较简单但有效的方法。张彦远在《历代名画记》中提出“凡书画时时舒展，即免蠹湿”[1]。翻检虽不能直接驱虫杀菌，但经常翻检，使书画“近人气”，确实在一定程度上可以减少虫霉的发生。另外，经常翻检也有利于及早发现问题，尽早采取措施。

3. 减少光照

光照是对于书画影响较大的一项自然因素。光可以分为可见光、红外光和紫外光，其中紫外光的能量最高，对于书画的破坏能力也最强，可能造成书画纸绢老化，机械强度降低，并可能导致色墨材料褪色、变色等。

书画平时最好保存在没有光的暗室中。需要欣赏时，应避免阳光直射。长期展挂时，还应当注意展挂环境中的照明，照明光线中也含有紫外线，应尽量使用无紫外线光源，并减少照明强度。

（二）书画的存放

1. 配备包装

装裱后的书画作品应配备锦套、囊匣等进行包装。这些包装材料可以对外界环境和物理撞击起到一定的缓冲作用，为书画作品构建一个相对封闭和安全的小环境。具体来说，又可以分为内包装和外包装。

内包装是与书画作品直接接触的材料，多为柔软的纸张和织物。传统多使用棉布或绸缎等材料为卷轴类书画制作画套、袱子等，现在也可以使用绵软的宣纸、棉纸等进行包裹，或放入画套，或直接放入外包装中。

外包装指的是木盒、画柜等硬质包装，或一件书画单独使用一个匣盒，或多件书画共同放入一个画柜。对于珍贵书画作品，传统多使用楠木、檀木等木材制作，取其有防虫之功效。现在市面上可供选择的书画盒柜种类较多，相比之下，木质盒柜对于温湿度的缓冲性能较好，金属盒柜则更有利于防火、防潮，具体可以根据实际需求进行选择。

2. 合理存放

除了合适的包装外，存放方式恰当与否也会直接影响书画的安全。书画作品规格、形制、质地差异较大，决定了其存放难度也相对较大。

首先应当尽可能将相同规格和形制的书画一起存放。卷轴类与册页类书画要分开存放，大尺寸和小尺寸书画尽量分开存放。否则，大件卷轴容易被小件卷轴的边缘磨损，小开本册页在大开本册页上长时间堆放容易造成局部压痕。

其次，书画作品最忌过分叠压堆放，尤其对于无单独画盒的卷轴类书画，相互叠压之下轻则发生折皱、变形，重则爆裂，有条件者最好将卷轴类书画放入抽屉内，单层摆放。对于未装裱的单层书画作品，则最好将多张作品垫薄纸卷起，放入纸筒内存放，减少挤压。

最后，为了便于查找，可将书画的存放位置进行记录，书画藏品较多时还可按照作者、年代、类别等进行分类，并详细记载建立档案。

（三）书画的取用展挂

保存是为了更好地利用，对书画作品进行欣赏、研究和利用才是保存的最终目的，也是书画作品的价值体现。而取放、欣赏、展示时如果操作不当或者环境不适也很容易对脆弱的书画作品造成损伤。

1. 小心取用

书画作品较为脆弱，搬运、移动时须小心谨慎，轻拿轻放。在拿取书画作品前应洗净双手，或佩戴白色手套，以防汗液、油脂等污染书画。如佩戴戒指等饰品，应事先移除，避免刮伤作品。

取用卷轴类书画时，应手拿卷轴中部，不能只提轴头，以免造成轴头脱落，如轴头本已松动，还容易造成卷轴掉落。取用册页类书画时，应双手平举，捧在胸前。

展开卷轴作品时，应事先在案台上铺垫干净的毛毡，避尘污避湿气，手握轴头徐徐展开，双手不可触及画面，展开后用丝绸等包裹的镇纸压住两端。册页类书画则要先将其放置在案台上，再轻轻掀开册页，动作要轻、稳。

收卷书画时双手握轴，用力均匀，先松松卷起后，再慢慢旋转轴头，使之整齐紧密不松动。捆扎画带时，捆系的轻重一定要适度，太松画卷易松动，太紧则容易在画卷中间留下捆扎痕迹。扎带系扣时要系在天杆一侧的空隙处，以免结扣将包首或裱件压出痕迹。

近距离欣赏书画作品时，书画要平放在案台上，欣赏者距离案台边缘5厘米以上，不能咳嗽，更不能吸烟、饮食，需交谈或介绍时，不要近距离正对书画，以免口沫飞溅污染作品。有人为了临时欣赏，将书画以图钉钉于墙上或以糨糊粘于墙上，万万不可取。

2. 展挂得法

书画作品经常需要展挂，用于公众展览或者个人欣赏，展挂期间相比密闭保存时要面对更为复杂的环境条件，因此需要特别注意。

悬挂立轴书画时，首先要确认挂钉是否牢固，一般最好两人操作，一人双手托画轴，一人用画杆勾住绦带，随着画杆举高，轻轻将画展开，待挂好后再离手。移动悬挂的立轴时，须先将画轴摘下卷好，再移至合适位置悬挂，不能直接挑起移动。摘下画轴时，同样双人操作，摘下后放在案台上再进行卷收。

书画作品应注意避免直接承受空气对流及阳光直射，不应悬挂在暖气和空调出风口附近，也不能正对窗户或者挂于窗户附近。展挂空间尽量使用低功率光源，并与书画保持一定距离。另外，展挂期间应留意天气变化，遇阴雨或尘霾天气，应关门闭窗，有条件可使用调温调湿、空气净化设备，维持展挂空间的适宜条件。

个人展挂书画最好选择在春、秋干爽季节，如用于公众展览，最好保证展挂空间温湿度条件适宜。展挂时间不宜过久，一般每次不超过 3 个月。展挂期间书画除受温湿度、光照等自然条件影响外，立轴书画还要承受画轴下垂的拉力，长期受此应力不利于书画的平整，应定期卷收给予其“休息”缓冲时间。

展挂一段时间后，可对书画进行日常除尘保养，并随时观察有无虫霉等现象，如发现问题，应及时交由专业人员处理。

书画作品易于损毁，但收藏、保养得当也可以千载流传，我国现在尚留存有千年前的书画作品，正是前人长期探索、不断总结经验，并采取有效措施的结果。在书画的日常收藏与保养中，只要注意以上事项，常检查、多留心，就可以使书画作品藏之有法，存之所得，免遭损失。

---

[1][唐]张彦远. 历代名画记[M]. 上海：人民美术出版社，1964：34-35.

小议文物照相记录中比例尺规范使用问题

叶琳

重庆市文物考古研究院，重庆 400013

Discussion on the Standardized Use of Scale in the Photographic Record of Cultural Relics

Ye Lin

Chongqing Institute of Cultural Archaeology, Chongqing Municipality 400013, China

摘　要：比例尺作为文物记录照相必备的辅助工具之一，应用于考古发掘整理、登记归档、文物现状考察等多个文物保护方面，直观记录和反映了文物原始的状态信息，也是开展后续保护和展示工作的原始图像依据。然而，从文物保护及考古工作的实践来看，特别是可移动文物的影像记录中，比例尺的使用存在一定的盲目性。如何理解比例尺的重要性，推动文物影像记录的规范性，是本文由小见大的讨论目的。

关键词：文物拍照　比例尺　规范

Abstract: As one of the necessary auxiliary tools for recording and photographing cultural relics, the scale is applied to the archaeological excavation and sorting, registration and archiving, situation investigation and other aspects of cultural relics preservation. It directly records and reflects the original state information of cultural relics, and is also the original image basis for carrying out subsequent conservation and display. However, based on the practice of conservation and archaeological work, especially in the image recording of movable cultural relics, there exists certain blindness in using scales. How to understand the importance of scales and how to promote the standardization of cultural relics image recording are the purpose of this paper, which would be discussed gradually.

Key words: Cultural relics photography; Scale; Standardization

引　言

文物的影像资料一直都是文物最为直观的记录手段。尽管文物摄影属于静物摄影的范畴，但又与静物摄影不尽相同。文物摄影的艺术性以及它的取景角度选择、光线运用、背景配置，都要受到文物考古科学行的相对制约，要求达到文物造型、色彩、质地的真实性反映。针对文物拍摄的规范管理方面，国家文物局曾颁布施行《文物拍摄管理暂行办法》[1]对文物摄影的资格、对象、申报、要求、责任以及罚则进行明确，但自 2016 年 6 月 2 日国家文物局发文《关于宣布废止一批规范性文件的决定（文物政发〔2016〕12 号）》明确废止后，更无规范性指导意见。尽管在最近几年开展的全国可移动文物普查中，还着重开展可移动文物摄影操作规范规程进行专业培训——“可移动文物摄影规范与操作规程”[2]，其中涉及设备选择、设施布置、技术要求，甚至要求到照片上“不留拍摄日期、不留明显标识”等细节内容，为影像资料规格统一确立了标准制式。

但对于可移动文物保护修复而言，尽管在文物保护方案以及保护修复档案的行业标准中明确要求现状记录的图片必不可少，但更多的是对于病害类型的侧重，对于器物修复前后对比的要求，并未做明确的考量。这就在实际工作中，容易造成文物修复前后的影像记录存在一定的差异，包含取景、尺寸、色彩甚至质地等方面，容易在项目验收、后续资料整理中，需要更多的解释以及不必要的重复说明。这一点，在逐年增多的可移动文物保护修复项目验收中，越来越多的显现出来。

熟悉静物摄影的人而言，在取景、尺寸和色彩的差异中，取景的问题但凡强调在实施修复前后必须保持对照一致，即可将问题影响降到最低（图一）。但尺寸和色彩的问题，却是个因人而异的困难。尽管解决这两个问题的用具，如比例尺、色卡，在实际工作中已经大量使用，但因其自身随意性、对象多变性以及构图干扰性等原因，并未得到足够重视。本文仅就在可移动文物修复前后拍摄器物比照时，比例尺使用建议进行了梳理。

一　比例尺类型的作用

早在1985年《中国博物馆》刊载的一篇《博物馆文物保管员的一天》中明确记录“拍照时，切记要加上藏品编号和比例尺”[3]，而笔者所见更早的如20世纪50年代出版有关西方博物馆藏品预防性保护的指导手册——《博物馆馆藏保护与展览》中提及“比例尺显示了器物尺寸和色标”[4]。但随着文物出版物的增多，笔者所见无论文物图集或文物研究报告，所刊载器物照片，尽管遵从了曾经实行的《文物拍摄管理暂行办法》以及“可移动文物摄影规范与操

图一 蒋庄遗址良渚文化墓地M100出土玉器组合
（图片来源：国家地理中文网）

作规程”的二维影像采集要求，但并未有相应比例尺的要求，其中除了影响画质美观的考虑，应该还有值得讨论的东西。文物照片上没有比例尺之类的标尺，就无法判断影像中文物的大小，尽管有时可以以影像内构图作为相对参考，但缺乏比例尺这类标尺，对文物本身的证据效力还是有所影响的。

根据大量文物现场影像记录和工作实践，我们可将比例尺的具体作用归纳如下：

（1）凭借拍比例尺的刻度，可以测量影像平面几何图形的相关数据，从而换算出原物的实际尺寸。例如所拍摄某件器物的正投影照片，依据画面内的比例尺刻度，在非实物测量的情况下，可就获知出各个部件尺寸。

（2）将所拍比例尺刻度与原比例尺刻度进行比对，可以适合拍摄或制作的精度。

（3）目前国内外文物行业已经在使用带有黑白或彩色色卡进行校色佐证，可以作为引导识别黑白照片的色调和彩色照片色彩还原情况的标准。

然而，从文物保护及考古工作的实践来看，特别是可移动文物的影像记录中，比例尺的使用存在一定的盲目性。究其原因主要有两个方面：一是对比例尺的重要性认识不到位，二是对比例尺的使用方法缺乏足够研究。

二 比例尺的选择因素

常谈到文物影像记录中正确使用比例尺的问题，许多文物工作者总认为是如同文物摄影一般简单的事情。就像拍摄文器物照时，只要将比例尺放入画面即可。但这样简单地放置，却给后续带来诸多误导。下面，笔者就在个人实践中的经验和文物摄影的有关规则，一并梳理。

（一）比例尺类型因素

各种比例尺因分类标准的不同，使用的场合和适用的具体对象是不同的。需要结合被拍物的具体情况和环境条件，才能做到正确有效使用。对于可移动文物而言，有几个类型选择的角度：

（1）测量目标：主要是指比例尺的常规用途在于单一长度，纵向横向长度，以及深度三种测量的体现，但在可移动文物保护使用范畴中，侧重于单一长度的标识即可满足要求。

（2）测量重点：主要是指比例尺刻度的粗细、疏密选择，常见的由毫米刻度制、厘米刻度制和毫米、厘米混合刻度制三种，取舍在于是否能保证比例尺与拍摄对象能见度和醒目性的匹配。在可移动文物保护使用范畴中，混合刻度比例尺兼顾了精度和能见度而被广泛使用。

（3）取景匹配：主要是针对凹陷、凸起、边棱转角等情况，对于定式比例尺进行裁剪而达到灵活方便和保证准确性的结果。在可移动文物保护使用范畴中，临时手绘比例尺的随手制作，反映了其灵活性。

（4）材质影响：主要针对金属、照相纸、有机玻璃、有色塑料等质地的反光比例尺代用品，和以常规纸张手绘、皮尺为代表的无反光比例尺代用品，各有利弊。如金属刻度精确，但反射明显；常规纸手绘不惧反射，但精度必然要打折扣。但在一般可移动文物保护使用范畴中，常规纸手绘因其制作简单、成本低廉，尽管精度有限，但仍属大多数便捷情况首选。

（5）底色基调：比例尺自身也有底色不同，如黑底白线比例尺，即黑比例尺；白底黑线比例尺。即白比例尺；黑白刻度格相间的比例尺，即黑白间隔比例尺。在个别场合，还有灰黑线或灰底白线比例尺。主要依据被拍物体面原有的反差和背景纸基调来确定比例尺底色。但在一般可移动文物保护使用范畴中，黑白间隔比例尺因刻度直观而被多选。

综上类型，一般可移动文物保护使用范畴中，单一长度、非反光、黑白间隔比例尺最为多见，但也有混合刻度比例尺在使用，其中也不乏临时手绘制作所用（图二）。

（二）比例尺尺寸的因素

选择比例尺的基本原则是：根据拍摄物体的体量最大值，来选择比例尺，这样选择既有利于影像检测，也要有利于恢复原物实际尺寸。一般比例尺尺寸的选择，在可移动文物行业内并未有固定规范，大都是依照个人经验判断来选择。在此我们建议参照公共安全行业标准现场照相相应规则，确定以下较为合适的比例尺尺寸的使用选择，详见表一。

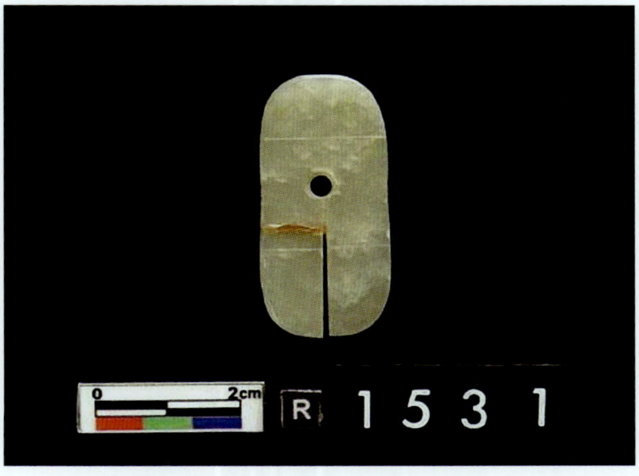

图二 比例尺和色卡，标准照明，标准构图比例
（殷墟西北冈 1443 号墓出土的玉饰）

表一 比例尺尺寸选择[5-6]

被拍物体长度	比例尺长度
小于 50mm	不小于 30mm
50–150mm	不小于 50mm
150–500mm	不小于 100mm
大于 500mm	不小于物体长度 50%

（三）比例尺放置的因素

为了使放置比例尺满足文物影像记录的基本要求，同时兼顾比例尺的放置能起到不干扰主体视线的效果，凡应用比例尺照相的，建议参照以下条目：

（1）比例尺的刻度面应尽可能与文物主体处于同一平面，原则上不建议前置或者置后。

（2）被拍文物的主要特征中心，应与相机视场的中心交点尽量重合，比例尺应放在相邻位置。

（3）相机快门照相前，图像平面与比例尺要尽可能要保证平行一致。

（4）比例尺上刻度线止沿尽可能与被拍器物特征面的边缘靠拢，但必须以不遮挡被拍物特征细节和不干扰特征观察视线为限。

（5）当被拍物体量较大时，比例尺应当临边放置。

（四）其他因素

在考虑类型、尺寸和放置位置以外，还需要综合考虑三个因素：

（1）拍摄的目的、要求以及拍摄范围的选择的影响。拍摄的目的一般以辨认或鉴定等为目的，鉴定的目的又可分为形象性、习惯性特征的认定等。

（2）被拍物表面形状对选择的影响。如表面质地、反光率、形状及面积大小、色泽以及明度差等，也需要对比例尺有所选择。

（3）照相光源种类、感光材料性能对选择的影响。

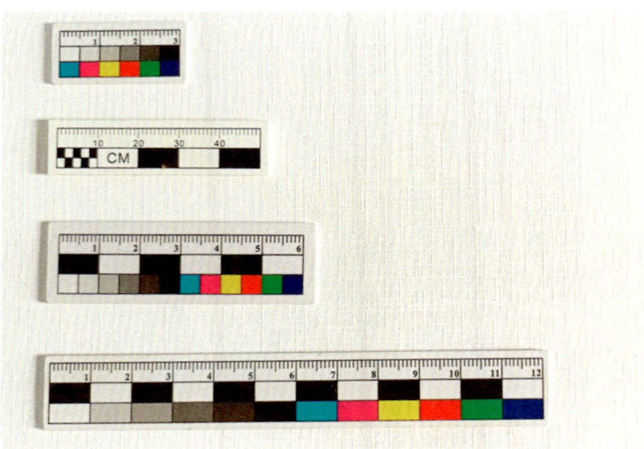

图三 文物摄影参照比例尺成品（淘宝：文物修复之家）

三 比例尺规范化建议

在可移动文物照相中，比例尺的使用具有广泛性、灵活性、多变性的，其规范化的实现必然有一个漫长的过程。同时，要具备一些必要的、重要的条件。从目前可移动文物保护相关文物拍摄的情况来看，实现比例尺使用的绝对规范化还有一定的难度，如何实现规范化？笔者认为可以从以下几点入手：

首先，原本在可移动文物保护方案以及保护修复档案中，对文物修复前后的照片并未有明确的使用比例尺以及色卡的要求，这也与普遍思想上使用比例尺拍照的意识缺乏有关，强调比例尺的使用要求，直至自觉融入文物拍照实践之中，并为之拟定相应的规范化标准及有关准则做经验积累。

其次，在我国现阶段针对文物的比例照相法的应用情况，进行广泛调查研究，利于开展数字化和统计学意义相关数据的基础上，联合高等院校应积极努力，着手开展这方面的专题研究，并形成其规范化标准及有关规则的草案，以推进规范化工作的进程。

再次，为规范化标准及有关规定的拟定，做好必要的物质准备，尤其是规范化比例尺的推广与应用的准备。虽然市场上已经有定制比例尺和“不干胶”比例尺的推广与应用，为实现行业自身的规范化，仍存在规范化纵深发展的空档。因此，建议引进或改进国外博物馆系统已经成型的“多功能、多用途的套装比例尺”，满足使用、携带方便，成本低，精度高等特点，减少现场操作程序、缩短后期调校时间，提高拍摄图像的准确度（图三）。

[1]文物办发〔2001〕027号.文物拍摄管理暂行办法[S].国家文物局.2001-01-01生效.2016-06-02废止.

[2]杨明.可移动文物摄影规范与操作规程[OL].湖北省可移动文物普查培训班课件.2014-07

[3]宋伯胤.博物馆文物保管员的一天[J].中国博物馆，1985(01)：59.

[4]Nathan Stolow.博物馆参评保护与展览——包装、运输、存储与环境考量[M].宋燕，卢燕玲，黄晓宏等译.北京：科学出版社，2010：40.

[5]GA/T117-1995[5]，中华人民共和国公共安全行业标准现场照相、路向要求规则[S].北京：公安部科技局.1995.

[6]康卫，文国云.刑事物证照相中应用比例尺问题探讨[J].四川警察学院学报.2010(8)：84-88，93.

中外合作培养高层次文博人才策略探讨
——以中法合作公输堂古建油饰彩画培训班为例

张芳[1]，周萍[2]，CHASSAING Pauline[3]，SINDACO Claudia[3]

1. 砖石质文物保护国家文物局重点科研基地陕西省文物保护研究院，陕西西安 710075
2. 秦始皇帝陵博物院，陕西西安 710600
3. 法国国家遗产学院，法国巴黎 75020

Discussion on the Strategy of Sino-foreign Cooperation in Cultivating High-level Cultural and Museological Talents
Take Sino-French Training Class of Polychrome Paintings in Gongshutang Ancient Architecture as an Example

Zhang Fang[1], Zhou Ping[2], CHASSAING Pauline[3] SINDACO Claudia[3]

1.Key Scientific Research Base of Conservation on Stone and Brick Materials, State Administration for Cultural Heritage
Shaanxi Institute for the Preservation of Cultural Heritage, Xi'an 710075, China
2.Emperor Qinshihuang's Mausoleum Site Museum, Xi'an 710600, China
3.French National Institute of Cultural Heritage (INP), Paris 75020, France

摘　要： 目前我国中外合作文博人才培养模式主要以高校培养与培训班为主，大多注重理论学习，缺乏学员交流、技能学习和训练。“中法合作公输堂古建油饰彩画培训班”通过现场调查、研讨、案例分析、专业教师指导等，强化学员对中国传统古建彩画的认知和理解，强调学员之间的协同活动，提高教学的情感效果，使学员作为学习能动主体的同时培养学员交流能力，打破传统培训中老师理论输出—翻译—学员接受信息的单向权威模式，对改进我国中外合作培训教学效果有积极的指导意义。

关键词： 公输堂　古建彩画　中外合作　人才培养

Abstract: At present, the training mode of sino-foreign cooperation for cultural and museological talents in China is mainly university training and training courses, mostly focusing on theoretical learning, whereas lack of communicating, skills learning and practical training. The 'Sino-French training class of polychrome paintings in Gongshutang ancient architecture' strengthens the student cognition and understanding of traditional polychrome paintings in Chinese historic buildings, by means of field investigation and group discussion, case study, professional guidance, etc. Furthermore, it emphasizes the collaborative activities among students, improves the emotional effect of teaching, enables students as an active learning subject to develop communication ability, and breaks the traditional one-way authoritative teaching mode--"output-translate-receive". The training class is of positive guiding significance on improving the teaching effect of sino-foreign cooperative training.

Key words: Gongshutang; Polychrome paintings of ancient architecture; Sino-foreign cooperation; Talents training

引 言

“中法合作公输堂古建油饰彩画培训班”是中法合作“公输堂彩绘木作保护研究”项目的一部分，该项目被列入第四次“中法高级别人文交流机制”。培训班由陕西省文物保护研究院和法国国家遗产学院共同举办，研究对象是我国为数不多展现“天宫楼阁”的明永乐年间（1403—1424 年）公输堂古建小木作。培训班以培养复合型、国际型高层次文博人才为目标，在填补中法两国合作培养文博人才空白的同时，开展项目的研究、保护和宣传工作。培训注重实践与实用性，教学内容分为理论教学和现场调查，理论教学以古建木作、古建彩画理论、文物保护、彩画病害和模拟修复操作相结合，现场调查需要学员将所学理论与考察实践相结合并讨论，最后总结并进行专业汇报。

一 人才培养模式及实践过程

（一）学员组成

“中法合作公输堂古建油饰彩画培训班”是中法联合培养高层次文博人才的首次高级别培训，共招录 20 名学员，其中 15 名中国学员由陕西省文物保护研究院面向中国招募，5 名法方学员由法国国家遗产学院从在校学员中选拔。

中方组织专家组经过多次评审，最终录取的学员来自北京、南京、浙江、成都、西安等省市的博物院馆、研究院所的工作人员和高等学校的在读博士或在职老师，学员的专业背景有文物保护、化学、建筑学及博物馆学等，具有一定的英语交流能力。

法国国家遗产学院遴选了 5 名绘画专业（壁画、油画、木版画、纸等各种材料上绘画的保护修复专业）的学员参加培训。法国国家遗产学院成立于 1990 年，是法国培养法国保护修复专家的 4 个州级组织之一，每年通过严格的考试选拔学员，考试包括理论（艺术史，物理化学），实践（手工技能测试）和艺术（绘画和复制）。被录取的学员通常具有艺术史或科学学士、硕士学位以及扎实的艺术和技术实践经验。学院课程不仅包括保护修复专业课，还包括预防性保护、伦理、古代技术的研究和实践、对真实遗产的保护修复干预措施、实验研究等。法国国家遗产学院每年都会安排学员在法国国内和国外实习，既是日常教学的补充，又促进了该学院学员与博物馆或研究机构的联系。法国国家遗产学院课程的最后一年专门用于研究和保护作品，并在研究对象重要部位进行实验研究。

（二）培训初期存在的问题

此次中法合作培训班的老师有法国国家遗产学院、北京科技大学、中国文化遗产学院、陕西省文物保护研究院、陕西省文化遗产研究院、西安生漆涂料研究所的彩画专家、古建专家和生漆专家，培训内容包括中国传统古建彩画保护修复技术、中国传统古建结构、生漆理论、贴金工艺、古建油饰彩画标准和方案编制方法与模拟保护修复的实际操作相结合，让学员学习、交流、实践古建油饰彩画相关修复理论、研究方法、保护修复技术等内容。教学以授课老师的母语讲述，专业翻译人员同步翻译（中文 / 法语），学员提问或师生交流使用英语。

培训进行了半天就发现了类似培训普遍存在的问题，即虽然学员专业都是文博相关，但是短时间内把相关专有名词与理论知识和公输堂古建小木作结合，并进行中法学员、师生间交流，完成学习任务，存在一定的困难。

1. 学习目标不明确，反馈不及时

公输堂虽然体量不大，但构件总数达 10 万余件，彩画面积约 700 平方米，把每个构件都作为研究对象并在短时间内得出结论显然是不可能的。虽然学员都有一定的专业理论基础，专业理论和现场调查也紧密联系，但是二者同时也相互补充、相对独立。要使中法合作培训班取得良好的效果，必须及时、准确得到学员的反馈，根据反馈信息及时调整教学进度。

2. 英语能力与研究对象契合度不高

学员的专业研究方向分别是馆藏文物无损分析、无机类文物保护、传统建筑、文化遗产保护、彩塑壁画保护、文物材料与制作工艺研究、传统建筑保护、科学检测分析、古建筑设计、彩画保护等。前期招募虽然要求学员有一定的英文能力，却没有严格考核英文水平，没有重视英语专业性，导致大多数学员为了和法国学员交流一味依靠专业翻译的支持。中法合作培训不只重视文物保护修复与研究能力的培养，也必须重视英语与文物保护、古建木作、彩画知识的联系，把英语能力与专业术语构建起相对应的平等性，使学习与沟通更流畅。

3. 学习氛围不浓，交流面有待拓宽

中国学员选拔时都经过层层筛选，并且大多数学员都具有中外合作工作经验或者曾经赴国外交流学习，话语能力既语言使用者有机组织连贯句子表达完整意义的能力[1]都不存在问题。法国国家遗产学院的学生每年都要参加国际实习，所以法国学员的英语交流能力也不错。可是在公输堂，一方面两国学员的文化背景、思维模式不同，对同一事物的认知存在差别；另一方面两国学员熟悉程度不够，导致大部分是同国籍学员之间讨论问题，没有充分体现出中法两国学员间的互动性。

二　人才培养策略的调整

结合初期发现的问题，培训班举办方结合案例教学法、行动导向教学法、合作小组教学法[2][3][4]等多种教学方法的特点，以学习目标为导向，在老师教导下充分发挥学员的主体作用，增加学员之间互动交流的频次。在传授专业理论的同时，激发学员分析问题、解决问题的能力，引导学员完成学习任务。不仅提高了学员的满意度，而且学习氛围浓厚，使“中法合作公输堂古建油饰彩画培训班”具有自己的特色。

1. 学员分组

考虑到学员间的持续交流并能顺利完成调查报告，按照学员的研究方向分为5组，1名法国学员3名中国学员为一组，各小组的总体水平基本一致。无论是理论或实践课程还是完成结业汇报，这四人作为固定的组员进行讨论、研究，将学员工作密切联系的旧知识进行必要的强化补偿，结合培训班初期的理论学习，为完成调查提供认知基础，强化学员对中国古建筑彩画的理解，使学员能够学以致用。每组学员取长补短共同进步，在浓厚的环境中合作学习、共同成长。学员分组改变了传统课堂教学中静态的和单向的人际交往模式，通过建立积极的学员关系、促成民主的师生关系，并以集体思维促进个体思维[5]，对中外合作教学产生了积极的影响。

2. 英语与专业并重

中外合作培养高层次文博人才所进行的教学活动是一种双向互动的跨文化交际，应遵循语言、文化、信息交流平等原则[6]。中外合作高层次文博人才的培养不能达到预期目标的一个重要原因，是由于中外合作培训班学员、师生间交流使用的是英语，而实际文物保护学习时不能将英语运用其中。中外合作培养高层次文博人才的目标日益重视专业培训与国际交流，只有将英语作为文物保护的载体，才能让学员在获得专业知识的同时实现国际文化交流。“中法公输堂油饰彩画保护修复培训班”的教学中有大量关于传统建筑木构件、榫卯制作工艺、传统材料、胶料、黏合剂、矿物颜料、木料、贴金工艺与材料、病害、工具、包装材料等常用的专业技术词汇，这些词汇反映了我国古建筑彩画在漫长的历史进程中逐渐积累的有别于其他国家彩画的独特方式，是中国传统文化最为核心的外在表现形式[7]。这些具有代表性的文化负载词，如何从最大容量地将文化性和专业性传授给学员，不仅仅是语言符号的转换，更是一种文化模式的转换[8]。因此，培训班编制了《公输堂古建小木作油饰彩画专业词汇表》（图一），将500多个文化负载词集结成册分发给每组学员，为学员提供了导向素材。词汇表给出与中国古建筑、古建筑彩画相关文化负载词的照片与中文－英文－

图一 公输堂古建小木作油饰彩画专业词汇表

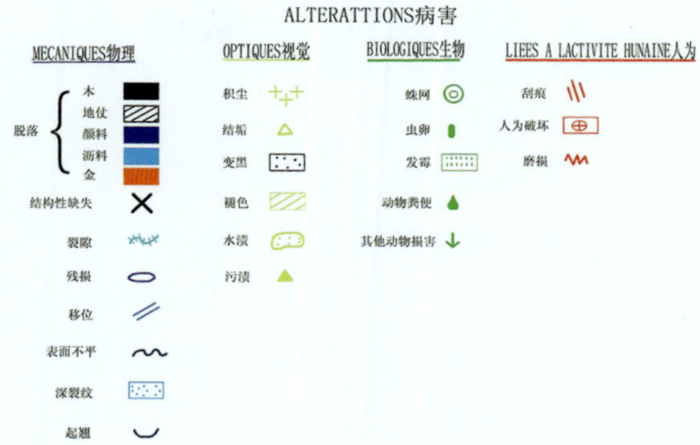

图二 公输堂古建彩画病害图标

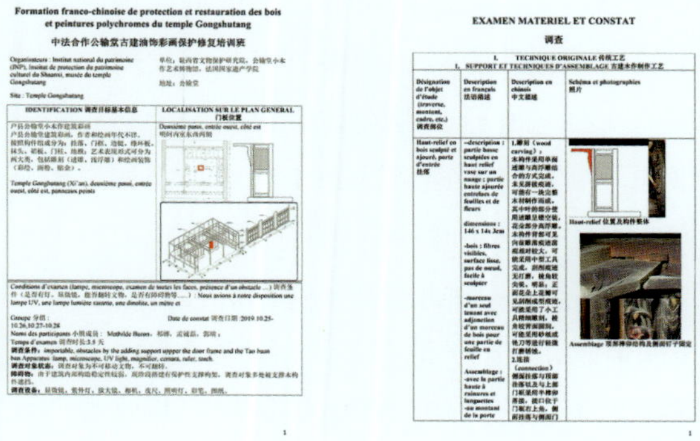

图三 公输堂古建彩画调查表

法文对照词汇，让学员在观察公输堂古建筑、彩画材料与制作工艺的过程中，在讨论中法两国对文物保护相关理念的同时，体会到双方的文化重叠现象与其独有的特色，虽然中法的文化差异可能构成了实际交流中的障碍，但该手册为克服障碍，取得文化对等提供了一个有效的解决途径。

3. 制定调查对象与学习目标

通过制定调查对象与学习目标，激发学员的求知欲，调动学员的积极性，使学员自觉主动地掌握原理和方法，实现启发式教学。在促进学员的学习兴趣的同时，更利于学员掌握理论知识，并运用知识解决实际问题[9]，最终提高教学质量，达到培养高层次文博人才的目标。

根据公输堂古建小木作彩画特点与空间结构，给每组学员指定明确的调查对象，即位于明间外檐、明间内室、东次间外檐和东次间内室的门板这几处门板特征明确，制作工艺与病害较集中，空间位置也便于观察。每组学员根据公输堂古建彩画病害特征，结合中法两国彩画病害图例，制作《公输堂古建彩画病害图标》（图二），并以此为标准对每组调查的门板进行病害标识，用中文和法文完成《公输堂古建彩画调查表》（图三），培训的最后一天，每组根据调查结果完成 PPT 并汇报，同时进行专家点评及同学之间的点评。

《公输堂古建彩画病害图标》分为物理、视觉、生物、人为四类病害，物理病害包括脱落（木、地仗、颜料、沥料、金）、结构性缺失、裂隙、残损、移位、表面不平、深裂纹、起翘；视觉病害包括积尘、结垢、变黑、褪色、水渍、污渍；生物病害包括蛛网、虫卵、发霉、动物粪便、其他动物损害；人为病害包括刮痕、人为破坏和磨损。调查表的内容包括门板基本信息、门板位置、门板照片（并标明全景照、侧光源照、uv 光照片、显微照片、放大镜照片的数量）、古建木作制作工艺描述及对应照片、旧修复描述、木作病害描述、颜料层病害描述、调查目标总结和紧急干预措施、总结和建议。

4. 及时反馈，拓宽交流

一种好的人才培养策略，在巩固学员所学理论知识和实际操作能力之外，更要及时掌握学员发现问题、分析问题、判断问题、解决问题的能力[10]。在公输堂现场调查的第一天上午，学员围绕每组的调查对象和学习目标，独立观察、讨论与思考，半天的工作结束后，组织学员分组汇报并讨论解决方案，最后由随行专家进行总结和评价，指出所涉及的理论知识及其应用方法，得到了非常好的效果。除了半天或一天的学习汇报外，反馈的方式还包括课程调查、满意度调查、作业、PPT汇报等手段，也包括教学过程中的师生互动，教师对于所获得的信息要做出准确的判断，以此作为调节教学活动的参考。

5. 留存培训痕迹

此次培训的全程，都有专职摄像师和照相师负责录制视频和拍照；在培训开班、学习过程及结束时发新闻通讯；在颁发结业证书的同时向学员所在单位赠送感谢信，以感谢多家高校、文博单位对培训班的支持与配合，并对该学员的努力进行肯定；在培训开展后将专家授课PPT和培训花絮以电子版的方式及时与学员分享。多种手段并重留存培训资料，既能纪念学员在此阶段的努力，也能增进师生间、学员间情感，并让学员有条件在课后巩固专业知识，同时也为下一阶段中法合作培训班提供借鉴。此措施无论在内容上，还是形式上都起到促进与激励的效果[11]，通过资料借鉴保证日后活动的开展有章可循。法国国家遗产学院已将此次培训视频收录为该学院日常教学视频，成为该学院对外合作培训的模范教材，发挥“中法合作公输堂古建油饰彩画培训班”的辐射作用。

三　几点思考与启示

“中法合作公输堂古建油饰彩画保护修复培训班”凭借国际合作提升了中国高层次文博人才的质量和国际化水平、国际竞争力，是中外合作培养高层次文博人才的共同需求，体现了中法两个遗产大国为保护人类共同文化遗产所做的积极努力和负责态度。

1. “中法合作公输堂古建油饰彩画培训班”使用了多种人才培养策略，目的都是尽可能的激发学员的积极性，给学员留下发挥空间，使学员积极配合并参与到教学活动中，由被动地接受知识变为主动的探究知识，由个体学习变为合作学习，提高能力。教师从知识权威者逐渐变为学员学习的组织者、指导者和合作者。在小组工作过程中，教师要有观察能力、控制能力。解决问题和评价小组成果时，不存在“正确 -- 错误”的表达，也不一定都由教师做决定，学员自己的观点和评定也很重要[12]。

2. 中外合作培养高层次文博人的学员是来自不同单位的干部，在短期培训中往往难以再建立联系。此次人才培养改善了这种情况，虽然学员国籍不同、工作岗位不同、培训时间有限，但是培训班将项目背景与师生简介制作成学员手册第一时间分发到学员手中，让他们彼此有初步的印象，并根据学员研究方向分组制定调查对象与学习目标，完成调查表格并最终的汇报，在此过程中学员需要组织、管理、分配组内成员与学习任务，相互沟通共同探讨，在研究学习任务的同时快速熟悉组内成员，在完成最终汇报后每组成员都结下了深厚的友谊，约定日后工作中继续联系。

3. 中外合作培养高层次文博人才不仅强调文物保护相关理论的教学，还要培养学员运用英语解决日常交流与完成学习目标的能力。因此培训班编制了《公输堂古建油饰彩画中—英—法手册》，将培训班涉及的大量文化负载词集结成册，作为学员交流的语言材料，平衡两国学员对中国传统文化遗产的信息获取，促进学员跨文化语言能力，提高学员的语言能力与交流有效程度，强调表达的准确性，解决学员的沟通障碍，克服因文化差异造成信息不对等的难题。

4. 中外合作培养高层次文博人才，一方面通过搭建平台促进学员知识量的增加与跨行业人际交往的增量，另一方留存手册、课件、照片、视频等资料，总结培训成果，为日后相关活动的开展提供借鉴，发挥“中法合作公输堂古建油饰彩画培训班”的辐射作用。公输堂小木作艺术博物馆是承载了中华文明的重要殿堂，以它作为调查对象，使学员潜移默化地感受中华文化的精彩，形成文化传承和文化记忆。

[1]刘骏，傅荣. 欧洲语言共同参考框架：学习、教学、评估［M］. 北京：外语教学与研究出版社，2008：117.

[2]林希. 行动导向教学法研究[J]. 教育与职业，2013（29）：149-150.

[3]贺平.项目研究法的实践探索[J].中国职业技术教育，2006（22）：43-44.

[4]张强峰. “分组合作教学法”在网球上手发球教学中的实验研究[J]. 广州体育学院学报，2013（6）：110-113.

[5]张斌. 论合作学习及其对学员行为和态度的影响[J].教育理论与实践，1999（9）：41-44.

[6]郑德虎.中国文化走出去与文化负载词的翻译[J]. 上海翻译，2016（2）：53-56.

[7]廖七一. 当代西方翻译理论探索［M］.南京：译林出版社，2000：232.

[8]李兆国. 翻译中的文化因素及文化负载词的处理[J].山东师范大学外国语学院学报，2008（3）：107-108.

[9]张润莲，张向利，叶进.案例教学法及其运用[J].桂林电子工业学院学报，2004（4）：102-105.

[10]朱文.案例教学方法研究[J] .西南民族大学学报（人文社科版），2003（10）：39-41.

[11]孙超平，刘慧敏，任明伦.以Party活动优化MBA商务英语教学的策略探讨[J].合肥工业大学学报（社会科学版），2016（2）：128-133.

[12]郭杰.德国行动导向小组教学法在商务英语实训课中的应用[J] .外语研究，2012（4）：239-240.

关于宜君县长城的几点认识

姜宝莲，赵强，杨天民
陕西省文物保护研究院，陕西西安 710075

Some Understandings on the Great Wall of Yijun County

Jiang Baolian Zhao Qiang Yang Tianmin
Shaanxi Institute for the Preservation of Cultural Heritage, Xi'an 710075, China

摘　要：宜君县长城在二十世纪八十年代和 2009 年陕西省第三次文物普查中均有发现，这一发现被认为是战国魏长城和宋明时代长城。陕西境内长城的分布错综复杂，我们应该从更大的空间以及历史发展的节点来分析判断。本文对宜君县分布长城从分布特征、地理环境、军事对抗特点分析，认为该段早期长城是秦建立的军事性质防御体系的组成部分。

关键词：宜君县　秦长城　防御体系

Abstract: The Great Wall of Yijun County was found both in the 1980s and the third survey of cultural relics of Shaanxi Province in 2009, and it was considered as the Great Wall of Wei state during the Warring States period and of the Song and Ming Dynasties. The Great Wall in Shaanxi, with complicated distribution, should be analyzed and considered from a larger space and with the nodes of historical development. By the study of distributions, geographical environment and military confrontation characteristics, we believe that the early section of the Great Wall in Yijun County was a part of the military defense system established by the state of Qin.

Keywords: Yijun County; Qin Great Wall; Defense system

一　概　述

宜君县长城最早是在 20 世纪 80 年代的陕西省第二次文物普查中发现的，在《中国文物地图集·陕西分册》中有关于宜君县偏桥镇烽火台的记述，时代认定为宋—明，宜君“烽火台北接黄陵烽火台，向南经扁桥、城关、哭泉等乡镇，至铜川市金锁关，基本呈南北走向。全县仅在偏桥镇、城关镇发现烽火台 4 座，均建在台原高处。台体黄土夯筑，方锥台形，底边长 6—12 米，残高 6—8 米，夯层厚 6—13 厘米”。2009 年全国第三次文物普查结果认定为魏长城，据测量，宜君城墙遗址现存总长 9594.5 米，其中残存 2993.5 米。夯土筑成，呈东北—西南走向，东北接黄陵县魏长城。宜君城墙遗址由 6 段城墙遗址，9 处烽火台遗址和 1 处城垣遗址组成。单体烽火台遗址立体方形，高约 5—8 米，底边长为 8—12 米，宽 5—8 米，而且 9 处烽火台之间均由城墙连接。

从位置与走向上来看，全国第三次文物普查结果与 20 世纪文物普查的长城，其分布地点和遗址特征是一致的，应该所调查的对象是同一遗存，（中国文物地图集·陕西分册）但时代的认定不同。2014 年在宜君召开宜君战国（魏）长城遗址保护学术研讨会，对于这一长城的性质进行了确认。多数专家认为该长城遗址为战国时期魏国长城，墙体靠上的部分属于较晚时代。较晚时代是否就是宋明时期，这还需要对长城做进一步的调查与研究。

本文仅对目前认定的战国“魏长城”的国属和建造时间问题，认为还有商榷的必要，因此有几点认识，以求教于方家。

二　宜君县长城相关问题的探讨

（一）宜君县长城的分布

如前所述，考古调查所得宜君境内长城遗址是由6段城墙遗址，9处烽火台遗址组成，分布于清水河的东侧土塬上。清水河流向为东北—西南方向，向北在黄陵县汇入沮河，为沮河的一个支流，沮河在黄陵县这一段由西向东流，汇入洛河，是洛河的重要支流，洛河是由西北向东南流。宜君长城沿清水河由东北向西南，分布于彭镇的许家塬、武家塬至二十里铺的区域内，现存最完整的一段长城是偏桥村北发现的长约150米一段城墙遗址（图一）。

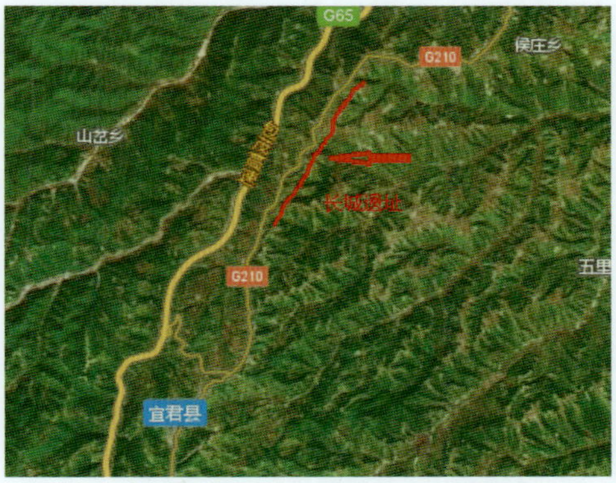

图一 宜君县现存城墙遗迹分布示意图

同时，除宜君县发现长城外，位于宜君县北的黄陵县也发现了同类的长城，而且可以和宜君县发现的长城相连接。沿着201国道东侧土塬一直到黄陵县的桥山镇周家呱村，这些地段均有长城遗迹可寻。

黄陵县发现的长城遗迹长度大约为7千米，同样呈东北—西南走向，分布于土塬及山体上，有明显遗迹的长城由黄陵县桥山镇周家呱村东南约1公里处始，与210国道呈大致平行状向西南延伸，经韩庄村后于曹呱村东北2公里处进入宜君县境内与长城可连接。同时，在黄陵县分布的长城在桥山镇起向东延续，分布沮河南侧，自西向东，全线长约2523米，长城延续的东端接近于洛河西岸。

由此可见，宜君县分布的长城应和黄陵县的长城有紧密的联系，是相同的军事防御工程，可以视为一个整体进行讨论。

（二）宜君县长城的分布与黄陵县长城关系

从地理环境来看，洛河在此段的流向基本是由西北向东南方向，其支流沮河由西部绕经桥山后直向东流，形成一段东西流向的河流，直接汇入洛河。而清水河也叫青河，为沮河的支流，其流经方向为东北—西南方向，因此，由三条河流自然形成一个近似倒U形状的自然地理环境。

宜君县分布的长城位于清水河东岸的土塬之上，据调查其基本沿着201国道分布，其分布的最北端为许家塬和武家塬。

长城出宜君县之后，与黄陵县的长城相连接。从地图上观察，清水河直向东北直接汇入了沮河，而这段长城却向东拐，沿着210国道东侧的土塬一直到黄陵县的桥山镇周家呱村，这些地段均有长城遗迹可寻。从桥山镇向东一线的防御，据长城专项调查，沿沮河南岸一直向东并接近洛河西岸。由此，形成一个由洛河、沮河、清水河为自然屏障的长城防御体系（图二）。

图二 宜君、黄陵长城分布示意图

同时，在黄陵县的南侧，发现有一城障遗址，遗址内散落有外饰绳纹内饰布纹和麻点纹的瓦残片。这一遗址的北侧为沮河，西面为清水河，因此，这一城障遗址与长城应为同时代的防御构成，凭借沮河的自然优势，扼守沮河与清水河交汇的三角地带，其战略意义较大，是防御体系的重要组成部分。在这一军事防御体中，除了前哨阵地长城外，还需要军事后勤、保障补给及驻军之地。据文物普查资料，在宜君县的五里河一带，分布有榆舍遗址和下雷声遗址，两个遗址面积分别为14万平方米、24万平方米（见《中国文物地图集·陕西分册》）。如此规模巨大的遗址，而且分布的地点基本位于U形防御体的中心位置，距离洛河、沮河、清水河大致相同，这样有利于相互的兵力调动以及战事指挥。这些遗址，仅仅是文物普查的资料，今后可以再对二处遗址做些更加细致的考古调查研究，以期对遗址的性质有深入了解。当然，这两处遗址是否能够定性，并不妨碍长城性质的研究，只是期望更加深入罢了。

（三）从长城军事防御目的和对象分析应该是秦建立的防御体系

1. 春秋战国时期秦、魏、赵、义渠的军事对峙分布

从以上分析，很显然倒U形的军事防御体系，其防御面在于北、西、东三面。也就是说，从军事防御来讲，利用自然河流作为屏障，建筑长城，倒U形军事防御体内侧是防御者，其外侧是被防御者，这是一定的。下面通过春秋战国秦、魏、赵、义渠的关系分析一下军事对峙分布情况。

春秋战国时期秦国东部与北部与魏国接界，西与西北与强大的义渠国交界。特别是秦与魏国在河西地区争夺激烈，均筑长城防御对方。春秋战国时期，河西地区一般指黄河以西，洛河以东，华山以北，黄龙山以南的广大地区。这一地区随着秦、魏二国实力的此消彼长，在300多年的过程中，防御方以建筑长城来作为屏障，抵御对方的军事进攻。所以说，长城是古代作为军事防御而建的一种具有特殊作用的古代建筑。

目前，史书中记载春秋战国筑长城最多的是《史记》，《史记》记载秦筑长城有四次。

第一，“堑河旁”。《秦本纪》：秦厉共公十六年（前461年）。

第二，“城堑河濒”《六国年表》：秦灵公八年（前417年）。

第三，“堑洛”：《史记·秦本纪》《史记·六国年表》：秦简公七年（公元前408年），“堑洛，城重泉。”

第四，“上郡塞”。《史记·张仪列传》：“（张）仪相秦四岁（公元前328年），立惠王为王。居一岁，为秦将，取陕。筑上郡塞。”

魏国筑长城共有三次：

第一，公元前361年滨洛长城。据《史记·秦本纪》记载，孝公元年（前361年）魏筑长城，“自郑滨洛以北有上郡”。

第二，公元前359年龙贾筑长城与西边。

第三，前352年筑长城，塞固阳。

2. 宜君长城军事防御的目的、防御对象

纵观春秋战国时期的国与国的战争史，如果我们将修筑长城作为军事防御的重要手段，那么，秦国从公元前461年第一次修建长城开始，一直到公元前361年魏国进入防御阶段，在整整100年的时间里，一直是在军事防御的状态。魏国在魏文侯和魏武侯时期达到极盛，《史记·魏世家》“文侯十六年，伐秦，筑阴晋、元里。十七年，西攻秦，自郑而还，筑洛阴、合阳”，尽占河西之地。与此同时，秦简公六年七年（公元前408年）秦简公，“堑洛，城重泉。”（《史记·六国年表》）。由此史书上再未有关于魏国继续西进的记载，也就是说，秦在河西地区与魏的征战中，秦国最东侧的防御线是洛河一线，魏国的疆土国界，最西仅止于洛河东岸，应该始终没有越过洛河一线。秦、魏的分界线是洛河。因此，位于洛河西岸，在倒U形的军事防御体内侧

的就是秦国，而不是魏国（图三、图四）。

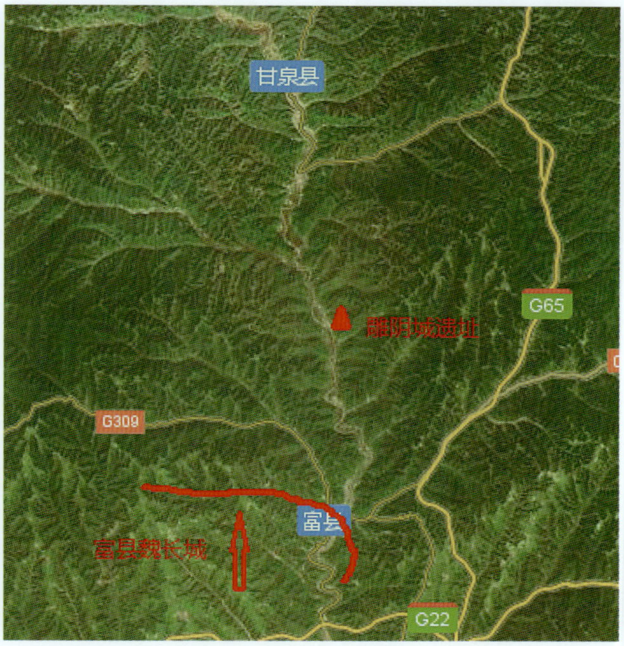

图三 富县魏长城分布示意图

图四 秦魏长城对比示意图

至此，从宜君到黄陵县分布在洛河以西的长城是秦国长城，而非魏国长城。

同时，属于秦国的长城，其防御对象东、北方向是魏国，西面是义渠国。

该处军事长城的防御对象包括两个方面。

第一，秦国对魏国的防御。

春秋战国时期，尚处于冷兵器战争，防御的对象为人、马与战车，长城作为屏障，其主要目的就是阻挡这三者的移动和侵犯，由此，长城的防御方式，依据地理环境充分利用自然，改造自然，一是筑墙；二是堑河；三是下堑上筑，增加高度，以为屏障；第四，以自然山谷和河流作为防御天堑，人力而不可为。尤其是长距离的防御工程，根据实际情况，在不同的防御地段，采用的防御方式也不同，需要重点防御的地方可能需要 2—3 种的防御措施，以确保防御的效果。

从文献记载和考古发现来讲，魏国的西部边境最西没有越过洛河一线，即使秦国在国力最弱的时候，退出了河西地区，仍然是以洛河“堑洛”为屏障，以防御姿态固守关中中西部与国都安全。所以，魏国不可能在秦国的土地上筑长城防御秦国。

但如此筑起长城和障城，其防御对象是魏国，这一时期魏国不仅囊括河西之地，同时占领的上郡地区。据史书记载，魏国在上郡设立军事据点雕阴城，虎视眈眈，觊觎关中。这一雕阴古城，据考古调查，位于陕西省甘泉县和富县交界的洛河东岸。

自古以来，洛河就是关中通往北部地区的重要通道，秦将洛河作为军事防御线，就不能不考虑位于上郡魏的军事力量，首先选择、利用了这一天然屏障，扼守洛河通道。

第二，长城防御西侧是义渠国。

秦在这一时期的防御，如果放弃对义渠国的防守，那也是危险的。义渠为古西戎之国，或称义渠之戎。商时有存，周初义渠君曾入朝周王。早在商、周两代的千余年间，甘肃庆阳地区就居住着义渠族。春秋战国时期，他们在这里建立了强大的郡国，与秦、魏抗衡，并曾参与中原纵横争夺之战，成为当时雄踞一方的少数民族强国。古义渠国之都，就在今甘肃庆阳地区（图五）。

据史书记载：秦躁公十三年（公元前 430 年），义渠倾全力攻秦，曾一度从泾北直攻到渭南，引起秦国朝野极大震动和恐慌。义渠这时的疆域达到 20 万平方公里。它的地域东抵桥山，北控宁夏河套，

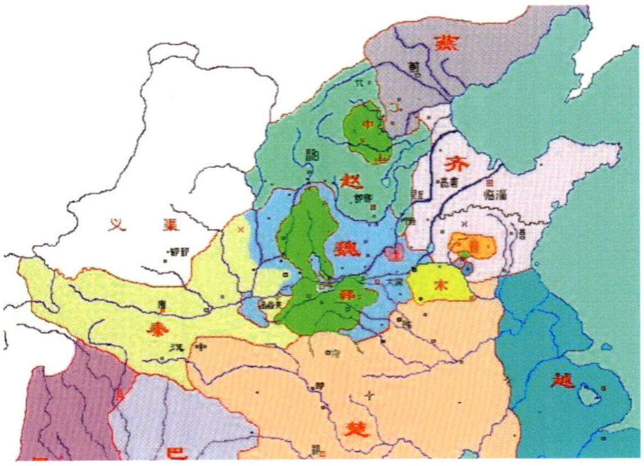

图五 秦与义渠关系示意图

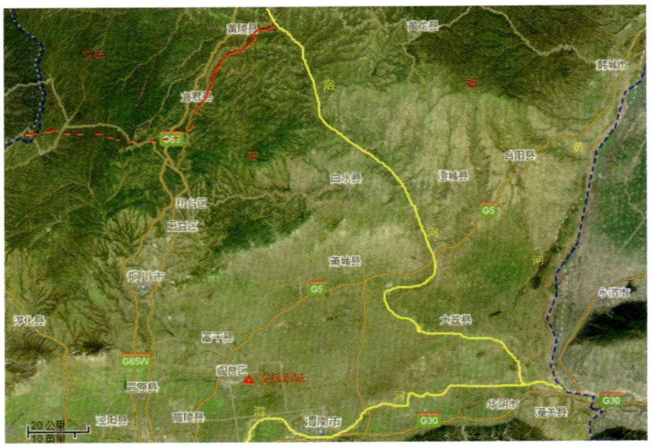

图六 宜君长城在秦“堑洛”防御线的分布

南达泾水，西至陇西，此后数十年内的这一阶段，是义渠国最强大的时期。

在公元前 408 年，秦国进行“堑洛”防御时，义渠国的防御是必须考虑的问题，在东、北防御魏国的同时，如果在如此重要的战略要地被义渠击败，那秦对魏的防御将无从谈起，因此，宜君现存与清水河一线的长城，是秦的防御长城，防御对象是义渠国。

（四）倒 U 形防御体是秦“堑洛”防御工程的重要组成部分，也是最北端“堑洛”之前秦、魏局势对比。

史书有以下的记载：

公元前 453 年，韩、赵、魏三家攻灭智伯，智氏覆亡。赵襄子执政，三家架空晋君，号称“三晋”。前 425 年，赵无恤卒，魏斯继之为执政。前 413 年，魏斯率领三晋联军向诸侯发难，三晋势力急剧膨胀。

《史记·魏世家》记载：魏文侯十三年（前 412 年）“使子击围繁、庞，出其民。”此二城均在河西。

魏文侯十六年（前 409 年）“伐秦，筑临晋，元里。”临晋今大荔县；元里，今澄城县西南，亦秦河西地。

魏文侯十七年（前 408 年）即秦简公七年，“魏西攻秦，至郑而还，筑雒阴，合阳”。同年，秦亦“堑洛，城重泉”（图六）。

这一时期，魏文侯以李悝为相，变法图强，魏国迅速强盛，拜吴起为将，侵吞秦之西河，窥视关中。秦简公、秦惠公屡次攻魏，意欲夺回河西之地，皆被吴起所败，吴起乘胜攻入关中，势如破竹，秦国不能敌。

秦在尽失河西之地后，无奈转入以洛河为天堑，进行全线防御。并在洛河之西建“重泉城”（蒲城县东南的钤饵镇一带），作为军事堡垒，据洛以守。因此，从秦简公七年（前 408 年）——秦孝公元年（前 361 年），将近 50 年的时间是秦国的全面军事防御时期。因此，宜君县长城的修筑年代在秦简公七年，即公元前 408 年。

（五）“堑洛”是战略防御的浩大军事工程，是秦国的生命线

1. 秦“堑洛”长城的分布

关于秦的“堑洛”，多年来很多专家都进行了专门的论述，取得了很多的研究成果。有专家认为是从华山到白水县循洛河西岸的长城。同时也有专家对“堑洛”长城的存在提出质疑。

长城最大的目的和功用就是军事防御。如果从更长的时间以及更大的空间来研究复杂的长城的话，不管能否将此叫作长城，但作为秦国的军事防御工程，应该是无疑的。同时，“堑洛”不管是否是一道边墙，或者是“挖”与“掘”洛河岸作为阻隔，不可否认的是“堑洛”是秦的一条延绵 100 多公里的长距离的军事防御工程，其间包括堑削洛河河岸为险阻，也包括在有利地形筑起长城，也包括下堑

上筑的工事，同时也包括自然地形的险阻。自然险峻之处以烽燧相接，交通要害之处，则关塞设禁。因此，从广义上来讲，一个有完整的防御边界与警戒系统的边防，就应该称之为长城。而且在研究这一防御工程时，要考虑时间的魔力，历经 2400 余年的风雨侵蚀，墙体的垮塌、河岸的冲刷，也使得“堑洛”遗迹踪迹难觅，尽管如此，也不能够轻易否定“堑洛”作为长城的作用。

“堑洛”是一个综合性建筑方式的军事防御工程。这一军事防御体，是在秦国国力较弱和与魏国的连年战争中处于劣势的情况下，进行战略防御的浩大军事工程。之后，秦昭襄王筑北方长城、秦始皇筑万里长城，都继承了秦早期的修筑传统，只是由于自然地形的不同，后者修建的墙体较多罢了。

“堑洛”军事防御线，对于秦国来讲，是其安全生命线。这一时期，魏国国力达到鼎盛时期，魏国如果乘此机会全力对付秦国，将秦灭国，那么魏将消除西方的威胁，全力以赴对付关东诸侯，如果是这样，也许中国战国史将会改写，魏国军事将领何尝不想如此。正因如此，秦国才要在沿洛河的西岸全力修建“堑洛”军事防御线，他是秦国的生命线，其拱卫的是秦的国都和中心领土。

2. 宜君、黄陵长城是“堑洛”长城的北端

这段长城是“堑洛”的最北端。据调查，“堑洛”南自华阴市西，东北行，越渭河，循洛河右岸西北行，约止于白水县西北洛河侧畔，在华阴市的长涧河西岸、大荔县党川村等处，均发现有一些长城遗迹。虽然这些调查，不是完全正确，但其基本走向和遗迹还是可信的。

“堑洛”军事防线的北端是个重要的问题，这一问题，关系到整个防线的有效性问题。在过去的有关论述中有人认为止于黄龙山麓南侧和洛河之间，也就是今黄龙山南的白水县境。其中史念海认为“这条秦长城的南端起于华山之下，其北端当今在黄龙山麓。今黄龙山南北为白水县境在黄龙山麓和洛河之间，白水县的东北有南彭衙和北彭衙两村，为古时彭衙故地”。也有人认为，“堑洛”一直循洛河西岸北上，一直到达现在的富县，凭洛河与居于洛河东岸的魏军对峙。

从现在的考古调查发现来看，以上的说法均有问题，第一种是，在白水一地无险可守，第二种观点，由于流经富县的洛河，洛河两岸地势稍显局促，二军相近，容易为敌军偷袭，如果想要进行长期而有效的防御，就要有足够的战略真空地带，同时，还要选择有利于防守的地理优势。宜君、黄陵的长城满足以上要求，在此设防，智慧选择。因此，应该就是秦“堑洛”防御线的最北端。

“堑洛”起自华山脚下，循洛河一直北行，进入黄龙山麓的险峻峡谷，以自然山势为屏障，止于沮水与洛水交汇处的洛水西侧。也就是宜君、黄陵县分布的秦长城。为何其终点要至于此处，其中最重要原因就是，依凭洛河、沮河、清水河形成的倒 U 形军事防御体，像一个铁钳一样牢牢的控制洛河通向关中的通道。扼守这一战略要地，北、东方向可抵御驻扎于雕阴城的魏国重兵，西北可以防备义渠国的侵扰，保卫和控制关中腹地的国土，历史证明，这种军事防御是有效的。从文献记载和考古调查来看，魏国一直到其灭亡，都没能够突破秦的“堑洛”防线。

（六）根据秦、魏军事对比魏国不可能在宜君筑长城

魏国筑长城的原因：魏国共有三次筑长城的记载，从史书记载来看，魏第一次筑长城时，已是秦孝公元年即公元前 361 年，也就是说从公元前 361 年到公元前 352 年，历时 9 年。

公元前 361 年之前正是秦献公执政时期。秦献公在位二十四年，实行改革，使秦国国力开始强盛，这一时期献公把都城从雍都迁到了离西河更近的栎阳，公元前 366 年，开始了与魏国的战争。这一时期，秦魏军事力量在河西地区的较量如下：

秦献公十九年（前 366 年）“败韩、魏洛阴”。

魏惠王五年（前366年）“城武都，为秦所败”。

石门之战（前364年）秦军对魏石门之战大捷，被赐以黼黻之服。秦献公亲率主力攻入魏河东腹心地区，在石门歼灭魏军6万，获得大胜。魏国惨败，诸侯震动，周显王亦祝贺“献公称伯”。

魏惠王九年（前362年）“与秦战少梁，（秦）虏我将公孙痤，取庞”。

秦孝公八年（前354年）“与魏战元里，斩首七千，取少梁”。

秦孝公十年（前352年）“卫公孙鞅为大良造，伐安邑，降之”。

从以上记载来看，这一时期，魏国与秦国的战争连续失败，特别是魏在公元前361年开始筑长城的前一年魏惠王九年（前362年）与秦在少梁（今陕西省韩城市南）进行的战争，这场战争是秦乘魏军在浍水（今山西省翼城县南）北岸与韩、赵联军大战之机，派庶长国出兵攻魏，在少梁大败魏军，并俘其主将公孙痤，占领庞城。这一场战争彻底摧毁了魏国在秦面前的自信心，决定在洛河东岸修筑长城。

少梁是黄河西岸的一个水路交通要塞，极具战略意义，因此是春秋战国时期秦魏之间争夺的一个焦点。东西水路交通的枢纽黄河少梁渡口就位于该处，同时，也是扼制南北交通的制胜点，自古就是古代军事兵家的必争之地。司马迁的《史记》记载少梁战事达十七处。因此，从军事上来讲，占据了少梁一地，就可以实施对黄河以西地区的控制，进而占领河西地区。在少梁之战中的失败，非同小可。可以说此时的秦军已在魏军河西之地的心脏地带与魏进行战争，并且将其主将俘获，在河西腹地大败魏军，同时又占领重要战略地点“庞城”。这一重要城市被秦军占领，说明秦军在魏的河西之地已经站住了阵脚。

与此同时，面对秦军的咄咄攻势，与魏第一次筑长城同一年，魏惠王九年，即公元前361年，被迫从安邑（今山西省夏县西北）迁都大梁（今河南省开封市）。相对秦国西部边界来讲，魏国首都直接向东后撤近300公里。这说明魏国面对强秦之势已经无意与秦在河西地区争雄，因此，在此情势之下，魏国不可能将长城沿洛河东岸一直到达富县的上郡之地，而应该是为拱卫首都安邑为目的的防御长城，在河西地区南部的黄河与洛河之间。而魏国的西边长城，是为拱卫雕阴城而筑，现存富县县城西南、横跨洛河两岸的长城遗存就应该是魏的西边长城。

三　结　论

1. 研究长城的兴建与废除，应该从更大的空间以及历史发展的节点来判断，悠悠岁月，沧海桑田，二千多年的风雨侵蚀，许多遗迹已经掩埋于岁月风尘之中，不能仅仅因为墙体的发现与否，就否认一个军事防御工程的存在。从关中地区的黄土堆积来讲，从汉代始，自然的风尘堆积大约是1米的厚度，自然河道两岸也会历经冲刷与改道，因此，目前能够发现的长城遗迹，应该进行更大时空的有机联系和研究，不能轻易否定。

2. 宜居、黄陵县一线长城防御体系是秦“堑洛”防御工程的重要组成部分。魏国所筑长城，一是在黄河西岸的河西南部地区，二是在富县县城横跨洛河两岸的长城。

3. 这一时期长城所在地区，大部分利用自然环境。在生产力水平较低，相互征战以步兵、骑兵为主的情况下，河流等天险其本身就可作为防御体系的重要组成部分，遇到不利地形稍加修整，该区域长城的修筑正是利用了以河为险修筑的方法。

中国古代城防设施“悬眼”调查与研究

—以明长城为例*

尚珩

北京市考古研究院，北京 100009

Investigation and Research on Defense Facilities "Stone Holes" in Ancient China

Take the Ming Great Wall as an Example

Shang Heng

Beijing Archaeological Research Institute, Beijing 100009, China

摘　要：本文以田野调查为基础，结合传世文献与石刻材料，对长城的附属设施——悬眼的命名、形制、功能、分布等方面进行了全面考证。

关键词：长城　城墙　悬眼

Abstract: Based on field investigation, combined with ancient inherited literature and stone carving materials, in this paper we have made a comprehensive textual research on the naming, shape, function, and distribution of “Stone Holes”— an accessory facility of the Great Wall.

Key words: the Great Wall; City wall; Stone Holes

引　言

明代边防名将戚继光在《纪效新书·悬眼制》里这样记载悬眼：

每垛当中，自城面平为孔，高九寸，约砖三层，砖厚用二层。平面以下，两方砖对中为弯，渐渐下缩。每砖一模，编成层数字号，烧于砖上，临用只照号垛成，如寻常甃砌力同。庶砖皮不削则可久，砖弯不凿则工省。约用几丈尺深，计为若干层。今图内只六层，每砖三寸，只得一尺七寸，示其大略耳。或二十、三十等层，以尽为度。[1]

悬眼，今称“礌石孔”[2]，是位于城墙迎敌面顶部边缘与垛口墙底部之间的城防设施，因从城外墙下抬头向上仰望该设施时，其“悬挂”在半空中而得名。

悬眼出现的时间较晚，检索明代以前的兵书，如《武经七书》《武经总要》《守城录》等兵家经典著作，均未见记载。目前已知最早的记述当在戚继光的《纪效新书》（十四卷本）中，该书于万历十二年（1584）刊行，此后的兵家著作如《慎守要录》《武备志》等兵书中均有收录，因此可视为戚继光镇守蓟镇时发明

* 本研究受到国家社科基金重大项目明长城资源调查资料整理与研究项目（18ZDA223）资助

的城防设施。

由于悬眼设置在城墙顶部，囿于城墙保存状况，现存数量较少，主要集中在明长城及沿线的城堡之上，本文拟通过对历史文献和现存实物的考察，对长城的附属设施——悬眼的形制、分布、功能等方面进行全面考证。

一　悬眼的位置与分布

根据《纪效新书·悬眼制》记载，“悬眼”的位置是在“每垛当中，自城面平为孔”即长城墙体顶部海墁边缘，垛口墙底部中间位置上（图一）。

依据田野调查，现存悬眼以分布于长城墙体的迎敌面一侧（即单面）为主流，个别地段的长城墙体，如河北迁西喜峰口长城、北京平谷将军关、密云五里坨长城。因城墙双面受敌，故设置双面悬眼，此外，除长城墙体设置有悬眼外，在空心敌台、实心敌台、马面、城堡上均有设置（附表一）。

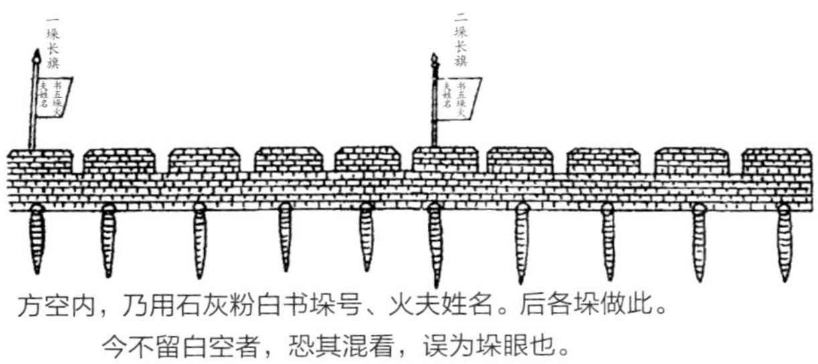

图一 悬眼位置图

二　悬眼的标准形制——蓟镇样式

悬眼的结构由上部的投掷口和下部的滑道两部分组成。戚继光出任蓟镇总兵，其描述的悬眼，可视为悬眼的“蓟镇标准样式”即 A 型。其中，投掷口的高度为“高九寸，约砖三层，砖厚用二层”。滑道的形制为“平面以下，两方砖对中为弯，渐渐下缩”（图二）。

青砖砌筑的 9 层悬眼（图三）在蓟镇古北路地区（今北京密云古北口—金山岭—司马台段长城）有大量遗存（图四）。以北京密云司马台长城现存悬眼为例，投掷口内口高、宽均为 50 厘米左右，下半部是砌墙时预留的方形孔，上半部用异型砖拼接成券状砖脸，外口上沿置石盖板，盖板内侧凿出弧

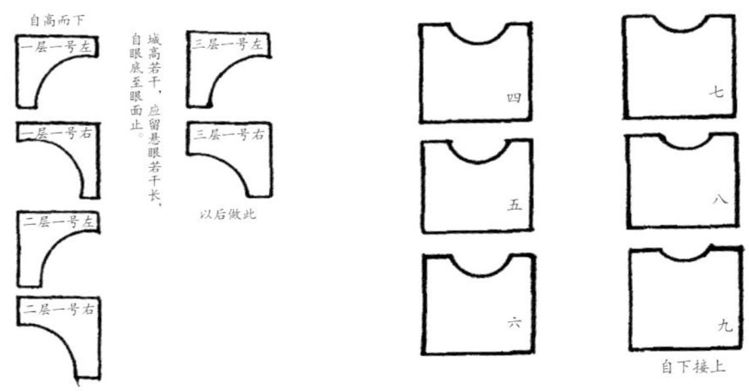

图二 悬眼结构图

形缺口，外侧凸出墙面成为垛墙外壁的一层拔檐。外口之下的外檐墙面上砌有圆弧形的凹槽滑道。滑道都用异型砖拼接砌筑而成，滑道上深下浅，过渡的极为平滑[3]。

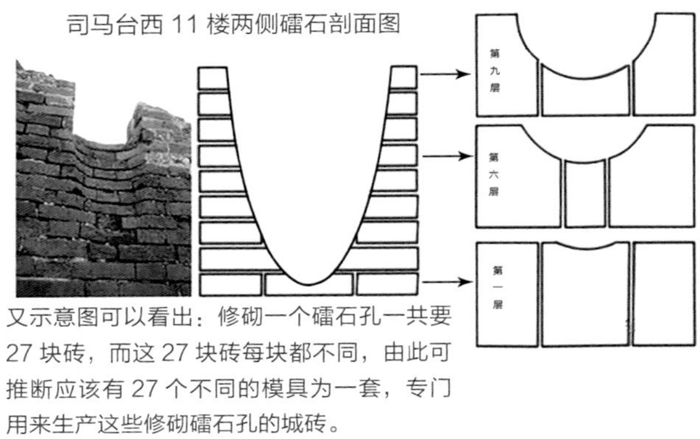

图三 悬眼结构示意图

需要注意的是，由于烧造此类异型砖的窑工和修边施工人员并非同一人，为了保证施工质量，避免使用时将每一层砖的顺序弄错，故在烧造时要求将该砖所处层号数标示、烧于砖上。即“每砖一模，编成层数字号，烧于砖上，临用只照号垛成，如寻常甃砌力同。庶砖皮不削则可久，砖弯不凿则工省。”这样一来不仅避免了施工中的错误，而且还节省工

时，可谓省时省力。至于滑道的长度，则没有定式，“约

图四 金山岭长城现存悬眼

用几丈尺深，计为若干层。”完全依据实际需求而定，即“今图内只六层，每砖三寸，只得一尺七寸，示其大略耳。或二十、三十等层，以尽为度。”

以司马台西 11 台（密云 280 号敌台）附近的长城墙体上的悬眼为例，滑道共计 9 层，每层由 3 块悬眼砖拼接而成。部分青砖表面尚保存有当年烧造时刻画的铭文：“天字七号地九”“天字八号地七”（图

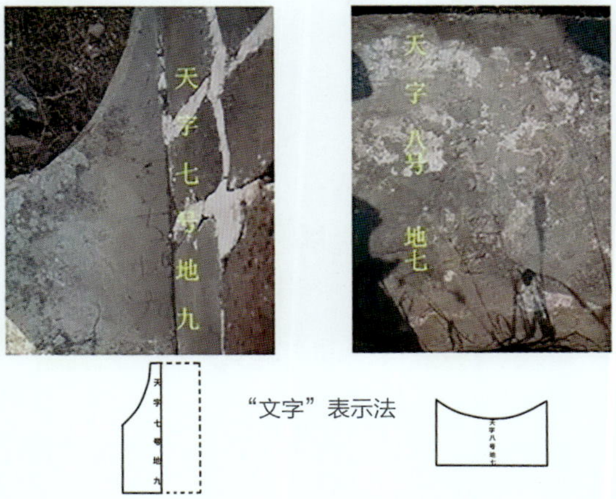

图五 悬眼砖铭文

五）。其中的“地九”块砖即为整个悬眼顶部用砖，而“地七”块砖即为从悬眼底部从下往上数第七层用砖（第八以及第九层砖已丢失）。

此外，有的悬眼砖面上并未刻画铭文，取而代之的是一道道的刻画“线条”（图六）。其作用与铭文相同，九条线条表示这些砖是属于第九层。用“线

图六 悬眼砖上刻画线条

条”取代了“铭文”，推测是因为窑工中识字者不多，以数线条区分城砖的方法更加符合实际情况，最大程度上减少了施工中的失误。

除标准的 9 层悬眼外，按照“或二十、三十等层，以尽为度。”这一科学、客观的要求，灵活的修造，使得悬眼滑道部分的长度不尽相同，如北京密云司马台长城上的悬眼，滑道长度自 0.85—2 米均有遗存。

至于 A 型悬眼的修建年代，在北京密云古北口—金山岭—司马台段长城墙体上，尚存大量铭文砖，如“万历伍年山东左营造”[4]、“万历五年石塘路造”[5]、“万历五年古北路造”[6]、“万历五年山东左营造”[7]、“万历五年宁夏营造”[8]；“万历六年石塘岭路造”[9]、“万历六年延绥营造”[10]、“万历陆年振武营右造”[11]、“万历六年镇虏奇兵营造”[12]；“万历七年德州营造”[13]、“万历七年墙子路造”[14]等。可知，该段长城上的悬眼

图七 B 型悬眼（小关村 07 号敌台）

营建于万历五年（1577）、六年、七年。值得注意的是，就目前遗存来看，A型悬眼在创建之初仅用于长城墙体，并未用于空心敌台上。

由上述文字可以发现，蓟镇标准样式的悬眼无论是前期制作还是后期施工，对工艺的要求较高且复杂，因此，在推广实施过程中，存在个别“简化”样式的悬眼，即B型（图七）。

该型悬眼虽然也是采用青砖修砌，但并所用材料非特制的“悬眼砖”而以普通城砖为材料，采用平砖铺砌，修砌投掷口和滑道。如：小关村07号敌台、马井子村06号敌台。这两座敌台从主体结构上看，属B型（券室通道型）空心敌台，故悬眼的修建年代应为万历十年（1582）——明末[15]。

三　悬眼的作用

戚继光在《纪效新书·悬眼解》中云：

倭每发铳与矢，虏每发矢，看准数垛，伺我守城者一伸头颈外视，即发射之，无有不中，使我身不敢当垛，目不见外贼，即以勾杆攻城等器，直奔城下。我兵既不能伸头，出手下击，任其掘坎布梯，直登莫御。必有此悬眼，贼远则瞭之垛口，铳矢射之；贼近我兵不出头，以身藏垛下，于悬眼内下视，攻城者虽有铳矢无所施。若到城下，一见无遗，即将矢、石、铳子、火桶掷之，无不可者，贼安能树梯驻足哉？若对垛而登，则垛上可御矣。每悬眼上加木盖一个，以防铳矢，尤妙。[16]

明朝守城士兵站在数丈高的城墙上，如此高度，唯一的“护身符”就是垛口，但是垛口存在缺陷，即如果敌人兵临城下，处于城下射击盲区之中，守城士兵若想打击来犯之敌，势必从垛口处探出头颈、躯干部于垛口外。如此一来，身体重要部位暴露，处于远处的敌军士兵便可使用弓箭等远程武器射杀垛口处的军士。“倭每丛铳与矢，虏每丛矢，看准数垛，伺我守城者一伸头颈外视，即丛射之，无有不中”。敌人百发百中的射杀，在守城军士中造成了极大的心里恐惧，以至于“使我身不敢当垛，目不见外贼”。如此一来，便给敌人以可乘之机，“即以勾杆攻城等器，直奔城下。我兵既不能伸头，出手下击，任其掘坎布梯，直登莫御。”敌军分前后两梯队，前队以爬墙、挖城的形式攻城，后队弯弓引箭作掩护，射杀从垛口处暴露的守城军士。

鉴于此，戚继光总结、思考战斗经验，认为“必有此悬眼，贼远则瞭之垛口，铳矢射之；贼近我兵不出头，以身藏垛下，于悬眼内下视，攻城者虽有铳矢无所施。”如此，在敌军攻到城下之前，守城士兵便可以垛口为掩护，射杀尚处较远的敌军；待敌军突破火力封锁，攻到城下后，守城士兵便身靠垛口，从悬眼中向下一览无余的观察敌人动向，由于悬眼与城墙几乎成90°垂直，这种角度有利于守方守御，而不利于敌方仰攻。守城军士一旦抓住战机，“即将矢、石、铳子、火桶掷之，无不可者，”给予来犯之敌以迎头痛击，使其不敢近城。同时，为了进一步提高悬眼的安全性，最大限度防止敌人从城下向悬眼里射击守城军士，戚继光还要求“每悬眼上加木盖一个，以防铳矢。”考虑可谓细致周到矣。

此外，悬眼的作用也不仅限于施放礌石，还包括观察敌情，弓箭、火器射击等功能。

四　悬眼的流播与样式的变化

鉴于悬眼的科学性和实用性，这一设施在明九边地区得到了广泛的推广。根据实地调查，除蓟镇长城外，在真保镇、山西镇、延绥镇均有遗存（见附表一）。悬眼的具体形制也各有不同。

真保镇长城现存悬眼主要分布在紫荆路乌龙沟口（今河北涞源乌龙沟长城）隘口南侧长城墙体即乌龙沟长城5段部分区域。与蓟镇长城悬眼形制、材质不同，本处悬眼全部为石材修建，投掷口为方形孔，滑道为一整块石头雕凿成“水嘴”样式，即C型（图八）。

山西镇长城的悬眼遗存见于城堡和空心敌台，

图八 乌龙沟长城悬眼

如：旧广武城，城墙垛口已塌毁，悬眼投掷口的形制未知。但墙体顶部悬眼滑道部分尚存，其形制与蓟镇标准样式相同即A型，层数为9—10层（图九）。

在山西境内现存为数不多的空心敌台中，尚遗存有悬眼者仅3座，且均属于明代山西镇辖区，如窑洼4号敌台、野羊窊2号敌台（九窑十八洞）、石垛焉1号敌台（平胡墩），悬眼砌法以普通城砖为材料，修建投掷口和滑道，滑道采用立砖砌筑，即D型悬眼。3座空心敌台均为C型（中心室外回

图九 旧广武城悬眼

廊型）敌台，修建时间在万历二年（1574）——万历十一年（1583）间流行，故悬眼也应建于该时间段内。

延绥镇长城现存悬眼主要分布在东路的空（实）心敌台的顶层上，如附表一。由于垛口墙早已坍塌无存，我们无从得知悬眼的全部形制信息，但从“滑道”部分考察，亦为9层砖形制，与河北、北京地区的悬眼有相似之处。

悬眼年代可依据空心敌台的建筑形制做出大致推断：转角楼村3号烽火台、守口墩1号敌台、龙王庙村2号烽火台、水头沟村敌台均为B型（券室通道型）空心敌台，其修建年代为万历十年（1582）——

图一〇 E型悬眼（神树湾村烽火台）

明末。引正通村敌台虽为A型（木梁架型）空心敌台，此类敌台在蓟镇集中修建于隆庆四年（1570）至万历元年（1573），传播至延绥镇时间应较晚。

此外，神树湾村烽火台虽然为“石脚砖顶”的实心墩，但仍设置有悬眼设施。该墩顶部垛口墙已毁，悬眼投掷口部分的结构无从得知，现仅存滑道部分（共5层条石），即雕凿条石，使之呈蓟镇标准样式的半圆形滑道，即E型悬眼（图一〇）。

五 结 语

在明代北方长城防御体系中，“悬眼”这一城防近战设施，由戚继光于万历五年（1577）在蓟镇古北路砖垛子口一带长城（今金山岭长城）墙体上创制。鉴于悬眼的科学性和实用性，除长城墙体外，空心敌台、实心敌台、马面、城堡亦有设置。此外，在九边地区得到了广泛的推广，除蓟镇外，真保镇、山西镇、延绥镇均有悬眼遗存。

悬眼的形制、结构或有不同，万历五年（1577）初创时的A型是其基本形制——蓟镇标准样式，在推广过程中，各地以A型悬眼为蓝本，模仿利用的同时，因地制宜地加以改造，从现存遗迹看，形成

了蓟镇A、B型，真保镇C型，山西镇A、D型，延绥镇A、E型悬眼的格局。

通过现存的铭文砖、空心敌台建筑形制的分析，我们认为悬眼的形制与年代的关系大致可确定为：A型悬眼修造于万历五年（1577），B型悬眼修造不早于万历十年（1582），D型悬眼修造于万历二年（1574）

附表一　明长城现存悬眼设施遗存统计表

军镇	路	关口（城堡）	具体地点	墙体/墩台类型	悬眼形制（类型）	备注
蓟镇	山海路	山海关	东罗城	一等墙	A型9层	
	燕河路	白道子口－白羊峪口	王台子村02-03-04号敌台间长城墙体	一等边墙	A型≥9层	
			王台子村04号敌台－白羊峪村01号敌台间长城墙体			
			白羊峪村01-02-03号敌台间长城墙体			
	太平路	白羊峪口－新开岭口－红峪口	白羊峪村16-17号敌台间长城墙体	一等边墙	A型>9层	
			白羊峪村17号敌台（神威楼）	砖石马面	A型9-10层	
			白羊峪村17-18号敌台间长城墙体	一等边墙	A型>9层	
			四道沟村05号敌台	券室通道型空心敌台	A型9层	
			小关村07号敌台	券室通道型空心敌台	B型9层	
			新开岭村04号敌台	券室通道型空心敌台	A型9层	
			马井子村04号敌台	券室通道型空心敌台	A型9层	
			马井子村05号敌台	券室通道型空心敌台	A型9层	
			马井子村06号敌台	券室通道型空心敌台	B型9层	
			马井子村06-07号敌台间长城墙体	一等边墙	A型>9层	
	太平路 喜峰路	榆木岭口－青山关	榆木岭口－榆木岭14号敌台间长城墙体	一等边墙	A型9-10层	
			榆木岭村14号敌台－铁楼顶1号敌台间长城墙体			
	喜峰路	喜峰口－小喜峰口	喜峰口西山01-02-03-04-05号敌台间长城墙体	一等边墙	A型9层	双面悬眼
	松棚路	潘家口－西城峪口	潘家口02-03-04号敌台间长城墙体	一等边墙	A型9层	
	马兰路	将军石关	将军关关城	一等边墙	A型>9层	双面悬眼
	曹家路 古北路	柏岭安口－司马台口部分长城墙体	密云249-250号敌台间长城墙体及马面（人字长城）	一等边墙	A型9层	
	古北路	柏岭安口－司马台口－砖垛子口－龙王谷关－师坡谷关－古北口－吊马谷口部分长城墙体	密云253号敌台－密云350号敌台间长城墙体（包含金山岭1-41号敌台）	一等边墙	A型≥9层	
			密云284号敌台西侧长城墙体（五里坨长城）	一等边墙	A型≥9层	双面悬眼

续表

真保镇	紫荆路	乌龙沟－忙儿沟	乌龙沟堡 5 号马面 -4 号战台	三等边墙	C 型	
山西镇	雁平道辖东路	旧广武城（广武站）	旧广武城	砖石堡墙	A 型 9-10 层	
	岢岚道辖西路	老营城－柏杨岭堡－水泉营－老牛湾	窑洼 4 号敌台	中心室外回廊型空心敌台	D 型≥ 9 层	
			野羊窊 2 号敌台（九窑十八洞）	中心室外回廊型空心敌台	D 型≥ 9 层	
			石垛焉 1 号敌台（平胡墩）	中心室外回廊型空心敌台	D 型 9 层	
延绥镇	东路	黄甫川堡－清水营	转角楼村 3 号烽火台	券室通道型空心敌台	A 型 9-10 层	
		清水营－木瓜园堡	神树湾村烽火台	石脚砖顶实心墩	E 型	
		孤山堡	引正通村敌台	木梁架型空心敌台	A 型 9-10 层	
		镇羌堡（旧堡）	守口墩 1 号敌台	券室通道型空心敌台	A 型 9-10 层	
		镇羌堡（旧堡）	龙王庙村 2 号烽火台	券室通道型空心敌台	A 型 9-10 层	
		镇羌堡（新堡）－永兴堡	水头沟村敌台	券室通道型空心敌台	A 型 9-10 层	

至万历十一年（1583），至于 C、E 型悬眼，囿于文字资料的缺失，具体时间点（区间）目前还无法确定。

---

[1][明]戚继光撰. 纪效新书·卷之十三·守哨篇第十三[M]. 上海：中华书局，2001：308.

[2]中国长城学会. 长城百科全书[M].长春：吉林人民出版社，1994：705，707.

[3]北京市古代建筑研究所，密云县文化文物局.司马台长城[M]. 北京：北京燕山出版社，1992：20.

[4] 据调查，该铭文砖位于密云 262 号敌台（司马台东 8 台）、密云 257 号敌台（司马台东 13 台）、密云 256 号敌台（司马台东 14 台）、密云 257—256 号敌台（司马台东 13—14 台）间长城墙体垛口墙内侧、密云 255 号敌台（司马台东 15 台）。

[5]据调查，该铭文砖位于密云262—261号敌台(司马台东8-9台)间长城墙体、密云263—262号敌台间(司马台东7-8台)长城墙体间长城墙体、密云264号敌台(司马台东6台)、密云265—264号敌台(司马台东5—6台)间长城墙体、密云266—265号敌台(司马台东4—5台)间长城墙体、密云272—273号敌台(司马台西3—4台)间长城墙体。

[6]据调查，该铭文砖位于密云253号敌台(聚仙楼)西南角外立面上。

[7]据调查，该铭文砖位于密云256(东14楼)—257(东13楼)号敌台间长城墙体上、密云254号敌台(望京楼)、二道梁台56号(司马台东13台)、密云256台(东14楼、二道梁台57号)，均有“万历五年山东左营造”款文字砖。

[8]据调查，该铭文砖位于司马台东1台、东5台(密云265号敌台)，东7台，密云271号敌台(司马台西2台).

[9]据调查，该铭文砖位于密云267号敌台(司马台东3台)、密云267-266号敌台(司马台东3—4台)间长城墙体。

[10]据调查，该铭文砖位于密云277号敌台(司马台西8台)，二道梁台36号，密云276—277号敌台(司马台西7—8台)、密云276-275号敌台(司马台西7—6台)间长城墙体。

[11]据调查，该铭文砖位于密云282号敌台(司马台西13台、金山岭长城2号敌台)、密云281号敌台(司马台西12台、金山岭长城1号敌台)，密云280—281号敌台(司马台西11—12台之间)、密云279—280号敌台(司马台长城西10—11台)间长城墙体上.

[12]据调查，该铭文砖位于密云281-282号敌台(司马台长城西12—13台)间长城垛口墙内侧。

[13]据调查，该铭文砖位于密云304号敌台(郝望楼)楼内及外立面上。

[14]据调查，该铭文砖位于密云309号敌台(将军楼)敌楼内及外立面。

[15]张依萌. 明长城砖砌空心敌台类型与分期研究——以“蓟州镇”、“真保镇”为中心[J].故宫博物院院刊，2019(02)：49-61，109.

[16][明]戚继光撰. 纪效新书·卷之十三·守哨篇第十三[M]. 上海：中华书局，2001：309.

[17]张依萌. 明长城砖砌空心敌台类型与分期研究——以“蓟州镇”、“真保镇”为中心[J].故宫博物院院刊，2019(02)：49-61，109.

[18]张依萌. 明长城砖砌空心敌台类型与分期研究——以“蓟州镇”、“真保镇”为中心[J].故宫博物院院刊，2019(02)：49-21，109.

近现代传统民居的保护研究
——以陕南汉中传统民居为例

吴新
陕西省文物保护研究院，陕西西安，710075

Study on the Protection of Modern Traditional Residence
Taking Traditional Residence in Hanzhong of Southern Shaanxi as an Example

Wu Xin
Shaanxi Institute for the Preservation of Cultural Heritage, Xi'an 710075, China

摘　要：地方传统民居是文化遗产大家庭中的一个重要组成部分。陕南汉中地区近现代传统民居具有其明显地域特征，现存民居以清末民国时期为主。伴随着社会发展，这些传统民居在逐步消失，通过调研，结合其他地方相关保护实践，针对陕南汉中传统民居保护，提出一些保护建议及措施。

关键词：传统民居　特征及现状　保护与利用

Abstract: Local traditional residence is an important part of cultural heritage family. Modern traditional dwellings in Hanzhong area of Southern Shaanxi have obvious regional characteristics, and the existing dwellings were mainly built in the late Qing Dynasty and the Republic of China. With the development of society, these traditional dwellings are gradually disappearing. Through investigation, combined with relevant protection practices in other places, we put forward some protection suggestions and measures in this paper for the protection of traditional residence in Hanzhong of Southern Shaanxi.

Key words: Local traditional residence; Characteristics and current situation; Protection and utilization

引　言

近年来，随着国家及地方政府对各类文化遗产保护工作投入不断加大，在各类文化遗产保护方面获得了显著的成效。特别自2010年后，国家相关部委与中国建筑学会、历史文化名城委员会、中国文物协会等共同推出了相关老城区改造，如国务院2014年发布的《有关推进城区老工业区搬迁改造的指导意见》，2018年住建部发布的《住房城乡建设部关于进一步做好城市既有建筑保留利用和更新改造工作的通知》等，对于保护与利用老旧民居起到了至关重要的作用[1]。

近代北方地区的传统民居以四合院为主要代表之一。各地因地制宜，采用建筑材料不同，又呈现出许多鲜明地方特色的民居。陕南地区是指陕西南部地区，其北部为秦岭、南部为巴山，汉江自西向东穿流而过，该地也是中华文化发源地之一。陕南汉中自然条件独特，其传统民居以北方四合院结构为主[2]，同时也具有其明显地域特征。

随着经济社会快速发展，这些具有鲜明特征的传统民居也逐步消失在公众视野中。现存为数不多的传统民居，其保存现状堪忧。研究陕南汉中地区传统民居现状及保护，显得十分迫切，也是文章探讨与研究的重点。

一　汉中近代传统民居主要特征与现状

在陕西省革命文物调查中，走访了一些乡镇村落，目睹了陕南汉中地区部分现存传统民居，其中不少传统民居因年久及各种因素侵蚀，其保存现状非常脆弱[3]，部分传统民居处于危房或部分损毁之态。有必要对这些现存传统民居进行梳理，以便对其实施保护。

陕南地区有其独特的自然环境及南北兼容的社会人文环境，其建筑风格不仅传承了中国北方四合院的风格，也受到了巴蜀建筑的影响，同时呈现出多元化的建筑特征[4]。陕南汉中地区传统民居主要分为独立院落和分散式简单农舍。以汉中地区现存传统院落民居为研究对象，它们主要有以下几方面特征：

以中国传统四合院结构为主（图一）。汉中地区现存传统民居仍以中国传统四合院一进深院落为主，多以坐北朝南布局。通常，汉中地区传统院落规模与面积介于北方四合院与南方天井式院落之间。走访中，传统民居在汉中平原一带较为少见，所保留的传统民居多分散于山区。因地势原因，汉中传统民居，基本都采用一进院落结构[5]，即当地俗称“一个院子”。其中传统民居正房（即上房，图一①）以三开间和五开间为主（图二），厢房多为二间或三间（图一②），厦房（图一③）多为一间或大门二测各一间，与大门位于同侧。

传统民居大多为四方围屋结构的院落结构。这样的民居建筑，采用土木建设二层屋檐式结构，院落内有天井（图一④）、水井及排水系统（图一⑤），大门开在围屋中间或一侧。可惜这样结构保存完整的院落，凤毛麟角了。

汉中传统民居建筑方式主要是土木结构。现存民居多以清末至民国时期所建，依据地形，整体地基（地基高通常为60—110厘米）、房屋抬高。基本采用土木结构，地基抬高部分用石料构筑，房屋墙壁用土坯砌成。

正房与厢房多采用大挑檐有回廊。因汉中地区雨水较多，房屋屋檐采用大挑檐，独立院落大多在挑檐下有回廊，回廊中的木质立柱下端多有雕刻精美的石质基座。屋顶采用悬山屋顶，木装板壁门窗

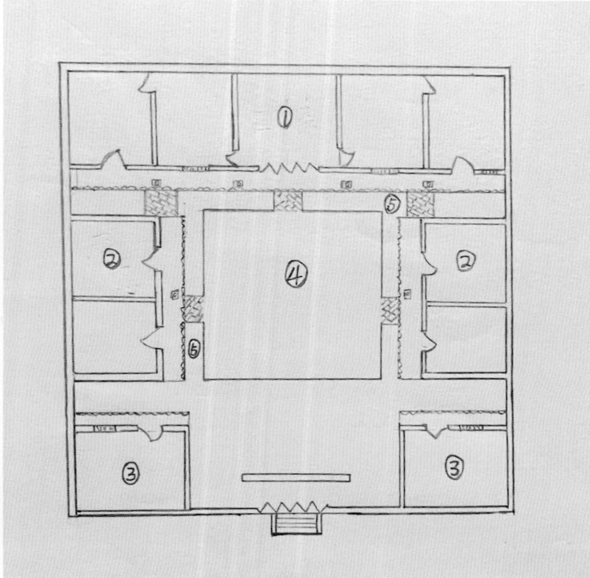

图一 四合院平面示意图①上房②厢房③厦房④天井⑤排水沟

与穿梁式木构架，门窗、穿梁等木结构多存留有雕刻。

院落内有天井或水井。有的院落天井分为两个部分，天井与回廊间修有排水系统（图一），雨水通过排水沟流向院落外。这样的传统民居，早前基本就是一个完全独立封闭的生活系统。

汉中地区革命旧址走访中，看到近代传统民居现存状况令人遗憾。多数现存的汉中传统民居修建于清代及民国初期，因百年来自然因素侵蚀及经济社会发展等其他因素，留存的极少量传统院落现状不容乐观，有些已成危房。目前，残留的部分近代传统民居，主要有以下几种形式存在：

（1）传统老院落仍在发挥居住功用。通常居住在此的居住者多为老年人。这样院落通常存留了原

图二 四合院正房正面示意图

图三 传统院落的正房

来院落的结构与房屋，部分房屋损毁，或有部分在旧址上改建为一层或二层砖混结构的房屋，此类传统院落虽不完整，其总体院落保存状况基本稳定，整体结构存在，是汉中地区传统民居保护的重点（图三）。

（2）传统老院落无人居住，但房主人仍在附近居住。这样的院落留存状态不佳，往往总体结构被破坏，部分房屋已经倒塌，仅存留有部分房屋。这类传统民居，在现存近代传统民居稀少情况下，也应属于保护对象（图四）。

（3）乡村早年公共用房。这些房屋多为早前大户人家的宅院，后被乡村村委会使用，因村办公地点迁移，多处于废弃状态。若村委会原址重建，则老院落没有存留。这种院落或房屋几乎都已变为废墟，仅从残存的部分窥探原来院落的样貌（图五、图六）。

近年来，因各级政府加大了扶贫攻坚力度，一些老院落住户已经搬迁至移民点所建的新建筑，这些仍留存传统老院落正在加速消亡中。这些传统民居曾经是汉中地区的主流建筑，随着时间推移，现存数量极少。早前，几乎村村均有的连片传统民居，如今已经很难轻易看到，仅仅留存于山区的个别院落（除了知名大宅院外），其存留状况十分脆弱，有个别废弃多年的传统民居，说其危房不为过。经济社会发展，是人们对美好生活的向往与追求，居住条件改善及变迁，也是社会发展的必然，但怎么让这些承载了数代人生活的传统民居传承下来，以新的方式存续，并加入到百姓生活中，为地区经济社会发展服务[6]，是需要思考及研究的课题。

图四 基本废弃的老宅

图五 变成危房的老宅

二　境外传统民居保护实践及启示

图六 损坏的老宅残垣

对于经济发展相对滞后的地区，其传统老建筑、地方传统文化习俗及社会经济可持续发展，在世界范围内，都属于亟待解决的问题。通常，此类地区的人口处于净输出状态，特别是青壮年人口，寻求个人发展向经济发展较快的大都市流动，造成了地区老建筑逐渐被废弃，地方原有的传统文化及习俗逐步削弱。

成功促进山区建筑与文化保护富有成效的“阿尔卑斯山区发展”保护项目。如地处欧洲的阿尔卑斯山区同样面临着区域环境相对封闭，恶劣的生活条件，缺少足够的工作机会，加上自然灾害，如山体滑坡等因素，都在某种程度抑制了地区经济社会持续发展。因此，自20世纪50年代以后，人口减少呈加剧之趋势，从而导致区域内一些地方形成遗弃之状态，如一些建筑物被废弃，一些地方特色的传统文化开始流失（图七、图八）。

有关欧洲阿尔卑斯地区文化遗产保护项目，尽管分布七个国家，生活在该地区居民的相似性远超过其国家间的差异，如其建筑物、方言、饮食以及农业技术等方面十分相近。

图七 阿尔卑斯山区的废弃建筑物

图八 改造后的建筑物

该保护项目包括一些具体促进旅游的方案，如酒店群岛（diffuso）计划，即该酒店群在某个地方设立一个设施完备、功能齐全的中心酒店，而该酒店更多房间则分散于中心酒店附近，房间大多由老旧或废弃的传统建筑改造而成。该酒店群采用统一的管理模式，注重真实性和体验性旅游。其建设和管理的理念为：不大规模恢复房屋群，保持建筑和环境原貌的真实性。该酒店提供当地风味的食物（相当于国内的农家乐），受到到访者的欢迎。

该保护项目在当地文化遗产保护方面，启示为：利用被动式传统住宅（即被放弃或长期无人居住的建筑），不是将老旧传统住宅修葺一新或重建，而保持了原有住宅的整体风貌及外观式样，对原有传统建筑和环境采取最小干预的理念；同时，以较高标准进行当代设计，给予传统房屋采取节能，维护成本低等现代标准，用整体建筑、环境及文化的方式推进地区旅游业发展，同时保持了其作为一种特殊文化现象鲜活地展现给游客。

另外一个近现代传统民居保护典范是以色列特拉维夫老城区，即俗称的“白城”（因建筑外墙大多为白色或浅白色，在阳光的映照下分外夺目，故以色列人称其为“白城”）。传统民居保护取得成功，于2003年通过了联合国教科文组织的评审程序，它成为全球六百多个世界文化遗产中最年轻的世界文化遗产之一。特拉维夫白城主要是由从欧洲移民于20世纪30年代至40年代所建，其建筑设计师大多受到德国鲍豪斯（bauhaus）学院的影响，因此这些建筑也被称为“鲍豪斯建筑”。特拉维夫白城传统民居被列为世界文化遗产，其多数民居仅有七八十年的历史，而阿尔卑斯山区的民居大多是近现代建筑。近现代建筑的重要性，是其代表一种文化符号与载体，是其代表的那个年代所特有的文化内涵（图九）。

特拉维夫白城成功列入世界文化遗产，除了其建筑风格典型性外，其文化遗产保存的完整性也是其中一个重要因素，而其完整性得以保留与该地政府重视发挥专家学者与相关机构作用密不可分。而阿尔卑斯山区文化保护项目，采取大分散小片区集中推进，在局部地方一方面加大了保护范围与力度，另一方面地方居民充分参与并能获利，多方形成了

图九 世界文化遗产——特拉维夫“白城”

聚合效应，利于该保护项目发展。

我国福建省厦门市的鼓浪屿于2017年被列入时间文化遗产，是其位于中国南部沿海，该岛屿成为中国对外交往的重要窗口，且鼓浪屿拥有百年来较为完整不同类型风格的建筑群，而这些建筑是中西文化交流见证与文化载体（图一〇）。

图一〇 鼓浪屿民居

三 陕南汉中近现代传统民居保护研究

陕南汉中地区山区地域面积较大，各地曾经有较多的代表性传统民居，随着社会发展，如今分散在汉中各地的传统民居越来越少。近现代传统民居除了极少数大宅院落被列为各级保护单位外，其余基本均处于无任何保护的状态。在面对当地群众要提高生活质量，与老旧传统住宅状况相对较弱的实际情况，要从根本上扭转传统民居不断流失之局面，既要从近现代文化遗存保护方面下功夫，也要站在地方群众发展经济角度考虑传统民居保护，这样才能保护与利用结合，保护与发展适应[7]。只有保护促进利用，利用造福于居者，才能使得保护与利用相辅相成，和谐共生，使得保护自然形成长效机制。

通过陕南汉中地区走访调研，结合所掌握的实际，对于该地区近代传统民居的保护[8]，提出几点保护与利用措施，以期对该地区近现代传统民居保护做些有益尝试。

对现存传统民居进行调查，制定名录。汉中地

区革命文物走访中所见为数不多的近现代传统民居，不能反映该地区传统民居的全貌，需做进一步调查该地区传统民居现存数量，分布情况，保存状况，结构形制等具体情况。

调查前期准备，应拟定一个通俗易懂的标准。制定相关标准前，应广泛听取各方专家、学者及相关住户的意见和建议。据以往调查情况看，专业调查人员熟知的调查标准，基层或乡镇配合人员能够很好地理解，这一点在初期调查中很重要。根据调查所收集的信息，拟定一个初步标准，对现存近现代民居进行分类及编制一个名录，依据此分类，对其中一些代表性、典型性民居进行有针对性的分级保护，如省级、地市级和县级等保护。

抢救性加固维护。依据调查实际，对结构性稳定欠佳的代表性民居进行抢救性维修。仅从陕南汉中地区革命遗址走访调查情况看，现存近现代传统民居保存状况十分脆弱，有部分无人居住的近代民居岌岌可危，随时有倒塌的可能性。将那些有代表性的地方民居筛选出来，对处于不稳定状态民居进行加固维修，是非常迫切的。

应根据文物维修保护的原真性与最小干预原则，对传统民居进行保护。虽然，近现代民居大多不属于国家划定的文物范畴，但保护维修，应采取上述文物保护原则，依据每栋建筑，每个院落具体情况不同，有针对性地制定加固维修方案。应保持传统民居的基本布局、房屋结构、外观等不变，在选择建筑材料时，尽量考虑到传统建筑的做法与材料。同时，在传统民居内部装修上，完全可以采用现代先进的材料、设施等，与现代生活接轨，这样既能保持传统民居的风貌，又利于满足居住者追求发展的意愿，如阿尔卑斯山区保护发展项目。

对传统民居保护与利用兼容。各级文物保护项目，一旦完成了保护工程项目验收，便会成立相应的保护机构对相关文物进行保护，而传统民居大多不是国家设定的文保单位，其主要功能仍然为居住。怎样使得对于近现代传统民居有效的保护利用，是摆在我们面前的课题。

汉中地区不少传统民居处于周围青山环抱，山脚下溪水流淌，周边环境很好。可以借鉴阿尔卑斯山传统建筑文化保护项目，将民居保护与发展地方特色旅游结合，促进汉中山区旅游，使得游客体验当地传统民居、风俗文化、特色饮食等，游客被视为临时居民而不仅仅是作为观众，游客能够真实体验区域民俗文化传统、特色餐饮。这样，不仅开发了区域旅游市场，更能够保持了当地文化传统得以传承和发展，增加了当地居民收入和增加了就业机会。这样的保护，能够形成长效机制，保护与利用可以是相互存进，和谐共生的。

保护与利用方式多层次化考量。汉中地区近现代民居分散于整个地区，分布区域很大，又相对分散，单靠政府投入巨资进行整体修缮不切合实际，也是很难实现有效的保护，考虑在有约束和监督的情况下，可以将保护投资多元化，即政府可以投资一部分，其他机构、个人及房屋所有者均投入一些，或能解决保护投入资金问题。

对于传统民居利用权益多元化。利用多元化需将所有权、使用权与经营权分离，投资者方可以获得一定时限的经营管理权，所有权不变。对于传统民居利用的参与多层次化。单独一户一栋建筑，在利用与推广中势必会显得势单力薄，且传统民居文化内涵及特点，也不易发挥出来，可参见农副产品生产销售的合作社，类似于阿尔卑斯山区文化保护项目，由相关民居各户组成一个机构进行保护、推广和运作，或可以成为这个区域传统民居利用的一种模式。在某个区域内，对传统民居的经营，根据实际制定一个合作社统一标准，民居所有者或经营者加入合作社，分享合作经营的成果。

四 结 论

近现代建筑是世界文化遗产重要的组成部分。近年来，国外不断有近现代建筑及建筑群被收入到世界文化遗产名录，如 2018 年被选入世界文化遗产的印度如孟买维多利亚时代的哥特式和孟买装饰艺术结合的建筑，为19世纪下半叶至20世纪初的建筑；2019年新近成为世界文化遗产的美国弗兰克·劳埃德·赖特设计的20世纪上半叶八座建筑；建于20世纪40年代到60年代的英国卓瑞尔河岸天文台2019年被列为世界文化遗产名录等，都表明近现代建筑的重要性。

陕西省关中地区早前广大农村和乡镇的房子十分具有地方特色，以至于有句形容本地特色民居的顺口溜："房子半边盖"。但这种独特的带有鲜明地域特色且延续千年的传统民居，以整村、整镇形式存在的民居已不多见。

在陕南革命文物调查期间，其近现代传统民居逐步消失及留存的少量传统民居保存状况均令人忧虑。针对此状况，就陕南汉中近现代民居保护与利用，做了一些研究，并得出以下结论：

陕南汉中地区近现代传统民居正在逐步消失。走访中看到，这种消失的事实暂时没有停止的迹象，要遏制该地传统民居不断消失的现实，需要各方采取行动。

亟待采取抢救性保护措施。作为一种存在数百年甚至千年典型的地方民居，在历史长河中其发挥着不可替代的作用。它们见证了地方历史文化发展，亟须采取措施进行保护。否则，作为一种物化的文化遗存，不可避免会消失在我们的视野中。为避免多年后，人们只能从历史文献中了解其存在的事情发生，既要对该地区传统民居做调查，也要采取切实可行的保护措施进行干预。

传统民居保护与利用结合。对现存典型近现代民居加固维修十分紧迫，也非常必要，而若仅仅停留在保护维修层面，未来其保存状况还是会出现反复，必须对其加以合理利用。即便是重新恢复其居住功能，也还是要相关专家对其内部装修、使用进行相应的改造，以适应满足人们不断增长的舒适性、便利性需求。这是一个持续进化的课题，需要持续不断地进行研究评估，以及推出更为灵活，满足各方需求的多元化方案和多元化变通，在保护民居布局、结构完整性前提下，最大可能发掘其使用潜能，以便更好地为当地住户服务。

居住文化是中国古代近代物质文明、政治文明、精神文明的重要组成部分[9]。陕南汉中近现代传统民居是一些地区民居现状的缩影。此现状清楚地表明，在对近现代民居保护与利用，无论从保护的政策研究、规划、利用模式等方面，还是从近现代典型民居保护的实践方面，都还有较长的路要走。相信，随着国家乡村振兴战略实施，以及红色旅游兴起，近现代典型传统民居保护与利用方面的工作，能够与扶贫、红色旅游一起形成合力，为保护传统民居及带动当地经济社会发展做出一份贡献。

[1] 祝蕾，张小娟，孙来忠，南芳．基于地域文化的甘肃传统民居及其保护利用策略研究［J］．城市建筑，2021(20)：62-64.

[2] 吴杰．中国传统院落与现代民居建筑之间的冲突——以北京四合院为例［J］．艺术品鉴，2020(6)：143-144.

[3] 孙明．关于传统民居保护利用的探讨［J］．中外建筑，2019(10)：60-62.

[4] 李华．中国建筑1962: 从风格到构图及其他［J］．时代建筑，2021(3)：20-26.

[5] 齐伟民，张超．浅谈中国传统民居建筑的共同特征——庭院［J］．门窗，2017(7)：248.

[6] 陈少琼．中国民居研究——当我们谈论传统民居的保护时，我们在谈论什么？［J］．建材与装饰，2017(6)：74-75.

[7] 彭蕾．古民居保护利用的咸宁探索［J］．南方文物，2018(2)：266-269.

[8] 刘晋冀．传统民居文物保护的问题与对策［J］．名家名作，2020(6)：98-99.

[9] 任宇青．中国民居保护的文化重要性［J］．中华建设，2016(11)：70-71.

探讨 HBIM 技术与澳门遗产保护教育

李孟顺
澳门城市大学创新设计学院，澳门 999078

Exploration on HBIM Technology and Education in Macao Heritage Protection

Li Mengshun
Faculty of Innovation and Design City University of Macao, Macao 999078, China

摘　要： 粤港澳大湾区城市群的澳门，在建设行业的工程项目与 BIM 技术教育，有极大的需求与使用空间。在文化遗产保护方面，澳门拥有国家的第 31 个世界遗产“澳门历史城区”，亦应运用新技术进行遗产建筑信息的保存与纪录。目前，邻近的香港已经建立了历史建筑信息模型（HBIM），而澳门 BIM 的发展较邻近地区落后，建成的建筑实际运行效果与设计预期存在很大差距。本研究讨论遗产建筑保存与建筑数字技术的基础，并专注澳门在 BIM 与高校教育在遗产保护科学的教学现况，提供遗产建筑信息模型及维护资料的人才培育方向建议，以助澳门遗产建筑的历史文物保育、维修管理与保存。

关键词： 澳门　教育研究　遗产建筑信息模型（HBIM）

Abstract: Macao, one of the city of Guangdong-Hong Kong-Macao Greater Bay Area urban agglomerations, will have greater demand and space in engineering projects and BIM technology education in the construction industry. In terms of cultural heritage preservation, Macao has the 31st World Heritage in China" the Historic center of Macao", and should use new technologies to preserve and record information of heritage buildings. Currently, Hong Kong has established a Historical Building Information Model (HBIM), while the development of BIM technology in Macao lags behind than that of neighborhood, and there is a big gap between the actual operation effect of the completed building and the design expectation. This research discusses the foundation of heritage building preservation and digital technology, and focuses on the current teaching situation of BIM technology and university education in heritage protection science in Macao. It also provides suggestions on talent cultivation direction of heritage building information models and maintenance materials to help Macau heritage conservation, maintenance management and preservation of historical cultural relics of buildings.

Key words: Macao; Education research; HBIM

引　言

随着粤港澳大湾区、国家一带一路政策的推行，建设区域交通运输网络，融合智慧科技与城市规划设计，是粤港澳大湾区发展的主要目标之一，属于粤港澳大湾区城市群的澳门，运用传统方法去管理公共工程建设，已经很难达到原定的目标。

遗产建筑的保存与活化为澳门致力发展的文化建设，BIM的应用是大数据时代的必然。BIM使工程建设项目能够实现全周期信息化、数字化，直至后续的运行维护。数字技术协助文化遗产保存，在国际研究上，已指出“遗产建筑模型”(HBIM)，是一项极为有效的信息整合平台，并在各国间积极展开相关研究。而从BIM衍生出的“历史地理信息系统(CHGIS)”和“历史建筑信息模型”(HBIM)[1]在建筑遗产中的应用也进行了若干研究和探索。

目前澳门BIM的发展较邻近地区落后，建成的建筑实际运行效果与设计预期存在很大差距，而运用BIM需要深入社会行业，在澳门的工程项目上需要更多的支持，建立历史建筑资料及维修资料，以助于澳门遗产建筑的文物保育、维修管理与保存。

一　澳门的遗产建筑信息模型（HBIM）

（一）BIM技术与HBIM

自2001年国家推进建设领域信息技术[2]后，直至现今BIM在建设行业已有相当成熟的发展历程，BIM提高了建筑全生命周期管理的质量和效率，可以发现档案记录已经从传统的文字报告、测绘图纸和照片逐渐发展为智能化与数字化，成为遗产建筑档案管理的新技术，能更有助于后期建筑的研究分析、修缮维护和展示利用。

目前，已有不少学者将BIM技术引入遗产建筑保护中运用，成为HBIM，在不断探索和改进中，BIM与摄影测量、三维激光扫描、红外热成像等进行多种技术的综合应用，尤其是与一些专业分析软件的结合，以更好地辅助实现历史建筑的数字化分析与运维。直接呈现各种复杂的、不规则的、非规格化建筑实体的数据资料，并通过后期处理，准确重构3D模型。另外，如VR（Virtual Reality，虚拟实境）、AR（Augmented Reality，增强实境）二者与BIM的结合，更有助于解决BIM目前存在的模型大量信息与工程现场实际情景结合的难题，实现建筑的虚拟漫游与实时互动。GIS技术则是用来采集、存储、管理、分析和呈现地理空间信息的系统，由于历史建筑的类型多样性、构造复杂性等特点，是一项对建筑认知和软件操作高要求的工作。

国内体系中使用Autodesk的Revit软件较为主流，BIM概念也是由Autodesk公司率先提出，但Revit平台缺少对中国传统建筑中“椽”“瓦”等构件的支持，因此在运用该软件较耗时耗力，是HBIM目前的限制之一。

（二）BIM技术在澳门的现况

香港和澳门曾经分别是英国及葡萄牙的殖民地，两个地区邻近，亦先后回归中国。澳门保护古迹文物并提倡遗产建筑旅游，成为当地经济收入的主要部分之一，香港则以发展金融业、商业为主要项目，双方经济模式的不同也造就了遗产建筑保存上的不同。

香港特区自回归后更注重文物古迹的保存工作，在2000年提到要以文物保护的观念贯穿旧区重建，并已经建立了历史建筑信息模型(HBIM)，2014年，香港第四期“活化历史建筑伙伴计划”[3]项目中，上水“何东夫人医局”及薄凫林“旧牛奶公司高级职员宿舍”活化历史建筑，创新性地运用了BIM技术，制作互动3D模型及历史建筑物数据库，把历史建筑的数据置于数字模型里，方便储存和维护，更好地保存历史建筑物的原貌，做好更佳的传承，2017年第五期更是广用BIM建立历史建筑数据库。BIM的数据库中包含了建筑物的详尽信息，从建构的模型就可以生成各种装饰构件，也能清楚记录构建的损坏状况与更换时间。

反观澳门在遗产建筑上的保存技术，尚未达到香港在历史建筑信息的数字化规模，澳门几个大型公共建设及私营商住房、酒店等项目也运用了 BIM 技术，然而 BIM 对于住宅项目、非持有运营的商业项目帮助不是很大，被散售出去后项目就跟开发商脱离了关系，使用率自然不高。只有业权单一、长期持有的项目，才会让建设方重视建筑的运维和保养。澳门的历史建筑业权多数归于政府所有，因此 BIM 技术的应用较能持续运用与推行，这将是澳门遗产建筑保育需要关注与支持的方向。

二　澳门应用建筑信息模型（BIM）的关键问题

（一）BIM 的推广涉及几方面困扰

BIM 技术应用于遗产建筑修缮的难点包括复杂性、遗产建筑构架及遗产建筑的“族文件”[4]，操作较复杂。遗产建筑结构复杂、形式多样等，传统的设计软件几乎派不上用场，工作量相对较大，而且平面的设计信息很难精确地表达设计内容，又若平、立、剖面之间互不相称，给设计、施工、交流等都带来了很多错误和不便。

源于澳门遗产建筑的体量相对较小，用户多倾向于使用相对简单的非 BIM 版绿色软件，而各行业软件之间相互流通所进行的转换，造成部分数据遗失或转换失败，使 BIM 难以持续。

时间、成本或专业技术问题，多数认为开展的项目规模太小，暂时不具备使用 BIM 的条件。由于遗产建筑中的构建通用性较差，其构建的设计几乎是从零开始，设计信息的重复利用率很低，用户的重复劳动繁多，增加了用户的工作量。

澳门建设行业间目前惯用 AutoCAD 进行工程图纸的绘制，对于转换以 Revit 的 BIM 适应性不佳，又由于行业间的普及度不足，使 BIM 无法深植行业使用。

（二）澳门在 BIM 技术的教育

事实上，澳门对于 BIM 有关之教育训练在近年来已积极展开，却多在社会行业进行继续教育或进修教育，以令接受教育的人士能因应建造业需求，坊间亦有机构开办相关课程[5]以培训人才，提供相关业界人士的学习管道，以在职人士为本的概念，解决在工作岗位上所遇的难题和扩大职业发展的前景。

源于澳门博彩的产业，目前高校设立的学科较多的以旅游与会展为主，澳门高校教育在遗产建筑保护科学技术的教学，缺乏有关的师资，教师亦知不足，就连相关议题的教材，亦当相欠缺。

虽然澳门有许多非牟利社团的组织进行澳门遗产的宣扬与保护，如澳门文物大使协会、澳门口述历史协会等，但对于建设行业需求的 BIM 技术教育，仍然停留在推广阶段，行业间真正运用 BIM 的并不多。

三　BIM 技术与澳门遗产保护教育

遗产建筑信息模型 (HBIM) 是以 BIM 软件建立三维模型，按需求设置 BIM 模型中各构件的年代、材料、残损情况、表面处理、特殊痕迹、附属物等属性，同时在虚拟模型中录入建筑的测绘图、照片、相关历史文献、现保存状况报告、修缮记录、周围环境信息、特征描述介绍、相关数据、管理信息、动态影像等资料，形成完整、有效、可共享的信息数据，对遗产建筑本体信息的全面记录。

（一）BIM 技术理论的宣传和教育

澳门的相关建设行业应意识到应用 BIM 技术的优势，正确理解 BIM 技术应用与遗产建筑之间的关系，政府亦应起到引领的作用，结合软件厂商授权的教育训练中心或成立了 BIM 工程与研究中心，由此为 HBIM 技术的应用创造良好的氛围。

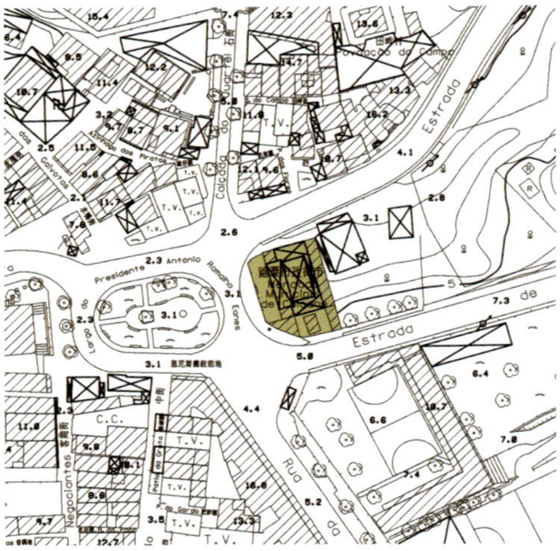

图一 路环市政街市场地环境图

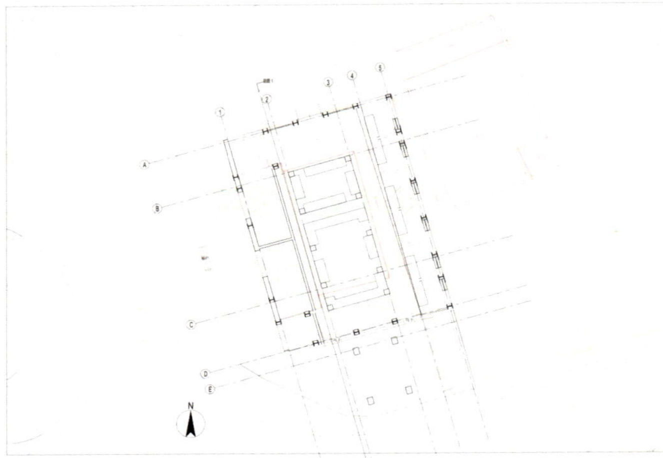

图二 路环市政街市历史建筑场地平面图

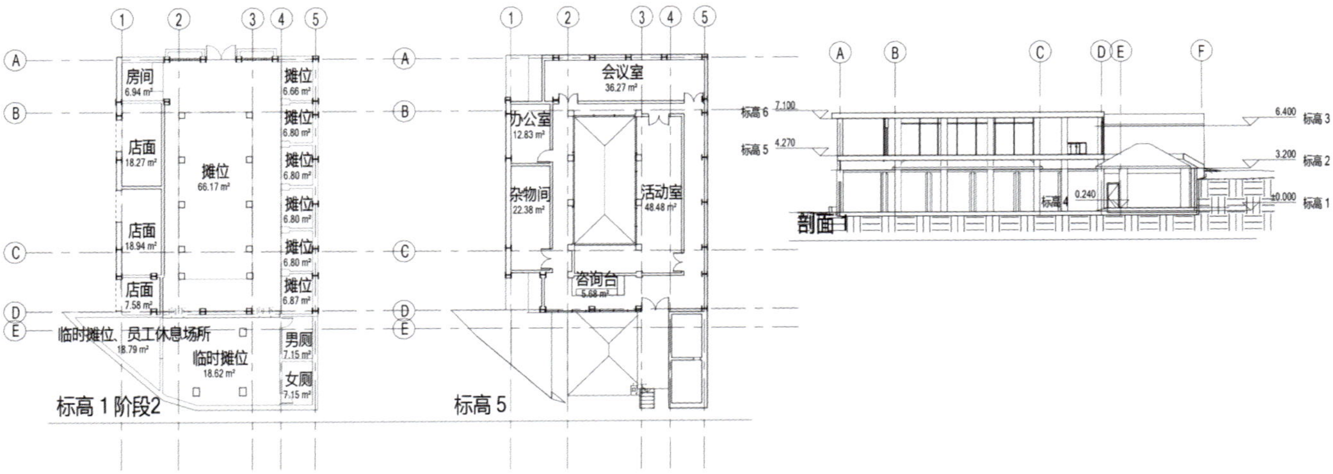

图三 路环市政街市各层平面图及剖面图

澳门城市大学创新设计学院环境设计专业课程，率先于2020学年开始设置BIM技术的相关教学，以培养本科生为主的技术教育，并计划与政府及企业广泛合作，在保持遗产建筑原真性的前提下，运用HBIM技术在遗产建筑修复中的应用。

高校本科生应在毕业时即具备基本BIM知识与能力，熟练掌握运用数字化扫描技术完成遗产建筑信息模型，进行环境分析、建筑保护、结构分析、“族管理”[6]和能耗分析等专业方面的运用。澳门政府亦应鼓励更多相关人士关注与BIM技术在现代城市建设的应用研究，借鉴已开发国家的应用经验和教训，促进BIM技术理论体系的健全与完善。

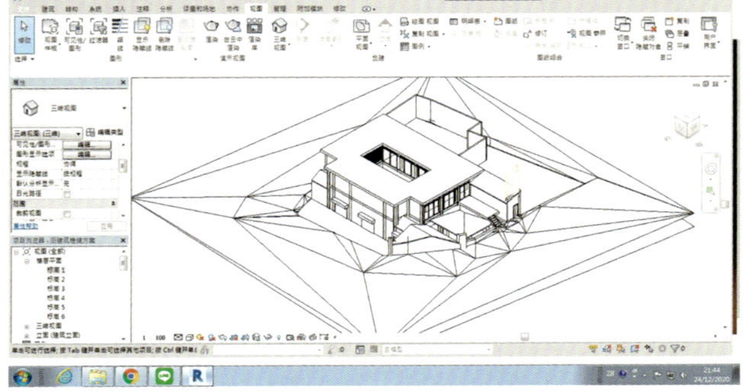

图四 路环市政街市3D模拟图

（二）遗产建筑讯息模型 (HBIM) 与澳门遗产保护教育

澳门的高校体系对澳门遗产教育已纳入课程之中，利用设计手法提供可实践方案，当前澳门高校 BIM 技术的教育，有如澳门城市大学创新设计学院，于 2020 学年开始在环境设计专业中，将计算机辅助设计课程融入 Revit 软件教学，同时于设计课程中，以“历史建筑活化”为主题，经过建筑物现况调查与测绘图、案例分析及空间活化设计过程之后，进行 3D 模型的建置（如图一至图四），由本科三年级学生所进行的方案之一“路环市政街市历史建筑活化设计”，以加强学生在实践方面的能力，期望培养符合建设行业人才的课程改革。

澳门遗产保护教育方面，已经深入至高中、小学的历史课程，有赖于特区政府与相关社会团体的努力，在推广与奖励措施上提供相应的扶持。但在数字保存方面，则尚有待加强培育相关人才。

（三）建造行业队伍需强化 BIM 技术和技巧的培训

建造行业由建筑设计师、各专业工程师、监造工程师、机电消防技师以至施工人员，均可借助 BIM 系统共享信息，减少沟通失误。而透过 BIM，能在施工前发现许多不易察觉的问题，如通风设计与消防部分不协调、管线外露等，及时做出修正，避免重工、返工的耗费，以助节省施工时间及成本。

在人才的培养方面，自 2014 年迄今，澳门相关学会均有相关培训课程，用以培训人才，唯行业使用率仍然偏低。因此，要利用 BIM 推动遗产建筑的运用，需加强软件在澳门行业的使用率、加强开发实用性及可操作性，吸引广泛用户、并为不同软件的数据传输创建标准，提高效率。

（四）政府引导并资助与支持 BIM 的使用

BIM 的知识不只是软体学习，而是一种管理手段，是实现建筑业流程管理。从政府的角度而言，政府为开放数据的主要推动者，由政府规范使用，拟定适合澳门的 BIM 标准、规范与契约，将建模、分析、管控、运维等 BIM 系统之间的责任约定，使各环节之间达到信息共享的目标，并降低智能产权的风险。

宣扬 BIM 技术在澳门使用案例，不能只单靠引用国内外成功的模式及案例，需要配合澳门自身采用 BIM 技术的项目案例，提供奖励或补助其公司及所执行项目导入 BIM 所需的软硬件费用，目前澳门政府已有科研项目的资助，如澳门科学技术发展基金会于 2017 年 5 月推出“澳门智慧城市应用及解决方案”项目资助计划[7]。唯申请跟项目的单位甚少，仍须借助政府的推力，让行业广泛的采用 BIM 进行建造工程的实行。

四 总 结

经由以上讨论可发现，澳门建设行业导入 BIM 应用已经是不可逆的趋势，建设项目业主及承包厂商应该顺势而为，善用此一新的工具与技术，改善传统信息技术应用落后之问题。然而，澳门 BIM 技术尚未完全普及，经常让首次导入 BIM 技术之公司无法将此技术妥善应用，业界现况都只是在设计图完成后，将 BIM 交给团队其中一人，仅建置模型，却不是在设计时间就将 BIM 技术导入，此方式容易造成信息不透明且无法共享。另外，导入 BIM 让设计单位与施工单位无法同步，经常造成 BIM 完工时间比实际建物完成时间延迟，甚或是验收时委托单位无法确实验收，源自于委托单位没有能够操作 BIM 的技术人才，成为 BIM 推行的阻碍。

要让 BIM 实际落实到澳门建设行业，澳门的设计队伍需要转变传统的建模方式，应提请政府增加产学合作机会，让在校学生将技术带入建设行业，也可针对业界需求调整在校学生学习方向，经由在建设行业更多具备实践经验者带入 BIM 技术，且在政府机关采购发包时应明确给予建设行业导入BIM服务费用（如明定为建筑师或技术顾问公司设计费用的一部分），以避免导致利用BIM技术仅为形式。

遗产建筑保护的先进技术包括虚拟复原技术，需要进行大量的数据处理、材料选购、价格计算、数据分析等，更需要运用数学模型。这些工作需要强大的分析工具，建筑信息模型提供了遗产建筑信息化的技术支撑。BIM强大的基础数据支撑是实现面向遗产建筑生命期工程信息管理的底层数据支持，使得规划设计、文物保护和相关管理部门能够及时掌握动态资料，并将此作为管理部门保护和管理的依据，促进遗产建筑保护的信息化与现代化。HBIM这一先进理念和工具的普及不能只靠政府支持与承担，还需要各受益方，如施工方、开发商以及高校的共识与努力，培养人才和团队。

---

[1] 在我国，HBIM最早由清华大学设计研究院建筑与文化遗产保护研究所于2009年提出，全称为“Heritage Building Information Model”。此处的“H”为Historic，有许多研究仍以历史建筑作为HBIM的讨论，本研究以“遗产建筑”为主要论述。

[2] 中华人民共和国住房和城乡建设部．关于印发《建设部科技司2001年工作思路及要点》的通知．[EB/OL]．(2001-03-12)［2020-12-24］http://www.mohurd.gov.cn/wjfb/200611/t20061101_158380.html.

[3] 香港发展局．香港历史文物一保育．活化．[DB/OL]．(2013-06-27)［2020-12-24］https://www.heritage.gov.hk/tc/index.htm.

[4] “族”（family）是Revit中的一个必要的功能，方便管理数据和进行修改。每个族图元能够在其内定义不同的尺寸、形状、材质设置或其他参数变量。在使用Autodesk Revit进行项目设计时，如果事先拥有大量的“族文件”，将对设计工作进程和效益有着很大的帮助。设计人员不必另外花时间去制作“族文件”，而是直接导入相应的族文件，便可直接应用于项目中。

[5] 澳门均使用计算机软件Revit以操作BIM技术，相关培训机构与课程有：澳门建造商会2014年7月16日、澳门工程师学会则有一系列Autodesk Revit相关课程、澳门科技大学持续教育学院2017年、澳门设施管理学会于2016年6月4日开设建筑信息模型(BIM)工作坊、澳门生产力中心的为建造业而设的AutoCAD 3D及简介Autodesk Revit课程、澳门管理学院BIM技术在机电安装工程中的应用、澳门建筑师协会、澳门业余进修中心2017年BIM项目解决方案：Autodesk Revit基础课程，多数在2017年进行。

[6] BIM技术设计效率的提高，取决于Revit族文件的完备，设计人员对于族文件的需求之外，更加注重如何去管理族文件，如何优化族文件的使用流程，从而加快设计效率。

[7] 科学技术发展基金．“澳门智能城市应用及解决方案”资助计划．[DB/OL]．(2013-06-27)［2020-12-25］https://www.fdct.gov.mo/download/subsidy/Macao-project/planning-regulations.pdf.

太原兵工厂价值特色与遗产保护利用模式探析

——太原兵工厂工作人员访谈

白桐

太原市杏花岭区文物旅游发展中心，山西太原，030000

Exploration on the Value Characteristics and the Preservation and Utilization Mode of Taiyuan Arsenal

Interview with staff in Taiyuan Arsenal

Bai Tong

Taiyuan (Xinghualing District) Cultural Relics Tourism Development Center, Taiyuan 030000, China

摘　要： 太原兵工厂是太原市具有代表性的国家工业遗产。厂区工作人员是工业遗产保护与利用的直接利益相关者，其想法和态度对于太原兵工厂遗产保护与开发将起到至关重要的作用。因此，笔者结合硕士研究生毕业论文采取半结构访谈的形式采访了太原兵工厂 6 名工作人员。通过访谈，系统了解了太原兵工厂的价值及其保护利用模式，以期对军工类工业遗产保护与适应性再利用提供参考。

关键词： 太原兵工厂　工业遗产　价值评价　保护利用模式

Abstract: Taiyuan Arsenal is a representative national industrial heritage. Its preservation and utilization are directly related to the working stuff there, whose ideas and attitudes play a vital role in preservation and development of this industrial heritage. Therefore, combined with the graduation thesis herself, the author interviewed six staff members in the factory of Taiyuan Arsenal in the form of semi-structured interview. Through interviews, we have developed a systematically understanding about the value and the preservation and utilization mode of Taiyuan Arsenal, in the hope to provide reference for the protection and adaptive reuse of military industrial heritage.

Key words: Taiyuan Arsenal; Industrial heritage; Value evaluation; Preservation and utilization mode

引　言

太原兵工厂作为百年企业，历史悠久，前身为 1898 年创建的山西机器局，是继洋务运动后我国唯一目前保持在创建原址上继续从事军工制造的企业，发展至今为山西北方机械控股有限公司，是一项“活态遗产”。太原兵工厂工业遗产资源构成丰富，企业较完整地保留了清朝、民国、新中国成立后不同时期的工业建筑、生产设备、档案等物质资源和企业文化及精神、管理制度、生产技术等非物质资源，并依托丰富的工业遗存建立“三馆一坊”，在整个太原市工业遗产保护利用中具有典型性和代表性。为系统了解太原兵工厂的价值内涵及其保护利用模式，笔者从太原兵工厂遗产现状、员工遗产保护意识、遗产价值认知与保护利用模式等多个维度采取半结构访谈的形式，采访 6 位工厂管理人员及普通工作人员，并将访谈资料进行整理归纳，以期为太原兵工厂及太原市工业遗产保护利用提供新思路。

一　研究设计

（一）访谈对象

访谈对象为三类人群：工厂党群部领导及宣传干事、从事研发设计工作人员、原太原兵工厂退休职工。为保护受访者个人隐私，访谈对象只列出其职务或身份，不透露具体姓名。现将访谈人员基本情况统计如下（表一）。

（二）访谈问题设置

笔者通过半结构访谈探究的内容包括：（1）太原兵工厂遗产价值认知；（2）企业遗产保护意识及做法；（3）工厂遗产保护利用模式。据此制定了访谈提纲，本次访谈共设置十二个问题，为导入型问题，由访谈者提出，被访谈者回答。访谈问题包括：（1）您认为工厂最具代表性的企业文化和企业精神是什么？请结合实例具体谈谈；（2）您认为太原兵工厂作为国家工业遗产最突出的价值是什么？请具体谈谈；（3）您认为工厂哪栋历史建筑、哪项生产技术成就最能体现其重要价值？（4）据您了解工厂至今还保留哪些旧的生产工艺、生产技术和生产设备？（5）请您谈一谈对工厂的整体印象，工作内容、规章制度、生活福利、业余活动等方面哪些给您留下深刻印象？工厂有哪些文体活动或社会生活福利？（6）您认为工厂对太原乃至全国经济社会发展产生了怎样的影响？（7）您对于未来工厂整体搬迁，打造1898太原兵工厂文化产业园怎么看？（8）请问您对太原兵工厂遗产保护和适应性再利用有何建议？（9）您对工厂有着怎样的情感？您是否珍藏着与工厂有关的老物件？（10）您是否会跟后代讲起年轻时在工厂工作的事情？（11）如何看待太原“城市记忆”与“国家工业遗产太原兵工厂”之间的关系？（12）您如何看待工厂近年来保护机器设备、修缮历史建筑，并依托这些物质资源建设“三馆一坊”的行为？

（三）访谈资料整理

笔者将全部访谈录音整理为文字，共获得2万余字的访谈资料。根据访谈探究的内容，将十二个问题进行归类，完成对访谈资料的分析。

二　研究结果

（一）太原兵工厂遗产价值认知

1. 历史价值

五位受访者表示，他们均认为国家工业遗产太原兵工厂的核心价值为历史价值。历史价值是指工业遗存见证历史的价值[1]，“太原兵工厂保留下来的各时期厂房建筑、机器设备、生产工具等，每一件工业遗产都是一个历史符号，承载了不同的历史信息”[2]。太原兵工厂的历史价值主要体现在时间久远性、历史贡献、历史事件与人物三个方面。从时间久远性来看，“太原兵工厂的前身山西机器局于1898年建立，发展至今有120余年历史”[3]。“1927年，更名为太原兵工厂，成为与汉阳兵工厂、沈阳

表一　访谈对象一览表

编号	时间	地点	工作岗位	参加工作时间
S1	2022年1月14日	山西北方机械控股有限公司党群部办公室	党群工作部副部长/团委书记	2010年
S2			研发设计工作人员	2009年
S3			党群工作部党建宣传干事	2005年
S4			退休职工，厂志编撰工作人员	1967年
S5	2022年1月10日	杏花岭区人民政府719办公室	退休职工，总装分厂油封包装工	1970年
S6	2022年1月26日	1898太原兵工厂文化产业园办公室	原山西北方机械控股有限公司党群部部长	1997年

兵工厂齐名的三大兵工厂之一”[4]。“清朝末年，太原兵工厂开辟了！！山西以蒸汽为动力，金属切削机床为手段的兵器生产模式”[5]。民国时期，“太原兵工厂大力发展民族工业，以民办形式大到开设工矿企业、洋灰厂、水泥厂，小到生产发电机、水龙头、油灯，等等。在1934年到1936年期间，开设56个工厂，遍布整个山西，开创了山西民族工业的先河”[6]。“新中国成立后，研制生产了几十种不同型号的火炮，为国防建设做出了突出贡献”[7]。从历史事件和人物看，“太原兵工厂的工人运动对山西工人运动有着重要的影响，太原兵工厂的工人运动规模大、兴起早，有力地推动党在各个时期中心任务的完成。例如：在中国共产党成立初期，太原兵工厂成立了中国社会主义共青团太原地委，为后来中共山西地方党组织在工厂建立基层组织和工会组织做好了思想上和组织上的准备。太原兵工厂工会是全省工会组织中持续时间最长、斗争影响最大、工运成绩最明显的工会组织，涌现出了像张秋凤等先进模范人物”[8]。因此，“工厂对太原、山西乃至全国机械工业的传承及开展党的历史传统教育都有着不可替代的作用”[9]。

2. 科技价值

太原兵工厂的科技价值，涉及工厂保留下来的厂房建筑，生产技术、生产工艺和机器设备两个层面。“厂房建筑方面，保留了民国初期及末期，中华人民共和国成立后的‘一五’时期、三线建设时期等不同时期厂房，时间跨度长。建筑风格多样，民国时期有德式风格，‘一五’时期有苏式风格等。机器设备方面，工厂保留的最早机器设备是1917年生产的，一直到到70、80年代的也有很多。”[10]“厂里至今保留了百余年历史的厂房和办公室，期间虽多次更名，但一直以军品生产为主线，现在保留着许多厂里曾经生产的武器”[11]，“在新中国成立以后，工厂成功研制出我国第一门制式化火炮”。“民国兵工厂车间和仓库、兵工厂办公室等遗址保存完好，兵工厂晋造工坊内机床、铸造工具、刀量辅具等老旧物件是生产技术发展的重要见证”[12]。

3. 社会价值

社会价值一方面体现在“工厂作为一个大厂、老厂，特别是过去作为国家大型一类企业，在太原乃至全国经济中都有着举足轻重的地位”[13]。太原兵工厂有军品和民品两条大型生产线。在军品生产方面，“‘晋造火炮’对我国火炮事业发展做出了突出贡献”[14]，“工厂主要服务部队装备建设，承担了大量部队先进武器装备的科研生产，在我国国防事业中发挥着重要作用”[15]。“工厂响应国家号召，有不少老师傅去了四川、湖北、贵州等地支援三线建设”[16]。“从国之利器到国之礼器，工厂还是全国唯一的庆典迎宾礼炮研发生产基地，先后研发生产了六代礼炮，在国庆和建党庆典、迎香港和澳门回归、2008年北京奥运会及迎接外宾等多种场合鸣放，彰显了国家的礼仪和国威军威，是不可或缺的国之礼器”[17]。在民品生产方面，“工厂生产的石油钻具产品遍销华北、西北、华东、四川等地区的国内各大油田，并通过第三方小批量销往海外市场”[18]，“工厂生产的拆炉机产品，填补了我国这一领域的空白，市场占有率70%左右，年产最多时达到50多台，还曾远销伊朗、沙特等国家，为我国经济发展做出重要贡献”[19]。

另一方面体现在工厂配套生活区内的医疗、教育、娱乐等基础设施可以满足职工的日常生活需求，俨然是城市中的“小社会”[20]。在住房方面，“工厂有小北门、敦化坊、享堂和营西街四大宿舍区”[21]，“一些年长的员工享受到了福利房、集资房等优惠”[22]。在医疗方面，“医改以前工厂有自己的职工医院并实行报销”[23]。在教育方面，“工厂教育资源覆盖幼儿到大学各层级。在20世纪80年代，我曾全脱产参加过工厂工学院中专的学习，后还被录取到兵器部所属的西安工业学院脱产学习。那时，国家和工厂对成人教育实行鼓励优惠，不仅给发工资，学费和路费也全额报销”[24]。在娱乐方面，“工厂传统文体活动很多，有篮球、登山、羽毛球、摄影等比赛，书画展、手工展、迎新晚会等”[25]。“1986—2006年，每年春节厂里会组织春节文艺活动，我是高跷队其中一员，正月十四至正月十六在原省政府门前、区政府门前连续表演三天”[26]。随着城市的不断发展，工业生活区内的教育、医疗、娱乐等基础设施逐渐成为全民共享的城市基础设施[27]，这些保留下来的工业遗存见证了百姓生活和城市生活的变迁，是太原城市记忆的重要组成部分，发挥着凝心聚力的重要作用。正如《亚洲工业遗产中国台北宣言》中提到的：“工业遗产与百姓生活史、情感记忆及社会变迁密不可分”[28]。

4. 文化价值

文化价值一方面体现在工厂“最具代表性的企业文化强军报国、兴企富民和突击炮精神”[29]，“上世纪90年代末至本世纪初，在工厂面临生死存亡之际，工厂决定自主研发突击炮。一群兵工人如一个个挺立的脊梁，上下同心、克服万难，最终挽救工厂于危难之际。今天的我们应该感谢昨天的他们，更应该发扬和传承好他们当年的那种精神，把公司发展得更好”[30]。太原兵工厂在不同时期形成的企业文化和企业精神是企业在长期的经营发展过程中凝聚、积淀起来的一种文化氛围和精神力量，是企业宝贵的非物质文化遗产，代代传承发展，成为每个员工共同的价值追求，不断引领着企业发展。

另一方面体现在工人的记忆、情感和与工业生产相关的生活习惯中。“我是1967年进入工厂参加工作，我在车间当过工人，后来又从事过共青团、工会和党务工作，伴随工厂走过近半个世纪。与工厂有关的工作证等老物件记录着我在工厂的经历，我一直珍藏着，成为我难忘的记忆。我很愿意与年轻人进行交流，讲述在工厂工作的经历和事情。一是我们刚参加工作时，为尽快掌握技术刻苦学习的经历和作为年轻人朝气蓬勃、积极向上的精神。二是工厂一代代职工为工厂的发展振兴，奋力拼搏、无私奉献的优秀品格。三是工厂厚重的历史和文化，使他们对工厂有深入的了解，增加对工厂的感情”。[31]“我的亲属很多在工厂里上班，工厂对我来说这就是第二个家。工厂给了我个人成长的平台和机遇，给我了很多学习和实践的机会，对实现我个人的人生价值提供了很大帮助。所以我对工厂最多的是感激之情”。[32]“我在厂里工作了近40年，对工厂有着不可舍弃的感情，工作证、劳保工作服至今还保留着”。[33]从以上五位受访者的回答可以看出，不论是退休职工还是在职员工，在工厂的工作经历是他们珍藏的记忆，已经融入他们每个人的日常生活中，会时常跟年轻一代提起这段经历，将兵工精神代代传承下去。在下一步展陈提升中，可以向工厂员工征集工厂的相关物件，包括生产工具、工人照片和故事、工作服、生产生活用品等，专门开辟一个区域进行展示，让博物馆将这份记忆永久保留下来，邀请退休老工人作为讲解员，让社会公众和工厂职工通过这些老物件了解他们背后的故事，积极参与到工业遗产保护传承当中。

（二）企业遗产保护意识及做法

企业从管理人员到普通员工都具有很强的遗产保护意识，积极支持并参与到遗产保护与利用当中。管理层方面，“提起工厂近年来保护机器设备、修缮历史建筑，肯定要提到我们党群部当时的部长刘部长，‘三馆一坊’能建立起来，他起到了特别关键的作用”[34]。“2002年，工厂开展条件能力建设，厂里设备管理处老专家对工厂设备进行盘点，我当时配合开展这项工作。我发现好多机器设备是上世纪（20世纪）二三十年代生产的，至今依然在使用。在普查过程中，我听老工人们讲述这些机器设备的历史和背后的故事，例如它是从哪个国家进口的，哪位劳模、大国工匠曾经使用过，发挥了怎样的关键作用，我便开始对这些工厂‘老物件’产生了浓厚的兴趣。2006年开始，我开始收集工厂淘汰的一些机器设备筹备‘三馆一坊’，但在此过程中也有很多不同的声音，许多废旧的车床要当作废品卖掉，我跟他们说这是文化遗产，历史内涵丰富、是工厂记忆的载体，要保护起来，但很多人不理解，有一部分人提出收集这些废旧的机床要往哪里放呢，对这项工作是不支持的。但通过宣传保护文化遗产、保护文物的意义，我逐渐将工人们发动起来，积极参与到保护工业遗产的队伍中，短短四五年时间，在厂里培养出一批爱护工业遗产的工人”[35]。普通员工方面，“我当时所在六分厂一些军工专用设备，特别是拉线机，这些设备作为将来了解过去工业发展的重要载体。过去是机械加工，现在已有了数控、加工中心等。这些机械加工设备如果全部消失，确实是一大损失，所以很有必要把它们保存下来。工厂当时设立的‘三馆一坊’中的晋造工坊，我当时也参与过，协助刘部长完成机器设备搬运和地面画线等”[36]。“我主要是协助刘部长完成展馆展陈内容涉及的文字、图片校对等工作”[37]。“通过几次参加工矿企业的学术研讨的经历，我发现国内有一些具有历史纪念价值的工厂厂矿，由于经济快速发展，很多工业遗存已经被完全破坏了，没有留下任何痕迹”[38]，“工厂的厂房建筑、机器设备等工业遗产，是历史留给我们宝贵的财富”[39]，“如果任凭这些工业遗产消失，后来人将不再了解过去发生了什么，应该将这些历史遗存一代代传下去”[40]，“让太原兵工厂的文化、精神得到传承和发展，讲好兵工故事”[41]。

（三）工厂遗产保护利用模式

1. 保留其活态遗产特色

目前，政府与国有企业合作共同推动 1898 太原兵工厂文化产业园项目建设。建立围墙将厂区一分为二，北部为产业园项目一期建设用地，南部继续保持生产。项目整体规划中提及未来要将工厂整体搬迁，对此五位受访者有不同的看法。一种看法是“工厂退城入园应该是大势所趋，毕竟工厂作为高污染高耗能的企业对于周边居民来说会造成不利影响，与太原市打造锦绣太原城、杏花岭区打造太原新府城的整体规划不相匹配。如果利用该地区打造文化产业园会对杏花岭区经济发展、环境治理和整体形象有大的提升，将会带动周边住宅、商铺、餐饮、娱乐的发展”[42]，“希望可以得到完善的顶层策划和切实的规划落实”[43]。另一种看法是“我对工厂整体搬迁心存疑虑，其成本过高。即使实现也需要长期准备。以现在的格局来打造 1898 太原兵工厂文化产业园也需要付出一定的成本，还是一步一步稳扎稳打为好”[44]。“希望延续太原兵工厂的历史[45]，可以在参观生产线的同时与工作人员进行交流”[46]。从以上受访者的回答可以看出，他们对于未来工厂整体搬迁，打造文化产业园有积极支持，也有心存疑虑。站在遗产保护的角度，总体上还是希望企业能继续保持其活态生产，这也是遗产独特价值的重要体现。但基于企业特殊军工性质，如果要保留太原兵工厂这项“活着的工业遗产”，就需要政府、企业、专家、社会公众四方共同探讨具体举措，如何达到军工生产和产业园开发二者平衡。

2. 保护与适应性再利用趋于专业化

在提及对太原兵工厂遗产保护和适应性再利用建议时，五位受访者从保护和利用两方面提出意见。在遗产保护方面，“首先要进行必要的宣传，引起社会各方面的重视”[47]。其次，有两位都提到了要“聘请专业机构、专家和老职工对现有遗产进行识别、分类和评估，并针对性地采取保护措施”[48]。第三，“要在现有的基础上，不断发现和挖掘工厂遗留的各种遗产（应包括实物和人文），并给予保护，防止其流失”[49]。“同时，应该减少人为触摸，灯光等对文物的损害”[50]，“对太原兵工厂旧址老建筑进行科学保护，尤其对木质地板进行保护处理”[51]。在适应性再利用方面，“把整个厂区同时规划进去，不需要搞大拆大建，保留原有厂房、办公楼等，是一种文化传承。可以建设兵器公园、军工博物馆，有的生产线经过设计改造，可以一边运行一边承接参观游览”[52]，“通过保留下来的机器设备，作为职业技术教育实践基地”[53]，“吸引社会各界参观，发挥其社会效益和经济效益”[54]。

三 小 结

本次访谈邀请太原兵工厂 6 位工作人员参与，从太原兵工厂（山西北方机械控股有限公司管理层及普通员工）角度去了解太原兵工厂价值特色及遗产保护利用的情况。所采访的对象，基本可以涵盖太原兵工厂遗产保护利用的诸多方面，有一定的代表意义和实践意义。通过这次访谈可以发现，厂区工作人员对于太原兵工厂的价值内涵有比较深入的了解及强烈的价值认同，对于太原兵工厂遗产保护利用基本都持支持态度，并且从管理层到普通职工对于参与其中的愿望都较为强烈，政府层面也全力支持其项目建设。基于国家工业遗产太原兵工厂丰富的工业遗存、价值特色、良好的政策支持及积极的工作氛围，便于太原兵工厂遗产保护利用工作的开展，取得了较大的成效和社会影响力。下一步，可利用产业园项目建设契机，将太原兵工厂打造成为太原城市文化名片，推动太原市历史文化名城建设，也为太原市其他工业遗产保护利用提供思路。但也有部分员工认为，应该保留太原兵工厂现生产厂区，保护太原兵工厂这一“活态遗产”，是否将太原兵工厂现生产厂区整体搬迁还需要政府、企业、专家、社会公众等不同的社会群体进行商讨，这是需要反思和亟待解决的问题。

---

[1] 国际古迹遗址理事会中国委员会. 中国文物古迹保护准则[M]. 北京：文物出版社，2015.

[2]S6 访谈实录。

[3]S3、S5 访谈实录。

[4]S1、S2 访谈实录。

[5]S1、S3 访谈实录。

[6]S1 访谈实录。

[7]S2 访谈实录。

[8] 国际古迹遗址理事会中国委员会. 中国文物古迹保护准则[M]. 北京：文物出版社，2015.

[9]S6 访谈实录。

[10]S6 访谈实录。

[11]S5 访谈实录。

[12]S4 访谈实录。

[13]S3 访谈实录。

[14]S3 访谈实录。

[15]S4 访谈实录。

[16]S5 访谈实录。

[17]S2 访谈实录。

[18]S4 访谈实录。

[19]S1 访谈实录。

[20] 张倩. 城市工业遗产的价值魅力[J]. 人民论坛，2019(34)：2.

[21]S4 访谈实录。

[22]S1、S2 访谈实录。

[23]S4 访谈实录。

[24]S4 访谈实录。

[25]S3 访谈实录。

[26]S3 访谈实录。

[27] 张倩. 城市工业遗产的价值魅力[J]. 人民论坛，2019(34)：2.

[28]TICCIH. Taipei Declaration for Asian Industrial Heritage[S/OL]. [2021-11-08]. https://ticcih.org/about/charter/taipei-declaration-for-asian-industrial-heritage/.

[29]S1、S2、S3 访谈实录。

[30]S2、S4 访谈实录。

[31]S2 访谈实录。

[32]S1 访谈实录。

[33]S5 访谈实录。

[34]S3 访谈实录。

[35]S6 访谈实录。

[36]S2 访谈实录。

[37]S6 访谈实录。

[38]S1 访谈实录。

[39]S5 访谈实录。

[40]S2 访谈实录。

[41]S4 访谈实录。

[42]S1 访谈实录。

[43]S2 访谈实录。

[44]S6 访谈实录。

[45]S3 访谈实录。

[46]S2 访谈实录。

[47]S1 访谈实录。

[48]S1、S2 访谈实录。

[49]S1 访谈实录。

[50]S2 访谈实录。

[51]S3 访谈实录。

[52]S4 访谈实录。

[53]S5 访谈实录。

[54]S1 访谈实录。

论西藏非物质文化遗产的保护和传承方式

赵文琪

西藏大学，西藏拉萨，850000

The Protection and Inheritance Measures of Intangible Cultural Heritage in Tibet

Zhao Wenqi

Tibet University, Lhasa 850000, China

摘　要：西藏是中国非物质文化遗产最丰富的地区之一。西藏非物质文化遗产是西藏各族人民生产生活实践的产物，对维系西藏自治区各民族文化传统、凝聚中华民族认同、促进各民族文化交流具有重要作用。西藏非物质文化遗产种类纷繁，是我国多民族在历史发展进程中不断交流交往交融形成的宝贵精神财富与物质文化财富资源，其中包含了丰富多彩的多民族文化认同和人类共同体资源意识。如何发掘、弘扬和保护利用西藏多民族非物质文化遗产资源，对于铸牢中华民族共同体意识具有新的重要作用意义。本文从西藏非物质文化遗产保护的传统性、生活性、共享性三个方面论述了西藏非物质文化遗产传承方式的重要举措。

关键词：西藏　非物质文化遗产　传统　共享

Abstract: Tibet is one of the regions with the richest intangible cultural heritage in China. The intangible cultural heritage of Tibet is the result of the production and living practices of the people of all ethnic groups. It plays an important role in maintaining the cultural traditions of all ethnic groups in Tibet, cohering the identity of the Chinese nation, and promoting cultural exchanges among various ethnic groups. Tibetan intangible cultural heritage, with its great variety, is precious spiritual wealth and material cultural wealth resources formed by the continuous exchanges and integration of many ethnic groups in the process of historical development in China. It contains a rich and colorful multi-ethnic cultural identity and the awareness of human community resources. How to explore, promote, protect and utilize the multi-ethnic intangible cultural heritage resources in Tibet is of new significance in consolidating the consciousness of the Chinese nation community. In this paper, we discussed the important measures for the inheritance of intangible cultural heritage in Tibet from three aspects of tradition, life, and sharing.

Key words: Tibet; Intangible cultural heritage; Tradition; Sharing

引　言

西藏非物质文化遗产作为西藏各族人民重要文化财富和西藏各族人民共有精神家园建设的宝贵资源，在铸牢中华民族共同体意识视域下的西藏非物质文化遗产发挥着独特作用[1]。西藏非物质文化遗产丰富多彩、种类纷繁，是我国多民族在历史发展进程中不断交流交往交融形成的宝贵精神财富与物质文化资源，其中包含了丰富多彩的多民族文化认同和人类共同体意识，如何发掘、弘扬和利用西藏多民族非物质文化遗产资源？对铸牢中华民族共同体意识具有重要意义。

西藏偏居于祖国大陆西南一隅，人民生活在平均日光照射时间最长、海拔最高、氧气最稀缺之地，与西藏接壤的陆上邻国有缅甸、印度、不丹、尼泊尔、克什米尔5个，在这样的环境下，西藏是中国非物质文化遗产最丰富地区之一，西藏非物质文化遗产更是铸牢中华民族共同体意识的新纽带[2]。习近平总书记在2019年8月28日至29日中央第七次西藏工作座谈会上强调，引导各族群众树立正确的国家观、历史观、民族观、文化观、宗教观。要挖掘、整理、宣传西藏自古以来各民族交往交流交融的历史事实，引导各族群众看到民族的走向和未来，深刻认识到中华民族是命运共同体，促进各民族交往交流交融。西藏非物质文化遗产保护在遵循《中华人民共和国非物质文化遗产法》基础上，建立了完善的非物质文化遗产保护体系[3]，将体现西藏各民族优秀文化传统，具有历史、文学、艺术、科学价值的非物质文化遗产传承项目列入名录予以保护，包括民间文学、传统音乐、传统舞蹈、传统戏剧、曲艺、传统体育、游艺与杂技、传统美术、传统技艺、传统医药、民俗等类型。

一　西藏非物质文化遗产主要类型

西藏非物质文化遗产包括西藏民间美术：著名传承人有丹巴绕旦——勉唐派唐卡国家级传承人；丹巴绕旦教授至今已培养了30多位研究生，其中多数已经成为西藏美术教育教学实践与理论研究的骨干力量。并于1980年开设公益性传统绘画学校——“丹巴绕旦唐卡艺术学校”，面向社会免费招收学徒（图一），开创了西藏唐卡从家庭走向社会传承的先河，以传授技艺为主，同时也注重培养学生对

图一 丹巴绕旦弟子唐卡作品

绘画理论、藏族历史、传统文化和人生观的认知。1985年，在丹巴绕旦教授带领下，首次在高校开设藏族传统绘画课程，从此藏族传统绘画的专业教学从民间传承形态步入高等教育的讲台。并于2000年获批美术学（藏族美术）硕士点，2014年开始招收藏族美术专业方向博士研究生。目前西藏大学藏族美术专业已成为国家级特色专业、自治区级重点学科和自治区级特色专业，藏族美术教学团队先后获国家级教学成果奖和自治区级教学成果奖。丹巴绕旦教师开创了适合现代高校教学模式的藏族传统绘画课程设置，并执笔撰写《藏族绘画史》《西藏绘画》等多部教材教参，为藏族美术专业建设奠定了坚实的理论基础。其他唐卡类别传承人还有米玛

次仁——直孔刺绣唐卡传承人；格尼群培——直孔刺绣唐卡传承人；以及拉巴次仁——唐卡颜料制作技艺传承人。

人杰地灵的西藏更是一片山海之下，热闹非凡歌舞的海洋，著名传承人有：嘎鸟——丁嘎热巴舞国家级传承人。热巴舞者表演足迹遍布藏区及尼泊尔、印度、不丹等地，热巴舞是藏族历史和藏族文化艺术的重要组成部分（图二）。热巴舞传承方式

图二 热巴舞

图三 藏戏

由最初的家族传承发展到村落传授的舞队，再到进入课堂教学经历了一个漫长的时期。热巴舞艺术不仅有着悠久的历史内涵和丰富的文化底蕴，还具有很高的训练价值、艺术价值、文化价值和考学价值。藏戏的著名传承人有：朗杰次仁——迥巴藏戏国家级传承人；尼玛次仁——扎西雪巴藏戏国家级传承人；白梅——白面具藏戏国家级传承人。藏戏中的内容不仅反映了藏族的社会结构、婚恋关系与文化传承，也呈现了藏族人民爱好和平、追求团结、真诚善良的民族精神（图三）。藏戏中的剧目《文成公主》记录了汉藏亲如一家的民族情感，体现了中华文化"多元一体"特征。藏戏目前在西藏地区的现状，已逐步推广传入寻常百姓家。如每年拉萨市内，尤其在气候舒适宜人的夏季，都有大大小小的专业藏戏团，在各大村庄搭台，进行大大小小的经典藏戏剧目演出活动。届时男女老少齐出动，热闹非凡。除此之外还有皮吉拉巴——拉孜堆谐国家级传承人；次旺丹增——土布加谐钦国家级传承人；边巴次仁——昌果卓舞国家级传承人；扎桑——廓孜国家级传承人；顿珠直孔——佛教音乐国家级传承人。

西藏民族手工艺以其种类繁多与颇具藏民族文化本土特色、高原上的朵朵奇葩所著称。其中著名非遗传承人有：次旦旺加——藏刀锻造技艺国家级传承人。拉孜和南木林都地处西藏日喀则境内西南部、雅鲁藏布江上游，高海拔、多矿藏，这里的匠人打制的藏刀注重刀刃的钢火，讲究刀的实用性，从鞘到柄几乎全部使用金属，以银和铁居多。藏刀不仅是西藏历史文化遗产，放在现代也有其装饰和实用价值。藏族人民多佩戴华丽的藏刀于其服饰上，将过去的藏族历史文明与现代人骨子里对先民的崇敬表现得淋漓尽致。除了装饰、美观的功能之外，藏刀在现在藏族家庭生活中的实用价值也不容忽视和一直延续着，是藏族人民日常生活用品中不可或缺的一件器具。所以它的销量不仅体现在外地人来西藏购买的旅游纪念品中，更稳定的一部分购买力是来自藏族家庭自身的日常生活所需。次仁多杰——藏纸技艺国家级传承人，直到 20 世纪 50 年代，藏纸还在西藏广泛使用。1988 年，尼木藏纸被评为西藏自治区级非物质文化遗产。藏纸之所以特别，在

于它的原料。藏纸多以瑞香科的狼毒草、沉香和山茱萸科的灯台树、杜鹃科的野茶花树为主要原料，随着社会不断发展，藏纸的制造技艺也不断提高，出现了许多精工细作的名纸：如产于塔布金东而享誉全藏的金东纸，适于馆藏文献使用的尼木县雪拉藏纸等。

普布次仁——雪堆白技艺传承人。雪堆白，是古老西藏手工艺术成就的最高标志[4]。现代“雪堆白”是续缘于新时代的优秀团队，团队的现代意识与设计为“雪堆白”注入了更强的生命力。西藏雪堆白传统手工艺术学校位于西藏拉萨曲米路巴尔库村，创办于2010年，学校创办宗旨以传承西藏传统唐卡绘画、雕塑、家具设计等传统手工艺术为目的，以产、学、研、销相结合的教学方式保护和传承藏民族手工艺术，招收全藏地区及偏远山区失学和贫困孤独儿童，住校学习，食宿全免。新“雪堆白”一直遵循Social Enterprise(社会企业)的运作模式，解决就业、传承文化、回报西藏，并以做到世界文明交流与传播意义上的“雪堆白藏族传统手工艺术现代复兴”为目标。以下为雪堆白近年成果：2015年西藏雪堆白雕塑作品参加北京文博会，雪堆白学校铸铜雕塑老师罗布的四件铸铜雕塑作品被国家体育馆鸟巢文化中心收藏；雪堆白代表自治区唯一指定文化企业参加东盟博览会；雪堆白被国务院唯一指定主办2014年第四届中国西藏发展论坛唐卡艺术展；雪堆白受拉萨市人民政府、丽江市人民政府委托，承办明朝万历版《甘珠尔》大藏经的复制工作。

图四 门孜康古院藏医药脉络图（一）

图五 门孜康古院藏医药脉络图（二）

举世无双的藏药，医药之王：丹增彭措——藏药炮制国家级传承人。今天藏药与诸多先进医疗体系相借鉴和结合，已经并将更好地为藏族人民和世界人民的健康服务（图四）。2006年5月20日，藏医药经国务院批准列入第一批国家级非物质文化遗产名录（图五）。雪域高原上的民俗：藏族天文历算，贡嘎仁增——藏族天文历算国家级传承人。藏族天文历算千百年来一直在藏民族的生产生活中发挥着指导作用。西藏历法具有鲜明的特点，在全世界各种历法中独树一帜，占有很重要的地位。依据藏族天文历算学原理编写的藏族气象历书至今仍具有指导农牧业生产、预报气象等重要作用，它流行于西藏、青海、甘肃、四川、云南等地的藏区和不丹、印度、尼泊尔等邻近国家，深受广大农牧民群众欢迎。

西藏非物质文化遗产包含民间文学、传统音乐、传统舞蹈、传统戏剧、曲艺、传统体育、游艺与杂技、传统美术、传统技艺、传统医药、民俗等十种类型，以上重点提到它们的保护与传承现状的有传统美术唐卡的传承与发展，热巴舞、藏戏的历史及现状，藏族手工艺中的藏刀、藏纸、雪堆白、藏医药及天文历算等。西藏非物质文化遗产蕴含西藏生活的各民族历史文化传承、日常生活行为、习惯规范传统和价值观，并且世代相传承以维持西藏文化的延续性和中华民族的团结凝聚力[5]。西藏非物质文化遗产蕴含了爱国主义、团结统一、爱好和平、勤劳勇敢、自强不息的中华民族精神，凝聚着中华民族深层的文化基因和思想情感，成为建设中华民族共有精神家园的具体体现。但是目前现有对于西藏非物质文化遗产的相关研究绝大多数关注其保护成果、保护方式的介绍，对于西藏非物质文化遗产及其相关研究，鲜有对非物质文化遗产与铸牢中华民族共同体意识相结合的理论成果。

二　西藏非物质文化遗产的保护与传承方式

（一）坚持西藏非物质文化遗产保护的传统性

传统性是非物质文化遗产的真髓和灵魂，正因为有了传统文化根深蒂固的支撑，才有现代非遗源源不断的养分与呈现。离开传统性的非物质文化遗产就会失去原汁原味的地域特色和根本源头特征，就会蜕变为没有历史记忆、文化精神的文化。因此，西藏非物质文化遗产保护就是要尽可能保持其原来最基本的属性，保护其传统性（传统表达的运行逻辑），不可人为地干预、改变非物质文化遗产自身演变规律的自然发展进程。习近平总书记多次强调弘扬中华民族优秀传统文化，保护各民族物质文化遗产和非物质文化遗产对于多民族生活的重要性，西藏各民族最优秀的非物质文化遗产，是中华民族优秀文化的组成部分，包含了丰富的中华民族共同体意识资源。传统性并不意味着一成不变，只要非物质文化遗产的基本功能、对人的价值关系不发生本质改变就是传统性的表现[6]。西藏非物质文化遗产的变化是正常的，也是不可避免的。西藏非物质文化遗产保护的传统性原则就是要坚持其符合生活改变的传统性。传统也会发生某些变化，但其基本因素却保存下来，在传承中保持着事物的同一性。我们在保护传承西藏非物质文化遗产的时候，严格按照相关规定对非物质文化遗产进行调查、认定、记录和建档，将传统要素和核心传统留存下来。

传统性是西藏非物质文化遗产的基础和立身根本，植根于藏民族文化的丰富内涵和历史载体。传统是古老的、富有脉络而代代相传承下来的，因此才尤为可贵和值得永久性保护与保存。西藏非物质文化遗产由于其历史性和独特的地域文化显著代表性，不可一味求新求变，而是要有所保留。西藏自治区本身就地处青藏高原最重要的核心地位，其文化的纯真性尤为可贵和重要。千百年来，由于西藏独特的地理位置和区位海拔的特殊性，藏族传统文化几乎完好地一直保存至今。传统性是西藏非物质文化遗产保护的根本要义之所在，也是藏族文化最基本的独特品质，尤为珍贵。

（二）坚持西藏非物质文化遗产保护的生活性

生活性是指一直时时刻刻真切融入进老百姓日常生活方方面面之中去的一切贴近于百姓日常存在的一些东西。它无时无刻地存在着，并且被祖祖辈辈代代相传。生活性是西藏非物质文化遗产的最重要的特质之一。由于部分偏远藏族地区的人民生活尚未完全接受外来的最新高科技事物，人们的日常生活还有很大一部分程度保留着原始物质文化生产生活方式的部分特征，所以世代相传承的传统西藏非物质文化遗产依然出现在现代藏族人民的日常生活中。

例如，在国家级非物质文化遗产代表性项目中，西藏非物质文化遗产中的第 64 号：西藏自治区山南市的木雕（藏族扎囊木雕），于 2021 年（第五批）被列入国家级非物质文化遗产。藏族民居的老百姓日常家居生活中的家具中，扎囊木雕的应用十分常见。第 65 号，由西藏图书馆作为该项目保护单位的藏文书法（尼赤），也经常能够在老百姓的日常家居生活房屋陈列悬挂中看见。作为非遗，它融入千家万户，飞入寻常百姓家。第 67、68 号，由西藏自治区山南地区贡嘎县文化（文物局）、日喀则地区江孜县文化和旅游局作为保护单位的藏族邦典、卡垫织造技艺常见于藏族妇女同胞的衣裙装饰物、汽车坐垫、藏式沙发、藏式床垫、室内悬挂壁毯的装饰应用上，是一类实用性、生活性非常强的国家级非物质文化遗产代表性项目。第 73 号山南市毛纺织及擀制技艺（泽帖尔编制技艺）与 74 号南木林县的藏族金属锻造技艺（藏族锻铜技艺）同样是运用在老百姓日常生活中的一种应用技术。至于著名的藏香，除了供给寺庙宗教场所使用和作为西藏地区旅游产品输出之外，最常见的就是老百姓在日常居家生活中从早到晚持续不断用于清洁空气、驱疫避秽的日常藏香使用。直至目前为止，藏医药作为国家级非物质文化遗产代表性项目中的一个重要组成部分，藏族老百姓在身体有病痛不舒服之时还是习惯先去看藏医，或者纯粹是为了强身健体而去使用藏医药沐浴疗法，所以它也具备生活性这一原则。有关藏族服饰的国家级非物质文化遗产代表性项目包括珞巴族服饰等，藏族服饰至今始终是藏族人民的日常生活着装首选，虽然有些仍有接受了新时代设计改良的特征，但总体而言，藏族服饰对藏族人民生活的重要性不言而喻。

西藏非物质文化遗产是民众群体生活的自主创造，承载着各民族民众生产生活的历史记忆与行为规范，是和民众日常生活紧密相连的活态文化，是民众日常生活的一部分。西藏非物质文化遗产蕴含着西藏各族人民的思想和情感表达方式，体现了薪火相传、自强不息的民族精神，包含了真诚诚实、善良友爱、勤劳朴实的良好美德，是培育西藏地区中华民族认同感的宝贵资源。西藏非物质文化遗产是人们在日常生产生活中创造并世代流传的文化传统，必须在各族人民的实践活动中发展变化才能生存。不同时代西藏各族儿女把自身独特的生活体验融入其中，进而形成西藏非物质文化遗产传承过程的流变性、动态性。这些民众生活中包含的文化记忆作为非物质文化遗产的重要因素在西藏各民族民众生活中不断被传承、被唤醒、被建构，也就是说[7]，生活性是西藏非物质文化遗产的本质属性，活态文化传承是西藏非遗保护的基本原则之一。

习近平总书记指出："要使中华民族最基本的文化基因与当代文化相适应、与现代社会相协调，以人们喜闻乐见、具有广泛参与性的方式推广开来。"西藏非物质文化遗产作为公共文化在观念上被大众公认并得到各民族民众的自愿参与，且被政府部门承认，以公共资源的方式加以支持，在此基础上，西藏非物质文化遗产的公共文化属性和功能不断得到加强。保护西藏非物质文化遗产就是保护西藏各族民众的生活，在保护非物质文化遗产中激活、激发西藏各族人民的创新能力、创造能力，不断推陈出新，并不断实现其传承发展[8]。而传承与创新不仅是西藏非物质文化遗产自身发展的内在动力，也是西藏社会发展的现实生活和文化发展的需要。更加丰富西藏各民族人民群众的精神生活，树立文化自信，铸牢西藏各民族的中华文化认同和中华民族认同。

（三）坚持西藏非物质文化遗产保护的共享性

共享性是西藏非物质文化遗产保护的重要原则，西藏各民族生活在不同的地区，或以"互嵌"式的生活现实共同创造了生活传统，共同享有传承非物质文化遗产。非物质文化遗产是人类的共同财富，其共享空间越大，越有影响力，越会有更多人喜爱，越有利于非物质文化遗产的保护与传承。文化认同是铸牢中华民族共同体意识的文化支撑，非物质文化遗产是中华民族优秀传统文化和民族精神的重要财富。保护与传承非物质文化遗产是维护中华文化多样性、塑造中华文化凝聚力、树立文化自信的必然要求与实践路径，是铸牢中华民族共同体意识的重要来源与精神纽带。文化认同是最深层次的认同，是民族团结之根、民族和睦之魂，加强中华民族大团结，长远和根本是增强文化认同。这些非物质文化遗产项目分布于各地区、各民族，许多非物质文化遗产为多区域、多民族所共享，彰显了各民族共创西藏文化、共创中华文化的历史贡献[9]。传承保护西藏非物质文化遗产是弘扬中华民族优秀传统文化的重要实践，对于巩固中华文化认同，增强中华民族凝聚力具有重要意义。重视多地区、多民族共享性原则，也强调不同地区和不同民族文化之间的相互交流和交往、相互尊重和欣赏、相互吸收和融合，在尊重文化多样性的基础上巩固和铸牢中华民族共同体意识，增强中华民族凝聚力。2019年习近平总书记在全国民族团结进步表彰大会上的讲话中明确指出，“以铸牢中华民族共同体意识为主线做好各项工作”。习近平总书记指出，“我们灿烂的文化是各民族共同创造的”，“各族文化交相辉映，中华文化历久弥新，这是今天我们强大文化自信的根源”。2019年，习近平总书记在甘肃考察时强调：“要加强对国粹传承和非物质文化遗产保护的支持和扶持，加强对少数民族历史文化的研究，铸牢中华民族共同体意识。”

很多非物质文化遗产是多民族共同创造与共同享有的，例如“格萨尔”是流传于中国青藏高原的藏族、蒙古族、土族、裕固族、纳西族、普米族等多民族共融的英雄史诗，不仅是多民族共同创造、共同享有的，还承载着多民族交融的历史记忆。在文化上的交流互鉴从未间断[10]。2014年10月，习近平总书记在文艺工作座谈会谈上到“实现中华民族伟大复兴需要中华文化繁荣兴盛”时说：“从《格萨尔王传》《玛纳斯》到《江格尔》史诗，从五四时期新文化运动、新中国成立到改革开放的今天，产生了灿若星辰的文艺大师，留下了浩如烟海的文艺精品，不仅为中华民族提供了丰厚滋养，而且为世界文明贡献了华彩篇章。”2019年，习近平总书记在内蒙古考察期间指出：“中华文明植根于和而不同的多民族文化沃土，历史悠久，是世界上唯一没有中断、发展至今的文明。要重视少数民族文化保护和传承，支持和扶持《格萨（斯）尔》等非物质文化遗产，培养好传承人，一代一代接下来、传下去。”英雄史诗《格萨尔》不仅反映着藏族的历史文化、生活习俗，也体现了藏族人民保家卫国、热爱和平、追求自由、奋发进取的民族精神。

共享性是无私的，是体现在中华民族一体化精神的推动下不断向前推进和发展进程中的重要特性。共享性意味着把优秀的西藏非物质文化遗产的传统文化精神扩展到更广阔的范围和更宽广无限的多元化领域中去，走出去，让中国以至于全世界看到西藏非物质文化遗产之美、之精、之奇。让西藏非物质文化遗产的未来发展与人文资源应用更上一层楼[11]，更进一步，借八方之力，使其发展得更为充实、圆满、先进。让世界看到西藏的美，推动文化产业以及经济效益等全方位的提升和进步。所以必须坚持西藏非物质文化遗产保护的共享性这一基本原则。

三 总 结

西藏非物质文化遗产传承项目包括民间文学（如格萨尔），传统音乐（如嘎尔），传统舞蹈（如热巴舞），传统戏剧（如藏戏），曲艺（如古尔鲁），传统体育游艺与杂技（如当吉仁赛马会），传统美术（如唐卡），传统技艺（如卡垫），传统医药（如拉萨北派藏医水银洗炼法和藏药仁青常觉配伍技艺），民俗（如雪顿节）等十种类型。种类繁多、丰富多彩、在雪域高原上呈现出一个百花齐放、百家争鸣之姿。本文着重对以上中的传统美术唐卡的传承与发展，热巴舞的过去与现在、藏戏的历史及现状，藏族手工艺中的藏刀、藏纸、雪堆白、藏医药及天文历算等非物质文化遗产的保护与传承现状做了详细介绍。

西藏传统美术以学院派的教学融入西藏地区以及藏族地区的现代高等教育体系中去，从而使其得到了专业、大型、全面的保护和传承，由小众事业推广到群体性广谱教育中去，功德无量且后继代代有人。目前除高校体制外，还有诸如西藏唐卡画院等机构从事着唐卡的保护、教学与传承、销售定制等非遗发展工作。现在的热巴舞艺术也不再是民间“摇铃卖艺”的技艺，由西藏大学艺术学院“热巴舞皇后”之称的泽吉为代表人物，培养了一大批热爱、专注于热巴舞事业的专业技术人员，他们编写课程教材，不断创新摸索热巴舞事业保护与传承的新方式，并到全国各地走访、传艺、比赛，将热巴舞的足迹跳遍了祖国大地，并广泛采取更新的多媒体传播方式，利用电视、网络平台，将热巴舞推广得更为广泛、更加亲民，从而还产生了一系列老中青幼的热巴舞爱好者们参与学习。藏民族手工艺则一直在人们的日常生活中代代相传与使用着，它们的技术也随着人民日益增长的物质文化生活水平需要而逐渐提高品质与在传承中不断开拓创新。新的雪堆白学校，更是解决了西藏地区产学研一体化的运转模式，并且在近年来成果颇丰。藏医药与天文历算目前在西藏的保护与传承方式主要是在各大大小小从事藏医药与天文历算事业的藏医院内部进行，如西藏自治区藏医院、西藏山南市藏医医院、西藏那曲索县藏医院等。除此之外也有在高校内和藏药公司的，如西藏藏医药大学、西藏甘露藏药股份有限公司、西藏雄巴拉曲神水藏药有限公司等，都是现代藏医药及藏族天文历算民俗文化的重要传播基地。

从以上对西藏非遗的现状介绍中不难发现西藏非物质文化遗产保护具有传统性、生活性、共享性三个方面的特征。如上述中的唐卡、热巴舞、藏戏等具有典型传统性，有着深厚的历史渊源。藏族手工艺中的藏刀、藏纸、雪堆白、藏医药及天文历算则具有典型生活性，出现在人们的日常生活之中。西藏非物质文化遗产保护要尽可能保持其原来最基本的属性，保护其传统性，不可人为地干预、改变非物质文化遗产自身演变规律的自然发展进程。西藏非物质文化遗产由于其历史性和独特的地域文化显著代表性，不可一味追求求新求变，而是要有所保留。生活性是西藏非物质文化遗产的本质属性，活态文化传承是西藏非遗保护的基本原则之一，它无时无刻地存在着，并且被祖祖辈辈代代相传，生活性是西藏非物质文化遗产的最重要的特质之一。共享性是西藏非物质文化遗产保护的重要原则，西藏各民族生活在不同的地区，或以"互嵌"式的生活现实共同创造了生活传统，共同享有传承非物质文化遗产。非物质文化遗产是人类的共同财富，其共享的空间越大，越有影响力，越会有更多人喜爱，越有利于非物质文化遗产的保护与传承。

总而言之，在西藏非物质文化遗产保护与传承中坚持传统性、生活性、共享性三大原则是必不可少、不可或缺的，遵循此三项非遗传承保护原则，才能更好地做好西藏非物质文化遗产保护工作，让非遗能够更好地保存原貌、深入生活、造福社会。

---

[1] 王文章．非物质文化遗产概论［M］．北京：教育科学出版社，2013：11-13.

[2] 李荣启．非物质文化遗产保护研究文集［M］．北京：文化艺术出版社，2016：51-52.

[3] 穆伯祥．少数民族非物质文化遗产的知识产权保护模式研究［M］．北京：知识产权出版社，2016：10-15.

[4] 肖锋．非物质文化遗产的保护与产业研发［M］．北京：人民日报出版社，2016：33-36.

[5] 普丽春．少数民族物质文化遗产教育传承研究［M］．北京：民族出版社，2009：9-10.

[6] 李云．藏戏-中国非物质文化遗产代表作丛书［M］．北京：文化艺术出版社，2014：40-44.

[7] 冯骥才、罗吉华．中国非物质文化遗产百科全书-代表性项目卷［M］．北京：中国文联出版公司，2015：15-17.

[8] 罗微．第三届中华非物质文化遗产传承人薪传奖［M］．北京：文化艺术出版社，2015：20-23.

[9] 肖远平（彝）、柴立（满）．中国少数民族非物质文化遗产发展报告（2019）［M］．北京：社会科学文献出版社，2020：3-8.

[10] 董晓萍．民俗非遗保护研究（非物质文化遗产保护理论）［M］．北京：文化艺术出版社，2016：22-24.

[11] 汪欣．中国非物质文化遗产保护十年（2003-2013年）［M］．北京：知识产权出版社，2015：5-8.

陕西省黄河文化价值的思考

韩建武，李大伟

陕西省文物保护研究院，陕西西安 710075

Reflections on Cultural Value of the Yellow River in Shaanxi Province

Han Jianwu Li Dawei

Shaanxi Institute for the Preservation of Cultural Heritage, Xi'an 710075, China

摘　要：陕西是黄河流域的重要分布省份，陕西黄河流域的文明发展，大体经历了从远古时代的“满天星斗”到历史时期统一多民族国家形成，再到近现代红色政权星火燎原，走向民族复兴等阶段。每个时代，都留下了丰富、珍贵的文化遗产，全景展示了统一多民族国家形成中波澜壮阔的历史进程。本文在前人研究基础上，通过对资料的梳理和总结，从十个方面对陕西省黄河流域文化价值做了思考与探索，希望能为黄河流域文化遗产保护与传承提供一点支持。

关键词：陕西　黄河　文化价值

Abstract: Shaanxi acts as an important distribution province of the Yellow River Basin. The civilization development of the Yellow River basin in Shaanxi has experienced different stages, generally from the "stars in the sky" in ancient times, the formation of a unified multi-ethnic country in historical times, the spark of red regime in modern times, to the stage of national rejuvenation. Each era has left a rich and precious cultural heritage, which shows the magnificent historical process of establishing a unified multi-ethnic country. On the basis of previous studies, by combing and summarizing related materials, we have in this paper explored the cultural value of the Yellow River Basin in Shaanxi from ten aspects, hoping to provide supports for the protection and inheritance of cultural heritage along the Yellow River.

Key words: Shaanxi; the Yellow River; Cultural Value

引　言

陕西省位于黄河中游，流域范围涵盖西安市、咸阳市、铜川市、宝鸡市、渭南市、延安市、榆林市、商洛市等 8 个地级市的 81 个县（区），流经长度 828 千米，流域面积、人口、经济总量分别占陕西的 65%、76% 和 87%。

“陕西”这个名称，最早出现在西周初年，周王朝以“陕原”（今河南陕县境内）为界，“陕原”以东曰“陕东”，由召公管辖，“陕原”以西曰“陕西”，由周公管辖。陕西所处黄河中游，土地肥沃，物产丰富，古代人类很早就在此繁衍生息。黄河上游自然禀赋较差，不具备古代农业早期发展的环境与条件；黄河下游虽然平衍，但人类在很长历史时期内难以承受、应对严重的洪涝灾害。考古证明，孕育早期文明的并非大河干流，而是支流。渭河作为黄河最大的支流，黄河最为眷顾的当时泾渭农区，在一个“几”字形的大屏障里，精心呵护一个渭河盆地。于是便有了八百里秦川的富庶丰饶，有了周秦汉唐的绝代风华。

如果说黄河是母亲河，那么摇篮中的宝贝就是渭河。从文化的角度而言，渭河是主流，是正源，它与陕西潼关以下的黄河流淌方向一致，从西向东，直到大海，在中国的中部形成一条轴线，这条轴是中华的文化之轴，中华文明的书页是以此来翻动的。它聆听了西周礼乐的典雅，亲历了大秦一统，见证了大汉的恢宏气势，承载了隋唐盛世的雄壮，形成了以中心四方和阴阳五行为宇宙观，以礼和规矩为核心文化价值观。

一　先民的足迹——古人类演化的见证

陕西省旧石器时代早、中、晚期人类化石和文化遗存，主要分布于关中东部、中部的洛河、渭河流域和陕南的汉水上游及南洛河流域，关中西部和陕北亦有零星分布。

早在距今 100 万年到 50 万年前，“蓝田人”就在此繁衍生息，公王岭化石是亚洲北部迄今发现的最古老的直立人化石。此后陆续发现的“大荔人”“黄龙人”等旧石器时代早中晚期的古人类化石及遗迹，对探索中国古人类起源具有重要意义 [1]。

“蓝田人”是旧石器时代早期文化代表，其中公王岭化石是亚洲北部迄今发现的最古老的直立人化石。“大荔人”则是直立人向智人过渡时期的古人类化石，大荔人应晚于蓝田人和北京人，而早于丁村人，属于旧石器时代中期早一阶段。以“黄龙人”为代表的旧石器时代晚期文化，是早期智人向晚期智人过渡的珍贵实物。这一时期属于晚期智人的材料主要有黄龙人、河套人和金鼎人化石，而旧石器文化遗存则以禹门口文化为代表 [2]。

洛南盆地旧石器遗址跨越了由旧石器时代早期到旧石器时代晚期。整个南洛河流域从上游的洛南盆地到中游的卢氏，甚至三门峡、灵宝一带直至下游的河南巩义都有旧石器旷野地点发现，时代从中更新世中晚期到晚更新世，也即石制品由大到小。这些沿洛河流域分布的大量旧石器旷野地点群的重要发现，对研究整个南洛河流域旧石器时代聚落考古及古人类从山区到平原地区迁徙过渡提供了不可多得的资料 [3]。

二　彩陶中华——中国五千年前的融合与统一

中国至迟在公元前 12000 年就出现了原始陶器。距今 8000 年，在中华大地上，彩陶出现，并迅速发展。彩陶是指烧制前进行彩绘的陶器，在打磨光滑的红色陶坯上，以天然矿物颜料进行描绘，用赭石和氧化锰作呈色元素。然后入窑烧制，胎体上呈现出赭红、黑、白等不同颜色的图案。彩陶不仅是早期先民的实用器具，更代表了那个时代卓越的艺术成就 [4]。

考古资料显示，在距今 8000 年的亚洲大陆东西两端率先出现了世界上最早的彩陶，中国是世界彩陶的发源地之一。作为黄河最大的支流，渭河流域孕育出的彩陶文化区，是彩陶的萌芽，是目前发现最早发明和使用彩陶的地区，也是世界重要的彩陶文化区之一。这里是彩陶文化发展序列最为完整的区域，从距今约 8000 年的老官台文化开始，先后经过半坡文化、庙底沟文化发展，一直延续到仰韶时代晚期，经历了 3000 多年的历程，成为中华大地上独特的文化景观。

老官台文化彩陶作为中国彩陶文化的根，尽管器形与纹饰较为简单，却意义非凡。半坡文化彩陶纹饰以直线构图为基本特色，尤以鱼纹和人面鱼纹最为典型。庙底沟文化彩陶纹饰繁复绚丽，多以若干相同单元图案对称、重复排列，构成多元连续带状纹饰，尤以鸟纹及由圆点、弧边三角等构成的各种花卉纹最具特色。到仰韶时代晚期，中原地区彩陶开始衰落，数量急剧减少，纹饰趋于简化，但彩陶文化并未落幕，甘青地区马家窑文化彩陶异军突起，成为继中原庙底沟文化之后彩陶发展的又一中心。渭河流域彩陶这一发展与传播历程，也是彩陶文化或中华文明本土起源的有力证据。

庙底沟文化时期，不仅是中国彩陶发展的鼎盛阶段，也是中国史前社会发展的重要转折点。原本经营粟作农业的庙底沟文化先民，在与长江流域史前先民的交流中，发展出稻作农业，使粮食的来源比以前更加多样化。经济的稳定发展为人口增长与社会发展提供了必要的物质条件。这一时期，聚落数量增多，规模差异显著，出现了作为区域中心的特大型聚落。西安高陵杨官寨遗址就是其中的代表。如此规模的超级工程，单靠杨官寨一个聚落的居民是难以完成的，反映出当时的社会已经出现等级分化，具备一定的社会动员能力。杨官寨聚落的布局、规模以及大量独特遗存表明，庙底沟文化时期带有都邑性质的超大型聚落已脱颖而出。

庙底沟文化是中国历史上第一个具有广泛影响力的文化共同体，它的分布范围以关中地区为核心，东达大海，西至甘青，北到长城一线，向南越过长江。庙底沟文化彩陶的分布范围，与《史记・五帝本纪》所载黄帝“东至于海，登丸山，及岱宗。西至于空桐，登鸡头。南至于江，登熊、湘。北逐荤粥，合符釜山，而邑于涿鹿之阿”的区域高度重合。

半坡文化彩陶鱼纹与庙底沟文化彩陶的鸟纹都经历了由具象到抽象的发展过程，并最终发展成两种花卉纹饰：一种是相对具象的四瓣式花瓣纹，一种是较为抽象的花卉。考古学家苏秉琦将后者称为菊科和蔷薇科，认为它们就是华夏之花。无论如何，两种文化彩陶纹饰最终的趋同，分明显示出各部族文化汇合为华夏文化的历史痕迹。

伴随着花瓣纹彩陶的不断传播，庙底沟文化与周围同时期的文化不断碰撞和融合，以“礼制”为核心的人文观念初步产生，并且以彩陶为载体，逐渐影响周围地区。在各地文化的碰撞和融合之中，华夏文明开始不断地走向统一。在中华大地上形成了以关中地区为中心的“重瓣花朵”式的文化格局。

仰韶时代的彩陶“物化”了5000年前中国先民们的心灵，折射出那个时代的精神，在推进早期中国文明化进程中扮演过重要角色，也为今天的我们与历史对话搭建起桥梁。这笔丰厚的文化遗产，值得我们传之久远[5]。

三　宫殿与城——早期国家的起源

仰韶文化、大汶口文化之后，进入了“龙山时代”。伴随着生产工具及生产力的不断发展，农业水平提高，人口数量增加，社会出现分化。新石器时代晚期的龙山时代，中国开始跨入文明社会的门槛。黄河及长江流域城邑林立，早期国家普遍形成，位于陕西北部的延安芦山茆、神木石峁等城址标志着这里已经进入古国时代。中国人类早期文明的曙光已经照耀着黄河两岸。

自黄帝时代开始进入社会复杂化、阶级形成、战争频仍、生产发展、文明初现的时代，炎帝、东夷、三苗等部落纷纷进入黄河中下游地区，在彼此的角逐和合作中，华夏部族逐渐形成，是中华五千年文明之开端。位于陕西的黄帝陵是中华民族始祖轩辕黄帝的陵寝。《史记》记载：“黄帝崩，葬桥山”。桥山的黄帝陵一直是历代王朝举行国家大祭之地，保存着汉代至今的各类文物。不同时代的桥山黄帝陵祭祀有不同的历史背景、祭祀观念和祭祀礼仪，但都体现了民族认同、国家统一、和谐振兴的中华民族精神，并将这种精神的主旨传承至今，绵延不绝，成为是中华文明的精神标识。

陕西延安芦山峁新石器时代遗址位于黄河二级支流的台地上，在距今约4500年的遗址中发现白灰面夯土墙体房址、灰坑、墓葬等超过300处遗迹。最重要的发现是在遗址核心区大营盘梁一号院落是目前我国出土年代最早的中轴线对称式四合院建筑遗存，这种建筑布局在此之前未被发现过，而此后的兴县碧村小玉梁建筑群、偃师二里头遗址二号宫殿、周原遗址风雏一号宫殿（宗庙）遗址等似乎都沿袭了这一风格，并逐步完善。由于学术界已将青铜时代的这几处建筑群认定为早期宫殿建筑或宗庙遗址，因此，芦山峁大营盘梁的院落建筑群或可视为龙山文化晚期至夏商周时期宫殿建筑的重要源头[6]。

陕西神木石峁遗址位于黄河支流秃尾河北侧山茆，遗址发现了“皇城台”、内城和外城散步构成的石砌城垣，气势恢宏，构筑精良，为国内同时期遗址所罕见。城内密集分布有大量宫殿建筑、房址、墓葬、手工业作坊等龙山文化晚期至夏代早期遗迹。据初步研究，石峁城址初建于距今4300年前后，沿用至距今3800年前后，城内面积逾400万平方米，是目前中国发现最大的史前城址。

石峁文化脱胎于陕北地区的仰韶文化，并在与周边文化的交流融合中形成独特的文化面貌。石峁城址正处于中国早期文明形成的关键阶段，种种迹象表明，石峁城址的社会功能不同于一般原始聚落，已经跨入了早期城市滥觞时期作为统治权力象征的邦国都邑的行列之中。对于重新描绘公元前2300年前华夏沃土上“万邦林立”的社会图景具有重要启示意义。

在河套周围地区，芦山峁同榆林石峁遗址、山西的陶寺形成了一个鼎力的三角关系，并且三个文化类型之间也是相互交往频繁，装扮了中国广大区域，灿若星河的史前文明的天空[7]。

四　制礼作乐——制度与思想的双重建构

周朝崛起于陕西黄土高原，取商而代之，朝代的更迭伴随着文化的发展，周朝奠定了我国古代礼乐文化的基础。周朝在对夏、商礼乐加以损益基础上，形成了更适合宗法封建等级制度的礼乐制度。

礼原本是原始社会的习俗，各国各民族都存在不同类型的礼俗。中国自古以来就被称为礼仪之邦，礼乐文明是中国传统文化的特色。作为习俗的礼，夏、商就已出现，古代先贤就通过制礼作乐，形成了一套颇为完善的礼乐制度，作为政制的礼却在西周才完备。经过周公的制礼作乐，礼的性质发生根本变化。礼的宗教性被削弱了，周礼主要不是“事神致福”的宗教仪式，而是宗法封建等级社会的典章制度和人们的行为规范。史载周公制礼作乐，包括大礼三百小礼三千；生活中的饮食、辞让、冠婚、丧祭、射御等习俗无不尽括在内，并被扩展为亲亲尊尊、同姓不婚、嫡长子继承、名分爵称等宗法政治内容。

礼的性质的这一改变，使周礼成为覆盖社会生活的各个方面的准则，并推广为道德伦理上的礼乐教化，用以维护社会秩序上的人伦和谐。礼和乐相辅相成，构成了一个完整有序的社会政治文化制度[8]。

礼乐文明在数千年的中华文明发展史上产生了重大而深远的影响，至今仍有其强大的生命力。

五　九州共贯——多民族融合的大一统

“大一统”观念的内核是“政治秩序的实现”。这是先秦诸子认为天下可以实现大治的关键。中央集权制度的国家则是政体层面对这一理念的践行。中国自古以来就有“天下”的观念。“大一统”观念是“天下”观念的延续，发端于先秦诸子百家，成熟于秦汉之际，并最终成为塑造中国文明基体并关联中国各历史阶段的重要政治思想[9]。

早在西周初年，就出现了“中国”一词。见于西周初年的青铜器“何尊”的铭文，铭文原文为“宅兹中国”。体现了周人对于当时地理空间的认识，何尊铭文内容的重点，实际上正是成王告诫宗小子们成周这一“中国”之地对于王朝统治的重要。这种“天下之中”“中国”的观念，对于后世影响深远。

“大一统”理想是在秦始皇统治时期实现的。秦始皇顺应了时代发展的趋势。采取了行之有效的政治举措，废分封、立郡县，建立中央集权政治体制，书同文，车同轨，统一度量衡等。全盛疆域东起辽东、西抵高原、南据岭南、北达阴山。汉承秦制，继续开拓者大一统时代的疆土，两汉极盛时东达朝鲜、南至越南、西逾葱岭、北达蒙古，国土面积约达609万平方公里。

秦汉以后，为了维护国家的统一，实施了系列国家工程。如驰道是中国历史上最早的“国道”，始于秦朝。秦始皇统一六国后第二年（前220年），就下令修筑以咸阳为中心的、通往全国各地的驰道。著名的驰道有9条，有出今高陵通上郡(陕北)的上郡道，过黄河通山西的临晋道，出函谷关通河南、河北、山东的东方道。驰道和直道的修建，是秦汉时期规模宏大的筑路工程，对于陆路交通的发达，促进经济文化的交流，具有重大的意义。

蜀道的开通则是连接了都城长安和巴蜀之地，无论古代与现代，蜀道在我国历代经济和文化的发展中均占有举足轻重的地位，在海上交通不发达的周、秦、汉、南北朝的漫长历史时期里，蜀道是历代王朝政治中心——京都通往西南乃至通往与西南邻近国家的要道，她与连接东西的丝绸古道具有同样重要的意义。

隋开皇四年（584年），隋文帝命宇文凯率水工开凿。因渠经渭口广通仓下，故名“广通渠”。广通渠自大兴城西北引渭水，略循汉代漕渠故道而东，至潼关入黄河，长三百余里。因为有三门峡天险的存在。广通渠连接渭河与三门峡西边的黄河，到了三门峡段就得改陆运，并未与隋唐大运河直接连通。尽管如此，关中的粮食仍由隋唐大运河输送，依然成为连接全国交通的重要路线。

秦汉建立了统一的中央集权国家后，继承先秦诸子“君权至上”“天下一统”的思想，从儒家的“天下”观念中汲取相关要素，根据历史传承“天下观”，形成了对中华民族的认同，并以此人群范围划定了国家的地理疆域。依“天下观”所构建起来的国家，其政权权威的覆盖范围是根据对“天”的统一认同为标准。认同本质上是特定社会文化机制的作用结果。国家的地理疆域按照“文化至上”的标准，根据人群的认同扩展其政权覆盖的领土范围，不断由华夏族所居的中原扩展到多民族共同居住的广大领土范围内。正是“柔性边界”促进了多元政治实体作为次级国家单位参与到更大范围的中华民族群体中，在多民族文化的基础上产生了中华民族认同[10]。

“大一统”影响了此后两千多年中国社会文明的发展进程，对中国统一多民族国家的形成和发展具有积极的长远的历史意义。

六 通经致用——儒学思想的重构与制度化

汉朝是又一个在渭河流域建都的大一统国家。汉朝四百年历史铸就了辉煌的文化。但这其中对后世影响最为广泛的当属儒学思想在这一时期的重构与制度化。

儒家思想是中国文明史经历了夏、商、周的近1700年之后，由春秋末期思想家孔子所创立。孔子创立的儒家学说在总结、概括和继承了夏、商、周三代传统文化的基础上形成的一个完整的思想体系。直到汉武帝时期董仲舒提出“春秋大一统”和“罢黜百家，独尊儒术”，维护“礼治”，提倡“德治”，重视“仁治”，建构了一整套完整的政治儒学理论，以此作为帝国的指导思想，强调以儒家思想为国家的哲学根本。汉武帝采纳了他的主张。从此儒学成为正统思想，研究四书五经的经学也成为显学。董仲舒在具体的政策上将道家，阴阳家和儒家中有利于封建统治的部分加以发展，形成了新儒家思想。

儒学的理想主义色彩已在一定程度上稀解，开始从理想主义向现实主义演变，但它却契合了封建政治的需要，并在汉武帝时代最终走到了政治的中心，成为国家主导意识形态。儒学官方学术地位的确立，具有不同寻常的意义，它促成了汉帝国统治思想的转换。儒学制度化有利于大一统政权思想建设的需要，适应了汉代统治者构建政权合法性和威权政治的现实需要，是中国封建统治得以绵延两千多年的重要的理论支撑。引领了此后中国长达两千多年政治理念和社会风尚的转变，构筑了大多数社会成员的思想共源，促进了社会公共交往的有序进行[11]。

司马迁以“究天人之际，通古今之变，成一家之言”的史识创作了中国第一部纪传体通史《史记》，被公认为是中国史书的典范，是中国历史上第一部纪传体通史，对后世史学和文学的发展都产生了深远影响。《史记》是儒家人文精神的继承和发扬，《史记》的体例安排是以人物为中心的纪传体，孔子置身于世家之列，表现了司马迁对其特殊的尊敬。还有儒林列传，仲尼弟子列传等，是儒家学派的群体传记。司马迁还表达自己对孔子的敬仰之情，“高山仰止，景行行止。虽不能至，心向往之”。《史记》渗透的儒家精神得到了社会广泛认同，并对后世产生了深远影响。

从北宋到清末，儒学在陕西得到了传承与发展。儒学的重要学派——关学在此诞生。关学是萌芽于北宋庆历之际的儒家学者申颜、侯可，至张载而正式创立的一个理学学派。关学是儒学重要学派，因其实际创始人张载先生是关中人，故称“关学”。又因张载世称“横渠先生”，因此又有“横渠之学”的说法。关学作为儒学史上承前启后的一个重要学派，延续了 800 余年，誉播华夏，影响深远。明代著名学者王阳明曾说：“关中自古多豪杰，其忠信沉毅之质，明达英伟之器，四方之士，吾见亦多矣，未有如关中之盛者也。”

张载“关学”，以《易》为宗，以《中庸》为体，以《礼》为用，以孔、孟为法。张载提出的“为天地立心，为生民立命，为往圣继绝学，为万世开太平”，堪为儒学的文化纲领。关学作为儒学史上承前启后的一个重要学派，延续了800余年，誉播华夏，影响深远。张载创立关学之初，关中学子便积极追随，其中以蓝田吕氏兄弟最为踊跃。张载开始在关中讲学时，首和者就是吕大钧，接着，其兄吕大忠、其弟吕大临都相继拜张载为师。蓝田吕氏兄弟五人登科及第，是闻名遐迩的名门望族，他们的加入至关重要，为关学发展奠定了政治和经济基础，使关学与二程“洛学”、王安石“新学”形成鼎立之势。

七　都城与陵寝——帝国文明形成的具象表达

都城与陵寝都是礼制建筑，是不同时期政治文化的集中体现，是不同时期社会治理体系、宇宙观、核心价值观等综合信息的承载者，并最能体现这种变化。就中华文化来说，“文明社会”形成的物化载体集中体现在与“国家文化”密切相关的都城、陵墓、文字、礼器之上，它们是中华五千年不断裂文明的最重要“物化载体”。

黄河流域从夏朝以来，有 3000 多年是全国政治、经济、文化中心，而陕西则占了其中的 1000 多年。周秦汉唐的丰镐二京、咸阳城、汉长安城、隋大兴城、唐长安城；秦始皇陵、汉、唐帝陵，无论从规划布局、建筑形制而言，体现了从血缘政治向地缘政治，从王国到帝国文明的演进。

秦汉时期是中国古代帝国取代王国的历史时期，是以汉族为主体的中华民族形成时期，是中国古代封建社会典章制度的确立时期。作为这样一个历史时期的古代都城秦咸阳城、汉长安城，在中国古代都城发展史上占有重要地位。

汉长安城的宫殿、市场、宗庙、社稷分布情况，是我们通过考古所知时代最早的“面朝后市、左祖右社”都城布局的实例。丹凤门遗址和含元殿遗址考古发掘加深了对宫城在都城中的重要地位及大朝正殿在都城之中的“居中”“居前”“居高”特点的全面、深刻认识。

隋唐长安城在北魏都城的基础上，作了更加整齐的调整，奠定了东西对称、南北向中轴线的都城布局。长安的内城位于整个都城的北部正中，分成南北两部分，北半部分是宫城，按照外朝、中朝、内朝的朝廷制度建设，南半部分是皇城，重要中央官署全部集中于此，并把内城与居民区、市区完全隔离。郭城从东、南、西环抱内城。郭区采用严格的里坊制和集中的市制，以朱雀大街为轴线，呈棋盘格式。

古代都城考古遗址发现，自统一多民族国家形成之始，就形成了大朝正殿居中、居前、居高的理念，以大朝正殿为中心形成“左祖右社”的都城格局，礼制建筑折射出“天”“地”及儒家思想、宗法理念，这些都被秦汉唐宋以及历代王朝所继承[12]。

人类出现以后，逐渐形成了“视死如生”的观念。战国后期，流行两千年之久的集中公墓制开始被独立陵园制取代；与此同时，古代中国的社会治理体系开始出现从王国体制到帝国体制的根本性变化。在独立陵园制的发展后期，“汉文明”的确立与巩固使其呈现出一脉相承的成熟性。

“陵墓若都邑”，春秋时期的雍城秦公墓地以壕或沟为界表示一定的地理划分，但其整个陵园内包含多代国君，每代国君均拥有相对独立的陵园，各陵园之间相距不远，且尚未有独立名称和相对完备的墓上礼制建筑。因此，该墓地仅为独立陵园制的萌芽形态。

秦始皇陵园是独立陵园制正式确立的标志。承载着社会教化示范作用的帝王陵墓，借助封土、三出阙、外藏系统等要素，能够彰显超越皇帝个人生活之上的帝国理念，强化民众大一统的国家意识。西汉帝陵全方位地继承了秦始皇陵寝制度并有所发展，包括帝陵陵园的内部设施、布局以及朝向等。西汉帝陵和陵园的建筑布局受都城建制的影响，帝陵、后陵、陵墓和正门的位置与长安城内的宫殿布局形制非常接近。从汉文帝开始，帝、后各建一座陵园。从景帝阳陵开始，寝殿移到帝、后陵的陵园之外修建，创立了“陵旁立庙”的制度。陵园附近还有众多的功臣贵族陪葬墓，其中外姓功臣的加入成为西汉帝陵作为独立陵园的一个新的特点。 西汉晚期以儒学理论为基础对郊祀体系和宗庙体系进行改革，自元帝渭陵开始，陵园及其内部分陪葬墓的方向由东向变为南向。西汉晚期的帝陵陵园开始出现具有内外两重墙壕结构的陵园形态。从汉元帝开始，陵园设置的外藏系统观念也开始出现变化，陪葬坑的数量急剧下降，直至东汉时期外藏系统弱化甚至消失；从此阶段开始，陵邑制度彻底消失。

唐代帝陵有封土为陵和因山为陵两种形制，其陵园建制基本效仿两汉之制，坐北朝南，各陵均有独立的兆域规划、陵墓建筑，且四周均有围墙，不同之处在于寝宫地位下降、献殿地位凸显。

独立陵园制出现于族葬意识削弱、君主专制强化的战国中后期；确立于帝国构建、大一统国家概念被广泛接受和固定的秦始皇时期；发展于力求以制度变革和国家主导文化的改造来谋求长远发展的西汉时期；简化于整个社会环境变动不安的东汉至十六国时期；恢复和复兴于南北对峙相对稳定而后统一的南北朝至隋代；大发展于政治、经济、文化高度发达的盛唐；相继传承于两宋及其以后。

都城和陵寝制度的出现、确立、发展、简化、复兴和传承无疑是蕴含着丰富的社会文化内涵，更是象征着各个时期自上而下的价值观构架，间接投射出从王国到帝国君主专制、中央集权制的螺旋上升式演进。其发展脉络中呈现出的多样性是由各阶段社会治理体系中各自的独特性所造就，而其前进过程中体现出的共通性则源自在王莽时期构建完成的汉文明[13]。

八　开放包容——千年丝路归去来

“丝绸之路”是公元前 2 世纪至公元 16 世纪期间，古代欧亚大陆间开展长距离贸易与文化交流的交通大动脉，是东西方文明于文化的融合、交流和对话之路。它以中国长安 / 洛阳为起点，位于古老的黄河文明中心地带，经中亚向西到达地中海地区，向南延伸至南亚次大陆，分布于横跨欧亚大陆东西长约 10000 公里，南北约 3000 公里的区域内，是人类历史上交流内容最丰富，交通规模最大的洲际文化线路。

陕西是古丝绸之路的起点，亦是华夏文明走向世界的始发站。丝绸之路始于汉，兴于唐，西安则成为这一时期的核心城市，汉长安城遗址、茂陵及霍去病墓、张骞墓、唐长安城遗址唐昭陵、唐乾陵、鸠摩罗什舍利塔、兴教寺塔、大秦寺塔、法门寺塔、彬县大佛寺石窟等照亮了历史的夜空。

公元前138年的中国汉代，汉武帝在长安城未央宫定策，派遣张骞出使西域，开辟前往西方的官方通道。当公元前126年张骞出使回到长安时，不仅第一次带回了外部的信息与知识，而且中国从此开始将丝绸、漆器、铁器、铜器等大批物资传到西方，也将良马、玻璃、毛毡、亚麻、香料、胡椒、葡萄、石榴等引入中国，“使者相望于道，商旅不绝于途”；汉代中国开辟丝绸之路的价值不仅在于拓展了交通路线，更引导中原华夏文明由此开始有意识地关注外部世界，并大大延伸了本土文化的活动空间，此后中国历朝都延续了这种对外交往的传统，国家正史《西域记》和官方史书上的《西域图记》不再阙失，通向世界之门被打后，就再无封闭，并在唐朝达到了高峰。

长安、洛阳、大同、武威、敦煌、吐鲁番、库车、和田、喀什、碎叶、撒马尔罕、布哈拉、伊斯法罕、巴格达、君士坦丁堡等见证了丝绸之路的兴衰，也展现了华夏帝国的开放与包容。

汉唐时期，西域中亚由中国人的心灵边界，变成了驻军屯田、移民实边的务实疆域，不仅将中国人的视野延伸了几千公里，而且不再困于传说的迷雾之中。公元627年，玄奘法师到天竺（今印度）取经。他从凉州玉门关出发，经过今天的巴基斯坦、阿富汗等地区，单独行走十万里，历尽千辛万苦终于抵达。在学习了近20年后回到长安，带回了657部佛经，为佛门留下了宝贵的经典，带来了佛教文化的繁盛。

汉元帝渭陵出土的玉翼人奔马、公元前39年的康居王使者册、乌孙的金饰生命树、哈拉和卓的魏晋木俑、公元706年的洛阳胡人牵驼壁画、唐代高昌（吐鲁番）去往京城的通行证“过所”、公元751年交河郡客使文书、西安何家村出土唐代“狮纹白玉”带銙和玉臂环、法门寺唐代地宫出土的八瓣莲花描金蓝色玻璃盘以及诸多唐三彩的骆驼和良马，形态逼真、栩栩如生的胡人俑，千年以前的世界观照，使我们体悟到当时胡汉相融的盛世，惊叹外来文明的时尚。在“丝绸之路”命名一百多年来，最初的历史概念已被真实的历史遗产所印证，它最终形成了一种更为开阔的世界观与相对平等的交流方式，促成了中国与其他文明之间长久的互动[14]。

九　厥田上上——农耕文化的发展

“农业是整个古代世界的决定性的生产部门。”黄河文明的主要特征之一是农耕文明，远古时期，陕西黄河流域气候温暖湿润，土地肥沃，适合于农作物的种植，是适合古人类生存的理想沃土。渭河是黄河最大的支流，泾河则为渭河的主要支流。泾渭流域是黄土高原农业最发达的地区之一，为古称八百里秦川的主要部分。这里地势平坦，土壤肥沃，水资源丰富，属于暖温带半干旱半湿润季风气候，是黄土高原中部最适合于发展农业的地区。华夏民族的祖先在这片沃土上生息繁衍，进行了艰苦卓绝、顽强辛勤的劳动和作，用他们的智慧和聪明才智，创造了辉煌的农耕文化，在人类的文明史上写下了绚丽的篇章[15]。

新石器时代宝鸡北首岭灰坑内发现有碳化粟粒，半坡遗址的房屋、窖穴、墓葬均发现很多粟遗存，临潼姜寨、华州区泉护遗址、长武县下孟村遗址均有粟的遗留，可以证明远在6000年前，陕西就开始粟的栽培和种植。根据考古发现，粟的种植从黄河中上游开始，逐渐传播到黄河下游。距今5500—5000年临潼姜寨遗址发现了黍壳和朽灰，半坡遗址曾发现碳化的菜籽，经鉴定属于白菜或芥菜种子，表明蔬菜种植历史有6000多年。

早在先秦时关中地区的农业耕作就业已成熟，并且由于土质优良使得收益丰盈，耕种技术也获得进一步发展。秦汉时期关中、陇东耕种技术的更为发展并业已形成体系，受其影响整个黄河流域中上游都成为农业耕作区域。正如《史记・高祖本纪》记载，“秦富强十倍天下，地形强”。

陕西发现的商代遗址，多集中在关中东部，分布范围已达西安、铜川一带。这里是关中平原，也称渭河平原，由河流冲积而成，土壤肥沃，主要种植黍稷、粟、麦等旱地粮食作物。

渭河流域是周王朝的统治中心，也是当时农业技术最为先进的地区，井田制最早在黄土高原地区逐步出现。泾渭地区属于古雍州境地，按《周礼·职方氏》记载“其畜宜牛马，其谷宜黍稷”[16]。

秦农业区原是西周的腹地，向来农业发达，因此秦国的农业生产水平在当时各国当中也是属于前列的。公元前246年秦国兴建的郑国渠，是最早在关中建设的大型水利工程，它西引泾水东注洛水，长达300余里。郑国渠的作用不仅仅在于它发挥灌溉效益的100余年，而且还在于首开了引泾灌溉之先河，对后世引泾灌溉产生了深远的影响。秦以后，历代继续在这里完善其水利设施：先后历经汉代的白公渠、唐代的三白渠、宋代的丰利渠、元代的王御史渠、明代的广惠渠和通济渠、清代的龙洞渠等历代渠道。

十 延安精神——红色文化的传承与发展

黄河不仅是中华民族的摇篮，也是新中国的摇篮。位于延河之滨的延安是中国革命的圣地，是继井冈山之后星火燎原的火种发祥地和培育地，红军长征到达了延安，革命的火种在黄河流域再次呈燎原之势，最终从黄河开始，建立了中华人民共和国。在这里不仅孕育了新中国，同时孕育了一种时代精神，这就是延安精神，这是20世纪30年代以来直接主导和影响了中国发展和前进历程的伟大精神。坚定正确的方向是延安精神的灵魂，解放思想、实事求是的思想路线是延安精神的精髓，全心全意为人民服务的根本宗旨是延安精神的核心，自力更生、艰苦奋斗的创业精神是延安精神的重要特征。

陕西党组织在党中央的领导下，带领广大党员和人民群众在三秦大地上进行了艰苦卓绝的斗争。陕西革命活动一直延续到新中国成立，期间经历辛亥革命、土地革命、抗日战争、解放战争等重大历史时期。陕西为中国革命胜利付出了艰辛努力，各个时期的革命文物遍布全省。陕西革命文物在中国革命史上具有至高性和唯一性。

陕西是中国革命的摇篮和延安精神、照金精神的发祥地。陕西革命文物资源丰富，所辖多个区县已被列入第一批革命文物保护利用片区分县名单。在革命战争时期形成的红色文化资源得天独厚，它和陕西辉煌的历史文化、特色鲜明的民俗文化和一定实力的现代文化构成了今天的陕西文化。

2015年，习近平总书记到陕视察时指出：“黄帝陵、兵马俑、延安宝塔、秦岭、华山等是中华文明、中华革命、中华地理的精神标识和自然标识。”这是对陕西源远流长文化价值的最好评价。

小 结

黄河流域是中华文明的主要发祥地之一，至迟在180万年前即有人类繁衍生息。苏秉琦先生曾说，“六千年到四五千年间中华大地如满天星斗的诸文明火花，这里（黄河流域）是升起最早也是最光亮的地带，所以，它也是中国文化总根系中一个最重要的直根系”。生活在黄河流域的中华民族的祖先们，不断交流融合，创造了独树一帜的黄河文明。

保护黄河文物，发掘黄河文化，就是保护传承中华优秀传统文化。黄河文物是东亚人类、华夏文明和新中国一路走来的见证；它们体现了黄河在中华民族多元一体格局形成过程中的不可替代作用，是坚定文化自信，为实现中华民族伟大复兴的中国梦凝聚精神力量的重要载体；反映人与黄河、人与生态的关系史，为当代国家治理提供借鉴；也是一带一路建设、国家软实力、国家安全的重要支撑。

陕西位于黄河中游，西邻甘宁青，北近内蒙古自治区，东接晋豫，为东西文化交流和游牧、农耕文明交错，是河湟文化、河套文化、中原文化交汇之地，地缘优势明显，文化遗产价值突出。陕西省在黄河流域的九个省份中，无论是历史底蕴、文化遗产资源丰富程度、流域面积都属前列。深入认识、研究和发掘黄河核心文化价值势在必行。我们要深入发掘黄河文化的历史内涵和时代价值，讲好陕西"黄河故事"，推动黄河文化与历史文化、红色文化、民俗文化融合发展，更好延续黄河历史文脉。为延续历史文脉，坚定文化自信，为实现中华民族伟大复兴的中国梦凝聚精神力量。

[1]周春茂. 陕西古人类文化类型与分布[J].文博，1994(5)：3-14.

[2]张行. 试论径渭河流域旧石器文化及与邻区的关系[J]. 文物春秋，1992(2)：12-19.

[3]王社江 黄培华.洛南盆地旧石器遗址地层划分及年代研究[J].人类学学报，2001(3)：220-237.

[4]石兴邦. 白家聚落文化的彩陶—并探讨中国彩陶的起源问题[J].文博，1995(4)：3-19.

[5]王炜林. 看庙底沟文化彩陶的足迹[N].人民日报，2020-9-14(20).

[6]马明志，翟霖林，张华等. 陕西延安市芦山峁新石器时代遗址[J].考古，2019(7)：20-45.

[7]孙周勇，邵晶，邸楠.石峁遗址的考古发现与研究综述[J].中原文物，2020(1)：39-62.

[8]张晓虎. 礼乐文化——制度与思想的双重建构[J].深圳大学学报（人文社会科学版），2009(6)：134-138.

[9]王凯. 浅析"大一统"观念与国家建构[J].湖北省社会主义学院学报，2020(3)：76-80.

[10]张颖. "天下观"：中国单一制选择的历史基因[J].湖南社会科学，2014(6)：270-273.

[11]吴全兰. 西汉儒学的意识形态化及其原因分析[J].广西师范大学学报（哲学社会科学版），201248(01)：1-7.

[12]刘庆柱. 中华文明五千年不断裂特点的考古学阐释[J]. 中国社会科学，2019(12)：4-27.

[13]段清波，刘俊艳. 帝国体制下独立陵园制的发展演变[J].考古，2019(10)：86-97.

[14]葛承雍. 丝绸之路视野下亚洲文明交流新探[J]. 中国国家博物馆馆刊，2019(8)：7-21.

[15]李玉洁. 黄河流域农耕文化述论探[J].黄河文明与可持续发展，2008(1)：81-90.

[16]陈文华.从考古发现看夏、商、西周、春秋时期农业区的开发探[J].农业考古，2008(1)：29-34.

黄河文化带构建的现实需求、可行条件与展望
——以陕西沿黄区域为中心

郑建栋[1、2]，姚迪[2]
1. 西北大学文化遗产学院，陕西西安 710129
2.陕西省文化遗产研究院，陕西西安710075

Realistic Demand, Feasible Condition and Prospect of the Construction of Yellow River Cultural Belt
Take the Region along the Yellow River in Shaanxi Province as the Center

Zheng Jiandong[1、2] Yao Di[2]
1. School of Cultural Heritage, Northwest University, Xi'an 710129
2. Shaanxi Provincial Institute of Cultural Heritage, Xi'an 710075, China

摘　要：文化带构建在我国方兴未艾，已经成为推动历史文化遗产保护利用及区域经济、社会、文化发展的重要战略选择。黄河文化带是利用黄河沿线具有地带性的文化空间，构建具有显著文化吸引力且能与区域经济、社会、生态建设相融合的特色文化地带。以陕西沿黄区域为中心，从文化传承、旅游发展、生态建设、乡村振兴等方面论述了黄河文化带构建的现实需求，从资源富集、文保支持、政策优势、交通改善等方面论述了黄河文化带构建的可行条件，并对黄河文化带构建及历史文化遗产活化需重点研究的内容进行了展望。

关键词：黄河文化带　历史文化遗产　现实需求　可行条件　陕西沿黄区域

Abstract: The construction of cultural belt is in the ascendant in China, and has become an important strategic choice to promote the preservation and utilization of historical and cultural heritage, as well as regional economic, social and cultural development. The Yellow River Cultural Belt is a characteristic cultural zone with obvious cultural attraction that can be integrated with regional economic, social and ecological construction by using the zonal cultural space along the Yellow River. Taking the Yellow River region of Shaanxi province as the center, we have in this paper discussed the practical needs of the Yellow River Cultural Belt construction, from the aspects of cultural inheritance, tourism development, ecological construction and rural revitalization, and the feasible conditions in terms of resource enrichment, cultural conservation support, policy advantages and transportation improvement. Furthermore, we have in the paper opened up prospects for the contents of the research in the construction of Yellow River Cultural Belt and the activation of historical cultural heritage.

Key words: Yellow River Cultural Belt; Historical and cultural heritage; Realistic demands; Feasible conditions; Regions along the Yellow River Basin in Shaanxi Province

引　言

近年来，历史文化遗产在国家、地区发展中的战略地位不断提升，各类历史文化遗产的保护利用工作与经济社会发展的结合日益紧密，成为弘扬优秀传统文化推动经济发展转型、区域协调发展的重要抓手[1]。在这一背景下，从宏观视角和战略高度出发，依托呈带状分布、较大规模的人工或自然实体，以历史文化、遗产保护活化为基础，以传承地域文化和推动区域转型发展为目的，而开展的文化带构建活动在我国逐步兴起。黄河流域孕育了灿烂的中华文化，是华夏文明最重要的起源、形成和发展区域。2019年9月，习近平总书记在河南考察时强调，黄河文化是中华文明的重要组成部分，要推进黄河文化遗产的系统保护，深入挖掘黄河文化蕴涵的时代价值，讲好“黄河故事”。由于黄河在中华民族发展史上的重要作用和突出象征意义，黄河沿线区域形成了具有地带性的文化空间。黄河文化带的构建就是利用这一文化空间的精神标识性，以“华夏文明”为共同的文化特征，通过沿黄地带城市、乡村中遗留历史文化资源的挖掘、保护、活化、整合，形成具有显著文化吸引力且能与区域经济、社会、生态建设相融合的特色文化地带[2]。

本文在对我国文化带构建形势进行梳理的基础上，以陕西沿黄区域为中心，对黄河文化带构建的现实需求和可行条件进行探讨，并对其构建需重点研究的内容进行了展望，以明晰文化带构建在推动区域历史文化遗产活化利用中的现实意义及优势条件，并为在文化带视角下深入开展黄河文化保护路径和历史文化遗产活化理论和实践的探讨奠定研究基础。

一　文化带构建形势

（一）文化带构建在我国方兴未艾

目前，我国已明确提出的跨省域有较大影响的文化带有三个，分别为大运河文化带、长江文化带和长城文化带。大运河文化带是依托世界文化遗产“中国大运河”提出的，目前已经成为由国家倡导、沿线各省市积极推进的一项重要区域发展战略，其构建与沿线地区的经济社会发展、城镇体系建设、文化建设和生态建设紧密结合，成为区域统筹协调发展的重要纽带[3]；长江文化带是在国家实施长江经济带发展战略的背景下提出的[4]，目的是发挥历史文化遗产在长江经济带建设中的作用，促进沿江地区经济和文化交流，推动文化产业发展，促进沿江绿色发展，为长江经济带建设提供文化支撑[5]；长城文化带目前为北京和河北提出，其构建是依托中华民族的象征长城展开的，通过挖掘沿线区域文物资源优势、让文物活起来，促进区域协同发展，并与乡村振兴、脱贫攻坚相结合，助力京津冀一体化[6]。

此外，还有若干区域性或处于概念设想阶段的文化带，如北京历史文化名城保护中除了提出大运河文化带、长城文化带外，还包括有内涵丰富被称为北京历史之根的西山永定河文化带[7]；依托“陆上丝绸之路”和“海上丝绸之路”分散但有历史实质性关联的文化遗产资源提出构建的丝绸之路文化带等[8]。

以上文化带共同的特点是所依托带状实体在全国或地区范围内具有显著的自然或人文标识性，能够辐射、串联周边各类历史文化资源，且辐射范围内历史人文积淀深厚，各类历史文化资源内涵丰富；其地域范围往往涉及多个省市，影响范围大，带动作用强；其构建与国家或地方重要的文化和经济社会发展战略相契合，已经成为推动历史文化遗产保护、利用、传承的重要方式，也是国家和地区经济、社会、文化、生态建设的重要战略选择。

（二）黄河文化带

黄河文化带构建的地域空间可分为黄河流域面状全域和黄河干流沿线带状区域两个层次。以流域为视角的黄河文化带，从文化内涵出发，将黄河文化存在的主体区域包括当代黄河流域及历史上黄河改道流经的区域大致全部纳入，注重黄河文化内涵的全面性和广域覆盖性，更加强调“文化”；以干流沿线地区为视角的文化带，依托黄河干流河道这一自然实体的吸引力和标识性，在黄河两侧一定区域范围形成具有地带性的文化空间，注重黄河自然景观与沿线人文景观的结合，更加突出“黄河”，同时，因黄河中上游与下游地区干流河道形态及沿线地形地貌条件的差异，带状分布的黄河文化带在中上游地区体现更为明显。

近年来，黄河沿线各省市均围绕“黄河文化”，以不同形式挖掘、发挥流域内或沿黄地带各类黄河文化和文物资源的文化、旅游、生态、景观等功能，以助推区域文化旅游发展、景观环境提升或生态文明建设。2019 年，伴随着黄河文化保护传承利用作为黄河流域生态保护和高质量发展这一国家战略的有机组成部分正式提出，黄河文化保护与传承工作得到前所未有的重视，各地积极探索和推进黄河文化系统保护的体制机制、规划思路、重大工程等，保护和弘扬力度大大加强。同时，与各项实践快速推进相比，黄河文化保护传承弘扬还面临着理论研究尚不系统、整体性研究不足、研究基础薄弱等问题，若干黄河文化保护的理论性、全局性问题尚未廓清。

黄河流经陕西省 715.6 公里，是陕西省和山西省的界河，在黄河西岸经过陕西的 4 个地级市，分别为榆林、延安、韩城（副地级市）、渭南，毗邻黄河的县级行政区有12个，自北往南分别为府谷、神木、佳县、吴堡、绥德、清涧、延川、延长、宜川、合阳、大荔、潼关。2017 年以来，陕西省以沿黄公路[9]（图一）建成通车为契机，提出借助黄河沿线深厚的文化底蕴和独特的自然风光，推动黄河文化旅游带的建设，意图构建陕西旅游的新高地。

陕西黄河干流沿线区域处于华夏文明的主要发源地，其历史文化遗产标识性强、数量丰富、特色鲜明，加之该区段黄河自然景观观赏性突出的复合优势，因此，陕西黄河沿线区域是黄河文化带构建的核心片区之一。同时，该区段处于黄河流域中部，是黄河旅游带建设、经济发展转型、生态环境修复、乡村振兴推进等各项战略实施的交汇区域，城乡聚落以中小城市和乡村为主，黄河流域发展面对的内在客观条件和外在政策导向在该区域都得到比较强的体现，因此，陕西黄河沿线区域在黄河文化带构建的实践中具有典型代表性。

二　陕西沿黄区域黄河文化带构建的现实需求

人的需要是社会历史前进的原动力，现实需求的解决可以推动社会的发展。当前，陕西省沿黄区域面对着“调结构、稳增长”的经济社会发展新常态，积极落实“创新、协调、绿色、开放、共享”的新发展理念，在文化旅游推进、优秀传统文化传承、

图一 陕西沿黄公路经过县级行政区（红色为沿黄公路）
（采自《陕西省沿黄公路文化遗产资源调查报告》）

生态文明建设、区域协调发展及乡村振兴等方面存在着资源整合、路径拓宽、优化提升、转型升级的现实需求[10]（图二），而黄河文化带的构建可以成为实现这些需求的重要战略选择。

（一）构建黄河文化带是推动中华优秀传统文化传承、重构文化价值观的重要举措

多年来，在改革开放市场经济大潮和工业化、城镇化的迅猛发展下，构建在传统中国道德规范和人伦、礼俗秩序基础上的文化价值观，如天人合一思想、人与自然和谐相处的敬畏心态、尊天敬地的宗教精神等，在所谓封建落后的限制人性思想解放的口号中开始动摇和衰落，人们出现了精神的迷失与茫然，导致了若干现代文明发展的困惑，主要表现在高度的文明与环境的危机、物质的丰裕与精神的迷失、交通资讯的发达和人情的冷漠等，当下中国正经历着传统与现代的冲突和交融，思想观念转变过程中的反复与阵痛[11]。因此，有必要亟须开展传统与现代在信仰系统、价值系统、社会习俗等最内层文化质素的对接，推进现代的器物、制度、思想与传统的文化、秩序、伦理的统一，重构人们的文化价值观。2017年1月，中共中央办公厅、国务院办公厅印发《关于实施中华优秀传统文化传承发展工程的意见》也指出迫切需要深入挖掘中华优秀传统文化价值内涵，进一步激发中华优秀传统文化的生机与活力，这与现代社会中人们文化价值观的重构是相符相成的。陕西黄河沿线地带是中华文明的重要发源地之一，也是几千年来华夏文明发展延续的重要区域，城市、乡村中遗留有丰富的历史文化资源，是开展优秀传统文化传承的重点片区。

（二）构建黄河文化带是促进陕西文化旅游供给侧改革的战略抓手

陕西是文物大省，也是文化旅游大省，文化旅游是陕西旅游产业的重要组成部分。长期以来，陕西文化旅游有两大核心区域，分别为以西安为中心的历史文化主题区域和以延安为中心的红色革命文化区域，这两大区域历史文化资源等级高、标识性强、数量多，均是国家级的精品旅游目的地。目前，这两大区域辐射范围内旅游发展已渐趋成熟，相对于文化旅游在将来的需求和以后经济社会中扮演的角色，其发展潜力有限，故陕西亟须构建其他高质量、吸引力大、带动性强的文化旅游区域。第二，陕西目前尚未形成跨地市、影响范围大、主题鲜明、可深度游的文化旅游带，这种旅游带带动性强、地域性明显、贴近当前旅游需求，对满足迅速发展的文化旅游产业意义突出；第三，陕北区域除延安以外缺乏带动性强的旅游区域，尤其是该区域的黄土风情体验、地域历史文化展示尚处于零散状态，旅游线路尚未进行系统的整合。因此，面对当前文化旅游快速发

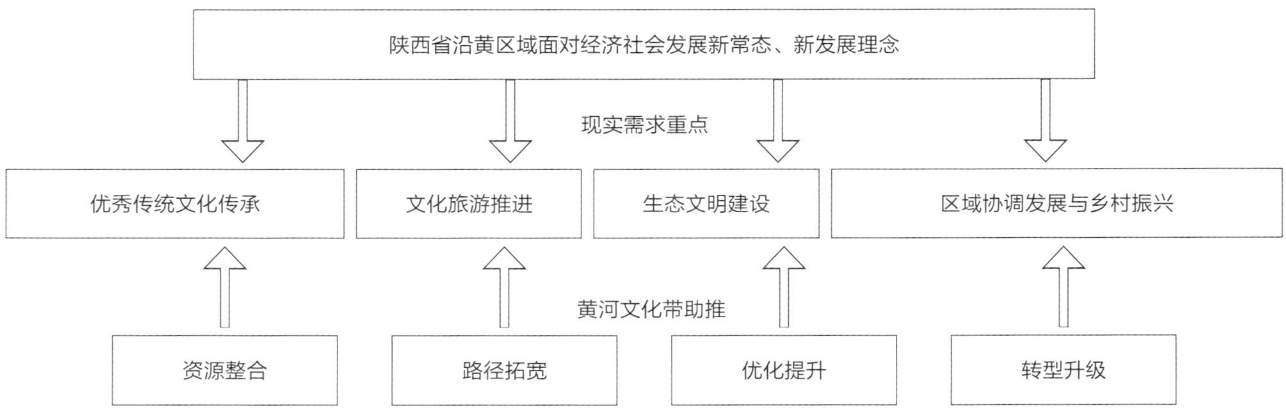

图二 陕西黄河文化带构建的现实需求简图

展、全域旅游方兴未艾、自驾游和度假深度游需求的高速增长，陕西根据省域内历史文化资源分布和人文地理景观情况，积极构建黄河文化带，串联沿黄区域陕西东部旅游线路，对整合关中、陕北区域的历史文化资源具有重要意义，是推进陕西文化旅游产业供给侧改革的战略抓手。

（三）构建黄河文化带是建设生态文明、形成绿色发展方式和生活方式的需要

坚持人与自然和谐共生是我国治国的基本方略之一，当前，我国正大力推进生态文明建设，建设美丽中国，努力形成绿色发展方式和生活方式。黄河文化带的构建有助于从观念和实践两方面推进当地的生态文明建设：在观念上，人与自然的和谐理念是中国传统文化价值观的核心要素之一，天地人合、崇尚自然是中国数千年来一直秉承的最朴素的思想理念和生活价值观，对传统文化价值观的挖掘和弘扬有助于当地人重新认识人与自然的关系，推进人地关系和谐观念的传承；在实践上，黄河文化带构建过程中对历史文化资源的挖掘、保护与活化，不仅有助于维护人文生态环境，而且对自然生态环境的修复也具有积极的推进作用，因为良好的自然生态是历史文化资源保护、活化的重要背景环境，人文生态与自然生态的修复是一个统一的整体，此外，历史文化资源保护、活化与旅游、农业、文化创意等业态相结合，有助于推进绿色发展方式和生活方式的实现。综上可以看出，构建黄河文化带是建设生态文明、形成绿色发展方式和生活方式的重要基础性工作。

（四）构建黄河文化带是推动区域持续协调发展和乡村振兴的重要着力点

陕西省黄河沿线的 13 个市县中，原有 8 个县为国家扶贫开发工作重点县，约占沿线市县总数的六成，集中分布在沿黄地带的中段，曾经属于陕西省贫困人口集中连片的区域，该区域自然条件一般，经济基础薄弱，地理位置相对偏僻，长期以来经济发展水平、发展理念较为滞后，目前面临着巩固扶贫成果，挖掘地方发展后发优势，推进经济社会发展追赶超越的任务。沿黄地带北段的府谷、神木等市县，长期以来依托矿产资源开发加快了城市的发展，但这种发展方式具有很强的依赖性，破坏生态环境且不可持续；沿黄地带南段的韩城、大荔、潼关等市县，产业结构以一、二产业为主，存在产业结构单一、低端、污染性强的问题，这些区域面临着经济发展方式转型、产业结构升级的问题。黄河文化带的构建，可以挖掘、活化当地的历史文化资源，发挥其历史文化资源整体优势，通过乡村旅游、生态农业、文化创意产品等相关产业的开发，带动沿线区域第三产业的发展及与一、二产业的融合，有助于推进区域乡村振兴工作，推动区域产业转型和升级，对实现区域协调可持续发展、乡村振兴具有重要意义。

三　陕西沿黄区域黄河文化带构建的可行条件

可行条件是一项发展战略得以推进的必要基础，是实践工作开展必须先期考量的具体问题。文化带构建作为一项跨地域并涉及经济、社会、生态等各方面的整体发展战略，需要对其构建的内外部条件进行系统梳理分析。陕西省沿黄区域经过历史时期发展的积淀，辅以当代文化遗产活化利用的基础、优势发展政策的叠加、配套基础设施的逐步建立，初步具备了开展黄河文化带构建的可行条件，就当前来看，其可行条件主要表现在资源富集、文保支持、政策优势、交通改善四个方面（图三）。

（一）资源富集

文化带构建的基础条件是在一定区域内具有呈带状分布的丰富文化资源，这些文化资源可以以某种或某些形式串联、融合起来，形成具有地域特色、主题鲜明、内涵丰富、深入人心的文化地带。陕西

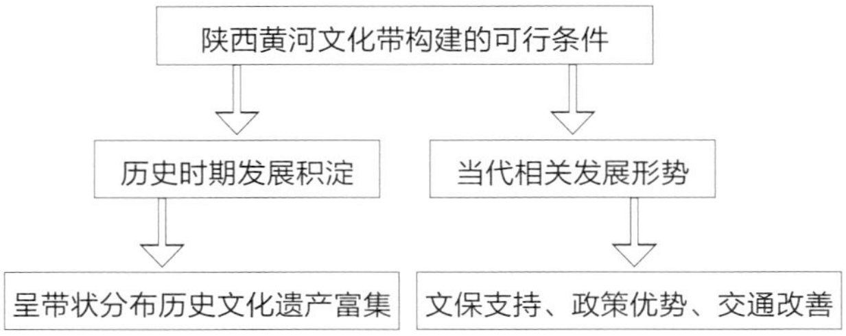

图三 陕西黄河文化带构建的可行条件简图

黄河沿线区域具有历史文化资源富集的优势，该区域物质文化遗产数量巨大、分布密集、类型多样。根据第三次全国不可移动文物普查数据，陕西毗邻黄河的县级行政区共有不可移动文物11000余处，平均每个县级行政区有不可移动文物约900处；非物质文化遗产资源富集、地域特色鲜明、吸引力强，是国家人文的重要代表性地区。这些历史文化资源分布于黄河沿线区域这一共同的文化空间内，可以传承华夏文明为主旨，以黄河文明、黄土文化、宗教文化、革命文化、边塞文化为分主题，将其串联融合起来，具有较大潜力形成为人们普遍认可、文化内涵丰富、地域风格鲜明、影响力大的文化区域。

（二）文保支持

当前，文物保护工作的重心已经由注重文物本体保护向文物本体与周边环境、文化生态的整体保护转变[12]。让文物活起来，保护为主、保用结合已经成为文物保护工作的重要方面。今后的文保工作将更注重文物保护与合理利用的结合，注重文化遗产保护对地方社会、经济、文化建设的带动作用。这些转变与黄河文化带的构建是契合的，一方面，对文物周边环境、文化生态的整体保护与黄河文化带构建的目的是一致的，有助于沿黄区域地域文化的整体保护和传承；另一方面，文保工作积极拓展文物合理适度利用的有效途径，对地方历史文化遗产进行活化，对于中华优秀传统文化的传承和黄河沿线区域各类文化遗产资源焕发新的光彩具有重要意义。因此，当前文物保护工作重心的转变及保用结合实践的推进将对黄河文化带构建起到重要的支持作用。

（三）政策优势

陕西沿黄区域是多项国家级、省级关于推进旅游发展、经济建设政策的叠加富集地带，这些政策涉及精品旅游带建设、全域旅游发展、扶贫巩固、乡村振兴等多个方面。2016年，国家《“十三五”旅游业发展规划》中明确提出，重点建设“黄河华夏文明旅游带”和“黄土高原风景道”，陕西沿黄区域居于两条精品旅游带叠加的核心区域[13]；陕西2017年和2020年分别编制了《陕西省黄河旅游带建设工作方案》《陕西省黄河文化保护传承弘扬工作计划》，均提出积极推进黄河文化旅游带建设工作；2020年，国家正式启动黄河国家文化公园建设保护工作，陕西沿黄区域是黄河国家文化公园建设的重要文化廊道之一。近年来全域旅游在当地得到迅速发展，韩城、大荔、佳县、宜川等沿线多个市县为国家级或省级全域旅游示范区；吴堡、绥德、清涧、延川等多个市县是国家巩固扶贫成果、乡村振兴战略实施的重点区域，在资金、人力、政策等方面会得到大力支持。考虑到当前历史文化资源挖掘与活化、文化旅游发展在当地旅游产业、经济社会持续协调发展中的重要地位，以上各项政策的实施均会涉及当地文化遗产保护与利用、城乡历史文化资源挖掘与传承、文化旅游的推进、旅游配套设施的完善等，将会对陕西黄河文化带的构建起到积极的推动作用。

（四）交通改善

便捷的交通可以加强地区间联系、推进区域文化传播和旅游发展，是区域性文化带构建和发展的重要条件。陕西省沿黄地带中段和北段经过黄土高原腹地，该区域沟壑纵横，地形崎岖，长期以来制约着地区文化、经济的交流发展，交通条件改善对该区域各项事业的发展尤为重要。近年来，该区域高速公路、国省道通车里程不断增加，县乡道路不断完善，村级公路实施村村通工程，交通条件大为改善。尤其是2017年8月，陕西省沿黄公路正式通车。该公路是一条高颜值的旅游观光路，自北向南串联起了黄河沿岸的城镇、村落和旅游景区，将陕西黄河沿线区域的经济、文化、旅游连接在了一起，对整合区域历史文化资源可以发挥重要作用。综上，当地各级公路建设的不断完善和沿黄公路通车为黄河文化带的形成和发展提供了良好的交通条件。

四 总结与展望

文化带连接过往与当下，是过往文化积淀与当下文化成就的结合，是传承地域文化特质、推动现代社会进步的纽带，是培育文化自信的沃土。文化带构建方兴未艾是当代我国经济社会发展变革在文化领域的突出反映，说明以历史文化遗产为主要载体的文化，在经济社会发展中的重要作用已经成为人们的共识，并且各地域也积极挖掘地域文化的优势，因地制宜地探索保护利用的合理路径。

黄河文化带的构建具有充分的现实需求和逐步成熟的可行条件，其构建既是黄河流域华夏文化传承的内在需要，也是沿黄区域经济社会发展的重要抓手，是保护弘扬黄河文化、推动全流域高质量发展的现实要求[14]。当前，黄河文化带构建的研究和实践尚处于起步阶段，尚需结合沿黄地带自然人文特色、经济社会发展状况及区段差异对黄河文化带的构建路径和历史文化遗产活化实践方式进行深入探索和研究，可重点从以下五个方面展开。

一是注重黄河沿线地带历史文化遗产内涵及整体价值的研究。历史文化遗产所蕴含的文化内涵及价值特色是黄河文化带的内核，通过对历史文化遗产内涵的梳理、价值的提炼及对比分析[15]，可以进一步明确黄河文化带的构建意义和行动纲领，明晰当下黄河文化带构建的“来路和去处”。

二是注重分区段研究黄河文化带的价值特征及构建优势条件和劣势问题。黄河沿线上游、中游、下游区段自然条件、人文特征及经济社会发展水平具有明显的差异，故各区段黄河文化带的价值内涵及构建思路也存在差异，需针对各区段的资源赋存条件和发展现状进行有针对性的考察和研究。

三是注重黄河文化带构建路径及具体实践的研究。构建路径研究可以黄河沿线地带全段或部分区段为对象，结合全域旅游、国家文化公园建设、文化遗产保护传承工作而开展，具体研究方向包括历史文化遗产活化利用方式、文化旅游发展、政策推动策略、区域转型发展路径、跨地区统筹推进机制等方面，其具体实践探索建议以构建条件较好的省或市县为对象先期开展。

四是注重黄河文化带构建与自然生态环境提升结合的研究。地域文化特色往往与自然环境条件密切关联，自然生态环境是黄河文化带的底色。沿岸人文资源与黄河景观的有机结合及沿线多样性的自然环境，凸显出黄河文化带的独特魅力和丰富内涵。同时，黄河文化带的构建也离不开与沿线生态文明建设的结合。

五是注重黄河文化带构建与区域经济社会发展结合的研究。黄河文化带的构建作为一项重要的区域发展战略，应使其成为区域经济、社会、文化、生态整体发展的重要抓手，积极探索通过文化带构建推动历史文化遗产活化整合的实现路径，促进黄河文化与区域经济社会转型发展的融合，让黄河成为造福人民的幸福河。

---

[1] 苏扬，张颖岚，卓杰，白海峰等主编. 中国文化遗产事业发展报告（2016-2017）[M]. 北京：社会科学文献出版社，2017：34-50.

[2] 郑建栋. 黄河文化带概念、构建目的和路径探讨——以陕西黄河文化带为例 [J]. 遗产与保护研究，2018(9)：33-37.

[3] 贺云翱. 充分认知大运河文化带建设的重大意义 [N]. 新华日报，2017-08-30（13）.

[4] 李明泉. 推进长江经济文化协调发展 构筑世界生态文

明黄金廊道“首届长江文化带发展论坛”泸州共识[J].中华文化论坛，2016(5)：5-6.

[5] 王耀.为长江经济带发展提供有力文化支撑[N].人民日报，2018-8-23（7）.

[6] 北京加快推进全国文化中心规划编制[J].遗产与保护研究，2018(9)：65.

[7] 王淑娇.北京“三个文化带”建设与利用[J].城乡建设，2018(19)：40-43.

[8] 徐秀丽.委员建议：建立“丝路文化带”和“长城文化带”[N].中国文物报，2018-3-19（4）.

[9] 陕西省沿黄公路是沿黄河西岸陕西段南北走向的省级公路，全长828.5公里，北起府谷县墙头乡，南至华山脚下，自北向南经过榆林、延安、韩城、渭南4市12县，被称为陕西的“1号公路”，建设目的是借助黄河沿岸的文化优势、地域优势推动沿线旅游和经济发展。

[10] 杨春学，杨新铭.落实新发展观 推动新发展实践[J].经济纵横，2016(10)：7-14.

[11] 孙君，廖星臣编著.把农村建设得更像农村理论篇[M].北京：中国轻工业出版社，2014：76-89.

[12] 国家文物事业发展“十三五”规划EB/OL.2017-02-21.http：//www.sach.gov.cn/art/2017/2/21/art_722_137348.html.

[13] “十三五”旅游业发展规划的通知EB/OL.2016-12-26. http：//www.gov.cn/zhengce/content/2016-12/26/content_5152993.html.

[14] 习近平.在黄河流域生态保护和高质量发展座谈会上的讲话[J].实践（思想理论版），2019(11)：5-9.

[15] 对比分析指将黄河文化带价值内涵与国内外同类或类似文化带的价值内涵进行对比，也指黄河文化带不同区段价值内涵的对比分析，目的是明晰、突出黄河文化带的价值特色和掌握其本身不同区段价值内涵的特征与差异。

陕西省石窟寺（含摩崖造像）调查报告

陕西省石窟寺专项调查组

Investigation Report on Grotto Temples (including Cliff Sculptures) in Shaanxi Province

Special Investigation Group of Grotto Temples of Shaanxi Province

摘　要： 为全面掌握陕西省石窟寺、摩崖造像现状，不断提升石窟寺保护利用水平，陕西省组织开展了石窟寺专项调查工作。此次共调查石窟寺及摩崖造像 997 处，其中新发现石窟 200 多处；石窟寺 894 处、摩崖造像 103 处。陕西省 997 处石窟寺（含摩崖造像）中现有各级文物保护单位 187 处，彬县大佛寺为世界文化遗产、全国重点文物保护单位。另外有国保 12 处、省级文物保护单位 45 处、县（市）级文物保护单位 130 处。通过调查对石窟基本情况、保护管理机构、主要病害有了系统性认识，为后期石窟保护规划编制、政策制定、保护工程实施提供了资料。

关键词： 陕西省　石窟寺　摩崖造像　调查报告

Abstract: In order to fully grasp the current situation of grotto temples and cliff sculptures and continuously improve their preservation and utilization level, a special investigation on grotto temples has been carried out in Shaanxi Province. A total of 997 grotto temples and cliff sculptures were investigated, of which more than 200 were newly discovered. They consist of 894 grotto temples and 103 cliff sculptures. Among these grotto temples (including cliff sculptures), 187 ones are protective institutes at all levels, 12 of which are national-level, 45 of which are provincial-level, and 130 of which are county-level protection institutes. In particular, Dafo Temple in Bin County is one of the world heritage sites and national key cultural relics protection institutes. We have obtained a systematic knowledge of the basic state, protection and management institutions, and main diseases of the grotto temples through the survey, which will provide important information for the protection planning, policy making, and project implementing in future preservation.

Key words: Shaanxi Province; Grotto temples; Cliff sculptures; Investigation report

引　言

石窟寺（含摩崖造像）是我国独具特色的文物类型，其分布广泛、规模宏大、体系完整、内涵深厚，具有极为重要的历史、艺术和科学价值，是我国辉煌灿烂古代文明的集中体现，是中华文明同其他古代文明交流互鉴的历史见证。同时，石窟寺集建筑、壁画、雕塑、书法、题刻及碑刻等于一体，是内容最为丰富的文物类别，集中反映了古代社会的宗教信仰、艺术观念、技术工艺和社会发展水平，是研究我国古代宗教史、艺术史、科技史、中外文化交流史等方面的珍贵资料。石窟寺始于印度，随着佛教传入中国，自 3 世纪至明清，官方、民间历代开窟不断。早期石窟寺主要分布在新疆地区；魏晋时期石窟寺的重点转移到了北方及中原地区，主要集中在黄河流域及周边地区，达到兴盛时期；隋唐时期石窟寺在长江流域以南地区广为传播，并于宋代晚期在岷江、嘉陵江流域的四川盆地及周边地区形成了晚期石窟寺的营造高潮；此外，由于藏传佛教的兴盛，石窟寺又在藏地及辽西地区得以兴盛和发展。

陕西曾长期处于中国的政治、经济、文化中心地位，长安既是丝绸之路的起始地，又在绝大多数时间里得东渐文化之先，是外来文化与中国文化融合，产生出新的文化形态，进而影响中国乃至于整个东亚的文化原点。陕西地区控扼丝绸之路腹地枢纽，在中国佛教发展史上始终具有北方佛教中心的独特地位。历代重要的佛教事件和人物几乎都和陕西有关，佛教八宗法脉六宗源出长安。隋唐时期，长安更是佛教中国化的中心。陕西石窟寺在中国乃至世界佛教艺术体系中具有举足轻重的地位，陕西石窟的调查、研究和保护工作意义重大。

一　陕西石窟寺概况

陕西境内的石窟寺营建活动应始于北魏时期，之后历代均有不同程度的营建，并先后在唐代、北宋和明代出现了三次发展高潮。陕北以黄土丘陵地貌为主，沟壑纵横，山体以砂岩为主，适合开窟造像，因而陕北地区开窟数量最多，共668处，占全省石窟寺总量67%。陕北地区石窟以延安的宋金石窟和榆林的明清石窟最具特色，同时陕西北朝石窟也多分布在陕北地区。关中地区以平原为主，石窟主要开凿于北部与陕北高原接壤的北山一带，关中地区共发现石窟寺133处，占全省的13.3%。关中地区以隋唐开窟最具代表性，价值极高，其他时代开窟相对较少。陕南地区，地处秦巴山脉之中，受自然环境和社会环境两方面影响，开窟活动起步较晚，且数量少，现存多为明清时期的小型窟龛造像，目前共发现石窟196处，占全省的19.7%。总体而言，陕西石窟具有关中及陕南少，陕北多；大型石窟群少，单体窟及小型组窟多；北朝、隋唐等早期石窟较少，宋金、明清等晚期石窟多等显著特点。

二　陕西石窟寺发展历史

（一）北朝时期

陕西地区开凿石窟寺的活动最早应出现于北魏时期，相对周边地区略晚，但陕西在此之前已经具有了非常深厚的佛教文化和艺术积淀。陕西乃是中国内地最早接受佛教的地方，关于佛教最初传入中国内地的时间有多种说法，但几乎都与陕西（特别是长安）有关，所以陕西在北朝以前已经形成了良好的佛教文化氛围。曹魏时期，被认为是中土第一位西行求法沙门的朱士行，即“发迹雍州（今西安市长安区西北）”。西晋泰康七年（286年），被誉为“敦煌菩萨”的高僧竺法护在长安青门外立寺修行，这是陕西最早的寺院，之后高僧帛远、聂承远、支法度、若罗严等纷纷在长安建寺讲学。前秦建都长安后，长安成为中国北方佛教最盛的区域，当时最为著名的高僧道安驻锡长安五重寺，有僧众数千人。后秦时，陕西佛教更为兴盛。公元401年后秦统治者姚兴出兵凉州将高僧鸠摩罗什抢至长安，之后鸠摩罗什在长安十一年，译经三十五部九十四卷，门下弟子五千余人，有名者如道生、道融、僧肇等十数人。当时先后来到长安的外国沙门还有弗若多罗、佛陀耶舍、昙摩耶舍等人。他们在长安所译经典，后来成为中国佛教学派和宗派的重要典籍。罗什的数百名弟子后来奔赴中国各地讲经传教，对南北朝时期中国佛教学派的形成具有直接影响。

三国魏晋十六国时期，陕西境内一直是战火不断，直到北魏政权建立以后才进入了相对稳定的统治时期。北魏统治者大力倡导佛教，先后在平城和洛阳营建了云冈石窟与龙门石窟，受其影响，陕北和渭北地区也开始了开窟造像活动。由于关中平原缺乏开凿石窟寺的条件，所以建寺造像和雕刻造像碑的风气很盛。陕西北朝佛教石窟寺具有连接贯通凉州、云冈、龙门三大佛教艺术模式、融合连接六朝政治、经济、文化精髓余绪的独特作用。且陕西地区自汉末以来，大量少数民族部族聚集，与汉族融合发展，形成了多民族融合的复杂信仰群体，促成了这一地区佛道相激相生的特色，也使得陕西北朝石窟寺具有独特的地域宗教艺术风格。

陕西境内共发现北朝石窟及摩崖以小型窟龛为主，但也不乏个别规模较大的石窟群或体量较大的摩崖造像，如安塞大佛寺石窟、旬邑悟空洞石窟、横山接引寺石窟等。陕西北朝石窟主要分布在由凉州通往平城和由洛阳、长安通往陕北、甘肃的几条古道沿线，特别是由长安通往陕北的秦直道沿线石窟分布密集。

北魏时，长安虽地处一隅，但却因十六国以来高僧的译经讲学为本地佛教的发展奠定了理论根基，而道教位于此地的祖源，也为本地域邑社造像“佛道”融合提供了土壤。西魏、北周作为帝都的长安，佛教以其强大的向心力和扩张力，兼收并蓄，并强烈地影响着北中国佛教造像艺术的发展。从而也形成了陕西北朝佛教北窟南碑、佛道并存、胡汉交融、邑团造像、传统与民间并存的风貌，不论处于中心城市、还是偏远山区的汉族与少数部族，均积极地通过开窟造像表达美好祈愿。共同的佛教信仰也成为促进民族融合的重要手段。

（二）隋唐五代时期

经过近四百年的分裂，隋代一统天下，长安重新成为全国的政治、文化、宗教中心。佛教的发展，继续呈现出不断兴盛状态。陕西在隋代左右结束了以造像碑为主的第一阶段，进入第二阶段，规范的开窟造像。整体而言，这一时期同样以规模较小的石窟和摩崖石龛为多，占据了陕西隋唐石窟总数的半数以上。但不同的是，这一时期出现了彬县大佛寺石窟、麟游慈善寺石窟等规模宏大，且具有皇家背景的大型石窟群，将陕西石窟造像的营建推向了高潮，形成了具有初盛唐“长安模式”的造像风格，其影响遍及全国其他地方。隋唐时期的陕西石窟主要分布在长安通向西北方和北方的几条古道沿线，其中绝大多数分布在关中平原西北侧、泾河与渭河干流及其支流沿岸，如淳化金川湾石窟、旬邑马家河石窟、彬县大佛寺石窟、麟游慈善寺石窟、麟游林溪桥石窟等均分布于这一区域，另在其他地区有零散分布。

彬县大佛寺石窟乃是陕西隋唐石窟的代表，它位于关中西北部，身处古丝绸之路交通要冲，下临泾河，依山开窟。在东西约 400 米的崖壁上，共开凿有 130 多个窟室，446 个造像龛，1980 余身造像，主要由僧房窟、千佛洞、大佛窟、罗汉洞、丈八佛窟等部分组成，另有碑刻 13 方、题铭 180 余条、旧藏水陆画和古佛经等大量文物遗存，是陕西省境内规模最大的一处石窟寺遗存，内容丰富，价值极高。处于丝绸之路东段北路要塞上的彬县大佛寺石窟，地理位置特殊，一方面处于北朝“豳宁”地域内，另一方面又是出入关中平原的第一站，其石窟造像同时受到来自西域和关中的两方面影响。大致可以划分两个阶段，太宗和太宗之前的彬县大佛寺石窟造像主要受到云冈石窟、须弥山石窟以及北石窟寺、麦积山石窟造像的影响，动态剧烈、头大身短等特点鲜明；太宗之后主要受到关中地区造像的影响又有自身特色，与长安地区及关中石窟造像风格相似。彬县大佛寺石窟正处在两个造像圈交汇的地方。在开凿初期，因为关中地区和都城长安并无石窟，因此不得不借鉴北朝时期的大型造像窟云冈石窟；而开凿窟龛造像与关中地区其他材料和圆雕造像的不同，必然促使彬县大佛寺石窟直接从周边临近石窟借鉴，从而将“豳宁”地区的庆阳北石窟寺以及略远的天水麦积山石窟、固原须弥山石窟的造型样式和风格特征植入彬县大佛寺石窟的造像中。随着彬县大佛寺石窟造像开凿日久，尤其是大佛的完工，经验的成熟，逐渐开始形成自己的风格；同时，长安造像风格的成熟和辐射力影响到彬县大佛寺石窟，作为新的借鉴样本，混合后逐渐成为唐代造像尤其是长安造像很重要的组成部分。彬县大佛寺石窟可以说是中国佛教艺术顶峰期，初唐佛教艺术风格的代表，其影响遍及全国，甚至可远至朝鲜半岛和日本列岛等周边地区。它作为唐长安中央艺术形式的直接体现者，为我们研究长安地区隋唐时期的佛教艺术、东西文化交流、“长安模式”的内涵与外延、隋唐长安佛教艺术对后代佛教和艺术的影响等重要问题提供了珍贵资料。

陕西隋唐石窟虽为数不多，但体系完整，在长安周边地区大致形成了一个由北周、隋一直延续至晚唐时期的石窟造像链条。

（三）宋金元时期

宋金元时期，伴随着政治中枢东移、经济中心南移的历史大潮，长安失去中枢地位。宋元陕西另一个历史特点便是兵燹频仍。陕西是宋夏战争、金夏战争的主战场，是宋金战争、金蒙战争的西线主战场，是宋蒙（元）战争的前哨战场和宋辽战争的波及地。陕西还是蒙元初年忽必烈与阿里不哥内战、元中叶周王和世球、靖安王阔不花之乱、元末农民战争与元军阀混战、明灭元之战及北元与明的战争的重要战场。战争给这一时期陕西的政治、经济、社会、文化都打下了深深的烙印，石窟寺的营建也不例外。

陕北这块政治、军事、文化及自然环境均具有充分凿窟造像条件，形成了宋金石窟的兴起与繁盛。宋金石窟乃是陕西石窟的特色所在，集中分布于陕北的延安及其周边地区。陕北宋金石窟数量多，艺术水平高，形式多样，内涵丰富，为研究宋金石窟提供了重要的实物资料，尤其是“填补了北方，特别是宋金密宗造像的空白”，在中国石窟艺术史和佛教史上均有着不可替代的地位和价值。

陕北宋金石窟体系完整，纪年等开凿信息明确，为构建整个北宋至金代早期的石窟造像艺术体系提供了可能，为同时期的、回鹘、西夏、辽等民族政权的佛教艺术研究提供了重要参考。

陕西境内发现的宋金元石窟，集中于陕北的延安地区，且以延安中西部的黄陵、富县、甘泉、延安、安塞、子长等县区最为集中，全省其他地区仅有零星分布。从开窟时代来看，主要为北宋中晚期至金代早期，其余阶段开窟均为数不多，呈现出明显的阶段性。北宋以前，陕北佛教虽然有着持续的发展，但受到经济基础等方面因素限制，开窟造像数量有限，且以中小型洞窟和龛为主。而到了北宋景祐五年（1038年）以后，随着西夏政权的建立和逐步崛起，使得陕北地区的军事地位骤然突显，北宋朝廷不断强化关陇防务，作为边防要冲的陕北地区开始大规模驻军，并且沿边修筑了大量具有军事防御性质的堡寨。人口的涌入和聚居点的增加为佛教的发展提供了土壤，时刻笼罩的战争阴云则进一步催生出边地军民强烈的信仰需求。可以说，正是战争造就了陕北宋金石窟的鼎盛和辉煌。

陕北宋金石窟，就石窟分布而言，主要开凿于军事堡寨附近，石窟与军事堡寨相伴而生；同时，石窟多开凿于宋夏、金夏之间的重要军事交通线附近，呈现出明显的带状分布。就石窟形制而言，这一时期的主要洞窟（即大型、超大型洞窟及少量中型窟）大多采用各种中心设坛窟及少量后壁设坛窟，大型和超大型洞窟多为立柱式中央佛坛窟和屏壁式中央佛坛窟，且有不少洞窟设前廊和廊柱；中、小型洞窟则以方形窟及后壁设坛窟为主。就造像题材而言，洞窟主尊造像以三佛（释迦牟尼佛与阿弥陀佛、弥勒佛）及其组合为主，亦有部分洞窟主尊为释迦牟尼佛、自在坐观音为主尊；壁龛造像中有三身佛、大日如来、自在坐观音、骑狮文殊与乘象普贤、十六罗汉、涅槃像与五百罗汉、千佛或万菩萨等几种主流图像和十二圆觉菩萨、十地菩萨、十方佛、千手观音、日月光菩萨、观音救难、地藏与十王及地狱、阿育王施土因缘、罗睺罗受记因缘、僧伽、布袋和尚、三教像等多种非主流图像，题材多样，内容丰富，且出现了玄奘取经图像、金地藏与闵公道明组合图像、布袋和尚、五百罗汉与涅槃组合、文殊与五台山万菩萨组合等代表性图像题材。就艺术特征而言，陕北宋代石窟造像，受到当时兴盛的禅宗和理学思想的共同影响，形成了完全受中国文化和审美特点支配的造像艺术，佛像变成了端庄肃穆、含蓄内敛、超凡脱俗的优美情调，更加注重对内心情感的把握；受到佛教世俗化、民间化的影响，对罗汉、天王、世俗供养人等形象的刻画则更加接近现实，正如韩伟先生所言，“如果说佛陀与菩萨还是仙界风貌，那么罗汉之类的雕塑则是有血有肉有个性的现实生活中的陕北大汉”；金代石窟造像，在继承宋代艺术风格的同时，又融入了辽金佛教艺术的特征，佛、菩萨更加伟岸端庄、平易近人，不似宋的清高淡雅，罗汉、世俗人物的刻画也不似宋代那样精致、细腻，更显金人的自信豪迈，服饰的刻画也变得更加厚重富有质感。总体而言，陕西宋金石窟诞生于宋辽金夏等多民族大融合的时代背景下，受到宋金夏政权战争直接影响，同时又具有明显的陕西地域特征，因而呈现出“多民族冲突与融合”“石窟与战争相伴相生”“陕北地域文化”等三大特征。

（四）明清及民国时期

明清以后，陕西在政治、经济乃至文化等方面，依旧不断走向衰退。明代陕西在朝廷的严密管制下形成了三个版块：陕南是因禁止流民进入而开发程度极低的秦巴老林地区；陕北，尤其是延安以北军屯密集，军户——军事农奴制——比重很大；关中则地狭民稠而又被管得过死，且一部分又被划成了秦府与其他王府的庄田。整个陕西社会发展的活力和民间的创造精神被持续压抑束缚，从而导致明以后在和平、统一的有利条件下社会的发展步伐仍然非常缓慢艰难。在这一背景下，陕西最为发达的关中地区，石窟寺的营建呈现出小规模和民间性的特点。但是，在陕北和陕南却不同程度的兴起了开窟造像的一次高潮。陕北地区，随着其作为抗击蒙元后裔（北元、鞑靼）及河套蒙古边防军事地位的不断提升，陕北北部的榆林地区石窟开凿异军突起，尤其是到了明中期，榆林开窟呈现出井喷式发展，兴建了不少规模较大的石窟寺，形成了陕西石窟寺营建的最后一个高潮期。

陕西地区明清时期石窟主要分布在榆林地区。明代早期（明朝建立至成化年间），明朝廷忙于内部的平叛和社会稳定，无暇过多顾及北方的蒙元势力，因而包括陕北在内的整个陕西地区均开窟较少，且以民间性质的中小型洞窟为主。到了明代中期（成化到万历时期），榆林地区的石窟开凿呈现出井喷式发展，无论是开窟数量，还是洞窟规模，均是前所未有的。这与当时榆林地区的政治、军事活动存在密切关系。在经历了洪武到宣德五朝的安定之后，正统初年，明舍弃东胜而守绥德，蒙古势力遂不断入侵河套地区，榆林被逐步推向了战争的前沿。本地区成为明朝西北部防御蒙古势力入侵的重中之重。一系列的政治、军事措施，如大量实边军民持续到达榆林境内，修筑墩台、长城等军事防御体系，茶马互市，等等，使得大量的人力、物力和财力从各地源源不断地输送而来。加之中央王朝对边区民众的宗教信仰采取有意无意的鼓励态度，致使明代中期以后本地区的石窟开凿呈现出了前所未有的繁荣景象。这一时期的代表性洞窟如榆林雄山寺石窟、榆林悬空寺石窟、米脂万佛洞石窟、神木高家堡东山石窟、佳县兴隆寺石窟、佳县化云寺石窟等，其中不乏规模较大的石窟群和单体石窟，这些大型洞窟大多内容丰富，造像精美，历史价值与艺术价值均较高。就石窟分布而言，这一时期的石窟与堡寨、明长城等军事防御体系关系明显，特别是一些大型和超大型洞窟，显示出石窟与军事防御体系相伴而生的特点。就窟形而言，以三壁设坛窟和四壁设坛窟为主，且出现了不少大型和超大型石窟，这一时期石窟形制有两个显著特点：第一，在正壁坛基前设石供桌，供桌及坛基正面大多浮雕呈棋格状排列的花卉和瑞兽图案；第二，窟顶雕刻较大的圆形八卦藻井及平棋藻井，同样以花卉和瑞兽为主要题材。就石窟造像题材而言，以佛教为主，但释道儒及民间信仰融合现象明显，常见的题材有释迦牟尼佛、三佛、骑狮文殊与乘象普贤、千佛、观音菩萨、十八罗汉、地藏十王、善财童子五十三参等，其他题材有老子、孔子、三清、三官、真武、关公、土地、八仙、诸天星君，等等，这些不同信仰体系下的神祇，或被单独供奉，或被相互混杂在一起供奉，呈现出多元性与功利性特点。就功德主而言，除了当地百姓之外，也有不少因战争而来的官吏、兵将、商人甚至宦官参与石窟营建，呈现出多元化特点。到了明晚期以后，包括整个清代，随着陕北军事、政治地位的下降，石窟造像的营建也呈现出明显的衰落，基本上以少量开凿的民间小型窟龛和对前代石窟的重修重绘为主。

陕南地区的开窟造像活动，受制于自然与文化条件，石窟开凿在明代以后才略有发展。明清时期，绝大多数都是对自然形成的山洞略加改造即用于宗教活动。造像则以泥塑或可移动的造像为主，另有个别摩崖小龛，绝大多数造像体量和规模均不大。

（五）小　结

就全国来看，陕西是石窟寺比较发达的区域之一，全域共发现石窟寺及摩崖造像997处，为全国前列。北朝时期，陕西石窟寺主要孕育于陕北和渭北地区，分布在由大同通往河西地区和由长安、洛阳通往陕北、甘肃的几条古道沿线，以小型窟龛为主，体现出汉文化对外来佛教文化、艺术强烈的选择、改造和融合。隋唐时期，陕西石窟寺主要集中于关中平原西北部，分布在长安西出的丝绸之路沿线，出现了如彬县大佛寺、麟游慈善寺这样规模宏大且具有皇家背景的石窟造像，呈现出皇家气派与民间风貌并存，中外多种艺术风格长期并存与融合，中西文化交流，长安模式孕育并形成等基本方面，是隋唐时期中国佛教艺术的集中展示。宋金时期，受宋金夏民族政权间战争的直接影响，陕西石窟在延安地区却异军突起，开凿了如子长钟山石窟、延安清凉山石窟、富县石泓寺石窟、志丹城台石窟、黄陵万安禅院石窟等一批规模宏大、内容丰富且造像艺术极高的大型超大型石窟，陕西宋金石窟呈现出石窟与战争相伴相生，胡汉多民族冲突与融合，汉蕃军民共同营建，宋辽金夏多种文化艺术相互碰撞与融合的多元风貌。明清时期，由于中原的大明王朝长期受到蒙元残余势力（北元、鞑靼）侵扰，陕西北部的榆林地区又一次被推向了民族政权战争的前沿阵地，这一区域的石窟造像也随即蓬勃发展起来，兴建了如雄山寺石窟、悬空寺石窟、高家堡东山石窟、米脂万佛洞石窟等一批规模宏大的石窟寺，这一时期的石窟造像则呈现出石窟与军事防御体系（堡寨、长城）相伴而生，释道儒及民间信仰杂糅，官吏军民共同造像，泥塑与壁画大量出现等基本面貌。

对探讨明清时期该地区经济、文化、信仰等社会形态领域的研究均有所裨益。

陕西石窟寺是中国佛教考古的重要研究对象，内容丰富，特征鲜明，涉及方面众多，在中国乃至世界佛教艺术体系中具有举足轻重的地位。

三　陕西省石窟寺基本情况统计分析

（一）石窟寺分布与保护级别

陕西省石窟寺专项调查队共野外调查石窟寺（含摩崖造像）997处，其中石窟寺894处、摩崖造像103处，占比分别为89.7%及10.3%。

从地域分布状况来看，关中地区石窟寺（含摩崖造像）133处，其中石窟寺96处、摩崖造像37处；陕南地区石窟寺（含摩崖造像）196处，其中石窟寺178处、摩崖造像18处；陕北是陕西石窟集中分布区域，此次调查石窟寺（含摩崖造像）668处，其中石窟寺620处、摩崖造像48处。具体结果见表一。

陕西省石窟点中，总共有3491龛窟，每个石窟点平均为3—4窟龛，石窟分布比较分散。龛窟内造像为57572尊，数量巨大。

陕西省石窟壁画主要分布在陕北地区，有99处石窟点存在壁画，关中14个，陕南最少12个。存在彩绘的关中、陕南及陕北分别为15、11、45处，主要还是分布在陕北。存在彩塑的关中、陕南及陕北依次为13、33及35处。

表一 陕西省石窟寺野外调查类型汇总表

地区		总数量	对象类型	
			石窟寺	摩崖造像
关中	西安市	5	5	0
	宝鸡市	51	42	9
	咸阳市	23	22	1
	渭南市	14	7	7
	铜川市	40	20	20
陕南	商洛市	12	12	0
	汉中市	57	46	11
	安康市	127	120	7
陕北	延安市	318	271	47
	榆林市	350	349	1
合计		997	894	103

表二 陕西省石窟寺级别统计表

地区		类别		文物级别				
		石窟寺	摩崖造像	国保	省保	县（市）保	文物点	新发现
关中	西安市	5	0	0	1	1	3	0
	宝鸡市	42	9	1	3	3	37	7
	咸阳市	22	1	2	1	4	12	4
	渭南市	7	7	0	1	10	2	1
	铜川市	29	11	3	2	2	16	17
陕南	商洛市	12	0	0	0	1	10	1
	汉中市	46	11	1	2	3	47	4
	安康市	120	7	0	3	32	82	10
陕北	延安市	271	47	5	19	23	215	56
	榆林市	349	1	0	13	51	166	120
合计		903	94	12	45	130	590	220

注：在三普资料基础上新录入石窟（摩崖造像）230处，其中10处在此次调查前已发现，并列为县（市）级以上文物保护单位。

陕西省997处石窟寺中，现有全国重点文物保护单位（国保）12处，其中一处世界文化遗产，为咸阳市彬县大佛寺；省级文物保护单位45处，县（市）级文物保护单位130处。统计结果见表二。

从地域分布上看，陕西省石窟寺主要分布在陕北的延安和榆林，分别占到陕西省石窟总数的31.9%和35.1%，陕南的安康和汉中市也占了不少比例，分别为12.7%和5.7%，其他地区数量不大，一般小于5%。

从保护级别上看，关中地区石窟寺及摩崖造像的数量虽然不多，但是国保和省保占比很高，其中国保占比到4.51%，省保6.02%；陕北地区数量多，但是列入国保的数量仅占当地0.75%，省保占比4.79%，一般文物点数量相对占比较多，为57.04%，另外此次调查又列入了大量的新发现石窟寺及摩崖造像点。陕南地区国保、省保占比最低，分别为0.51%和2.55%，一般文物点达到70.92%。

本次调查新发现石窟点230处，主要分布在榆林（120处）、延安（56处）、铜川（17处）、安康（10处），另外宝鸡、咸阳、渭南、汉中及商洛等地也有17处石窟点发现。新发现点中，以石窟寺为主，为214处，摩崖造像16处。

此处新发现文物点数量包括原先定义为寺庙遗址、古建筑等其他类型文物点的石窟寺或者摩崖造像10处。

（二）陕西石窟寺年代

陕西境内的石窟寺营建活动起始于北魏时期，之后历代均有不同程度的营建，并先后在隋唐、北宋和明代出现了三次发展高潮。南北朝时期石窟46处，主要分布在关中和陕北，其中关中12处，陕北33处；隋唐时期有70处，代表性的石窟为彬县大佛寺；两宋分别有131处和82处。元朝时期石窟较少，31处，且主要集中在陕北。明清是陕西石窟寺开凿又一个高峰，数量分别为421和277处（表三）。

表三 陕西省石窟寺年代统计结果表

地区	统计年代								
	南北朝	隋唐	五代	北宋	南宋	元	明	清	不详
西安市	0	1	0	1	1	0	1	2	1
宝鸡市	3	11	0	6	6	1	17	19	13
咸阳市	2	7	1	8	5	1	4	1	1
渭南市	0	7	2	4	3	3	3	1	4
铜川市	7	6	0	5	3	0	8	6	13
关中地区	12	32	3	24	18	5	33	29	32
商洛市	0	0	0	0	0	0	5	10	2
汉中市	1	2	1	2	2	1	9	34	19
安康市	0	2	1	3	2	2	36	51	44
陕南地区	1	4	2	5	4	3	50	95	65
延安市	30	20	1	81	44	12	78	51	87
榆林市	3	14	0	21	16	11	260	102	13
陕北地区	33	34	1	102	60	23	338	153	100
小计	46	70	6	131	82	31	421	277	197

从区域分布上看，陕南地区除了个别石窟点外，由于保存不利，很多石窟难以断定年代，但主要的为明清开凿（或修整）。关中地区石窟数量虽然较少，但是两宋及以前石窟均有分布，具有较高的历史价值。陕北是陕西省石窟分布核心区域，年代连续，主要国保与省保均分布在陕北，从年代上看，陕北石窟除了南北朝与隋唐外，两宋、明清数量均较大，特别明朝石窟数量达到338处。陕北石窟在中国石窟中具有独特的历史价值和艺术价值。

四 陕西省石窟寺保护中主要风险与问题

近十年来，针对石窟寺，陕西省开展了一系列保护工程。调查统计，实施项目最多的为全国重点文物保护单位彬县大佛寺、省级文物保护单位雄山寺石窟，为5项；全国重点文物保护单位金川湾石窟、城台石窟、钟山寺石窟与药王山摩崖造像为4项；全国重点文物保护单位韩村石泓寺3项；实施了2项的有全国重点文物保护单位清凉山万佛寺石窟、省级文物保护单位石宫寺石窟。实施了1项的有151处。有160处石窟点在近十年开展过保护工程，约占陕西省石窟寺总数目的15%。

目前陕西省石窟寺保护需求还非常突出，主要问题如下。

（一）稳定性问题

结构失稳是陕西省石窟中一个非常普遍的问题，严重影响到石窟的长期保存。从统计结果看，关中地区近80%石窟点都存在稳定性问题，而陕南相对较好，约有55%的石窟存在稳定性问题，陕北石窟有75%的存在稳定性问题。

从石窟失稳诱发因素看，关中地区主要是其他因素（风化、劣化等）、结构切割为主，裂隙渗水也是一个重要的诱发因素。陕南地区，主要诱发因素为结构面切割。陕北地区与关中地区类似，结构面在危岩体的发育中占比约74%，而其他因素，也占到63.3%（表四）。

另外，关中地区的渗水病害对结构失稳的影响也不能忽略，有35.3%的存在渗水诱发坍塌的可能。人为破坏和地震作用相对要低，一般不超过5%。

从全省情况看，将近72%的石窟点存在稳定性问题，而其他因素（风化、劣化等）对石窟失稳的影响占比56%，结构面切割导致岩体破坏占比70%（表五）。

表四 陕西省石窟失稳及诱发因素统计结果表

地区		总数	无失稳	存在失稳，诱发因素				
				其他因素	结构面切割	裂隙渗水	人为破坏	地震
关中	西安市	5	5					
	宝鸡市	51	9	42	42	35		7
	咸阳市	23	11	8	12	7	2	1
	渭南市	14	5	2	10	4		
	铜川市	40	1	39	38	1	2	
	小计	133	31	91	102	47	4	8
	占比（%）		23.31%	68.42%	76.69%	35.34%	3.01%	6.02%
陕南	商洛市	12	0	10	12	4		1
	汉中市	57	16	7	37	9	3	1
	安康市	126	70	28	55	4		
	小计	196	86	45	104	17	3	2
	占比（%）		43.88%	22.96%	53.06%	8.67%	1.53%	1.02%

陕北	延安市	318	94	147	219	10	4	1
	榆林市	350	74	276	275		2	
	小计	668	168	423	494	10	6	1
	占比（%）		25.10%	63.30%	74.00%	1.50%	0.90%	0.15%
全省	合计	997	285	559	698	74	13	11
	占比（%）		28.69%	56.07%	70.01%	7.42%	1.30%	1.10%

表五 不同保护级别石窟结构失稳数统计表

文物级别	总数	存在结构失稳数	占比
登记文物点	590	398	67.5%
县级	130	101	77.7%
省级	45	38	84.4%
国保	12	12	100%
新发现	220	163	74.1%

表六 陕西省石窟风化病害及病害类型统计结果表

地区		总数	无风化	存在风化，病害类型			
				差异风化	粉末状风化	风化裂隙切割	开裂起翘空鼓
关中	西安市	5	4		1		1
	宝鸡市	51	5	45	6	40	37
	咸阳市	23	2	4	20	4	16
	渭南市	14	3	0	9	3	9
	铜川市	40	1	38	38	36	38
	小计	133	15	87	74	83	101
	占比（%）		11.28%	65.41%	55.64%	62.41%	75.94%
陕南	商洛市	12	0	11	8	3	7
	汉中市	57	2	18	46	18	37
	安康市	127	38	54	36	47	39
	小计	196	40	83	90	68	83
	占比（%）		20.41%	42.35%	45.92%	34.69%	42.35%
陕北	延安市	318	42	227	219	71	122
	榆林市	350	17	306	332	276	317
	小计	668	59	533	551	347	439
	占比（%）		8.80%	79.80%	82.50%	51.90%	65.70%
全省	合计	997	114	703	715	498	623
	占比（%）		11.43%	70.51%	71.72%	49.95%	62.49%

从不同文物级别统计结果可以看出，国保中，12 个石窟点，有 12 个均存在稳定性问题，省保中，45 个中有 38 个存在稳定性问题。因此，稳定性问题是目前陕西省石窟保护迫切需要解决的、普遍的问题。

（二）风化病害

风化病害在陕西石窟点中非常普遍，关中地区约有 89% 的石窟存在风化病害；陕南有 79% 的洞窟存在风化病害；陕北有 91% 石窟存在风化病害（表六）。

从病害类型统计结果可以看出，关中地区首要风化病害为开裂起翘与空鼓，约有 75.94% 洞窟存在该风化现象，其次为差异风化，占比 65.41%，风化裂隙切割与粉末状风化分别为 62.41% 和 55.64%。总的说来，任何一种风化病害类型在关中地区均非常普遍。

陕南地区风化病害发生率相对要低，粉末状风化为主，约在 45.92%，其次为开裂起翘空鼓病害及差异风化，均为 42.35%，风化裂隙切割为 34.69%。

陕北地区主要地层为砂岩，风化病害更为普遍，其中 82.5% 的洞窟存在粉末状风化，79.8% 洞窟存在差异风化。风化裂隙切割与开裂起翘空鼓病害约为 65.7%。

从全省统计结果看，将近 89% 的石窟点存在风化问题，差异风化与粉末状脱落是风化病害的主要形式（表七）。与稳定性病害类似，风化病害是一个普遍发生的病害种类。国保中，12 个石窟点，均存在风化问题，省保中，45 个中有 43 个存在风化问题。其他级别的石窟点，也超过 85% 以上的存在风化病害现象。

（三）水害

水害不单可以直接造成文物本体破坏，往往是诱发风化、结构失稳、生物病害的重要因素，且处理难度大。在陕西省石窟点中，关中地区有将近 73% 存在明显的水害现象，陕南有 55% 存在水害问题，占比相对要低，陕北地区约有 73% 存在水害问题（表八）。

从水害类型上看，关中地区主要的水害类型为面流水，约占 69.92%，其次为裂隙渗水，占到 44.36%，毛细水约为 13.53%。陕南地区裂隙渗水与面流水均为主要的水害类型，分别占到 34.18% 和 31.63%，其他类型占比不高。陕北地区降雨相对要少，裂隙渗水仅占 8.70%，面流水约为 35.2%，主要的水害问题为毛细水，占到 52.50%，这与当地气候和岩性有密切关系。

另外需要注意的是，在一些大型洞窟内，凝结水也有发生，如陕北地区有将近 18.40% 洞窟记录有凝结水的现象。

整个陕西省，将近有 70% 的洞窟存在水害问题，从发生数量上看，仅次于结构失稳和风化病害的第三大问题（表九）。

表七 不同保护级别石窟风化病害统计表

文物级别	总数	存在风化病害数	占比
登记文物点	590	507	85.9%
县级	130	119	91.5%
省级	45	43	95.6%
国保	12	12	100%
新发现	220	202	91.8%

表八 陕西省石窟水害及水害类型统计结果表

地区		总数	无水害	存在水害，水害类型			
				裂隙渗水	面流水	毛细水	凝结水
关中	西安市	5	5	0	0	0	0
	宝鸡市	51	5	37	46	2	2
	咸阳市	23	11	9	9	1	0
	渭南市	14	10	3	4	0	0
	铜川市	40	5	10	34	15	0
	小计	133	36	59	93	18	2
	占比（%）		27.07%	44.36%	69.92%	13.53%	1.50%
陕南	商洛市	12	1	5	7	0	0
	汉中市	57	23	13	26	4	8
	安康市	127	65	49	29	3	1
	小计	196	89	67	62	7	9
	占比（%）		45.41%	34.18%	31.63%	3.57%	4.59%

陕北	延安市	318	131	40	70	143	120
	榆林市	350	51	18	165	208	3
	小计	668	182	58	235	351	123
	占比（%）		27.20%	8.70%	35.20%	52.50%	18.40%
全省	合计	997	307	184	390	376	134
	占比（%）		30.79%	18.46%	39.12%	37.71%	13.44%

表九 不同保护级别石窟水害统计表

文物级别	总数	存在渗水病害	占比
登记文物点	590	382	64.7%
县级	130	99	76.2%
省级	45	41	91.1%
国保	12	12	100%
新发现	220	156	70.9%

表一〇 陕西省石窟生物病害及生物病害类型统计结果表

地区		总数	无生物病害	存在生物病害，病害类型		
				动物	微生物	植物
关中	西安市	5	5	0	0	0
	宝鸡市	51	3	3	41	48
	咸阳市	23	12	3	9	5
	渭南市	14	10	0	4	3
	铜川市	40	9	5	15	28
	小计	133	39	11	69	84
	占比（%）		29.32%	8.27%	51.88%	63.16%
陕南	商洛市	12	1	0	3	9
	汉中市	57	4	5	52	37
	安康市	127	33	12	52	66
	小计	196	38	17	107	112
	占比（%）		19.39%	8.67%	54.59%	57.14%
陕北	延安市	318	210	15	72	43
	榆林市	350	106	31	127	231
	小计	668	316	46	199	274
	占比（%）		47.31%	6.89%	29.79%	41.02%
全省	合计	997	393	74	375	470
	占比（%）		39.42%	7.42%	37.61%	47.14%

表一一 不同保护级别石窟生物病害统计表

文物级别	总数	有生物病害点	占比
登记文物点	590	339	57.5%
县级	130	91	70%
省级	45	35	77.8%
国保	12	8	66.7%
新发现	220	131	59.5%

从不同级别的石窟水害统计结果表可以看出，12个国家重点文物保护单位中，均存在水害问题，45个省级文物保护单位中，有41个存在水害问题，超过了90%。其他级别的洞窟点水害发生率也超过了60%。

（四）生物病害

生物病害主要为动物、植物和微生物病害。生物病害与环境、渗水病害等密切相关。关中地区存在生物病害的石窟点约为71%，陕南降雨丰沛，植被茂密，相应的生物病害更为普遍，约为80%；陕北相对气候干燥，生物病害发生率较低，约为53%（表一〇）。

从病害种类来说，植物病害是主要的生物病害，关中地区占到63.16%洞窟存在植物病害，陕南约有57.14%的为植物病害，而陕北为41%。微生物病害比例也很高，关中、陕南、陕北分别为51.88%、54.59%和29.79%。动物病害偶有发生。

从全省统计结果看，生物病害发生的概率约为60%（表一一）。

陕西省的国家文物保护重点单位中，约有66.7%存在生物病害，省级保护单位中，有77.8%存在生物病害。其他石窟点，生物病害的发生率超过50%。

（五）地质灾害

滑坡、山体崩塌、泥石流及洪水是导致洞窟彻底毁灭的灾害，一些临河、临谷的石窟点，存在地质灾害的风险。

陕西省石窟的地质灾害风险调查结果表明，存在地质灾害的点约有40个。虽然总的数量不是太大，但是其中有国家重点文物保护单位2处：钟山寺石窟、城台石窟，省级文物保护单位3处：安康香溪洞石窟寺、汉中汤家庵千佛洞和佛爷洞石佛龛。另外有7个县级文物保护单位。地质灾害对石窟的破坏是毁灭性的，需要引起足够重视。

（六）石窟寺破坏显著问题与原因分析

风化是陕西石窟急需解决的问题。陕西省陕南、关中、陕北具有迥然不同的气候特点，陕南接近南方潮湿气候，陕北为半干旱、半湿润气候，风化问题特点各异，保护难度大，技术储备少（这也是全国普遍存在问题）。风化的治理工作近年来基本上无实质性的推进。

水害也是陕西石窟的一个重要问题，水害同时会伴生生物病害、危岩体坍塌病害等。据调查统计，陕南、汉中面流水是导致石窟破坏的一个重要病害，目前解决面流水最有效的方法就是设置窟檐。据统计，陕西石窟中，存在窟檐的为248个石窟点，其余大部分石窟缺乏遮护。毛细水是盐害、风化病害的主要诱发因素，由于陕北地层基本为砂岩，这种砂岩毛细现象非常普遍，如何解决陕北地区砂岩毛细水害目前办法不多。

陕北石窟普遍为砂岩，在没有水害、盐害等情况下，本体保护一般较好，这部分洞窟数量约占陕北石窟1/2。关中地区保存较好的主要是一些岩性较好的石窟点，如药王山石窟，该石窟为抗风化能力较好的灰岩。陕南地区石窟保存普遍一般，主要原因是陕南石窟本来就零星开凿，石窟开凿后保护不力，最为主要的原因是，陕南地区以变质岩为主，这类岩石自然风化破坏效应本身就很强，难以保护。

石窟寺损害主要还是自然原因形成。

首先，石窟寺基本上开凿在垂直崖壁之上，这种崖壁本身就是潜在的非稳定体，后期人工开凿掏空，进一步改变山体受力，降低山体稳定性。因此在没有保护工作干预情况下，石窟损害将是一种自然现象。

其次，风化主要还是受环境因素、地质条件控制。陕北相对干燥，但是毛细水害发育，冬天温度低，冻融严重。在存在水害的区域，盐害、冻融将导致陕北石窟的持续破坏。关中地区地质条件处于过渡环境，砂岩、灰岩均有存在，水害严重，风化、坍塌比较普遍。陕南潮湿多雨，虽然气温较高，但是陕南普遍为易风化的变质岩、岩浆岩，这类岩石在地表环境下，自然性差，容易破坏。

最后，近年来气候条件变化，特别是陕北地区降雨量增多，对于陕北石窟的保护也提出挑战。

人为活动也是石窟寺损害的一个重要因素。

首先，石窟寺（含摩崖造像）在历史上是以宗教活动为主的场所，烟熏现象、窟前建筑搭建等均可能造成石窟破坏，如彬县大佛寺在清朝修建的窟前建筑，虽然对石窟保护起到一定作用，但同时增加了窟前荷载，加剧了山体岩石变形量。

其次，人类活动对环境改变将间接导致石窟破坏。如工业活动导致 CO_2、NOx、SO_2 的增多，将会导致岩石胶结物流失和矿物蚀变。旅游业的兴起带动了当地经济的发展，但也增加了保护风险。游客对洞窟内小气候的影响也是显著的，参观者呼出的二氧化碳、水汽及释放出来的热使窟内温度、湿度以及二氧化碳浓度骤然上升，对窟内文物的保护产生不良影响。游客的大量增加对造像有意或无意的触碰，也是石窟寺长期保护的一个重要隐患。少数游客缺乏基本的道德法制观念，随意涂鸦、刻画，乃至盗掘，机械性地损伤文物，破坏了石窟艺术形象的完整性。

保护性破坏时有发生。石窟保护难度大，很多不合理的保护加固可能导致石窟破坏加速，如水害治理、盐害治理、危岩体加固等。对于国保和省保，由于保护程序的严格性、保护方案的专业性要求高，这种情况出现概率较低，但是对于普通的县保、文物点，一些自发的保护工作，可能对石窟造成不可挽回的损失。

五　陕西省石窟寺管理与安防

（一）管理状况

调查表明，陕西省大部分石窟由政府行政管理，仅有1%设立专业的管理机构，另外有0.8%由旅游公司开放、利用和管理。同时有约7.1%的石窟处于管理状态一般情况。

目前，陕西省从事与石窟寺管理相关的人员为1046人，达到博士学历的为0，硕士学历为25人，占比2.39%，本科学历为404人，占比为38.62%，本科及以下学历为555人，占比为53.06%。陕西省目前专业从事保护、管理石窟寺的人员总数为340人。在专业技术人员中，高级职称22人，占比6.47%；中级职称128人，占比37.65%；初级职称163人，占比47.94%。另外有27人无职称。陕西省针对石窟寺专门设立管理与保护机构的，或者由旅游公司及风景区管理的石窟点不多。即使是世界文化遗产彬县大佛寺，专业技术人员也非常缺乏。

目前陕西省开放参观石窟比例不大。全国重点保护单位12个，8个开放，省级文物保护单位45个，开放15个。县保单位开放27个，一般石窟点和新发现的开放65个（一般为民间自发组织开放）。开放利用力度有待加强。

（二）安防设施

在陕西省石窟点中，有防雷需求的为101处，占比约10%。已经完成防雷建设的有4处，为延安市杜公祠石窟、榆林市东山石窟、榆林市二郎山石窟、榆林市牛王庙石窟。正在建设的有2处，榆林市千佛洞石窟、延安市凤凰山千佛洞。

陕西省石窟寺中，已建设有安防设施的主要是全国重点文物和省级重点文物保护单位，另外有少量县级文物保护单位也建设有一定的安防设施。

陕西省石窟中，设立有安全保卫机构的为38处，主要的全国重点文物保护单位和省级重点文物保护单位均设安保人员。

陕西省石窟点中，对于存在窟前建筑设施的，可能存在火灾隐患的石窟点为285个，其余石窟由地方政府组织定期巡查。但建设有比较完善、消防设施的占比不高，有待加强。

六 建 议

1. 此次石窟寺调查虽然是全国性工作，存在问题是显而易见的，建议后期按文物级别逐步深化、细化调查工作，结合考古研究工作，将这项工作长期推进下去；其次，进一步完善野外调查工作方法、工作原则、软硬件设施。

2. 石窟是典型的与地质条件密切相关的田野文物，在保护石窟前，需要对石窟赋存的地质条件进行准确认识。建议系统开展石窟赋存地质条件、特性与环境本底研究。以地质背景、地质演化、构造条件、风化营力为基础，建立起石窟地层剖面图，测试和建立起区域性的石窟研究、保护所需基本指标体系，包括基本物理力学指标、成分（XRD矿物及化学成分）、结构（孔隙、胶结类型）、水理性质（毛细水、水盐、渗透性、透气性）、易溶盐等指标;系统总结石窟开凿与地形地貌特征;地质构造、石窟开凿与石窟破坏演化历史。以此建立起石窟保护标本数据库和关键数据分布图，不但为省保、国保石窟保护提供资料，更为重要的是，为石窟规划、研究和整体保护提供支撑。

3. 基于GIS系统建立起石窟调查、管理和保护软硬件系统。地理信息系统（GIS）是对地理分布数据进行采集、储存、管理、运算、分析、显示和描述的技术系统，广泛深入使用在地质、环境、物联等方向。在石窟寺、遗址与古建等不可移动文物保护中，存在数据类型多（地形、结构、地质、历史文献、保护资料、监测、安保等）、数据详细度差异明显、资料管理落后散乱、数据分析处理缺失等一系列问题。通过GIS系统，建立起一套综合地形、地理、考古、地质、文物本体及监测、安防实时数据采集、处理、预警、保护研究为一体的系统，充分利用起前期考古、调查、保护资料，特别是将监测数据的处理纳入GIS，为文物保护研究提供基础。实现数据共享、实时在线、及时预警等功能。

4. 开展石窟保护关键技术研究。其核心在于保护材料，如开裂体的黏结加固材料、表面防风化材料研究。并开展窟檐保护效果、保护理念论证，实现加固和物理防护的保护体系。

5. 从调查结果看，陕西省石窟众多，价值极高，特别是陕北石窟，但是国保和省保数目有限，从程序上限制了科学保护开展，建议推进一批石窟上报全国重点文物保护单位、省级文物保护单位。

6. 推进加强石窟寺考古研究工作，重点开展陕北、关中、陕南石窟考古研究，厘清起石窟走廊的历史脉络。

7. 建议制定石窟寺专项管理办法，管理办法应符合石窟寺保护现状。

8. 石窟保护人才队伍建设建议从如下几个方面考虑：石窟保护必须建立一批立足点比较高的综合性人才队伍，联合国内大学、研究机构，共同培养人才。充分利用陕西省文物保护研究院、陕西省文化遗产研究院等单位，构建起石窟保护人才体系。起到对外联系交流，对省内起到技术交流积累、地方人员学习作用。鼓励地方成立专门的石窟保护机构，形成有针对性的石窟点保护技术人才队伍。建立一支技术过硬的、动手能力强的石窟保护技工、修复师队伍尤其重要。

9. 加强石窟寺管理机构建设。基层石窟寺管理机构建设不足，尤其是县（市）级保护单位及登记文物点的管理。石窟寺日常管理方面也存在一定问题和不合理之处。建议从省级到各地市县加强石窟寺管理机构建设，理顺管理层级，落实巡查保护责任。

10. 加强石窟寺安防（消防）系统建设。陕西石窟寺（摩崖造像）防雷、防火、安防需求问题比较突出，建议根据文物等级和需求，逐步完善三防系统建设。

执笔：韩建武、马红琳、石建刚、严绍军

陕西省石窟寺专项调查项目组成员

调查总队：

队长：赵强（陕西省文物保护研究院院长、正高级工

程师）

副队长：韩建武（陕西省文物保护研究院副院长、研究员）

赵西晨（陕西省考古研究院副院长、研究员）

白海峰（陕西省文化遗产研究院副院长、高级工程师）

总协调人：魏璐、马红琳

调查一组（榆林）：

组长：乔建军

组员：闫宏东、曹丽丽、乔建新、申宝发、马林军、徐海兵、张永岗、李蓉、李桂花、康晓瑜

调查二组（安康、商洛）：

组长：马红琳；副组长：严绍军、李大伟、孙满利

组员：顾亚乐、陈世斌、朱荣军、来昌浩、王永进、王荔君、赵昆、贾甲、张园、巴桑卓嘎、相建凯、董少华、张刚、赵皓辰、陈建威

调查三组（关中）：

组长：田有前；副组长：冉万里

组员：席琳、石建刚、高悦、陈彦榕、张伏麟、王亚飞、武海、张永岗、魏超、温二强

调查四组（汉中）：

组长：张新颖

成员：王磊、张基伟

调查五组（延安）：

组长：张华；副组长：白晓龙

组员：范建国、龚欣、晋浩、赵斌、王成、杨军、杨博、叶晓波、郭永良、高洁、肖琪琪

北响堂山石窟病害种类及成因分析

张君杰，李利元

响堂山石窟管理处，河北邯郸 056200

Analysis on Type and Causes of Grottoes Diseases of Northern Xiangtang Mountain

Zhang Junjie Li Liyuan

Xiangtang Mountain Grottoes Management Office, Handan 056200, China

摘　要： 响堂山石窟位于河北省邯郸市峰峰矿区境内，始凿于东魏晚期，主体完成于北齐时期，由三部分组成，分为北响堂石窟、南响堂石窟和水峪寺石窟（俗称小响堂石窟）。以北响堂山石窟文物保存现状为例，具体分析石窟寺文物存在的病害种类，如开裂、渗水、风化、生物病害、人为破坏等类型和形成这些病害的成因，探寻对应的处理方法，解决响堂山石窟保护中的关键问题。

关键词： 响堂山石窟　石窟病害　裂隙　渗水　风化

Abstract: Xiangtang Mountain Grottoes, located in Fengfeng Mining Area of Handan City, Hebei Province. It was first excavated in the late Eastern Wei Dynasty, and the main part was completed in the Northern Qi Dynasty. The Grottoes consist of three parts, namely the Northern Xiangtang Grottoes, the Southern Xiangtang Grottoes and the Shuiyu Temple Grottoes (commonly known as Little Xiangtang Grottoes). Taking the current preservation state of the Northern Xiangtang Mountain Grottoes as an example, we have in this paper analyzed the types of existing diseases, such as crack, water leakage, weathering, biological diseases, man-made damage, etc. and their causes. Furthermore, we have explored the corresponding treatment methods, in order to solve the key problems in the protection of Xiangtang Mountain Grottoes.

Key words: Xiangtang Mountain Grottoes; Grottoes Disease; Crack; Water Leakage; Weathering

一　北响堂山石窟基本情况

响堂山石窟位于河北省最南端的邯郸市峰峰矿区，是 1961 年由国务院公布的第一批全国重点文物保护单位。始凿于东魏晚期，主体完成于北齐（550—577 年）。以后隋、唐、宋、元、明、清以及民国均有增凿和修补，历经 1400 多年的历史。响堂山石窟现存石窟 22 座，摩崖造像 450 余龛，大小造像 5000 余尊，还有大量刻经、题记等。它是中国三大皇家石窟之一，现为国家 AAAA 景区，国家森林公园，国家风景名胜区。响堂山石窟共有三处，为北响堂石窟、南响堂石窟和水峪寺石窟（俗称小响堂石窟）。

北响堂石窟位于峰峰矿区和村村东的鼓山天宫峰西坡，地处河北省南部，邯郸市西南，太行山东麓，东经 114° 3′ —114° 16′ 、北纬 36° 20′ —36° 34′ 之间，地处晋、冀、豫三省交界地带。

北响堂石窟气候属暖温带半干燥半湿润大陆性季风气候，冬寒夏热，四季分明。年平均气温13.9℃，平均最高气温达38.5℃，平均最低气温达零下11.2℃，日绝对最高气温为41.9℃，最低零下15.7℃。降雨多集中在夏季，强度大，年平均降雨量579.7毫米。夏季盛行偏南风，冬季盛行偏北风。年平均日照2550小时，历年无霜期平均202d。灾害性天气主要有旱涝、暴雨、冰雹、大风、干热风及霜冻等。

北响堂山石窟开凿在鼓山西侧的寒武纪石灰岩上，属于滨海、浅海相碳酸盐及泥质沉积。碳酸盐岩石矿物成分单一，力学强度大，适宜于精雕细琢，洞窟开凿后具有良好的稳定性。石灰岩石像石质细腻，极易受到溶蚀作用影响。

北响堂山石窟与周边的龙门石窟、巩县石窟、天龙山石窟及安阳石窟等石窟中的主要洞窟始凿与完工时代相近。在石窟研究史上承前启后，是十分重要的过渡时期。响堂山石窟多为皇室或皇室近亲显贵开凿，具有北齐的典型时代特征，形成“响堂式样”。独特的“塔形窟”“塔形龛”形式是响堂山石窟典型的特点，无论造像风格还是造型艺术，都对后代产生了重要影响，是研究北齐历史、佛教及造像等重要实物资料。

北响堂山石窟主要分为三个区域，分别是山脚下的常乐寺遗址，半山腰的石窟区和山顶的天宫峰遗址。石窟区又分为北区、中区、南区和隋唐窟龛区四个部分。经过1400多年的历史，在风、雨、地震等自然和人类活动的破坏作用下，有些窟龛损坏十分的严重，大量文物被盗使得一些佛像遍体鳞伤、残缺不全。具体保存现状见表一。

二 北响堂山石窟病害类型

（一）裂隙渗水

裂隙渗水病害是大气降水、地表水或地下水在文物本体表面及洞窟内渗出产生对文物本体破坏的现象，根据病害现象可划分为面流水、裂隙渗水、凝结水、毛细水等类型。裂隙渗水病害主要沿洞窟内所卸荷裂隙及构造裂隙发育。早期，对窟内大部分渗水裂隙进行过灌浆堵漏处理，但部分裂隙局部至今仍存在渗水病害，渗水一般多发生在6到9月份雨季，窟内渗水痕迹明显，沿裂隙周边及渗水裂隙下部壁面存在大量渗水溶蚀钙化堆积物（图二至图六）。

北响堂山石窟的裂隙多达200多条。在主要洞窟第三窟（大佛洞）中最多，有58条。第六窟（释迦洞）有36条。第八窟（刻经洞）有45条。裂隙最长的能达到10米左右，裂隙的最宽能达到5厘米。裂隙具体分布见图一。

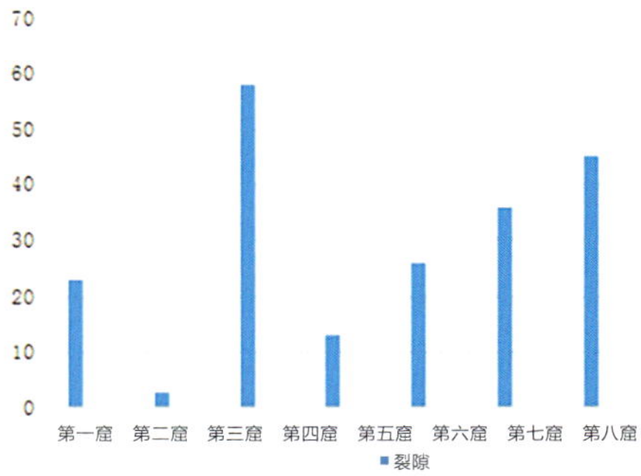

图一裂隙分布统计图

渗水溶蚀所形成不同程度的钙化堆积物，污染面积大约232.68平方米，最为严重的是第三窟（大佛洞），由于长时间的钙化，堆积物最厚的地方达3厘米左右。

具体钙化堆积物分布如表二所列。

表一　北响堂山石窟保存现状

<table>
<tr><th colspan="2">区域</th><th>保存现状</th></tr>
<tr><td colspan="2">天宫峰遗址</td><td>主要由西天宫和东天宫两座塔形建筑组成，保存状况极差，墙体四周都有不同程度的裂缝，有的墙体已经出现鼓包状，随时都有倒塌的危险。西天宫最为明显，其南面墙体已经倒塌。</td></tr>
<tr><td rowspan="4">石窟区</td><td>北区</td><td>主要由第一到第四窟组成。第一窟（随佛龙洞）唐代开凿，保存较为完整；第二窟（文官洞）明代开凿，主佛两侧弟子被盗，除所有佛和菩萨头都被损毁或被盗，保存一般；第三窟（大佛洞）最大最精美的北齐石窟，所有北齐时期的佛首被盗外，佛身也都不同程度的残缺不全，两侧十六尊坐佛已悉数被盗，保存状况较差；第四窟（七佛洞）北齐开凿，宋代又增凿七佛的石窟，主尊像与弟子、菩萨像均遭不同毁坏，保存较差。</td></tr>
<tr><td>中区</td><td>主要由第五、第六窟组成。第五窟（关帝洞）明代开凿的石窟，主尊像保存状况较好，顶部周壁千佛头像被毁，基坛上置像被盗；第六窟（释迦洞）北齐时开凿，造像头部被毁或被盗，身躯残缺，保存状况较差。</td></tr>
<tr><td>南区</td><td>主要由第七到第九窟组成。第七窟（双佛洞）和第八窟（刻经洞）都是北齐时期开凿的石窟，造像部分被毁，余像风化严重，保存状况较差；第九窟（大业洞）隋代开凿的石窟，造像头部被毁或被盗，保存状况一般。</td></tr>
<tr><td>隋唐窟龛区</td><td>主要由第十、第十一窟和隋代的十个龛组成。第十、十一窟都是唐代开凿的石窟，造像头部被毁，身躯残缺，保存状况较差；隋代的十个龛内造像遗失，外立面风化严重，保存状况较差。</td></tr>
<tr><td colspan="2">常乐寺遗址</td><td>主要由宋塔、自来佛和常乐寺组成，保存状况较差。宋塔顶部八、九层部分坍塌，塔身倾斜，存在裂缝；自来佛像残缺不全；常乐寺建筑早年被毁，寺内造像遗失或被毁、被盗。</td></tr>
</table>

表二 钙化堆积物分布情况

编号	规格（米）	壁面	钙化物面积（平方米）
第三窟（大佛洞）	宽 12.6 深 12.3 高 11.3	北	48.2
		西	84.6
		南	33
		中心方柱南	36
第五窟（关帝洞）	宽 3.4 深 3.6 高 2.9	西南角	2.95
第六窟（释迦洞）	宽 7.8 深 10.3 高 5.9	北	4.3
		中心方柱内	5.23
		中心方柱北	1.9
第八窟（刻经洞）	宽 7.5 深 7.1 高 4.4	前室	4.9
		后室	3.1
		外壁刻经	8.5
合计			232.68

图二 第三窟（大佛洞）窟顶、窟壁裂隙渗水

图三 第三窟（大佛洞）甬道裂隙

图四 第三窟（大佛洞）裂隙渗水形成的钙化晶体

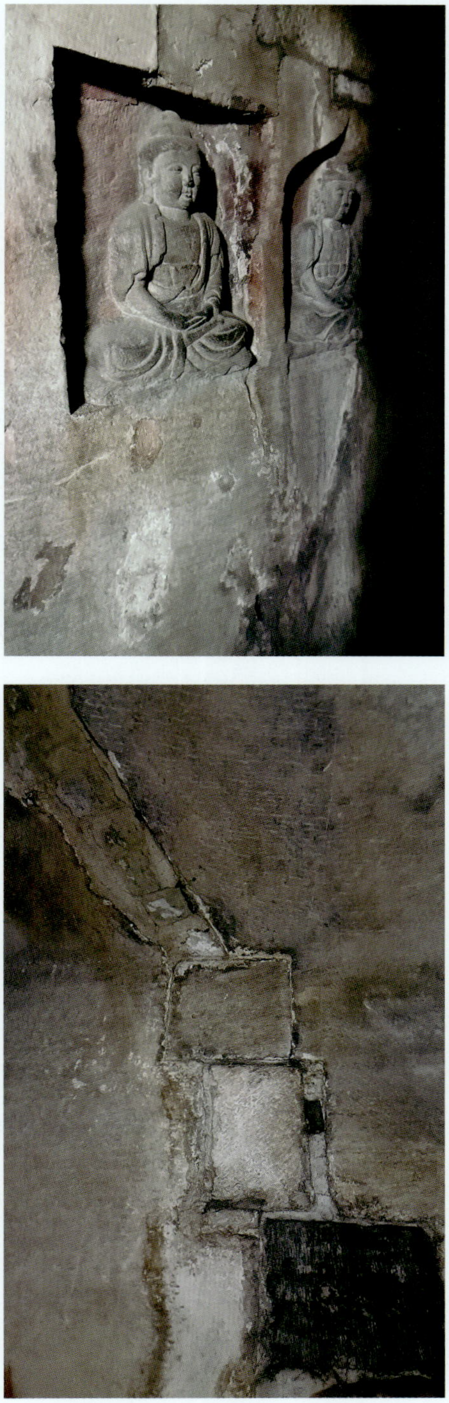

图五 第六窟（释迦洞）甬道裂隙

图六 第六窟（释迦洞）主龛裂隙

（二）风化病害

风化病害是石窟造像文物表层所产生的，破坏文物表面结构完整性或影响文物价值体现的破坏现象，可综合分为粉末状风化、开裂起翘及空鼓、风化裂隙切割、差异风化等四类。由于北响堂石窟所处的地理环境影响，遭受的风化病害十分严重（图七至图一〇）。石窟内，受温度和湿度波动影响，风化病害导致文物表层颜色退变和局部剥落空鼓等现象不断加剧，尤其是常年在窟外风吹日晒的造像和刻经受风化破坏最为严重，并且也不断地加剧。

图七 第三窟（大佛洞）主尊面部风化剥落

（三）生物病害

生物病害是生物活动导致的文物材料破坏，如植物根系对石窟造像岩体破坏、苔藓加剧岩石表层风化等，可分为植物、动物、微生物三大类。

崖壁面及崖壁面顶部山坡面上树木无序生长，损坏石窟岩体的安全（图一一）。尤其是窟立壁边缘 10—20 米范围，岩体破碎，有利于水分在岩体的存储，根系生长劈裂作用造成裂隙扩张加速，根系生长与腐烂形成的酸性分泌物又加速了盐分岩石的腐蚀、溶蚀作用，影响洞窟安全。动物对石窟安全性威胁主要体现在动物粪便对石质文物表面的腐蚀及污染作用（图一二）。微生物病害主要发育在崖壁及洞窟内部裂隙渗水、凝结水病害严重部位，形成石质文物表面的腐蚀及污染病害。

图八 第三窟（大佛洞）两侧窟顶风化剥落及空鼓

三 北响堂山石窟病害成因分析

（一）裂隙渗水病害成因及危害分析

石窟的开凿切割了山体裂隙，并在洞窟壁面形成排泄口，形成洞窟渗漏。由于地震和山体变形使得裂隙渗水的加剧。渗水在岩体表面渗流时发生溶蚀作用，形成溶隙或溶槽，破坏了岩体和雕塑品的完整性；渗水还加剧了洞窟内温湿度的变化幅度，

图九 第六窟（释迦洞）主龛右侧菩萨风化

导致化学风化速度加快；渗水带来的岩溶堆积物，在洞窟文物表面所形成碳酸钙覆盖，使石窟丧失艺术价值。

（二）风化病害成因及危害分析

石窟长期受到温湿度变化、风吹、日晒、雨淋和大气污染的共同作用，石窟造像表层、刻经表面、地仗层及彩绘装饰层受到风化破坏现象，局部存在安全隐患。尤其窟外刻经的风化已经出现了剥落的现象，对文物的损害相当严重。

（三）生物病害成因及危害分析

生物病害共同的特点是需要必要的水分。石窟寺是依山开凿的石室，给动物形成了很好的栖息地，而且大气降雨渗水形成了很好的水源，动物活动产生的排泄物和羽毛对石质文物造成了损害；石窟内部只要有水补给，就为苔藓等微生物生长提供适宜条件，微生物活动对石窟表层形成破坏，并在石窟的表面遗留粗糙的附着物，破坏石质文物的艺术价值；植物的生长不利于岩体的稳定，加速石窟岩体的失稳。

（四）其他因素病害成因及危害分析

在历史上，石窟寺是以宗教活动为主的场所，参拜礼佛的人对保护石窟文物意识淡

图一〇 第八窟（刻经洞）外刻经风化

薄，造成了不可挽回的损坏；旅游业的发展，少数游客缺乏道德法制观念，翻越禁区活动，窟内抽烟、拍照、随意触摸、涂写、刻画等不文明行为造成文物的损伤，破坏了石窟艺术形象的完整性。

图一一 第三窟（大佛洞）门外野生植物

图一二 第三窟（大佛洞）白色动物粪便侵蚀

四 总 结

对北响堂石窟的病害情况详细调查的基础上，进行统计分析，对石窟中存在的各类病害的发育规律进行了研究，基于统计结果得出如下结论。

1. 北响堂山石窟发育的病害包括：裂隙、渗水、风化、生物病害、人为破坏等类型，其中裂隙、渗水和风化是其主要病害，几乎每个洞窟都发现不同类型不同程度的病害，亟待保护。

2. 借鉴以往别的石窟单位保护成功经验，结合北响堂山石窟的特殊环境和现状，建议采取化学、物理、生物和改善环境等综合保护的方式进行治理。可采用裂隙灌浆加固技术、渗水病害的帷幕灌浆截水与防渗排水等综合治理技术、表面防风化加固技术和有害污染物清理技术等措施对石窟进行有效的保护。

3. 目前石窟病害严重，而且该破坏正在发展，建议尽快开展石窟的保护工程，以有效保存该珍贵的石窟文物。

巴中石窟保护性窟檐的初步研究

何汇，李振豪

巴中市巴州区文物保护研究中心 四川巴中 636015

A Preliminary Study on the Protective Eaves of the Bazhong Grottoes

He Hui Li Zhenhao

Bazhong (Bazhou District) Cultural Relics Protection and Research Center, Bazhong 636015, China

摘　要： 巴中石窟开凿于隋，兴盛于唐。窟前建筑屡废屡建，现存的最早建筑为清咸丰年间所建。巴中窟檐现有佛殿式、柱廊式和悬挑结构，对石窟的保护起到一定作用。近年实施了北龛和水宁寺窟檐保护工程，水宁寺采用钢结构框架、光电玻璃等材料，具备可逆性、通风透气等特点，北龛石窟采用川东北传统民居形式，用穿斗式悬挑结构与周边环境相协调。两种不同的窟檐式样为南龛、西龛石窟保护提供了支撑。

关键词： 石窟保护　窟檐　巴中石窟

Abstract: The Bazhong Grottoes were excavated in the Sui Dynasty and flourished in the Tang Dynasty. The buildings in front of the grottoes have been abandoned and built repeatedly, and the earliest existing one was built during the Xianfeng period of the Qing Dynasty. The eaves of Bazhong Grottoes have three architectural styles, namely Buddhist temples, colonnades and cantilever structures, which play a certain role in the protection of the grottoes. In recent years, grotto eaves protection projects of the North-niche and Shuining Temple have been implemented. The Shuining Temple adopted the steel-structured frame, photoelectric glass and other materials, which bear the characteristics of reversibility, ventilation and so on. The North-niche grottoes adopted the form of traditional folk houses in northeast Sichuan province, using the cantilevered structure to harmonize with the surrounding environment. These two different styles of grotto eaves provide support for the protection of the southern-niche and western-niche Bazhong Grottoes.

Key words: Grottoes protection; Grotto eaves; Bazhong Grottoes

引　言

石窟保护性建筑，是通过修建建筑物、构筑物对文物本体进行保护的辅助性保护措施，石窟寺的保护性建筑多以窟檐的形式出现。石窟寺窟龛多依崖壁而建，保护性窟檐也是垂直于窟龛崖壁而建的建筑。保护性窟檐在石窟寺保护中应用已久，许多石窟寺还保存了古代建筑的窟檐遗迹。下面主要以北龛、水宁寺石窟保护性窟檐为例，对巴中石窟保护性窟檐进行初步研究，为南龛、西龛保护性窟檐提供理论支撑。

一　巴中石窟基本情况

巴中石窟位于四川省巴中市境内，据全国石窟寺专项调查统计，巴中地区共有石窟寺 223 处，多属隋唐时期的佛教题材，以巴州区的南龛、西龛、北龛、水宁寺、石门寺、通江的千佛岩、白乳溪等石窟最为精美。主要内容有释迦牟尼佛、三世佛、弥勒佛、菩提瑞像、千佛、西方三圣、西方净土、双头瑞佛、地藏菩萨、观音菩萨、鬼子母以及经幢和瘗窟等。巴中石窟造像内容丰富，雕刻精美，色彩鲜艳，技艺熟练，装饰华丽，保存完好。誉为“巴中石窟，国之瑰宝。盛唐彩雕，全国第一”，在四川石窟中占有重要的地位。

二 巴中石窟传统窟檐建筑分类

据文献，历史上巴中城周四龛及水宁寺、石门寺等石窟都曾建有窟前建筑。

南龛石窟是巴中石窟典型代表。《蜀中名胜记》载：“南龛有广福寺，一名光福寺……今整修观音寺……岩间，就有麓阴亭、云间阁、憩饮亭。”《四川通志》卷二十六巴州条载：“飞霞亭，在州南龛山，路极险峻，又名南龛楼，悬崖削壁，镌佛千计，多刻唐宋名人诗，俯瞰巴江烟水浩渺诚幸观也，国朝知州孟用益修葺。”《巴州志》载：“南龛寺在州南三里南龛山上，亦名古楠寺，创始当在梁、陈时，观严武表可见也。明末，毁于献贼。康熙中，知州孟用益重修。嘉庆初又为教匪所焚。”从以上古籍所记载可见，南龛石窟窟前建筑历经几次焚毁与重建。

《蜀中名胜志》中同样有西龛石窟的记载：“化成县设凤谷山下是也。上有西龛寺，唐名龙日寺，绝壁悬崖，镌佛子大小数千于中，创始无考。”北龛石窟，据民国十二年《巴州志》记载：“苏山坪南麓在巴江北岩苏山之麓。诸志皆为王望山，非也……龛在山下，距州城五里，山势环江抱郭……岩间多小佛龛，镌镂精致，非近世所能做。”又云：“州城前后共四龛，始创皆无可考。唐严黄门南山表已云，属岁月绵远，仪形亏缺。迄今又将千年，尚复如此。度其所作，当在梁陈之世。南北二龛皆佛像，雕镌精妙，疑于神工鬼斧，后人弗及也。”《巴州志》对东龛的记载仅寥寥数语且语焉不详，水宁寺和石门寺两处造像未从古籍中找到相关记载，但造像旁原建有寺庙是无疑问的。

传统窟檐主要有以下形式。

（一）石质窟檐

巴中所处的大巴山区，多雨、空气湿度大，窟檐是巴中摩崖造像保护的最有效方式。古人在开凿石窟时，利用岩体的天然优势，如造像顶部向外凸出的部分形成天然窟檐（图一），实现对造像本体的有效庇护。这种方式虽然不能完全排除水害，但确实对造像本体进行了最大程度的遮蔽，且有与造像本体相协调、通风性好、寿命长等优点。

图一 天然崖壁窟檐

（二）佛殿式窟檐

空间相对封闭，除了梁柱和屋顶外，还在檐柱间设有外墙和门窗，需从门扇进入才能看见其中的造像。巴中现存比较典型的佛殿式窟檐为北龛寺，该寺重建于清咸丰年间，为木结构青瓦屋面建筑，至今仍在发挥保护的作用（图二）。

图二 北龛寺佛殿式窟檐

（三）柱廊式窟檐

空间相对开敞，檐柱间没有外墙和门窗，视觉较为开放，窟檐外部即可看见内部造像。南龛老君洞柱廊式窟檐建于 20 世纪 50 年代，砖木结构（图三）。西龛龙日寺柱廊式窟檐建于 20 世纪 90 年代，砖混结构，在造像所在岩体顶部搭建人字坡屋顶，窟前设立柱支撑（图四）。

以上建筑虽然修建于不同时期，但都在一定的程度上都起到了保护作用。

图三 南龛老君洞柱廊式窟檐

图四 西龛龙日寺柱廊式窟檐

三　巴中石窟病害状况及原因分析

巴中石窟大多开凿于唐代，历经 1300 多年的风吹、日晒、雨淋等自然及人为因素的损害，主要存在以下病害。

（一）岩体病害：造像岩石抗风化能力差、岩体结构不稳定，发现危岩、裂隙、空鼓、机械损伤等。

岩体构造裂隙发育，加上龛窟岩壁、石刻造像上的风化裂隙、卸荷裂隙等，导致部分龛、窟造像受裂隙切割形成局部的危岩，破坏了石刻造像的整体性和稳定性，并为其他风化因素的作用提供了通道和接触面。另外崖壁表层岩体受温差应力及干湿循环作用强，加上龛窟开凿导致卸荷及应力集中等效应，造成龛窟门楣处一定厚度的岩体出现空鼓、开裂、掉落等现象。

（二）水害：造像受降雨、地下水、水渍等影响。由于窟龛造像无窟檐保护，雨水冲刷对崖壁及造像表面破坏极大。

巴中地区属大巴山区，降雨时间集中且雨量大，部分大气降水直接在崖壁上漫流，冲刷岩体表面，可溶盐溶解与结晶交替变化导致石刻酥碱、风化剥蚀；另一部分则垂直入渗通过岩体间裂隙渗入窟龛，增加了岩石的重量并产生静水压力和动水压力，冲刷、溶解和软化了裂隙填充物及下部泥岩，在崖壁上形成岩穴，导致上部砂岩失稳；随着地下毛细水、崖壁渗水、坡顶地表流水进入岩石孔隙，雨水中及崖面岩体中的可溶性盐溶解、迁移，导致在有水活动的部位附近，岩壁、窟顶、彩绘层和石质造像的表面出现层状剥蚀、彩绘酥碱的现象。水的作用方式有：机械淋蚀作用，化学溶蚀作用，浸润软化作用，迁移与沉积作用，与空气有害分子结合的污染作用，诱发可溶盐生成、积聚产生的盐蚀作用，诱发微生物作用等 [1]。

（三）大气等自然因素：自然因素主要是温湿

度、风以及地震，岩石出现表面风化，彩绘形成剥落、酥碱、褪变色等残损现象。

受原生节理与风化裂隙的共同作用，岩体开裂，或已形成很久的危岩受震动影响掉落，以及人为的破坏等因素，使得石刻造像及彩绘层出现局部残缺；在软弱夹层岩石带、渗水影响部位，出现彩绘层起甲、酥粉，彩绘地仗开裂、脱落和缺损等现象。

（四）生物病害：石窟长期处于相对潮湿温暖的环境条件下，导致藻类和地衣的滋长。藻类和地衣附着在岩体表面，在生长初期它的胀缩对表层岩石造成机械性破坏。随着生长繁殖的进行，细胞代谢产生的腐蚀性的有机酸，溶解岩石基质。同时，呼吸代谢产生的 CO_2 溶解在水分中产生碳酸，可明显降低微环境的 pH 值，加快了基质岩石的溶蚀过程。因此，地衣的生长繁殖不仅覆盖了石质文物表面的花纹、文字，大面积的溶蚀作用也可造成文物基质片状剥落。

（五）人为破坏：战乱、盗窃、破坏等人为作用也是重要破坏因素。如水宁寺3号龛6尊头像在1997年8月被盗，水宁寺19号龛3尊头像在2007年8月被盗。

历史上元军入川、明末张献忠扰蜀和“文革”期间的“破四旧”都造成了造像的缺损现象。20世纪80年代之前，由于保护制度尚未完善，也出现一些造像被盗窃或破坏的现象，导致大量造像残缺。当地居民的一些不当的修补和装彩也对部分窟龛造成了不利影响。

近年来，加大了文物保护力度，“四有”工作不断加强，人们保护意识不断提高。在“十三五”期间，实施了一系列文物保护工程，巴中石窟得到有效保护。但水的危害、文物本体风化依旧很严重，危及石窟的安全。石窟寺的保护任重而道远。

四　保护案例

2019年巴州区文物保护研究中心实施了北龛、水宁寺摩崖造像保护性窟檐建设项目。设计理念具有前瞻性，结合工程实施后的效果来看，窟檐建设极大改善了石窟保护状况。

水宁寺1—9号龛窟檐采用半透明玻璃作屋顶、钢结构作支撑立柱，为自重较轻的框架结构，实现了遮挡风雨、改善光照条件的功能，有效地保证了造像的通风透气（图五）。顶部外侧安装太阳能光电玻璃，屋檐前半部分安装了太阳能板，为保护建筑内部拟安装的监测、除湿、照明、报警等保护科技设备提供清洁能源和可持续发展的条件。内侧采用防紫外线磨砂玻璃，保证了充分的采光需求。参观平台通过钢制楼梯与地面联结，并为二层游客平台提供较大空间。使用钢结构可解决大跨度和悬挑问题，同时有效地减少了现场作业，最大限度减少对造像本体的影响。

从外观看，钢结构窟檐与环境不是很协调，但从保护和利用角度考虑，效果明显。

北龛28—34号龛，这些窟龛零散分布在较高的崖壁上，窟檐参考了川东北传统建筑形式，采用穿斗式悬挑结构，尽量减少对岩体结构的影响，檐体出挑距离和屋架形式根据窟檐朝向和雨水飘淋角度进行修改，较好地避免文物受到长期阳光直射、风

图五 水宁寺现代新建窟檐

雨侵蚀。

从外观来看，传统建筑形式窟檐与环境很协调，但悬挑结构的窟檐也存在着缺陷，如“结构基础接触岩体，甚至需要在岩体上打深孔，对岩体有一定破坏性。而木结构与石结构的交接方式则多少搭接或插接，之后用灰泥抹缝，如果几种材料处理不好，常出现从接缝处渗水的状况……悬挑式窟檐出檐较浅，对侧面的风雨遮蔽能力不强”[2]

五 结 语

通过北龛、水宁寺保护窟檐的案例分享，为下阶段巴中石窟南龛大佛洞、西龛佛爷湾保护提供了借鉴。

1. 首先要遵循不改变文物原状、最小干预等文物保护原则，确保文物及其历史环境的真实性和完整性。

2. 明确修建窟檐目的是为了防止剧烈的干湿交替变化，防止日光、风沙、煤尘等直接侵袭。同时要保证通风条件，防止窟内潮湿结露。

3. 掌握窟檐设计的原则。首要原则应是对石窟本体的保护，比如满足遮蔽风雨、排水、改善石窟周边小环境等基本要求。其次是窟檐的耐久性，应有足够长使用年限。第三是窟檐与石窟本体和周边环境的协调性，尽量与石窟历史时期的状况相接近。第四是可逆性，不破坏石窟历史信息，现代建筑或材料，如钢结构等，可拆除，可恢复。尽量减少对石窟本体的负面影响。

总之，在保护性窟檐建设中存在的最大问题是协调新建窟檐建筑样式与石窟寺历史环境相协调的问题。传统木结构窟檐能与历史环境更好的协调，但其在满足文物保护原则方面存在一定不足，现代样式窟檐能更好地满足保护的原则，但对历史环境影响较大。在协调两负面因素，使文物能完整保存下来，尽量延长文物的寿命，这是当代文物保护者的担当和使命，也是我们修建保护性窟檐初衷和原则。

[1] 王金华，陈嘉琦．我国石窟寺保护现状及发展探析 [J]. 东南文化，2018（01）：6-14，127-128.

[2] 吕宁．川渝地区石窟窟檐的建筑学浅析 [J]. 中国文化遗产，2018（05）：14-24.

唐代《开成石经》裂隙调查及成因分析

贾甲[1、2]，甄刚[1]，秦立科[3]，高燕[1]，井燕[1]，王少博[4]，薛金瑞[1]

1. 砖石质文物保护国家文物局重点科研基地（陕西省文物保护研究院），陕西西安 710075

2. 复旦大学文物与博物馆学系，上海 200433

3. 西安科技大学建筑与土木工程学院，陕西西安 710054

4. 青岛电影学院视觉艺术系（文物保护与修复），山东青岛 266000

Investigation and Cause Analyses on Cracks of Stele *Kai Cheng Shi Jing* of the Tang Dynasty

Jia Jia[1,2] Zhen Gang[1] Qin Like[3] Gao Yan[1] Jing Yan[1] Wang Shaobo[4] Xue Jinrui[1]

1.Key Scientific Research Base of Conservation on Stone and Brick Materials, State Administration for Cultural Heritage(Shaanxi Institute for the Preservation of Cultural Heritage), Xi'an 710075, China

2.Department of Cultural Hertage and Museology, Fudan University, Shanghai, 200433, China

3.School of Architecture and Civil Engineering, Xi 'an University of Science and Technology, Xi' an 710054, China

4.Department of Visual Art (Cultural Relics Conservation and Restoration) of Qingdao Film Academy, Qingdao 266000, China

摘　要： 通过对《开成石经》裂隙病害的调查统计与分析，发现在114通碑石（双面刻字共计228面）中，共有91面存在裂隙病害，且均有前人修补痕迹。其中41通碑刻两面均出现裂隙，29通碑刻已断裂。同时还发现，位于展厅西侧的碑刻裂隙病害远多于东侧碑刻。建议下一步针对碑刻的稳定性、现有固定方式的振动特性及抗震性能以及前人使用的修补材料进行分析，开展预防性保护。

关键词：《开成石经》　裂隙　分析

Abstract: Through the investigation statistics and analyses of crack diseases in Stele Kai Cheng Shi Jing, we found that among the 114 steles (double-side inscription, 228 faces in total), there are 91 faces that have crack diseases, all of which have been restored by predecessors. Among them, 41 inscriptions have cracks on both sides, and 29 inscriptions have been fractured. At the same time,we also found that the steles on the west side of the exhibition hall have more cracks than the east side. It is suggested that the stability of the inscriptions, the vibration characteristics and seismic performance of the existing fixed methods, and the former repairing materials should be analyzed in the next step, so as to carry out the preventive conservation.

Key words: Stele Kai Cheng Shi Jing; Cracks; Analyses

一　基本情况

《开成石经》始刻于唐文宗太和七年十二月（833年），开成二年（837年）完成。依次计有《周易》《尚书》《诗经》等12种儒家经书。共刻114通碑石，每石两面刻，共228面，每碑上下分为8段，每段中每行刻 10 字。共刻经文 650252 字。碑石高约 2.16 米，面宽 71—97 厘米不等。下设方座，中插经碑。是中国古代保存最早、最完好的儒家刻经，堪称中华文化的原典 [1]。

《开成石经》刊成后，原立于务本坊国子监内，经过三次搬迁，于北宋崇宁二年（1103 年）搬至现址，即西安碑林博物馆，从此再也没有移动过，距今 900 多年。据现有碑刻史料所载，金元时期曾针对碑林整修 3 次 [2]。明嘉靖三十四年（1556 年），陕西发生 8.5 级特大地震（即“关中大地震”），《开成石经》折断者有 40 石，未断者也伤痕累累，前人对《开成石经》进行过扶正和简单的修缮 [3]。

1936 年由梁思成等学者集体提出的“钢筋混凝土加梁柱”的保护方案 [4]，将石经碑首全部拆除，用钢板夹于碑石上端，然后在其上加钢筋水泥横梁，六或三通碑石之间加一钢筋水泥立柱，在此基础上，将 114 石分为四段，并将其中两段最长的石经设计成直拐角伫立，如支撑腿一般，同时还在碑身与碑座之间以水泥黏合，如图一所示。

图一《开成石经》“钢筋混凝土加梁柱”

《开成石经》加固后具体排列方式见图二，石碑东西两侧对称排列，两侧各 57 通。通过混凝土梁柱加固，每侧石碑分成三种不同类型的独立结构，两侧共 6 个独立结构，相互之间无连接无干扰。三种独立结构类型分别为短“一”字形、长“一”字形和“L”形。短“一”字形结构共 1 通石碑，上设横梁，两侧设立柱，其结构造型如将石碑像镜子一样嵌入到混凝土梁柱框中；长“一”字形结构是利用梁柱将 27 通碑连成整体，每六通或三通中间设一立柱。“一”字形均为单片结构，为了防止在水平作用下发生倾覆，在立柱两侧均设有斜撑，类似古建筑中的夹杆石。“L”形是利用梁柱将 29 通石碑做成整体，东西方向共 24 通，每六通设一立柱，南北方向共 5 通，在三通和两通交界处设有立柱。同样，每个立柱两侧有斜撑防止倾覆。这也是目前西安碑林博物馆对《开成石经》一直沿用的防震加固方案。

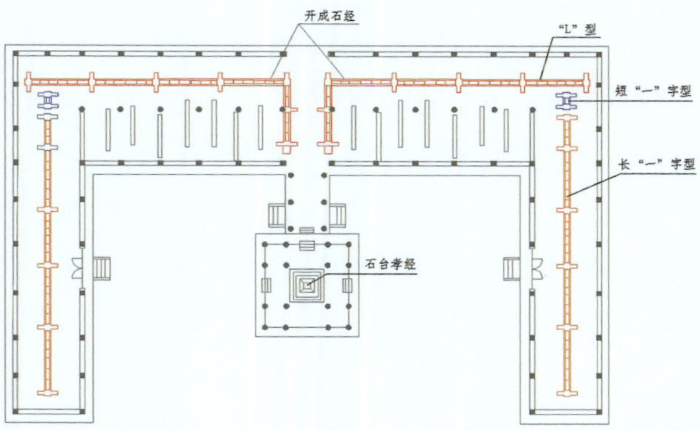

图二《开成石经》加固后的结构类型

二 裂隙调查

调查发现，《开成石经》出现最多也是潜在风险最大的病害为裂隙，石刻裂隙类型大致可分为浅表性裂隙和结构性裂隙，浅表裂隙基本位于石刻表层，开裂深度不大，结构性裂隙在不伴随开裂部分位移、缺失的情况下，一般开裂较小，但随着裂隙的发展，常常会导致石刻开裂、断裂、破裂，危害较大 [5]。根据现场调查，共有 91 面存在裂隙病害，其中仅有一面为浅表性裂隙，其余 90 面的裂隙均为左右贯通，均有前人修补的痕迹。但碑身裂隙是否前后贯通、整块断裂，需采用 X 光、超声 CT 等仪器来进行进一步检测。

（一）裂隙分布规律

统计发现，碑身的裂隙走向有左低右高、左高右低及近水平以及中间高两边低（或中间低两边高）四种情况。裂隙走向大致如图三所示，其中图三，1 表示单裂隙，图三，2 表示双裂隙，由于碑面裂隙条数大于等于 3 的情形较为复杂，此处仅绘制几条来示意碑身的多裂隙，典型的如图三，3 所示。

按照图三所呈现的规律，将《开成石经》每面碑刻的裂隙分布标注在平面图上进行绘图分析，如图四所示，其中红色 11、12 对应裂隙为 1 条，走向为左低右高、左高右低；绿色 21、22、23 分别对应裂隙为两条，走向分别为 2 条都左低右高，2 条都左高右低，1 条左低右高 1 条左高右低三种情况；粉红色 3 表示为裂隙大于等于 3 条。

为方便叙述，将《开成石经》分为Ⅰ—Ⅵ共 6 个区域，见图四，分区域进行统计分析（表一）。

从表一中可以看出，64 通碑刻未出现裂隙，41 通碑刻两面均出现裂隙，其中 29 通裂隙前后左右贯通，意味着该碑刻已断裂，还有 21 通碑刻存在裂隙

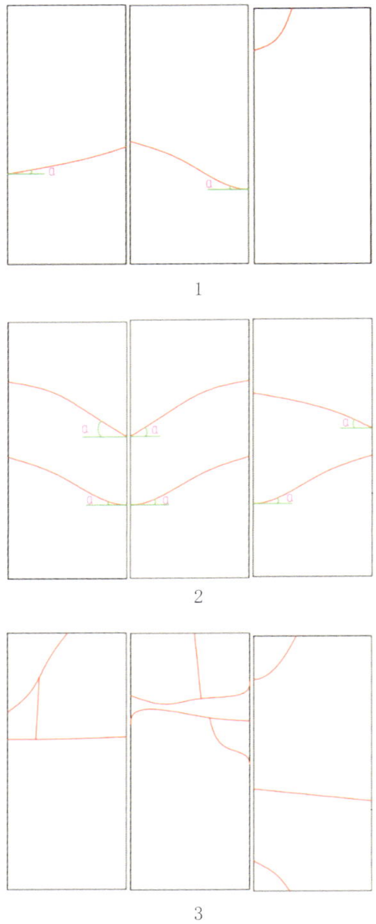

图三 《开成石经》裂隙走向图示

1. 单裂缝 2. 双裂缝 3. 多裂缝

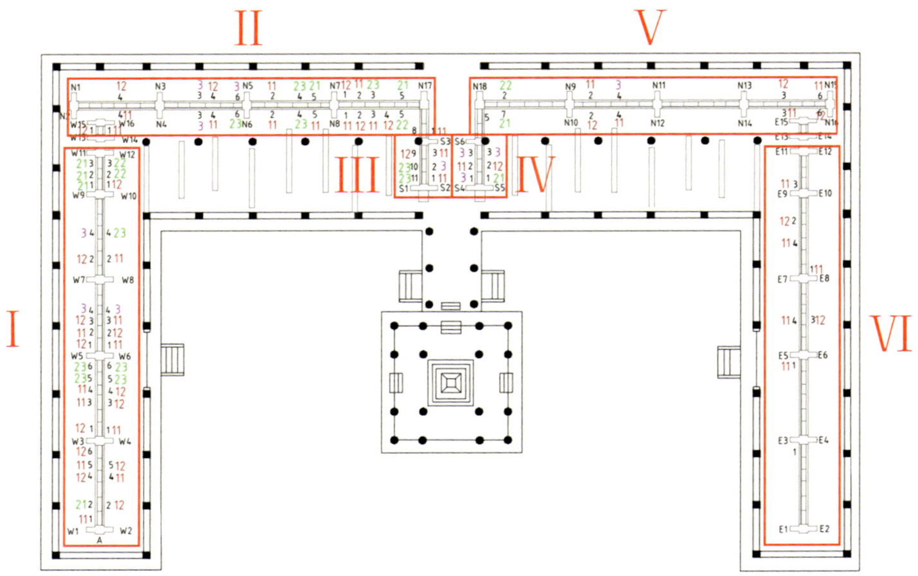

图四 《开成石经》裂隙分布图示

但未贯通，如果裂隙继续发展，很可能会导致碑刻断裂，造成不可逆的破坏。同时还发现，西侧的Ⅰ、Ⅱ区中有裂隙的碑刻数量、两面都出现裂隙的碑刻数量以及裂隙贯通的碑刻数量均远多于东侧Ⅴ、Ⅵ区，具体见图五。

（二）裂隙走向规律

经过统计，91 面有裂隙的碑刻中，其中 57 面只有 1 条裂隙，23 面有 2 条裂隙，11 面的裂隙数大于等于 3 条。对裂隙数多于 3 条的碑面，由于裂隙较多且走向较为复杂，仅凭勘察无法对其是否贯通进行探究（表二）。

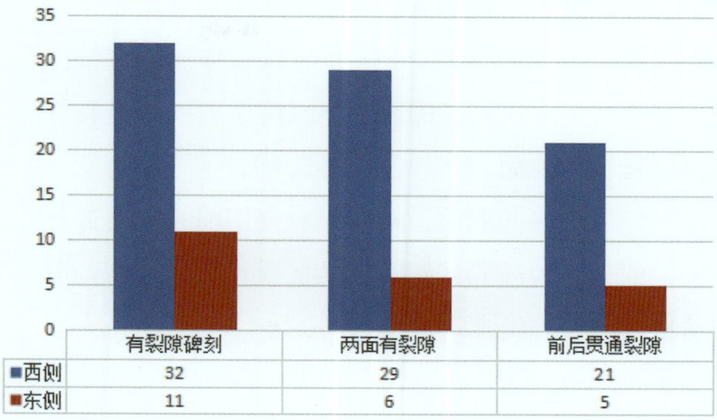

图五 展厅东西两侧出现裂隙碑刻数量对比

表一 《开成石经》出现裂隙碑刻数量统计

区域	两面均有裂隙 / 通		单面有裂隙 / 通	无裂隙 / 通	合计 / 通
	前后贯通	前后未贯通			
Ⅰ	14	4	2	8	28
Ⅱ	7	4	1	12	24
Ⅲ Ⅳ	3	3	1	3	10
Ⅴ	4	1	0	19	24
Ⅵ	1	0	5	22	28
合计 / 通	29	12	9	64	114

注：石碑两面裂隙呈相反趋势且位置相同即视为前后贯通。

表二《开成石经》裂隙走向统计

图形	数量 / 面	裂隙描述
（a）	32	呈左低右高走向，左右贯通
（b）	25	呈左高右低走向，左右贯通
（c）	8	碑身四角中的一角全为水泥填充
（d）	4	两条裂隙均呈左高右低走向，且均左右贯通
（e）	5	两条裂隙均呈左低右高走向，且均左右贯通
（f）	6	两条走向相反的裂隙，且均左右贯通
（g）	6	有多条（≥ 3）裂隙，且相互交汇，有左右贯通的裂隙，但不全部都贯通
（h）	4	有多条（≥ 3）裂隙，且中间有大面积的水泥修补，整体呈碎片状
（i）	1	有多条（≥ 3）裂隙，中间有裂隙，且碑身四角中存在整个水泥填充

从表二中可以看出，34 面碑刻上有多于两条裂隙，除部分碑身四角被水泥修补填充，其余碑刻上裂隙均左右贯通。此外，采用测角度工具测得大多数裂隙的角度集中在 21—60 度，且均为左右贯通裂隙。

三　成因分析

地震损坏。地震引起的水平应力作用在石碑上时，易造成石碑出现倾斜、断裂甚至倒塌。近年来地震频发，仅自 2008 年汶川地震至今，陕西境内发生地震或受外省地震波及的 6.0 级以上地震共计 5 次。《开成石经》的“钢筋混凝土加梁柱”是否仍有足够的防震加固作用，多次地震是否对碑刻产生影响，裂隙是否仍在发育，目前无法得出结论，需对裂隙进行持续监测。

前人修补材料老化。历史上曾在碑石的断裂口埋填上瓦片或瓷器碎末，然后用三合土、水泥或者环氧树脂等材料抹平进行修复。但修补材料已经出现老化严重，胶结能力下降等问题，将镶嵌于墙上的碑刻取下，出现过碑刻沿裂隙断开和修复部位脱胶断开等问题。推测应是前人使用的修复材料随着时间的推移，材料自身也会老化，丧失胶结能力，而且受当时观念、技术、经济等条件限制，补配材料使用前并没有进行相关的脱盐、脱酸等处理，也会造成修复部位石刻出现盐析、酥粉等病害。

展陈环境的影响。《开成石经》所在的第一展室为开放展室，全年最大温度差为41℃左右，最大湿度差80%左右，其由温度应力引起的收缩变形对碑身会造成一定程度的损伤，水分含量、可溶盐的运移等也会造成碑身的表面风化、冻融破坏等。《开成石经》外虽施加玻璃罩，但温度、湿度、地下水及可溶盐等因素的影响，并未完全隔绝开来。

四 结论和建议

通过对《开成石经》114通碑刻的裂隙病害的调查统计与分析，发现共有91面存在裂隙病害，且均有前人修补痕迹。41通碑刻两面均出现裂隙，其中29通碑刻两面裂隙贯通，表明已断裂。同时还发现，位于展厅西侧的碑刻无论是出现裂隙的碑刻总数量、两面都出现裂隙的碑刻数量还是裂隙贯通的碑刻数量均远多于东侧碑刻。

《开成石经》最主要的病害是裂隙发育，在本次对裂隙病害宏观分析的基础上，下一步的工作首先应借助内窥镜、X光、超声CT等科学仪器，对石刻内部裂隙发育进行探查，再采用扫描测绘结果结合有限元分析方法建立计算机模型，对碑刻的稳定性进行分析，此过程中应重点关注位于展厅西侧的、已经贯通的以及有多条裂隙的碑刻；其次，考虑到地震对碑刻的破坏作用，对现有固定方式的振动特性及抗震性能还需进行进一步研究，并在此基础上建立集防震监测、风险评估、应急管理和智能决策为一体的地震灾害预警系统；第三，检测分析前人使用的修补材料，对于胶结能力已经不能满足石刻安全保存需求的应尽快更换，尚可满足石刻安全保存需求的，以“最小干预原则”暂不做处理，但需对粘接填充处做隐蔽处理；最后，石刻病害的产生不是单一因素造成的，需将环境与文物作为整体考虑，应对展室环境以及石刻本体如裂隙等进行长期、持续的监测，通过监测数据进行专项评估分析，预测其发展趋势，建立监测预警系统，实施预防性保护[6]。

[1]强跃，陈根远.唐代《开成石经》的刊刻与价值[J].文博,2015(05)：76-81.

[2]路远.西安碑林史[M].西安：西安出版社，1998.

[3]马志祥.西安孔庙与西安碑林之关系衍变[J].碑林集刊，2016(00)：1-7.

[4]该方案的记载，见于《民国二十六年六月十七日监修委员会致中央文物保管委员会工作报告》（西安碑林博物馆藏碑林旧档）之中。

[5]马宏林.超声CT技术在乾陵石刻风化状况调查中的应用[J].文物保护与考古科学，2015,27(S1)：64-70.

[6]黄克忠.石质文物保护若干问题的思考[J].中国文化遗产，2018(04)：4-12.

延安市富县葫芦河石咀子沟石窟调查研究

杨军[1]，白晓龙[2]

1. 延安市洛川县博物馆，陕西洛川 727400
2. 延安市文物研究院，陕西延安 716000

Investigation and Research on Shizuizigou Grotto of Hulu River, Fuxian County, Yan 'an city

Yang Jun[1] Bai Xiaolong[2]

1. Luochuan County Museum, Yan'an City 727400, China
2. Yan'an Cultural Relics Research Institute, Yan'an City 716000, China

摘　要：通过对陕西省延安市富县葫芦河流域的石咀子沟石窟进行了详细调查，本文重点测录了石窟内三世佛、十六罗汉、释迦涅槃像及供养人等造像，对图像组合题材等相关予以探讨分析。该石窟作为一处民间开凿的小型洞窟，反映了当时民众对于佛教的信仰，有助于了解陕北地区石窟造像风格和技艺，是佛教文化传播和发展的珍贵实物资料。

关键词：延安　葫芦河　石窟　佛教造像

Abstract: Trough detailed investigation of the Shizuizigou Grottoes in Hulu River Valley, Fuxian County, Yan 'an City, Shaanxi Province, we have in this paper focused on the measurement and recording of the sculptures of the Trikala Buddhas, 16 Arhats, Sakyamuni Nirvana and patrons. Moreover, we discussed and analyzed the combination and the theme of these sculptures. As a small cave dug by local people, this grottoes reflect people's belief of Buddhism at that time, helps to understand the style and techniques of grottoes in in northern Shaanxi Province, and is a precious material witnessing the transmission and development of Buddhist culture.

Key words: Yan 'an; Hulu River; Grottoes; Buddhist sculptures

引　言

葫芦河位于陕西省延安市南部富县。富县属黄土高原丘陵沟壑区，县境内有葫芦河、洛河及其支流贯穿全境。青兰（青岛—兰州）高速公路、309 国道依葫芦河修建，顺葫芦河分布有北朝至明清的石窟和摩崖造像。石咀子沟石窟开凿于富县张家湾镇大东沟内的葫芦河支流河畔崖壁上，洞窟开凿地层为易风化的红砂岩，属于陕北地区常见的小型单石窟，但造像技艺和组合题材内容在陕北地区石窟中少见。

2020 年 4 月，笔者对石咀子沟石窟进行实地详细调查、测绘和记录，在此基础上，对石窟的开凿年代，造像题材和石窟特点等有了初步的考证。现将本次研究结果介绍如下。

一　调查情况

石咀子沟石窟，位于陕西省延安市富县葫芦河张家湾镇三城行政村石咀子沟东山崖上。东南依东山，西距大东沟河流约 170 米，西北临乡村公路，交通比较便利。石窟分布在东西向的天然红砂石崖壁上，距地表高约 10 米。地理坐标北纬 36° 08'02.9"，东经 108° 49'58.3"，海拔 1091 米（图一）。

（一）形制

石窟开凿于比较易风化的红色砂岩上。坐南面北。窟口外壁面人工凿平，顶部有阴线刻仿建筑式屋顶及翘檐，呈人字形，宽 1.2、高 0.6 米（图二）。

洞窟为单窟，窟口呈长方形，宽 0.8、高 1.27、厚 0.25 米。窟室平面呈方形，宽 2.16、1.95、进深 2.2 米；中央台基长 2.16、高 0.23、进深 0.53 米；东、西两侧台基长 1.64、高 0.2、进深 0.46 米；北侧台基分别位于窟口内两侧，均长 0.66、高 0.2、进深 0.27 米。藻井呈圆形（图三）。

（二）南壁（正壁）

主尊佛像，位于南壁中央，雕凿于圆拱形龛内，龛高 1.33、宽 0.72、进深 0.23 米。高浮雕，头残，颈部粗短，双耳下垂，颈部饰三道弦纹，斜肩，着双领下垂式通肩袈裟，袒胸，腹部微鼓，双臂自然下垂，双手置于腹前，施禅定印，结跏趺坐于圆形须弥仰莲座上，身有桃形背光和圆形头光，应为释迦牟尼佛。佛衣贴身，衣纹线条简单流畅，仰莲座风化严重，像高 0.68、肩宽 0.3、肘宽 0.34、膝宽 0.46、座高 0.53、座宽 0.47 米；身光高 0.85、宽 0.69 米（图四、图五）。

左侧佛像，位于主尊像左侧，雕凿于圆拱形龛内，龛高 1.26、宽 0.6、进深 0.22 米。高浮雕，头残，颈部粗短，双耳下垂，颈部饰两道弦纹，着双领下垂式通肩袈裟，袒胸，腹部微鼓，双臂自然下垂，袖手平置于腹部，跣足，倚坐于圆形素腰须弥莲花座上，身有桃形背光和圆形头光，表现应为弥勒佛。衣纹线条流畅，质感强，素腰莲花座风化严重，像高 0.8、肩宽 0.25、肘宽 0.26、膝宽 0.32、座高 0.38、座宽 0.54 米；身光高 0.66、宽 0.58 米。

右侧佛像，位于主尊像右侧，雕凿于尖拱形龛内，龛高 1.21、宽 0.6、进深 0.23 米、高浮雕，头残，颈部粗短，双耳下垂，颈部饰两道弦纹，着右衽式通肩袈裟，袒胸，腹部微鼓，双臂自然下垂，双手置于腹部，施禅定印，结跏趺坐于方形素腰须弥座上，身有舟形背光，表现应为阿弥陀佛。贴身佛衣，衣纹简练，像高 0.65、肩宽 0.25、肘宽 0.26 米，膝宽 0.43、

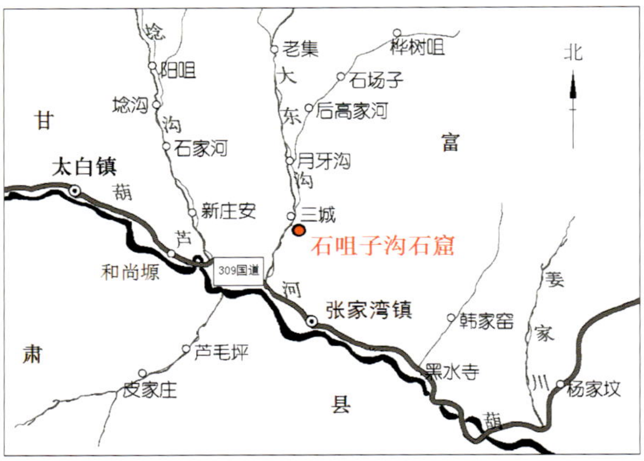

图一 石窟位置示意图

图二 石窟外景图

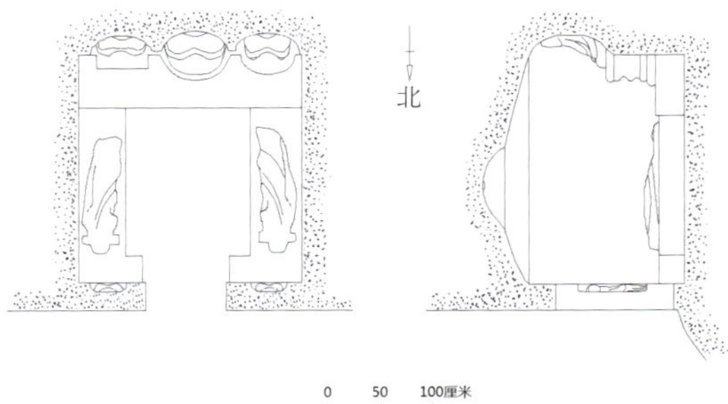

图三 石窟平、剖面图

座高 0.58、座宽 0.47 米；身光高 0.58、宽 0.54 米。

（三）西壁

西壁面浮雕山石图案为背景，开大小圆拱形龛 9 个（1—9），内雕弟子像一尊和罗汉像八尊，罗汉像龛分上下两层，自南向北排列，上层为 1—4 号龛，下层为 5—8 号龛。造像头均损毁，风化严重（图六、图七）。

弟子像，位于壁面南侧，龛高 0.75、宽 0.35、深 0.12 米。圆拱形龛内雕弟子像一尊，高浮雕，面部残，颈部粗短，圆肩，着高领右衽袈裟，腹部微鼓，双臂自然下垂置于腹下部，袖手，左臂为广袖，露足，站立于平台上，表现应为弟子迦叶。像高 0.63 米。

第 1 龛，位于壁面上层南侧，龛宽 0.49、高 0.39 米，龛内雕罗汉坐像一尊，因风化严重，仅存轮廓，可辨似为罗汉像，身略向左挺，左臂屈肘置于山石上，右臂屈肘，搭于右膝上，右腿屈膝踩于山石，露足，坐于山石之上，像高 0.32 米。罗汉像左前方雕菩提树一株，高 0.6、宽 0.85 米。

第 2 龛，位于壁面中部第 1 龛下侧，龛宽 0.35、高 0.45 米，龛内雕罗汉坐像一尊，身着右衽袈裟，双臂自然下垂平置于腹部，袖手，结跏趺坐于山石之上，身有圆形头光，像高 0.3、头光宽 0.19 米。

第 3 龛，位于壁面上层中部，龛宽 0.29、高 0.37 米，龛内雕罗汉坐像一尊，风化严重，身着右衽袈裟，双臂自然下垂置于腹部，袖手，倚坐，身后有桃形身光和圆形头光，像高 0.35、身光高 0.29、头光宽 0.26 米。罗汉像右侧雕一动物形状，

图四 南壁造像

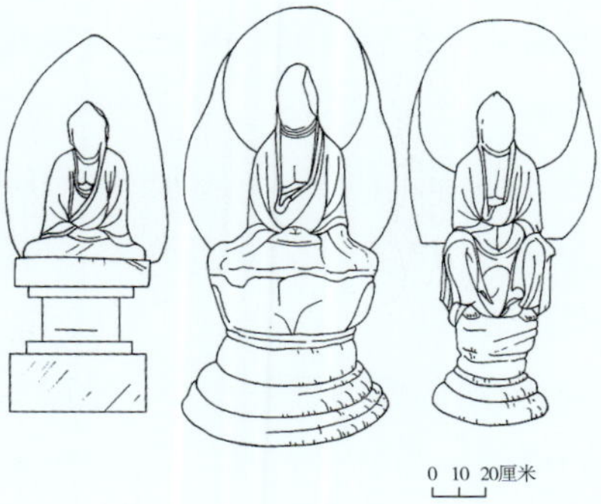

图五 南壁造像线描图

似为虎，可辨呈蹲踞状，前两肢直立，整体风化严重，与罗汉像组合，似为伏虎罗汉，虎高 0.15 米。

第 4 龛，位于壁面上层北侧，龛宽 0.28、高 0.36 米，龛内雕罗汉坐像一尊，着右衽袈裟，双臂自然下垂平置于腹部，袖手，结跏趺坐于山石之上，座

图六 西壁造像

图七 西壁造像线描图

面覆有帷幔，身后有圆形头光，像高0.29、头光宽0.17米。罗汉像右侧上方雕佛塔一座，塔顶呈三角形，塔身为方形，塔高0.31、宽0.21米。

第5龛，位于壁面下层南侧，龛宽0.27、高0.46米，龛内雕罗汉坐像一尊，着右衽袈裟，双臂自然下垂平置于腹部，袖手，结跏趺坐于山石之上，身有桃形身光、圆形头光，像高0.3、身光高0．23、头光宽0.21米。

第6龛，位于壁面下层中心，龛宽0.26、高0.42米，龛内雕椅座罗汉像一尊，着圆领袈裟，双臂自然下垂平置于腹部，袖手，双腿下垂，露足，椅座于山石之上，身有桃形身光和圆形头光，像高0.32、身光高0.29、头光宽0.25米。

第7龛，位于壁面下层中心北侧，龛宽0.24、高0.4米，造像风化剥落严重，仅存轮廓，可辨罗汉像立于平台之上，身有圆形头光，像高0.32、头光宽0.28米。

第8龛，位于壁面下层北侧，龛宽0.27、高0.43米，龛内雕罗汉坐像一尊，着右衽袈裟，双臂弯曲置于右膝上，似为双手抱于右膝，上身略为左倾，坐于山石之上，像高0.27米。

（四）东壁

东壁面浮雕的山石图案为背景，开大小圆拱形9个龛（1—9），内雕弟子像一尊和罗汉像八尊，罗汉像龛分上下两层，自南向北排列，上层为1—4号龛，下层为5—8号龛。造像头部均残，风化严重（图八、图九）。

图八 东壁造像

图九 东壁造像线描图

弟子像，位于壁面南侧，龛高0.77、宽0.36、进深0.13米。圆拱形龛内雕弟子像一尊，高浮雕，面部残，颈部粗短，双大耳，颈部饰三道弦纹，圆肩，着右衽袈裟，双臂自然下垂置于腹部，腹部微鼓，左臂为广袖，双手互握置于腹部，双手残，跣足，站立于平台上，应为弟子阿难，像高0.65米。

第1龛，位于壁面上层南侧，龛宽0.28、高0.36米，龛内雕罗汉坐像一尊，着右衽袈裟，双臂自然下垂平置于腹部，袖手，结跏趺坐于山石之上，像高0.24米。罗汉像右侧上方雕佛塔一座，塔高0.32、宽0.22米。

第2龛，位于壁面上层中心，龛宽0.43、高0.49米，龛内雕罗汉坐像一尊，头戴风帽，身着右衽袈裟，双臂自然下垂平置于腹部，袖手，足蹬靴，倚座于山石之上。罗汉头部上方雕祥云承托盘龙一尊，龙头上仰，面向罗汉而望，前肢直立，像高0.34米。龙身宽0.28、高0.22米。推测此罗汉为降龙罗汉。

第3龛，位于壁面上层中心第2龛下方，龛宽0.28、高0.48米，龛内雕罗汉坐像一尊，着右衽袈裟，双臂弯曲置于左膝部，左腿屈肘，双手抱于左膝，右腿弯曲平置于平台之上，露足，上身略为右倾，像高0.27米。

第4龛，位于壁面上层北侧，龛宽0.26、高0.38米，龛内雕罗汉坐像一尊，着右衽袈裟，双臂自然下垂平置于腹部，袖手，结跏趺坐于山石之上，像高0.26米。罗汉像左侧雕一山林之猴形象，呈蹲踞式，面向罗汉，尾巴下摆，后腿弯曲坐于山石上，猴通高0.21米。

第5龛，位于壁面下层南侧，龛宽0.31、高0.4米，龛内雕罗汉坐像一尊，着右衽袈裟，广袖，右臂上举置盖于头部，左臂自然下垂搭于左膝上，左腿屈膝平置于平台上，右腿屈膝踩于山石之上，露足，身有圆形头光，像高0.28、头光宽0.17米。

第6龛，位于壁面下层中心，龛宽0.36、高0.42米，龛内雕罗汉坐像一尊，着右衽袈裟，双臂自然下垂，广袖，左右手搭于左小腿部，左腿屈膝平置于平台上，右腿屈膝踩于山石之上，露足，身有桃形身光和圆形头光，像高0.26、身光宽0.28、头光高0.2米。罗汉像左侧雕弟子立像一尊，风化剥落严重，仅存轮廓，可辨弟子像双手平置于胸前做供奉状，站立于山石之上，弟子像高0.3米。

第7龛，位于壁面下层中心，龛宽0.38、高0.34米，龛内雕罗汉坐像一尊，着右衽袈裟，双臂自然下垂置于腹部，广袖，袖手，结跏趺坐于山石之上，身有桃形背光和圆形头光，像高0.27、身光高0.27、头光宽0.16米。

第8龛，位于壁面下层北侧，龛宽0.33、高0.43米，龛内雕倚座罗汉像一尊，着右衽袈裟，双臂自然下垂置于腹部，袖手，双腿自然下垂，足蹬靴，倚坐于山石之上，身有桃形背光和圆形头光，像高0.32、身光宽0.24、头光高0.14米。罗汉像右侧上方雕菩提树一株，通高0.7、宽0.26米。

图一〇 北壁侍男造像

图一一 北壁侍女造像

图一二 北壁侍男、女像线描图

（五）北壁

北壁面为窟口内，东西两侧各开两个圆拱形龛，距台基高0.15米，龛内雕供养侍男、侍女像两尊，造像生动，精美（图一〇至图一二）。

侍男像，位于北壁东侧圆拱形龛内，龛宽0.36、高0.68、进深0.12米。龛内雕侍男立像一尊，圆脸，面部残，高发髻，两侧发髻垂于耳部，颈部粗短，饰三道弦纹，圆肩，身着圆领长袍，广袖，下着袍裙略外摆，双臂自然下垂，双手置于腹部，腹部微鼓，袖手，着靴，像高0.63米。

侍女像，位于北壁西侧圆拱形龛内，龛宽0.32、高0.61、进深0.1米。龛内雕侍女立像一尊，面部残，圆脸，高圆发髻，两侧发髻垂于耳部，颈部粗短，饰双道弦纹，斜肩，袒胸，内着抹平胸衣，外着双高领下垂式通肩衣，下着长裙外摆，广袖，双臂自然下垂，双手平置于腹部，袖手，做捧物状，所持半圆形物已残，不可辨，像高0.58米。

（六）台基

窟室内两侧壁面下各凿台基两处，台基上浮雕释迦涅槃像两尊，均头朝北，脚朝南，台基上释迦涅槃像呈对称状，风化残损严重（图一三、图一四）。

图一三 东侧释迦涅槃像

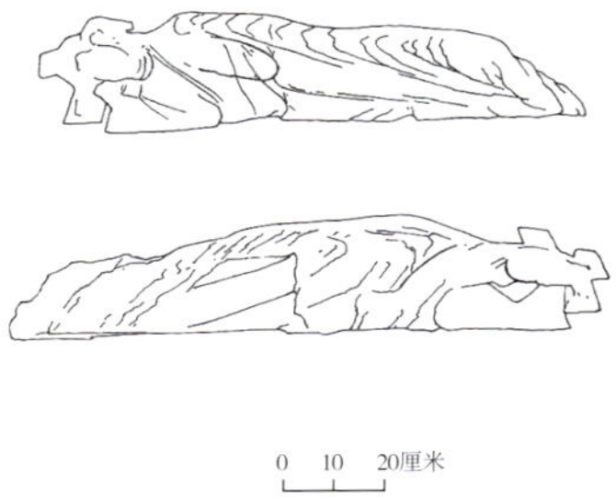

图一四 释迦涅槃像线描图

东侧释迦涅槃像，位于东壁下层台基上，雕释迦涅槃像一尊，呈右侧身睡姿，可辨高髻，颈部饰两道弦纹，袒胸，着右衽袈裟，头枕呈长方形，左臂似为自然下垂置于左身侧，右臂屈肘，右手枕于右脸颊部，身躯平伸略向左倾，造像身部严重风化。像身长 1.35 米，方枕长 0.3、高 0.07、宽 0.09 米。

西侧释迦涅槃像，位于西壁下层台基上，雕释迦涅槃像一尊，呈左侧身睡姿，头枕呈长方形。可辨高髻，着右衽袈裟，头枕呈长方形，左臂屈肘，左手枕于左脸部，右臂似为自然下垂置于右身侧，身躯平伸略向右倾。像身长 1.5 米，方枕长 0.3、高 0.07、宽 0.09 米。

（七）藻井

窟室顶部为平顶，顶部略前方刻有圆形覆钵式藻井，直径 0.8、深 0.2 米。藻井中心浮雕圆形莲花图案，四周线刻放射状条形装饰，整体风化剥落严重。

（八）窟口外壁

窟口外壁面东侧，由点和线刻成的动物似图案（图一五），与岩画相似，共 6 幅，形状似马、大象、狮子、狗等图案，整体造型简单，做工粗糙，身均长 0.06—0.12、高 0.05—0.1 米。

图一五 窟口外壁岩画

二 相关问题初步分析

（一）关于石窟造像开凿年代

石咀子沟石窟所处的地理位置，属延安市富县辖区。富县，古称鄜州，唐朝时改上郡为鄜州，洛川属之。五代时，富县、洛川全境皆属鄜州。宋代，鄜州领洛川、直罗、洛交等县。后延续于明、清、民国时期。1964 年因“鄜”字生僻，改为富县[1]。

石窟的形制、造像和题材属小型洞窟模式，开凿于何年代，窟内发现有确切纪年，只能借鉴于延安及周边有题记纪年的石窟作为参考，并与其他石窟对比进行判断。这种相似石窟造像和题材在陕北地区目前发现较多。如延安安塞县北宋中晚期的新茂台石窟[2]、安塞县北宋中期的毛庄科石窟[3]、富县北宋宣和二年的五家庄石窟[4]、铜川宜君县宋代的后桥石窟[5]等窟的窟形、窟内的三世佛、罗汉造像题材及雕刻技艺等与该窟极为相似。以上范例的石窟形制大小相同，多为单形窟，窟内主壁刻三世佛或一佛二弟子像，左右两壁刻对称的十六罗汉像；其次，释迦牟尼佛与弥勒佛，阿弥陀佛，十六罗汉像等造像组合题材较为相似；造像比列协调，衣纹质感较强，塑造的山石形状及壁面造像布局相近的分布，造像均显得质朴淳厚，衣服轻薄贴身感，衣纹线条简洁，佛座流行为方形和圆形。由此可以判断，石咀子沟石窟开凿年代应为北宋至金代时期。

（二）石窟的造像题材

1. 三世佛，正壁主尊为释迦牟尼佛，左侧为弥勒佛，右侧为阿弥陀佛的三佛组合。关于此窟三世佛身份的考证，笔者多倾向于裟婆世界释迦佛、东方净土弥勒佛及西方净土阿弥陀佛的组合。上述推测分析三世佛身份是否成立，还有待于进一步的验证。

罗汉像，窟内东西两壁雕刻对称的十六罗汉像，这种十六罗汉组合题材属于陕北延安地区宋金石窟中比较普遍流行的题材，如延安黄龙县花石崖2号窟[6]、富县马渠寺罗汉堂2号窟[7]、富县赵家沟观音洞石窟[8]、志丹县何家坬石窟[9]等石窟内均塑有十六罗汉造像题材。同在甘肃与陕北延安交接地域，如甘肃庆阳安定寺石窟[10]、平定川瓦窑背石窟[11]等均有相似十六罗汉像题材组合。十六罗汉像在宋金时期，已形成了较为固定的组合模式。十六罗汉像以不同姿态，形象生动展现，体现出匠人的超高技艺水平。延安地区十六罗汉造像石雕保存完好者以延安清凉山12号石窟[12]、子长县10号石窟[13]、志丹县城台2号石窟[14]、富县石泓寺7号石窟[15]等雕像最为出色。

释迦涅槃像，窟内两侧台基上，浮雕对称的释迦涅槃像，其姿态、造型相同，高髻，着右袒袈裟，长方形头枕，身躯侧睡，左右臂垂置于身侧，左右手枕于脸颊部。此窟涅槃像的布局和庞大的浮雕造型，为陕北宋金石窟中首次新发现最大的两尊释迦涅槃像，也是陕北地区石窟中所独有的释迦涅槃像题材表现。《宋代涅槃变相研究》[16]提出该窟左壁下方雕塑涅槃像已残损，仅可见释迦枕右手侧身于寝台，未见哀悼诸众。在延安宋金石窟中，这种涅槃图在构图上颇具程式化，主要由临终说法图、入涅槃、金棺说法组成，部分还包括起塔供养[17]。此窟两壁雕简易式佛塔造型，表现了涅槃与佛塔的图像组合题材；延安石窟内释迦涅槃像一般刻在石窟壁面上，涅槃像的出现便刻有佛塔，这种涅槃与佛塔的图像组合也是陕北延安比较常见的题材。据《陕西石窟内容总录之延安卷》资料发现共存涅槃图像有12处，如延安富县石佛堂第6窟[18]北壁中央雕涅槃图；清凉山第11号石窟[19]（万佛洞）南屏柱外侧壁面雕涅槃图；黄陵万安禅院第1号窟[20]甬道北壁雕涅槃图像均相似。甘肃省博物馆藏灵台的舍利石棺[21]右侧涅槃像也类似。根据以上石窟涅槃图范例的相似分析，笔者认为东西两壁下的基台上浮雕造像应为释迦涅槃像。

从三世佛、罗汉像、释迦涅槃像及男女供养人的造像题材内容来看，佛士信徒们选择葫芦河附近良好山石及交通通往便利基地，在此处修心打造石窟一座。这也说明，宋金时期的石咀子沟石窟已成为当地民众的朝拜圣地场所，民众打造石窟佛教造像来祈求社稷平安，造福众生的民众心态。

（三）涅槃与三世佛，十六罗汉的图像组合

涅槃与三世佛，十六罗汉像的图像组合题材，是陕北地区常见的石窟信仰题材。造像人物笨拙，服饰质感厚重，线条较为流畅，壁面背景以山石状的装饰多用竖形线条阴刻排列而造，密度较大，深浅不同，刀法简洁，突出人物与山石的层次感，造像造型随意，具有世俗化人物意境，富有了艺术性、现实生活的趣味。此窟正壁中央的释迦牟尼与弥勒佛及阿弥陀佛的组合，同时出现涅槃图像的表现，强化着三世佛与涅槃图像的联系，加之十六罗汉像的出现，表现出关于佛教的传法和护法思想，也反映了人们对净土世界的情感；正如石建刚老师在《一处独具创意的涅槃图像—延安清凉山万佛洞涅槃图像鉴析》[22] 文章中提到，涅槃图像中同时出现了弥勒像和十六罗汉像，反映了人们对现实的不满和对美好生活的向往。由此可以看出，在宋金时期，涅槃与三世佛及十六罗汉像的图像组合题材，已成为陕北延安地区一种流行样式。

（四）石窟的地理位置

石咀子沟石窟坐落在延安葫芦河支流大东沟河畔山崖上。葫芦河，古称“华水”，为黄河支流洛河的一大支流，发源于甘肃省庆阳市华池县子午岭紫坊畔，自西北流向东南，在合水县太白镇瓦岗川口出境进入陕西省富县境内，经张家湾镇、直罗镇、张村驿镇汇入洛川县西部、与黄陵县北部交界的交口河附近汇入洛河。洛河流域为南北向，是陕西关中与陕北的延州（今延安）的交通连接线路。葫芦河为东西走向，与甘肃的合水川支流相接，沿着葫芦河向东通往经延安鄜州（今富县），连接到洛川的厢寺川(宋代开抚古城)、经丹州（今宜川），直至山西地区；向西是通往甘肃太白镇，经合水，直至庆州（今庆阳）地区。葫芦河流域是连接东西向和南北向的主要交通线路，这里发现有多处早期南北朝的摩崖造像和隋唐、宋金时期石窟及寺庙遗址，它不仅是重要的历史交通线，也是佛教文化传播的重要交通路线。

三 结 语

石咀子沟石窟，体型虽小，造像数量不多，其题材内容丰富，是陕北地区佛教造像的重要发现之一。作为一处民间开凿的小型石窟，雕刻技法表现出地域特征，其题材较为特殊，出现涅槃与三世佛，十六罗汉像的图像组合，另有男女供养人的塑造题材，表明当时民众对窟内图像组合题材已有所高度的信仰，来祈求社会稳定，家庭和睦，平安的思想。

总之，石咀子沟石窟的造像艺术精美，为研究陕北延安葫芦河流域佛教文化的发展和石窟造像艺术的传播提供了珍贵的实物资料。

[1] 陕西省文物局编．陕西第三次文物普查丛书：富县文物［M］. 西安：陕西旅游出版社，2012.

[2] 冉万里．陕西安塞新茂台石窟调查简报［J］. 文博，2003,（06）：25-29.

[3] 冉万里．陕西省安塞县毛庄科石窟调查简报［J］. 文博 .2001（1）：10-16，52.

[4] 延安市文物研究所．延安石窟菁华［M］. 西安：陕西人民出版社，2016.

[5] 陈晓捷．陕西宜君县东部石窟、摩崖造像调查简报［J］. 四川文物，2013(03)：9-18, 97-98.

[6] 延安市文物研究所．延安石窟菁华［M］. 西安：陕西人民出版社，2016.

[7] 延安市文物研究所．延安石窟菁华［M］. 西安：陕西人民出版社，2016.

[8] 杨军．陕西富县赵家沟观音洞石窟调查简报［J］. 陇右文博，2018（1）.

[9] 石建刚，杨军．北宋沿边党项熟户的净土殿堂（一）：陕西志丹县何家抓石窟调查与初步研究［J］. 西夏研究，2018 (01)：17-29.

[10] 董广强，魏文斌．甘肃合水安定寺石窟调查简报［J］. 敦煌研究，2010, (04)：48-55, 129-130.

[11] 臧全红，董广强．甘肃省合水县几处晚期石窟调查简报［J］. 敦煌研究，2009(05)：53-60, 130.

[12] 延安市文物研究所．延安石窟菁华［M］. 西安：陕西人民出版社，2016.

[13] 延安市文物研究所．延安石窟菁华［M］. 西安：陕西人民出版社，2016.

[14] 延安市文物研究所．延安石窟菁华［M］. 西安：陕西人民出版社，2016.

[15] 延安市文物研究所．延安石窟菁华［M］. 西安：陕西人民出版社，2016.

[16] 谭洁 . 宋代涅槃变相研究 [D]. 杭州： 中国美术学院艺术人文学院 , 2001 年 .

[17] 石建刚 , 贾延财 , 杨军 . 延安地区北宋石窟涅槃造像中的乐舞图像考察 [J]. 甘肃广播电视大学学报 , 2015, 25(05)： 10-16.

[18] 陕西石窟内容总录编撰委员会编 . 陕西石窟内容总录·延安卷 [M]. 西安： 陕西人民出版社 , 2017.

[19] 陕西石窟内容总录编撰委员会编 . 陕西石窟内容总录·延安卷 [M]. 西安： 陕西人民出版社 , 2017.

[20] 陕西石窟内容总录编撰委员会编 . 陕西石窟内容总录·延安卷 [M]. 西安： 陕西人民出版社 , 2017.

[21] 秦明智 , 刘得祯 . 灵台的舍利石棺 [J]. 文物 , 1983(02)： 48-52, 101.

[22] 石建刚 . 一处独具创意的涅槃图像：延安清凉山万佛洞涅槃图像鉴析 [J]. 陇东学院学报 , 2012, 23(01)： 124-127.

榆林悬空寺石窟万佛洞壁画及病害调查研究

甄刚[1]，贾甲[1、2]，王少博[3]，吴鹏[1]，井燕[1]，师文[1]，陈楠[1]，方文含[1]

1. 砖石质文物保护国家文物局重点科研基地（陕西省文物保护研究院），陕西西安 710075
2. 复旦大学文物与博物馆学系，上海 200433
3. 青岛电影学院 视觉艺术系（文物保护与修复），山东青岛 266000

Investigation and Research on the Murals and Diseases of Myriad Buddha Caves in Xuankong Temple, Yulin City

Zhen Gang[1] Jia Jia[1, 2] Wang Shaobo[3] Wu Peng[1] Jing Yan[1] Shi Wen[1] Chen Nan[1] Fang Wenhan[1]

1. Key Scientific Research Base of Conservation on Stone and Brick Materials, State Administration for Cultural Heritage (Shaanxi Institute for the Preservation of Cultural Heritage), Xi'an 710075, China
2. Department of Cultural Heritage and Museology, Fudan University, Shanghai, 200433, China
3. Department of Visual Art (Cultural Relics Conservation and Restoration), Qingdao Film Academy, Qingdao 266000, China

摘 要：榆林市悬空寺万佛洞，残存有明代制作的石窟壁画 165 平方米，其题材丰富、制作精美，具有较高的文物价值。通过保存现状调查了解到万佛洞石窟壁画病害，其中人为损害主要有刻画、涂写；自然因素病害主要有酥碱、脱落、龟裂、疱疹、起甲、空鼓、积尘等多种。并对造成洞窟壁画自然劣化的壁画表层含水率和可溶盐含量进行了测定和分析讨论，从而认识到其分布特点及与壁画保存状态的对应关系，以及壁画所处空间位置特别是通风条件对壁画保存状态的影响。建议从预防性保护和壁画本体保护修复两方面研究实施保护。

关键词：悬空寺万佛洞　壁画　病害　含水率　可溶盐

Abstract: The Myriad Buddha Caves of Xuankong Temple in Yulin City have grotto murals made in the Ming Dynasty covering an area of 165 square meters. The murals are rich in themes, exquisitely produced, and have precious cultural relics value. Through the investigation of the preservation status, we found that the diseases of the mural paintings in Myriad Buddha Caves are mainly human damage, including scratches and graffiti, as well as natural factors including disruption, partial loss, craquelure, flaking, detachment, dust deposition and so on. Moreover, we have in this paper measured and analyzed the surface moisture content and soluble salts content, which cause the natural deterioration of murals, so as to realize its distribution characteristics of moisture and soluble salts and their corresponding relationship with preservation state in a better way, as well as the influence of the spatial position, especially the ventilation condition on the preservation state of murals. It is suggested that the study and preservation should be implemented from two aspects: preventive conservation and mural body conservation.

Key words: Myriad Buddha Caves of Xuankong Temple; Mural; Diseases; Moisture content; Soluble salts

引 言

悬空寺又称万佛洞，位于榆林市东南 55 公里榆阳区镇川镇石崖底村西南约半公里，无定河西岸古城山悬崖上，山顶有罗兀城遗址[1]。该城于北宋熙宁四年（1071 年）西夏所建，崇宁二年（1103 年）被宋军攻占，并始凿石窟，屯兵防守罗兀城，元代石窟改建为寺观，称悬空寺（图一、图二），2008 年被列为第五批省保单位。悬空寺坐南向北，西临巨壑，东濒无定河，依壁凿洞，石窟重叠，依借崖势成半弧形，有摩崖题刻“崇宁癸未二年（1103年）四月二十八日过此以纪岁月，赵子仪奉命题”可证。明崇祯八年（1635年）重修。万佛洞现存壁画为明代所绘，距今400多年。

悬空寺万佛洞现有大小石窟11处[2]，较大石窟为万佛洞、十八罗汉殿、祖师殿、三霄娘娘殿，是榆林市保存完整的古寺庙之一。其中万佛洞规模最大，为双立柱平顶石窟，洞门额存旧刻“万佛洞”三字，洞内宽12.7米，深13.5米，高5.1米，正方佛台上近年重塑神像5尊；窟殿中，开凿时留两长方形石柱，现存壁画面积共约165平方米左右，壁画主要分布在万佛洞窟内的东、西及北侧石壁及两根石柱的表面，题材丰富，彩绘精美，极具艺术价值和历史价值，是北方长城沿线榆林地区多教合一、民族融合的历史物证。

近些年来已有一些关于榆林地区石窟文物的论文发表，既有针对整个地区摸底性的较全面的调查研究[3-5]摸清了本地区石窟的数量、分布、时代分期、结构特征、内容风格等情况；也有针对榆林悬空寺万佛洞石窟壁画的专文，如绘制年代考证[6]具体题材内容剖析以及艺术性探讨[7-8]等。这对于保护好石窟寺文物是十分有益的。但对于悬空寺万佛洞壁画的保存现状、壁画病害的专业调查上还有所欠缺。为此针对这些问题开展了悬空寺万佛洞壁画的专项调查。

图一 悬空寺石窟万佛洞崖壁正面

图二 悬空寺石窟万佛洞斜侧面

一 壁画保存概况

（一）万佛洞结构

悬空寺万佛洞石窟坐北朝南，窟前建有韦陀楼，韦陀楼下层为殿堂，右侧为财神殿，左侧为观音殿。窟口上部题刻“万佛洞”三字。“万佛洞”题刻上开有三方窗。在其右（西）侧，有一小方窗。在其左（东）侧，有栈道、崖居（图三），内为双柱平顶窟（图四）。沿洞口石梯而上，进入窟内可见方形石柱，存有精美壁画；后（南）壁（图五）有新绘壁画，坛基上玻璃罩内供奉新塑大型泥塑儒释道泥塑造像5尊；右（东）壁（图六）：壁画剥落殆尽，可见凿痕，仅在左（北）上角洞口右侧存有0.5平方米左右壁画残迹，该洞口有铁梯连接窟内地面，向外通向窟外栈道及崖居，同时通过前（北）壁上的通道，连通左（西）壁洞口；前（北）壁（图七）：下部正中开有门道通向窟外，上部三方窗，现仅在中窗两侧存有壁画残迹，窗下、窟口上有宽0.5—0.8米左右通道连接西侧禅房及东侧铁梯及东侧窟外栈道及崖居。左（西）壁（图八），存有部分壁画，越向窟内深处（南）保存越差，上部、下部毁损严重，外部壁画保存尚可，该处于西壁右（北）上部，其右上有洞口通向主窟西侧禅房，此处隔墙厚约0.5米。

（二）万佛洞壁画内容

万佛洞内现残存壁画165平方米左右，布局于东、西、北壁以及东、西石柱一周（图九）。北壁中窗东、西侧存有“白衣观音”“千手观音”残迹；东、西壁为千佛壁画；西壁画毁损严重（尚存 65% 左右）而东壁画几乎毁尽。

东柱北壁上部为道教“天地水三官”、下部为“功德主像”；西壁上部为千佛图，下部分为上中下三层，上、中层的中间为地藏菩萨，地藏菩萨上两侧对称布局，共为二飞天，二金刚与四天王。地藏菩萨两侧为善恶童子，道明与闵公、地藏十王，下部为地狱变相图、护法；东柱东、南侧为千佛图。

西柱北壁上部为三教合一“儒释道”组像、道教“天地水三官”、下部为“高僧像”；东壁上部为千佛图，下部分为上中下三层，上、中层的中间为观音菩萨，观音菩萨上两侧对称布局，共为二飞天，二金刚与四天王。观音菩萨两侧为“十八罗汉”下部为慈航普度图、护法；

图三 悬空寺石窟万佛洞外立面

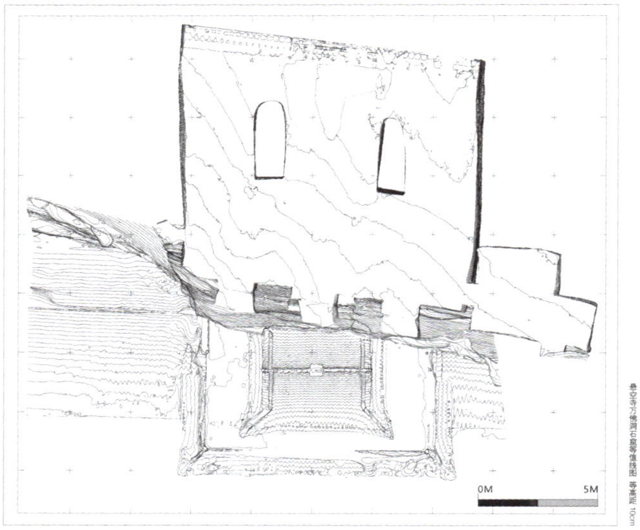

图四 悬空寺石窟万佛洞平面图（等高距 10 米）

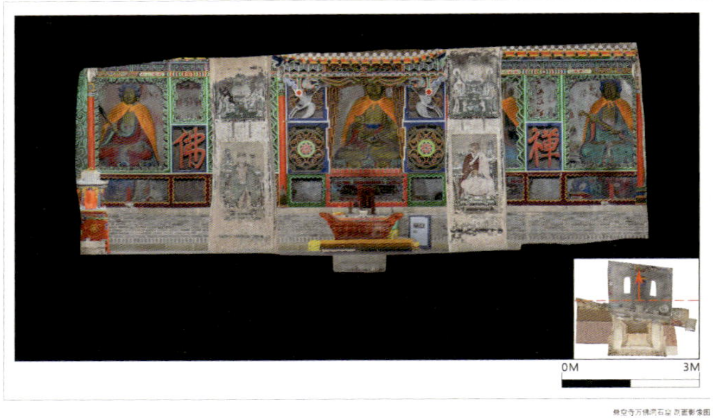

图五 悬空寺石窟万佛洞南壁及中心柱

图六 悬空寺石窟万佛洞剖面图东壁及东柱

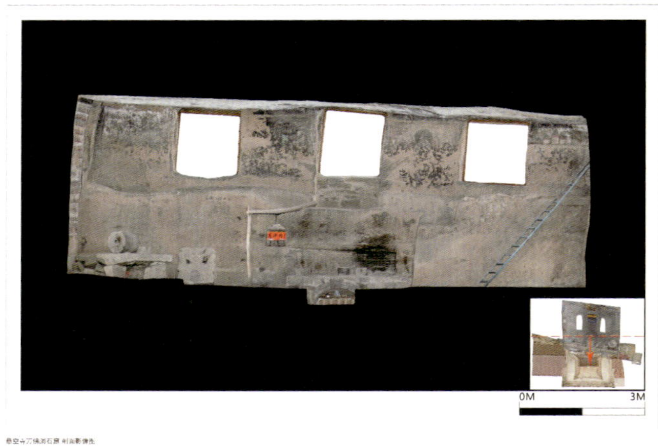

图七 悬空寺石窟万佛洞北壁

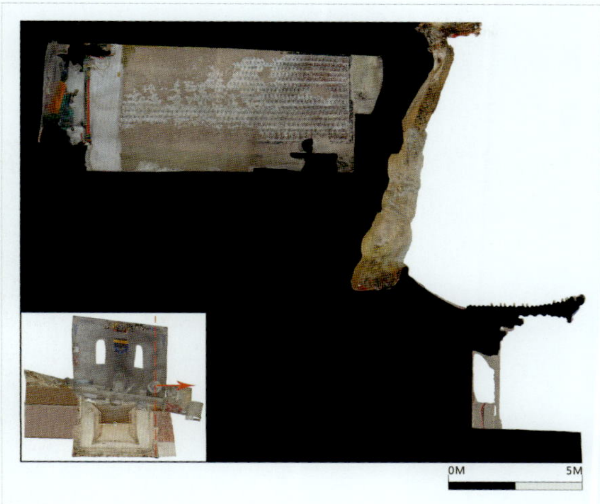

图八 悬空寺石窟万佛洞西壁

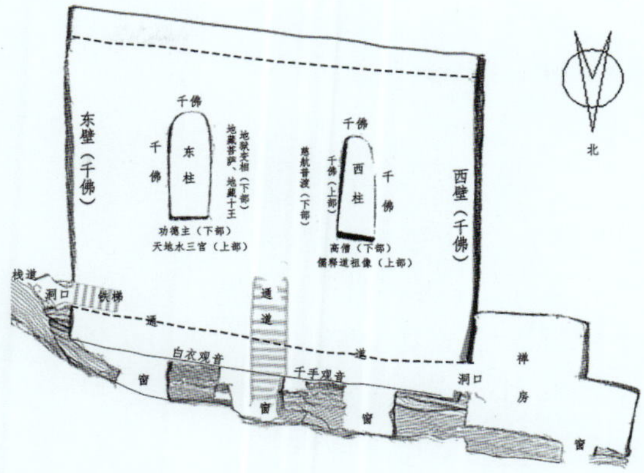

图九 悬空寺万佛洞平面及壁画分布示意图

西柱西、南侧为千佛图。

上述现存壁画以工笔手法绘制，内容丰富，构图严谨，线条流畅，设色典雅，所描绘人物神态，奇珍异草、龙、虎、麒麟等形象，千姿百态，精美传神。

图一〇 儒释道组像

图一一 天地水三官

图一二 千佛图

（三）壁画层次结构及制作工艺

1. 壁画层次结构

地仗层是壁画的重要载体，是绘制壁画的泥壁层或灰泥层，它是支撑体表面和颜料层，包括粉层的分界面。《营造法式》中对古代壁画地仗层的制作工艺、方法进行过如下总结："造画壁之制，先以粗泥搭络毕，候稍干，再泥横被竹篾一重，以泥盖乎，方用中泥细衬，泥上施细沙，候水胀定收，压十遍，令泥面光泽。"具体到不同地区不同建筑（石窟）壁画，其制作方法和材料又稍有不同。

现场勘察发现，在万佛洞壁画缺损处，可清楚地观察到岩体至壁画颜料层的层次结构，由里及外分为 5 层：岩壁——粗泥层（麦草和泥）——细泥夹砂层（有麻刀、棉花）——白灰层——颜料层（图一五、图一六）。

2. 制作工艺

经调查万佛洞壁画地仗为三层，粗泥层（即草泥层，是由切碎的麦秆拌泥制成）其厚度不均匀，有的厚达 2—3 厘米；细泥层（即砂泥层，是由较细的粉沙土加细砂掺加棉、麻制成）厚度在 0.3 厘米左右；白灰层是熟石灰加棉制成的用于绘制壁画的壁面，其厚度在 0.1—0.2 厘米左右。

悬空寺石窟万佛洞壁画的制作工艺，是先整平

图一三 地藏菩萨及十殿阎君

图一四 观音菩萨及十八罗汉

已开凿好的洞窟岩壁，再在岩壁上用粗、细两种泥来制作壁面，即先上一层较粗的草泥层抹平后再上一层较细砂泥并抹成平整壁面，再后薄薄抹上白灰底层，再画壁面。

（四）壁画色彩与颜料

悬空寺万佛洞壁画色彩丰富，有红色、绿色、黄色、蓝色、褐色、白色和黑色等。

经视频显微镜观察发现，悬空寺万佛洞壁画表面颜色并不是纯粹均一的，颜料层表面不够光滑也不是连续完整，一种颜色中还夹杂着些许杂质或其他颜色（图一七）。

经 X 射线衍射等分析表明，悬空寺万佛洞壁画颜料主要是无机矿物类颜料，其中红色以朱砂或铅丹为主，部分深红色以赤铁矿为主，绿色以氯铜矿为主，黄色以纤铁矿或黄土为主，红褐色为赤铁矿及水合产物为主，蓝色以蓝铜矿为主，粉色以铅矾为主，白色以石膏为主，黑色为炭黑。

二　壁画主要病害

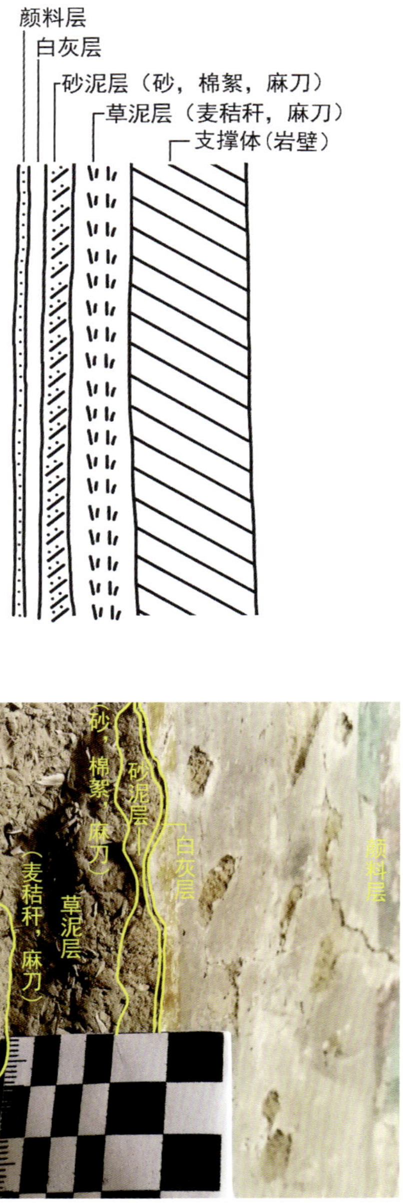

图一五 悬空寺万佛洞壁画结构示意图

图一六 壁画层次结构勘察情况
草泥层（麦草）、砂泥层（棉、麻）、白灰层

悬空寺石窟万佛洞壁画经过自然因素和人为因素的影响，产生了多种病害。经现场勘查发现，万佛洞壁画病害类型有积尘、刻画、涂写、张贴、烟熏、酥碱、脱落、龟裂、疱疹、起甲、空鼓、裂隙、褪色等。

万佛洞壁画因人为刻画、涂写、张贴等而受到严重损害（图一八），主要存在于现存壁画的东柱西侧壁画中部、下部及西柱东侧壁画中部及下部及北墙壁画（大部已毁仅极少部分可辨别出“白衣观音”“千手观音”残迹）（图一九、图二〇）。

万佛洞壁画经长年的灰尘沉积，表面积尘普遍存在，对壁画的表面形成遮蔽。灰尘吸附空气中的水汽及大气中污染物等造成灰尘结垢，不仅影响视觉观感，在温湿度适宜时还是微生物、霉菌滋生的温床。（图二一）。

壁画白灰层、颜料层或地仗层内的收缩引起壁画表面出现细小裂纹（缝）或微小网状开裂现象（图二二），主要分布于东、西柱上部，靠近洞窟两侧较洞窟中部严重。壁画地仗层、白灰层、颜料层间出现可溶盐的富集导致壁画白灰层、颜料层被顶起而形成的疱疹状突起（图二三），主要分布于东柱上部及西壁南侧。

白灰层及颜料层的龟裂发展扩大成鳞片状的卷翘的现象（图二四），主要分布于东柱东壁上部（北侧更为严重），西柱西壁上部（北侧更为严重）。

壁画表面盐分富集形成的白色物质的现象，可溶盐随水分蒸发向壁画表层迁移，在壁画表面形成可溶盐的结晶（图二五），主要分布东柱东壁中上部。

洞窟内温湿度变化引起地仗层本身反复收缩、膨胀以及所含可溶盐物态反复变化造成壁画地仗层结构酥软粉化（图二六），主要分布于东柱上部、西柱上部、西墙壁画大部、东墙壁画。

地仗层、白灰层、颜料层因疱疹、起甲、酥

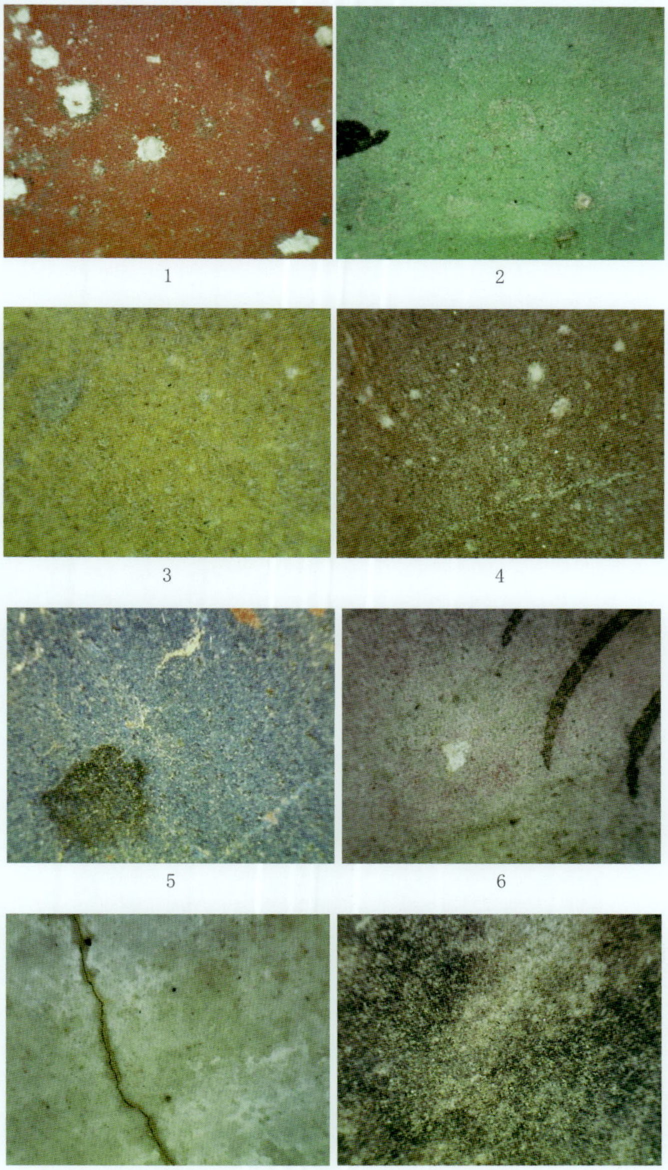

1　2　3　4　5　6　7　8

图一七 颜色显微观察
1. 红色 2. 绿色 3. 黄色 4. 褐色 5. 蓝色 6. 粉色 7. 白色 8. 黑色

碱等原因脱离载体。万佛洞壁画颜料层脱落主要表现为颜料层粉化导致的颜料脱落（图二七），主要分布于壁画的上部、洞窟深处，较多出现在起甲、疱疹、酥碱严重的部位周边；而白灰层、地仗层脱落（图二八、图二九），主要分布于西壁中部及内部、东壁大部、北壁及东、西柱上部靠顶及下部近地面处。受盐害影响，地仗层脱离支撑体或白灰层、颜料层脱离地仗层，但周边还与基体连接的空膨现象（图三〇）主要在壁画中层分布较多。

三　万佛洞壁画病害影响因素分析讨论

大量石窟壁画病害机理研究[9-13]表明，石窟壁画中的可溶盐在所含水分参与下，受环境温湿度变化的影响，可溶盐的迁移活动和物态变化所产生的应力是造成壁画材料损害的主要因素。现就万佛洞壁画病害进行分析讨论。

（一）壁画表层含水率的影响

为了分析水分对壁画劣化的影响，采用便携式含水率检测仪对壁画表面含水率进行了测定，现列出西壁墙体数据作为说明。西壁墙体表面含水率如表一、表二所示，壁画保存状态如图三一所示。从中可以看出，墙体靠近洞窟地面和洞窟顶面的含水量相对较大，墙体的中间部位相对较小，并与图三一中壁画保存现状相对应，而表二显示壁画右（北）区域壁画含水率最低，这与该区域壁画临近石窟窗口，同时壁画右侧（北）上方还存在一个洞口，其内为一禅房，并对外有窗，空气易于流通，水分容易蒸发有关，而该处壁画保存比较完整良好。

图一八 刻划痕

图一九 刻划痕、涂写

图二〇 刻划、张贴

图二一 积尘

图二二 龟裂

图二三 疱疹

图二四 起甲

图二五 盐霜

图二六 酥碱

图二七 颜料粉化脱落

图二八 白灰层、砂泥层脱落

图二九 地仗层脱落

图三〇 空鼓

表一 西侧墙体含水率（%）

高度（米）	西侧墙体左（南）－右（北）水平间隔 0.5 米														
3.8	10	9.6	11.7	11.2	10.5	11.3	8.6	10.8	12.9	9.4	7.8	7	8.3	6.9	6.6
3.3	7.5	9.5	12.2	9.8	10.7	10.9	10.1	12.5	6.4	6.9	8	7.8	8.6	6.6	8
2.8	11.2	9.6	7.8	7.9	7.8	10.7	7.5	8.2	6.5	6	6.3	6.8	8.2	6.5	7.1
2.3	8.7	6.5	8.5	8.6	8.8	9.4	9.7	9.1	6.2	6.4	6.5	8.5	7.8	6.4	8.1
1.8	8.5	7.5	7.4	8.1	8.3	8.2	10	7.9	6.1	7.6	7.2	7.1	9.2	8.5	8.3
1.3	8.6	7.6	6.5	8.0	9.0	7.5	8.4	6.9	9.2	9.1	9.2	9.9	9.3	8.4	9.9
0.8	9.8	7.9	9.5	9.8	8.4	9.6	10.7	9.9	11.1	8.0	9.2	9.4	9.7	8.2	10.4
0.3	19.4	13.6	16.8	14.9	13.3	14.3	10.8	17.8	14.2	10.1	12.8	9.6	10.1	12.3	6.6

表二 西侧墙体分区含水率（%）

高度	左（南）	中	右（北）	平均
上 3.3 米以上	10.27	11.65	7.57	9.82
中	8.24	8.03	7.96	8.08
下 0.8 米以下	12.34	11.65	9.82	11.27
平均	10.28	10.44	7.78	

图三一 西墙壁画现状

（二）壁画表层可溶盐的影响

为具体了解可溶盐对万佛洞壁画的实际影响，对西墙及东、西柱壁画表层在一定高程和水平位置选取画面破损处采样以及支撑体窟壁岩块进行了可溶盐检测并根据测定结果进行讨论和分析。

1. 壁画表层可溶盐测定：壁画表层可溶盐离子，阴离子主要是氯离子（Cl^-）、硝酸根离子（NO^{3-}）和硫酸根离子（SO_4^{2-}）；阳离子主要是钠离子（Na^+）、钾离子（K^+）、镁离子（Mg^{2+}）和钙离子（Ca^{2+}）。

下面列出万佛洞东立柱西侧、东侧壁画及岩体可溶盐测定结果以供讨论。（表三、表四、表五）

窟内岩体可溶盐测定：石窟岩性以灰色砂岩、灰绿色细砂岩及砂质页岩为主，岩层产状近于水平，与下伏地层成微角度不整合或假整合接触。崖体表面可见典型的蜂窝状洞穴。万佛洞窟内岩块可溶盐离子含量测定结果列入表五中。

2. 讨论：万佛洞东立柱西侧、东侧壁画及岩体可溶盐对比讨论。根据前述可溶盐测定结果对东、西侧壁画分区平均含量及岩体可溶盐对比表（见表五和图三一、图三二、图三三）。

由表五、图三二、图三三看出：

①壁画可溶盐阴离子中，SO_4^{2-} 含量最大，且高于 Cl^-、NO_3^- 很多，而 NO_3^- 含量最小；阳离子中 Ca^{2+} 含量最大，且比其他阳离子含量高较多，Mg^{2+} 含量次之，而 Na^+ 又比 K^+ 含量高一些。

②将上述壁画可溶盐阴、阳离子含量与支撑体岩块数据比较，可以看出其含量顺序是完全一一对应的。而支撑体可溶盐的含量又远高于壁画表层可溶盐含量，这可以说明壁画表层的可溶盐主要来自于石窟岩体（支撑体）。

图三二 东柱一东壁画现状

图三三 东柱一西壁画现状

表三 东立柱西侧壁画可溶盐离子分析结果表（mg/L）

编号	Cl^-	NO^{3-}	SO_4^{2-}	Na^+	K^+	Mg^{2+}	Ca^{2+}
1	2.74	1.80	1.39	0.87	0.19	1.37	3.00
2	1.57	0.76	2.44	0.29	0.13	0.74	2.88
3	0.11	0.11	1.79	0.10	0.10	0.21	1.72
4	0.09	0.15	4.11	0.15	0.19	0.39	3.05
5	0.09	0.10	2.71	0.13	0.15	0.27	2.22
6	0.09	0.12	4.39	0.13	0.17	0.31	3.11
7	0.21	0.12	7.94	0.11	0.14	0.34	4.80
8	1.83	0.67	2.27	0.17	0.10	0.71	3.15
9	3.66	1.81	0.97	0.28	0.07	1.95	2.97
10	4.29	2.18	3.17	0.35	0.07	2.56	4.42
11	3.53	2.03	1.63	0.32	0.06	2.30	3.26
12	1.60	0.84	6.06	0.15	0.08	1.10	4.67
13	0.89	0.36	32.16	0.10	0.10	0.69	15.41
14	2.92	1.71	3.12	0.28	0.05	2.22	3.80
15	1.15	0.67	8.99	0.12	0.09	0.86	5.83
16	1.48	0.82	0.90	0.17	0.05	1.18	1.79
17	1.02	0.48	3.26	0.14	0.09	0.65	2.88
18	0.73	0.24	14.30	0.12	0.16	0.48	8.10
19	0.07	0.07	10.05	0.09	0.12	0.30	5.72
20	0.05	0.06	16.69	0.07	0.09	0.28	8.09
21	0.05	0.05	20.66	0.10	0.15	0.59	10.01
22	0.05	0.05	41.97	0.09	0.12	0.47	17.52
23	0.09	0.09	8.79	0.12	0.17	0.34	5.29
24	0.07	0.06	24.03	0.08	0.14	0.31	10.65
25	0.35	0.16	29.78	0.09	0.15	0.51	13.94
26	0.05	0.00	3.35	0.17	0.18	0.67	3.99
27	2.07	1.90	4.69	0.40	0.15	1.23	4.33
28	1.90	2.07	4.85	0.36	0.15	1.30	4.49
29	0.84	0.56	38.91	0.23	0.22	0.63	17.82
30	0.07	0.05	33.11	0.09	0.10	0.36	14.90

③可溶盐离子分布于上部或下部较多，分布于中部的都少些，这与靠近窟顶或地面近的地方壁画含水量较高，而中间含水量较低有关。而且与壁画保护保存现状也是相对应的，壁画靠上或靠下部分一般保存较差，而中间部分一般保存状态都较好些（图三二、图三三）。

④东柱东侧可溶盐含量普遍都比西侧高，这与壁画保存状态（西侧好于东侧）也有对应。（图三二、图三三）

表四 东立柱东侧壁画可溶盐离子分析结果表（mg/L）

编号	Cl^-	NO^{3-}	SO_4^{2-}	Na^+	K^+	Mg^{2+}	Ca^{2+}
31	2.80	1.50	9.19	1.06	0.10	1.16	6.71
32	2.94	1.60	24.05	0.50	0.16	1.34	13.32
33	1.48	0.76	29.97	0.22	0.17	0.95	14.87
34	0.40	0.25	18.84	0.11	0.12	0.58	9.40
35	0.12	0.18	45.01	0.17	0.16	0.81	19.38
36	0.15	0.11	11.03	0.49	0.61	0.31	5.58
38	0.36	0.29	27.58	0.65	1.03	0.46	12.50
39	0.32	0.11	16.58	0.51	0.57	0.46	8.25
40	6.82	2.83	3.52	0.42	0.10	3.23	5.83
41	4.28	2.30	5.78	0.31	0.08	2.32	5.99
42	2.73	1.62	8.84	0.19	0.09	1.91	6.43
43	1.87	0.91	9.28	0.27	0.10	0.91	6.59
44	7.18	2.62	3.15	0.54	0.10	3.50	5.55
45	4.07	1.92	5.51	0.36	0.04	2.71	5.23
46	4.42	2.42	7.58	0.49	0.07	3.14	6.41
47	4.84	2.57	2.06	0.39	0.05	3.01	4.09
48	0.28	0.20	10.27	0.33	0.23	0.55	5.82
49	0.12	0.07	11.69	0.21	0.16	0.34	6.35
50	0.15	0.12	76.07	0.28	0.23	0.79	30.26
51	0.11	0.09	9.03	0.26	0.23	0.44	5.45

表五 东柱东、西两侧壁画分区及岩体可溶盐含量对比表（mg/L）

部位			Cl^-	NO_3^-	SO_4^{2-}	Na^+	K^+	Mg^{2+}	Ca^{2+}
西侧	上	靠顶8–18 共11点	2.05	1.06	6.41	0.20	0.08	1.32	4.82
	中	中间 共11点	0.14	0.10	14.42	0.11	0.14	0.36	7.25
	下	近地1、2、24–29共8点	1.20	0.91	13.68	0.31	0.16	0.85	7.64
东侧	上	靠顶40–47 共8点	4.53	2.15	5.72	0.37	0.08	2.59	5.57
	中	中间35、36、38、39、48–51 共8点	0.20	0.15	25.91	0.36	0.40	0.52	11.70
	下	近地31–34 共4点	1.91	1.03	20.51	0.47	0.14	1.01	11.08
窟 壁 岩 体			19.89	11.61	467.71	11.06	3.50	4.76	204.71

通过上述万佛洞壁画表面含水率和可溶盐的分布测定以及对测定结果的讨论与分析再次证明壁画中的水和可溶盐的共同作用和所处环境的具体条件，是造成壁画自然病害内在决定因素和重要外在影响因素。

四 结 语

1. 榆林悬空寺万佛洞壁画的结构层次、制作工艺包括颜料的使用符合历史传统，所产生的病害也是一般常见的石窟壁画病害，主要是酥碱、脱落（包括颜料层、细泥层、粗泥层的脱落）龟裂、疱疹、起甲、空鼓、积尘为主。此外人为损害严重。

2. 万佛洞壁画表层含水率与可溶盐分布特点，在于靠近窟顶（上方）和接近地面（底下处），含水率较高相应可溶盐也较多。这对应着壁画一般中部位置相对保存较好，而上方和、底下处保存较差。但注意到处于靠近门窗通风条件较好处的壁画则也能有较好的保存状态。

3. 万佛洞壁画已有 400 多年的历史，具有较高的文物价值，为明代陕北石窟“儒释道”三教合一的宗教艺术绘画的佳作，是了解当时民间信仰和社会思潮的难得作品。[8] 但上述现存壁画所涉及的多种病害十分严重，应从两个方面抓紧实施研究保护工作：

一是从本体保护着眼，针对万佛洞壁画所存在的病害，开展有针对性的科学研究及适用的有效保护修复措施。

二是从预防性保护考虑对万佛洞壁画所处窟内小环境的温湿度变化及自然通风规律进行专项研究，提出改善窟内小环境方法，尽量改善壁画保存环境。同时加强管理，做好日常巡查、定期研判，日常养护工作，使其能够得到长久的安全保存。

---

[1] 陕西省文物志编纂委员会 . 陕西省志·文物志（上）[M]. 西安：陕西省人民出版社，2016：156.

[2] 陕西省文物志编纂委员会 . 陕西省志·文物志（上）[M]. 西安：陕西省人民出版社，2016：536.

[3] 韩康 . 榆林地区历代石窟调查综述 [J]. 榆林学院学报，2016（05）：34-39.

[4] 张志云，张帆 . 榆林地区寺庙石窟的分布、分期及其特征 [J]. 学理论，2015（03）：86-87.

[5] 马丽 . 榆林地区寺庙壁画遗留现状调查研究概述 [J]. 榆林学院学报，2018（3）：15-19.

[6] 朱珠 . 青云万佛洞十大明王壁画绘制年代考 [J]. 西安工业大学学报，2016（9）：770-774.

[7] 马丽 . 红云山悬空寺万佛洞石窟壁画艺术性初探 [J]. 戏剧之家，2015（24）：151-152.

[8] 齐庆媛 . 榆林悬空寺万佛洞明代壁画地藏十王地狱变相考察 [J]. 故宫博物院院刊，2016（05）：58-73，161.

[9] 李最雄 . 丝绸之路石刻壁画彩塑保护 [M]. 北京：科学出版社，2005：171.

[10] 郭宏，李最雄，宋大康，等 . 敦煌莫高窟壁画酥碱病害的机理研究之一 [J]. 敦煌研究，1998（3）：12.

[11] 郭宏，李最雄，裘元勋，等 . 敦煌莫高窟壁画酥碱病害的机理研究之二 [J]. 敦煌研究，1998（4）：159-172，184.

[12] 郭宏，李最雄，裘元勋，等 . 敦煌莫高窟壁画酥碱病害的机理研究之三 [J]. 敦煌研究，1999（3）：153-175.

[13] 郭青林 . 敦煌莫高窟壁画病害水盐来源研究 [M]. 北京：科学出版社，2016：13.

阿尔寨石窟壁画保存现状调查及保护方法探索

乌日嘎朝鲁
鄂托克旗阿尔寨石窟研究院，内蒙古鄂尔多斯 016100

Investigation on the Preservation State of Murals in the Aerzhai Grottoes and the Exploration of Conservation Methods

Wurigazhaolu (Mongolian name by phonetic alphabet)
Aerzhai Grottoes Research Institute, Etuoke Banner, Ordos 016100, China

摘　要： 阿尔寨石窟是我国北方草原上最为重要的石窟群，具有独特价值。但是，由于洞窟自然坍塌及风化、人为破坏及空气污染的影响等作用，阿尔寨石窟壁画存在空鼓、酥碱、起甲等多种病害，迫切需要开展保护和修复工作。在对阿尔寨石窟壁画保存现状调查基础上，分析病害形成机理，针对性提出保护修复的工艺及保护工作中注意事项等。通过本次保护，在一定程度上改善了阿尔寨石窟壁画保存状态。

关键词： 阿尔寨石窟　保存现状　保护修复工艺　保护原则

Abstract: The Aerzhai Grottoes are the most important grottoes on the grasslands in the northern China, and have unique value. However, due to the natural collapse of the caves, the effects of weathering, man-made sabotage and air pollution, there are many diseases such as detachment, efflorescence and flaking existing in the murals of the Aerzhai Grottoes, which need conservation and restoration urgently. Based on the investigation of the preservation status of the murals in the Aerzhai Grottoes, we analyzed the disease formation mechanism, moreover, we put forward conservation and restoration technology, and some consideration specifically. After conservation, the preservation state of the murals in Aerzhai Grottoes has been improved to a certain extent.

Key words: Aerzhai Grottoes; Current preservation situation; Conservation and restoration technology; Conservation principles

引　言

阿尔寨石窟是一座集寺庙、石窟建筑、摩崖石刻造像、壁画、雕塑、榜题文为一体的佛教艺术宝库，其历史、文化、学术价值是无可代替的，是举世无双的草原文化瑰宝（图一）。20 世纪发现阿尔寨石窟遗址震惊了学术界，以它的独特魅力受到学术界广泛而高度关注，也获得了文物保护部门的重视，于 2003 年 3 月被国务院特批增补列为第五批全国重点文物保护单位，采取了一系列保护措施，开启了更有效保护的轨道。阿尔寨石窟的窟型、壁画、古文榜题、古建筑遗址等文化遗产向人们昭示着佛教文化、草原文化、农耕文化相互交流交融，共同创造丰富多彩的中华文化历史画卷，以独特形式记载着各族先民们为促进统一多民族国家形成做出的贡献。

一　阿尔寨石窟壁画概况及制作工艺研究

（一）阿尔寨石窟壁画概况

阿尔寨石窟岩体由于属于砂岩山体，这种岩石不适于雕刻，开凿洞窟只能采取绘制壁画、摆放泥塑形式。根据调查发现阿尔寨石窟40多洞窟都绘制壁画，并有很多石窟原先摆放泥塑佛像。由于衰落被遗弃，很长一段时间无人看管和保护，遭遇人为破坏，风吹雨淋等因素，很多石窟的壁画已经不复存在，墙壁上只残留着少量颜料，摆放的泥塑更是已经不复存在，仅佛台上留下佛像底座的凿痕，但目前仍保存近500平方米的精美壁画和古文字榜题。壁画是阿尔寨石窟核心价值所在，在宗教内容中，保存有苯教、藏传佛教萨迦派、宁玛派、格鲁派代表之作（图二）。世俗壁画中，保存大量反映当时社会生活的场景，其中“成吉思汗与夫人及四子受祭图”“各族僧众礼佛图”“元世祖忽必烈灌顶图”尤为珍贵，被誉为“草原敦煌”（图三）。

（二）阿尔寨石窟壁画制作工艺

阿尔寨石窟的壁画虽然距今较远，但还能保持着精美画面是难能可贵的。佛像、佛雕仍然琳琅满目、五彩缤纷、栩栩如生，壁画线条流畅、变化丰富、技法纯熟、气势宏伟、重彩设色，人兽画像生动活泼、造型逼真，是中国壁画经典。经调查阿尔寨石窟壁画制作工艺可分为以下几个步骤。

图一　阿尔寨石窟远景

图二　密宗经典壁画

图三　元世祖忽必烈灌顶图

1. 平整墙壁。阿尔寨石窟壁画支撑体为山体，山体开凿石窟，墙壁表面较为平整后凿出斜线纹路等规则的雕刻，加大地仗层墙体的咬合度，阿尔寨石窟墙壁凿痕纹路很有特色，明显蒙古包墙壁菱形纹路特点。

2. 制作地仗层。平整好的墙壁上抹泥，泥层厚度比较薄，约1厘米左右，地仗层的制作材料为就地取材的沙土中加入了一定比例的熟石灰和羊毛、麦秸、麻等材料，以增强地仗层的强度。

3. 涂刷稀泥。地仗层表面抹一次稀泥，达到地仗层进一步平整、细腻、光滑。

4. 涂刷石灰。稀泥地仗层干燥后在泥层表面涂刷熟石灰，熟石灰干燥后变化为碳酸钙，比较光滑平整。

5. 绘制壁画。白色粉层干燥后便可绘画。绘画过程分为四步：一是平涂大块底色；二是以深色粗线条勾出壁画大致轮廓；三是细致填色，以平涂为主，晕染为辅；四是用细线黑线勾定。

阿尔寨石窟的壁画多为彩色，以绿、红、黑、蓝、白、黄为主，为矿物质颜料，经历了数百年仍斑斓如新，实属弥足珍贵。也有仅以黑色线条白描的壁画，似为未来得及上颜色的未完成之作，但也可看出线条流畅，技法纯熟，十分难能可贵。

二　阿尔寨石窟壁画病害及原因分析

阿尔寨石窟的开凿和兴起很大程度上与历代朝廷的重视和推广分不开的。北魏时期是石窟寺发展黄金阶段，北魏统治者尊奉佛教，在统治范围广泛推广佛教，迎来了石窟寺的长足发展，阿尔寨石窟也在这个时期开凿兴起，迎来第一次发展阶段。这次发展阶段汉传佛教发挥主角作用，石窟形制、开凿痕迹具有明显北魏中期特点。经过南北朝、隋唐朝代之后再一次迎来发展机遇，达到鼎盛阶段。此次发展阶段藏传佛教发挥主角作用。西夏时期统治者长期崇佛，在其统治辖境内广建庙宇、开凿石窟，多次邀请西藏地区高层来西夏传播佛教，推动西夏时期佛教艺术的繁荣和传播，并在阿尔寨开凿石窟绘制壁画，留下珍贵的西夏艺术瑰宝。元世祖忽必烈统一中国全境以后，面临如何统治这个统一多民族国家的问题，最终选择佛教，施行政教合一国策，把藏传佛教萨迦派大师八思巴封为国师帝师，接受帝师八思巴灌顶仪式拜入佛门，全国上下推广佛教，建寺开窟，阿尔寨石窟迎来了发展鼎盛阶段，留下弥足珍贵的壁画艺术。随着元朝灭亡北元统治阶级逐渐放弃萨迦派（红教）强行推行格鲁派（黄教或喇嘛教），广大牧民逐渐接受黄教，萨迦派失去了统治地位甚至退出历史舞台。从此，佛教萨迦派圣地阿尔寨石窟逐渐衰落被人们遗弃，再没有迎来兴起的机遇。阿尔寨石窟壁画在无人看管，无人问津中度过了几个世纪的历史沧桑。不过当时阿尔寨石窟周边无居住人家，很少被打扰，在自然状态下保存到今天。

目前，经调查阿尔寨石窟有40多洞窟中残存近500平方米的壁画。当前已详细调查近300平方米壁画，还有近200平方米壁画有待进一步病害调查。现存壁画存在起甲、空鼓、酥碱、烟熏、刻画等十几种病害和问题，成因可以归纳为自然环境因素和人为破坏因素两种。

（一）自然环境原因导致的病害

1. 颜料层起甲：也叫龟裂，壁画表面出现微小的网状开裂，起翘、起甲、起泡现象。通常由于壁画颜料层、底色层、地仗层等表面泥层内所含胶成分过多、地仗层的收缩变化而引起的一种壁画病害，其中起泡现象主要原因是空气湿度极高，大量水分侵入颜料层、底色层，干燥后出现的起泡病害。经初步调查发现阿尔寨石窟很多起甲壁画（图四，1）。

2. 颜料层脱落：颜料层起甲进一步恶化，颜料起

图四 壁画病害类型（一）
1. 颜料层起甲 2. 颜料层脱落
3. 地仗层空鼓 4. 颜料层地仗层开裂
5. 壁画盐霜 6. 壁画酥碱

甲未得到回帖保护等处理，最终出现颜料脱离地仗层的现象（图四，2）。

3. 地仗层空鼓：地仗层局部脱离岩体，周边地仗层仍有黏结在岩体的现象。主要遭到外部震动或岩体表面太光滑等因素，岩体和地仗层之间黏结功能降低而出现局部脱离现象。空鼓病害要及时处理，否则出现整体脱落现象（图四，3）。

4. 地仗层脱落：空鼓病害进一步扩大，得不到及时加固处理，就会出现块状或整体脱落现象。

5. 颜料层、地仗层开裂：地震等地质活动及地仗层自身原因引起的壁画依托的岩体和墙体发生下沉而出现裂隙，造成颜料层和地仗层开裂和出现裂隙现象（图四，4）。

6. 壁画盐霜：地仗层或岩体当中的可溶盐在潮湿溶化后迁移到壁画表面，壁画表面干燥后可溶盐留在颜料表面形成白色盐霜（图四，5）。

7. 壁画酥碱：石窟湿度上升后地仗层和岩体中的可溶盐在水分中溶解，并渗透迁移到壁画表面，壁画干燥后可溶盐变结晶状态，在窟内湿度的变化可溶盐反复溶解和结晶，随着湿度温度的变化反复收缩膨胀，反复影响地仗层和颜料层结构、黏结力遭到破坏，导致地仗层疏松而产生的现象，比较难治，对壁画破坏力加大的病害（图四，6）。

8. 颜料粉化：是指壁画颜料胶结力丧失成颗粒脱落现象，造成壁画失去颜料慢慢变模糊，甚至消失等一种壁画病害。主要原因是壁画颜料逐步丧失胶含量，失去胶结力产生的病害（图五，1）。

9. 壁画风化：遗址所在地属内陆性草原气候，处于风口地带，风多强度大。长期以来阿尔寨石窟被遗弃，没人看护，没有挡风遮雨的门窗，没有防护措施，任由大风侵蚀。长年累月的风蚀，壁画画面出现一道道细小刮痕（图五，2）。

10. 画面污染：老鼠、麻雀、鸽子、昆虫等小型野生动物自由进出，打窝安家，很多壁画画面上出现鸟粪污染。未开展洞窟地面硬化和整理，灰尘杂物堆积，稍有风吹草动，灰尘满天飞，灰尘沉淀在壁画上，这一方面严重影响美观。另一方面灰尘中的化学成分侵蚀鲜美亮丽的颜料，降低清晰度。周边地区化工产业开发引起自然环境污染现象。如棋盘井、蒙西等工业园区离石窟较近，遗址周边空气、土地、水源都出现不同程度的污染现象。根据雨水、土壤取样分析结果显示，雨水呈偏酸性，土壤中发现工业化学成分。空气污染引起壁画颜料产生化学反应，壁画画面逐步失去光鲜亮丽（图五，3）。

11. 渗水、遗渍：阿尔寨石窟顶部有些裂隙贯通到窟内，雨水顺着裂隙流入到窟内，导致壁画渗水浸泡现象，严重时颜料层、刷白层软化稀疏流失等破坏现象发生，山顶和裂隙中的沙土灰尘在壁画上留下污垢，造成壁画遗渍现象（图五，4、5）。

图五 壁画病害类型（二）

1. 颜料粉化 2. 壁画风化
3. 画面污染 4. 渗水
5. 遗渍 6. 霉酥

12. 霉酥：地仗层和壁画在严重潮湿或渗水浸泡，长期得不到干燥，地仗层变发生霉变现象（图五，6）。

13. 微小生物侵害：蜘蛛、昆虫等众多微小生物，在石窟壁画的地仗层中筑巢搭窝繁殖生息，对壁画造成明显的破坏，蚕食和钻孔壁画及地仗层（图六，1、2）。

1

2

图六 壁画病害类型（三）
1. 微小生物侵害
2. 微小生物侵害

（二）人为因素发生的破坏

石窟山顶有6座庙宇建筑遗迹，废墟中发现琉璃瓦残片、砖等众多建筑材料，经考证应为西夏蒙元时期的庙宇建筑。经调查还发现几座石窟门前岩体重叠开凿痕迹及入门廊道两侧墙壁上遗留的壁画残片，不难看出石窟在原来基础上改造过的事实，改造原来石窟门前建设檐式门厅或殿堂，单室石窟改成前厅后室两室格局，前厅均为木质材料建设，但这些已经被拆除或焚烧，已不存在。据文献记载及从石窟遗迹、遗物推知，石窟寺可能毁于明思宗崇祯元年（1628年）时的战火。北元与后金之间战争中，林丹汗兵败，往青海逃走时路过鄂尔多斯，发生战乱，石窟山顶上的寺庙及石窟门前殿堂均遭到焚烧破坏，部分石窟和壁画也遭到灭顶之灾，被铲除和焚烧。经当地牧民了解到，20世纪50年代窟内原先摆放着很多彩泥塑像，但在特殊历史时期遭到破坏，未能留下残腿断臂。当时人们文物保护意识薄弱，窟内壁画长期受到人为的随意践踏。

1. 壁画烟熏：壁画经长时间的烟熏，颜料画面被严重破坏的现象。阿尔寨石窟山顶寺庙被破坏后，主要佛事活动转移到洞窟之中，喇嘛们居住在洞窟中修行礼佛生活，开展佛教活动。一方面喇嘛和香客在洞窟长时间燃香燃酥油灯礼佛活动，另一方面喇嘛和迁移放牧牧民等来石窟居住而设灶烧火等生活活动对石窟造成无意识的烟熏破坏（图七，1）。

2. 焚烧：很多石窟及壁画有烧焦烟熏的痕迹，可能是战乱和宗教冲突，遭到人为的有组织的大规模焚烧破坏。这种破坏对壁画带来毁灭性后果，将会无法恢复（图七，2）。

3. 画面刻画：由于游客文物保护意识薄弱，参观过程中用坚硬东西在壁画上乱刻写字留下划痕现象。阿尔寨石窟在无人看管，无人问津中度过了几个世纪的历史沧桑，不过当时阿尔寨石窟附近无居住人家，很少被打扰，自然状态下自生自灭到至今。经当地牧民了解到，20世纪50年代窟内原先摆放着很多彩泥塑像，在特殊历史时期遭到破坏，未能留下残腿断臂。窟内壁画长期受到人为的随意践踏，铲掉、刻画、涂抹、烟熏等（图七，3）。

4. 遮盖：阿尔寨石窟有些壁画表面有明显的刷白覆盖的现象。有些壁画上面直接刷白后绘画的现象。喇嘛和牧民等来石窟居住礼佛，直接把墙体壁画上刷白，造成壁画破坏。还一种是后朝在前朝壁画上刷白遮盖后重新绘制壁画，对前朝壁画造成遮盖破坏。经调查有的洞窟出现三层壁画（图七，4）。

三 阿尔寨石窟壁画保护方法探索

（一）加强日常看护管理

阿尔寨石窟遗址2003年被列为第五批全国重点文物保护单位以来，根据文物法及管理要求，建立专门机构，安排专人看护，确定保护范围和建设控

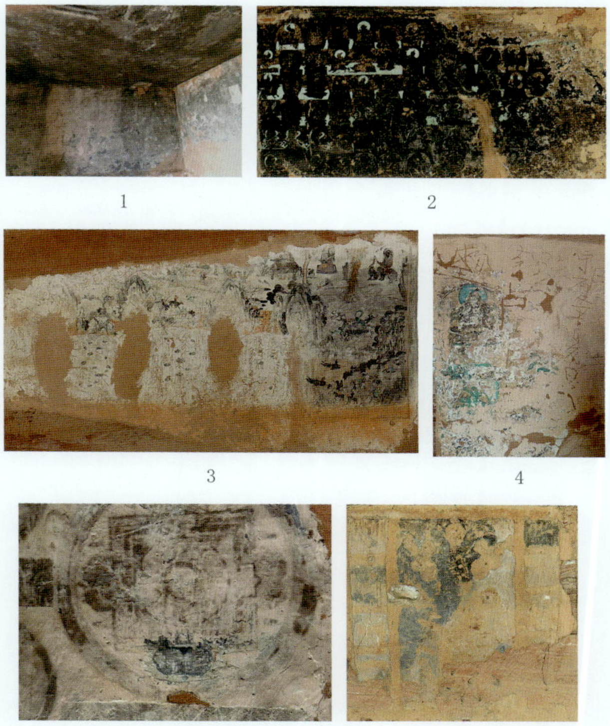

图七 壁画病害类型（四）
1. 壁画烟熏 2. 焚烧画面 3. 刻画
4. 遮盖 5、6. 人为破坏

制区，实现封闭式管理。建立健全各项管理制度，规范开放参观工作，常规管理日渐成熟。加强和改善管理设施建设，2010年来安装安防智能系统，目前成功升级改造了该系统，更有效全方位管理和看护，做到闲杂人对遗址不构成威胁。

（二）壁画保护工作概况

阿尔寨石窟壁画病害情况比较特殊，酥碱、霉变、空鼓等病害交叉重叠，保护技术难度比较大，施工技术要求苛刻。其中壁画颜料层粉末化、酥碱等病害对壁画的破坏非常严重，也是保护修复工作的重点和难点，焚烧对壁画造成毁灭性破坏，已经炭化无法保护和恢复了。

1. 壁画保护工作原则

一是实施壁画保护务必谨慎原则。处理空鼓起甲等看起来比较容易简单，但具体操作起来要小心谨慎，稍有不慎就会形成破坏性保护，所以需要熟练工程师和成熟的工艺才行，并筛选适合阿尔寨石窟壁画修复的注射黏结剂等材料，反复试验观察变化和效果，毫无差错才能在工程当中使用，工艺技术达不到施工要求坚决不能使用。二是尽可能减少过多的本体干扰。保护修复工作都会对壁画本体进行干预的，不可避免对壁画本体造成或多或少的伤害，对壁画活动性病害进行加以保护，对壁画稳定性病害，不必马上保护修复、轻微的病害暂时不过多的干扰或简单处理方法。三是尽量少用或不用化学药品。阿尔寨石窟壁画地仗层、颜料等材料都是来自于大自然，很多是就地取材，矿物质颜料。化学药剂对本体伤害很大，不宜过多使用。四是注重前期研究和实验。前期研究和实验是实施壁画保护工作前提和基础，在充分研究和实验的基础上才能组织实施。预备多种实验方案，同时进行反复对比，并适当延长实验观察期限，采用适合阿尔寨石窟病害实际的方案和方法以及材料，这样才能减少和避免对壁画的伤害。五是面对壁画实际病害随时准备调整保护方案和方法。前期研究和实验不可能做到面面俱到，实施过程中遇到各种各样的新问题新变化，我们随时准备应对新情况的办法和预案。六是严格按照工作流程、操作标准、工艺要求做好每一项工作。

2. 壁画保护工艺

壁画保护工程难度比较大，问题很复杂，工艺要求高。根据以往壁画保修复成功经验和科研成果，鉴于阿尔寨石窟壁画制作材料和工艺及病害特殊性，敦煌研究院经过长时间的实验，探索出适合阿尔寨石窟壁画特殊性的一套办法，并组织实施阿尔寨石窟壁画保护工程，采取以下措施和工艺技术。

（1）颜料层起甲。在底色层或颜料层发生龟裂，进而呈鳞片状卷翘。针对起甲使用注射无机黏结剂的办法，增加颜料层和地仗层之间的黏结力。首先使用蒸馏器水汽软化起甲部分，然后颜料回帖原位置，在地仗层中注射黏结剂，加强黏结力。（图八，1、2）

（2）裂隙或破损壁画。由于强烈地质运动和自然应力作用下岩体出现裂隙等损伤，导致地仗层或颜料层开裂，进而影响地仗层和岩体之间的咬合度，加大地仗层空鼓或脱落风险。据统计石窟中发现很多开裂壁画，裂隙长度公约8.5米。对裂隙或破损壁画主要采取修复地仗层的方法，选用与壁画地仗相近的制作材料进行修复加固，预防地仗层继续开裂和颜料层损害（图八，3、4）。

（3）地仗层空鼓壁画。石窟中存在大面积空鼓壁画，极大地威胁文物本体的长期保存。据统计空鼓壁画约150平方米，对其主要采用灌浆为主、锚固补强的方法进行保护。对空鼓部分轻轻地施加压力，使其逐步平整，然后灌浆或注射黏结剂，加强地仗层和墙体之间的黏结力。针对严重空鼓壁画，须对病害部位先进行支顶整形，然后再对其进行回贴加固（图九，1、2）。

（4）污染壁画。对于灰尘污染壁画采取软毛刷轻轻打扫。对于鸟粪等污染物使用选用无色、无腐蚀性、具有较好操作性的材料进行软化和清理。为了预防灰尘和小型动物进入窟内将实施安装密封高的门窗和铺地板工作。

（5）地仗酥碱。选用无色、无腐蚀性、无残留、具有较好操作性的材料进行处理，并在处理后使用蒸馏水脱盐（图九，3、4）。

（6）烟熏壁画。阿尔寨石窟遭受人为放火焚烧破坏。涉及焚烧的壁画大多已经烧成焦炭，不能恢复原貌。焚烧比较轻的壁画选用具有较好操作性的材料进行清除烟雾。

（7）边缘加固。阿尔寨石窟各洞窟壁画几乎都存在地仗层脱落现象，大多存在边缘加固问题。对其采用修复加固方法，选用与壁画地仗相近的制作材料进行边缘修复加固。

（三）保护工程要注意的事项

（1）黏结剂采用无色、无毒、无眩光具有较好操作性的材料。全面考虑这些材料对壁画颜料的长远影响，做好实验，科学实施（图九，5、6）。

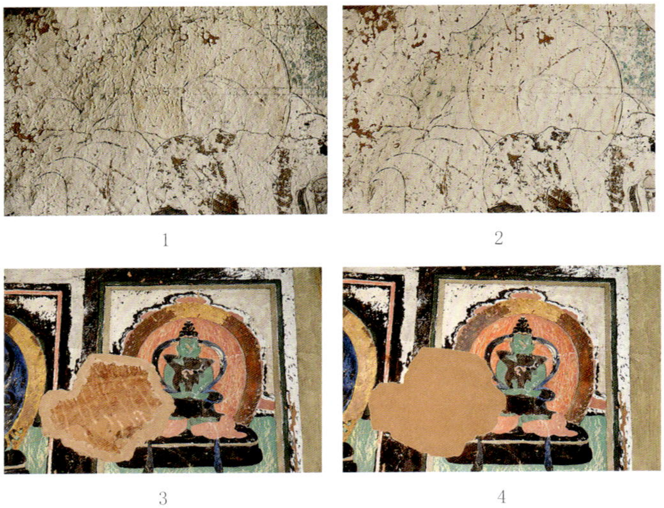

图八 壁画保护修复前后对比图
1. 起甲修复前 2. 起甲修复后
3. 破损壁画修复前 4. 破损壁画修复后

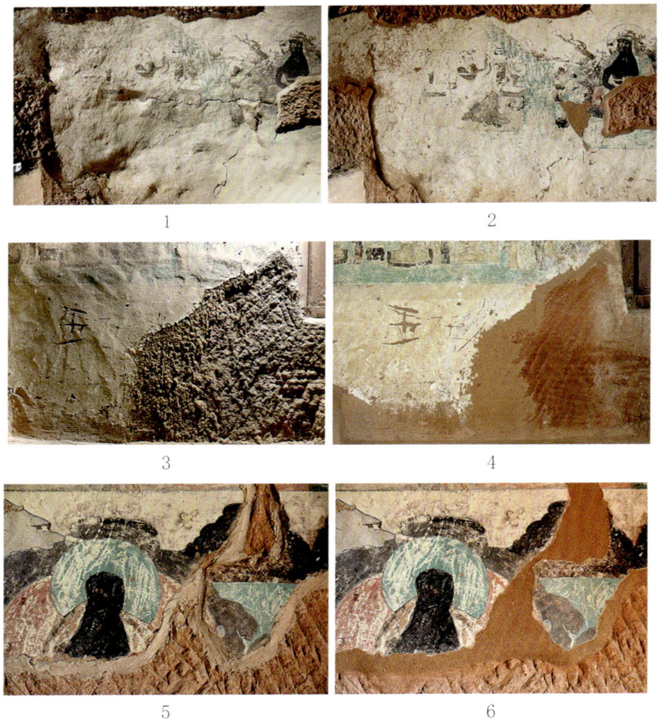

图九 壁画保护修复前后对比图（二）
1. 空鼓壁画修复前 2. 空鼓壁画修复后
3. 酥碱壁画修复前 4. 酥碱壁画修复后
5. 壁画边缘修复前 6. 壁画边缘修复后

（2）灌浆和锚杆要谨慎，灌浆后时刻观察浆液的流向，把握好量，做到加强岩体和地仗层之间的黏结力，也要避免出现污染情况发生。灌浆凝固后观察透气性和冷热收缩是否合理，是否出现新的裂隙，这些都要科学预判。

（3）加大日常管理。严格执行巡查看护措施，随时关注窟内情况。根据窟外气候和窟内空气条件做好通风疏散湿气等工作。严格控制瞬间进入窟参观人数，避免窟内承载超载。

（4）做好档案资料整理归档工作，保证档案资料完整性和永久性，以便查阅和借鉴。

（四）保护新办法的探索

1. 研究开发新材料下功夫。为了有效延长文物寿命，进一步研发新材料，做到更有效保护是当今和未来发展的主要任务。

2. 保护引进新型科学手段。一切文物都有它的生命极限，不可能做到永久性保存，所以采取新型科学手段以另一种形式收藏保存。目前在文物界广泛使用数字化保护方法来永久储存展示利用文物信息。

3. 预防为主，防患未然。安装气象环境检测预警等高科技检测系统，观察和监测周边气象变化和窟内有害气体含量，随时观测壁画变化，采取预防措施，避免壁画遭受侵害。

综上所述，阿尔寨石窟是文化艺术宝藏，壁画内涵丰富而多彩、包罗万象，保存较多的古代中华民族先民文化信息，是研究草原一带民族历史文化的无价之宝。阿尔寨石窟壁画保护工作正在进行中，保护修复效果良好。目前近 200 平方米壁画还需进一步调查病害和进行保护修复。我们应该本着“保护为主、抢救第一、合理利用、加强管理”的 16 字方针，采取新科技手段和研发新材料等新兴保护措施和保护办法，为世人充分展示阿尔寨石窟全部原貌，达到保护利用双利境界。阿尔寨石窟遗址是不可再生的文化艺术资源，草原文化瑰宝，我们要挖掘其文化内涵，发挥其文化作用。

杭州南高峰石刻群分布特征及价值研究

倪振恒[1]，马荣[2]，胡玲玲[3]，杨宏伟[3]

1. 杭州西湖世界文化遗产监测管理中心，浙江杭州 310008

2. 复旦大学，上海 200082

3. 杭州西湖风景名胜区钱江管理处，浙江杭州 310008

Study on Distribution Characteristics and Value of Nangaofeng Stone Carvings in Hangzhou

Ni Zhenheng[1] Ma Rong[2] Hu Lingling[3] Yang Hongwei[3]

1.Hangzhou West Lake World Cultural Heritage Monitoring and Management Center, Hangzhou 310008, China

2. Fudan University, Shanghai 200082, China

3. Qianjiang Management Office, West Lake Landscape and Famous Scenery, Hangzhou 310008, China

摘　要：本文在田野调查的基础上，结合相关文献，对钱江管理处辖区南高峰石刻群的数量、年代、形制文体等进行了概括总结，对南高峰现存石刻的分布特点、内容特征等进行梳理，分析研究了南高峰石刻群的历史价值和艺术价值。

关键词：摩崖题刻　价值研究　杭州南高峰

Abstract: On the basis of field investigation，combined with relevant literature, we have in this paper given a brief summary about the quantity, date as well as their shape and style of Nangaofeng Stone Carvings in Qianjiang administration. By combing the distribution characteristics and content features of the existing stone carvings, we also discussed their historic value and artistic value.

Key words: Cliff inscription; Value research; Nangaofeng in Hangzhou

引　言

摩崖石刻作为载有文字的刻石，肇端于周秦，兴于汉，盛于唐，泛滥于明清，是中国历史上独特的历史文化遗产。摩崖石刻反映了中国古代及近代社会政治、经济、军事、文化、历史、民俗、宗教、人物等内容，是研究历史不可或缺的实物资料。杭州钱江景区南高峰位于西湖南岸，是西湖十景“双峰插云”景观的核心组成部分。南高峰一带涵盖烟霞三洞、龙井等区域，有着丰富多样的石刻资源。目前现存的南高峰最早石刻纪年为五代，其后历经宋、元、明、清及民国，南高峰区域的石刻数量不断增多，是杭州西湖摩崖石刻文化的重要组成部分，也是西湖历代文人士大夫文化承续的载体。研究南高峰石刻群，兼具历史、文化艺术等多重意义与价值。

古今学者对杭州历代摩崖石刻多有著录、考订。清阮元《两浙金石志》考证了浙江全省的摩崖碑刻，但只记录到元代，明清以来的石刻未有提及。清丁敬《武林金石记》收录了杭州地区的石刻，提到了清以来的石刻，着重于清帝御题。民国钟毓龙《说杭州》也零散地记录了一些摩崖石刻，当代的《西湖丛书》系列中涉及一些与石刻有关的资料，但只限于资料的归纳整理，并未做出深入系统的研究。结合田野调查及文献资料，实地访碑、校对，本文就南高峰石刻群的分布特征及价值特点分述如下。

一　南高峰摩崖石刻群分布特征

杭州摩崖题刻以西湖周边群山摩崖尤为翘楚，南高峰石刻群不仅指南高峰的佛手岩及烟霞三洞，还包括周边的龙井等区域的游人题记、造像记和碑刻；另外还有金石文献、笔记、志书等记载的南高峰历史上的佚刻存文、佚刻存名者。

南高峰石刻类型包含造像、摩崖题刻、碑刻、石匾额、楹联五种（图一）。其中以摩崖题刻居多，有百余方。部分题刻于 2013 年被列入杭州市第五批市级文物保护单位，为杭州西湖风景名胜区钱江管理处所辖。石刻地理分布特征与自然风景、名胜古迹关系密切，石刻内容则与士人游观、访古、历史事件发生地点相关。

(一) 地理位置分布特征

南高峰位于西湖南岸，在西湖群山中相对险峻。明代文学家张岱称南高峰“羊肠佶屈，松篁葱蓓，非芒鞋布袜，努策支笻；不可陟也”。文献记载中，关于开发南高峰人文景观的时段，大抵伊始吴越国。吴越国时期王族百姓皆信奉佛教，在西湖周边大力建造佛塔、佛寺，于林泉洞窟中开龛供养，客观上开发了西湖周边群山的景观，为后世对西湖群山的游览开辟、梳理了基本路线。从南高峰石刻的地理分布上即可看出：摩崖题记沿历史人文景观分布，以南高峰烟霞三洞、佛手岩、龙井泉为核心，并且在通向这几处固定景点的路线上，也有题记散落，是深化自然之景与历史人文的有机结合。

图一 南高峰石刻类型

1. 石匾额 2. 摩崖题刻 3. 造像题记
4. 碑刻 5. 石楹联

“南高峰山阳一线分布了三个各具特色的天然岩洞，自下而上为石屋洞、水乐洞、烟霞洞。”此三洞历史也与佛教有关，《咸淳临安志》载，晋开运元年（944 年），僧弥洪在烟霞洞洞口结庵，遇仙人指点发现洞内刻有六尊罗汉像。钱弘佐梦到僧人对他说“吾兄弟十八人，今方有六，王可聚之”，于是钱王在烟霞洞补刻了十二尊罗汉。洞中存有钱弘俶母舅吴延爽造像记、明代方豪题记等。洞外原有烟霞寺，建于广顺三年（953 年），清以后渐湮没不闻，后寺址改为烟霞洞茶室。寺内游人题刻多为民国时期所刻，约有33方。

水乐洞为南宋园林遗址，洞内有泉水汩出，水击石壁如天然琴声。熙宁二年（1069年），郡守郑獬因其声，以“水乐洞”名之，现水乐洞洞口还留存有郑獬命名的题记。洞口有西关净化院，系开运年间（944—946年）钱弘佐所建，并立碑记之。淳熙六年（1179年），孝宗将其地赐给内侍李隶建造佛寺。嘉泰（1201—1204年）以来，此洞又成为杨郡王家别圃，“累石筑亭，最称幽雅”。至南宋末年，因岁久不治，水乐绝响。权臣贾似道重金购入，疏壅导潴，恢复旧观，并建造亭屋。此地留存题刻约有44方。

石屋洞，“高厂虚朗，状如轩榭”，前身为大仁禅寺，吴越国王钱弘俶建于宋开宝七年（974年），南宋贾似道曾游山题名。后岁久寺圮，明成化年间（1465—1487年）重建，清咸丰年间（1851—1861年）又毁于兵火。洞内镌有五百罗汉，“最早的纪年题记为后晋天福九年五月，最晚的为北宋开宝七年十月，可知石屋洞以诸罗汉为主的所有造像是在31年间完成的。”“吴越国以后在石屋洞留下的题刻仅涉及游人题记与重装功德。”后石屋洞造像毁于20世纪60年代。游人题记者多为宋元时期访问石屋洞的历史名人，约有20方。

佛手岩位于南高峰中部，为烟霞洞上方巨石，最早见文献于南宋时期，因状如低垂佛手，称佛手岩，历代不断有游人来访，题刻年代自宋至民国时期，约有12方。

此外，还有南高峰周边的龙井区域，“在明清时期的杭州山林景观中有着重要的历史地位”。值得注意的是，龙井有二。旧龙井在风篁岭西，狮子峰下，旁建延恩衍庆寺后称龙井寺，为北宋僧辩才退隐之所，游人罕至。后岁久寺圮，万历二十三年（1595年），司礼孙隆命僧真果重修，“于荆榛瓦砾间起宝坊”，焕然一新，游人骈集。之后明代冯梦桢《龙井寺复先朝赐田记》与田汝成《西湖游览志》中再提到龙井已注明有两处，老龙井与新龙井。“新龙井则今寺是也，正踞风篁岭，疑亦辩才别院。”清帝南巡喜寻古访幽，当地官员又开始进行修复厘清古迹，“而中国历来的理景传统，相对于物质载体，更重文化意义的传承，并不在乎是否原址、原物。”为了使游线顺畅、景观集中，宋元时期的景观，如方圆庵、过溪亭，便都在新建的龙井寺及其周边重建起来。至此，经乾隆品评题咏的“龙井八景”便成为龙井寺到近代最值得炫耀的名胜。此地的题记大都与神运石和“龙井八景”相关，约留存48方（表一）。

表一　南高峰石刻群位置分布统计表

序号	位置		游人题记数量
1	烟霞岭	烟霞洞	33
2		水乐洞	44
3		石屋洞	20
4	南高峰	佛手岩	12
5		佛手岩周边	11
6	风篁岭	龙井	48
合计			168

（二）内容分布特征

题名，即题记姓名，又称题刻，特指中国古代文人将姓名题写于石壁或板壁的文化行为以及由此产生的文本材料。宋代题名之风盛行，清末叶昌炽曾云：“故题名不必求古刻，考其纪年，两宋为多，即唐贤不过百一。”《语石》卷五曾如此描写题名产生的背景：“登彼西山，岘首留名之想；送君南浦，河梁赠别之言；或萧寺笼纱，续僧寮之佳句；或苔床拂缛，记仙洞之游踪，况夫游子山头，逐臣泽畔；冷泉判事，倥偬余闲，炎徼投荒，凄凉终古。于斯时也，山川登眺，俯仰兴怀，选石留题，以记鸿爪。”纵观南高峰石刻群题刻，其内容多与人物、游记、访古等相关。从题名内容特征上来看，内容与地点联系紧密，行文比较简短。后来者或受到前人的影响，从而形成了一种大同小异的行文模式。这种固定的模式为：时间加上作为主语的人名，人名多带有籍贯，动词则有“来”“游”“记”等，并且在相邻区域石刻内容联系紧密。

位于南高峰中部的佛手岩、烟霞洞与山下的

水乐洞、石屋洞，是一条自下而上的游观动线，细寻不乏相同纪年、作者的题刻。如鲁有开的两条题记，一是位于佛手岩："衮国鲁有开元翰熙宁申寅十月廿五日游佛手岩"（图二）。阮元的《两浙金

图二 宋熙宁七年鲁有开佛手岩题刻

石志》记载了另一条题记，原文现已磨灭："熙宁甲寅十月二十五日扶风鲁元翰游石屋洞君彦君亮侍行"。

《宋史》卷四二六《循吏》记载："鲁有开字元翰，参知政事宗道从子也。好《礼》学，通《左氏春秋》，用宗道荫，知韦城县。曹、濮剧盗横行旁县间，闻其名不敢入境。""富弼守蔡，荐之，以为有古循吏风。""熙宁行新法，王安石问江南如何，曰：'法新行，未见其患，当在异日也。'以所对乖异，出通判杭州。"这两条题记应该是北宋熙宁七年（1074年）鲁有开出任杭州通判时所作，记录了鲁有开从石屋洞到佛手岩的游览路线。

明代方豪一行人于嘉靖二年正月九日（1523年），在烟霞洞内外和佛手岩分别留下了三条题记。佛手岩题记："嘉靖二年正月九日王荩胡镇方豪同游"，烟霞洞口的象鼻岩上也有一条题记："癸未正月九日，思道偕惟忠、斯靖再至，见旧题迷误，复书此。"位于烟霞洞口东壁菩萨旁的题记："嘉靖二年正月九日亹庵王荩棠陵方豪拙峰胡镇自石屋来游。"

王荩，字惟忠。军籍锦衣卫，生长京师。乡贯山东潍县。弘治八年（1495年）举人，翌年联捷二甲第十六名进士。授户部主事，以忤刘瑾入狱，被除名发回原籍，茅屋蔬食，谈道自乐。刘瑾诛，被授监察御史。嘉靖元年（1522年），由浙江布政司右参政，迁江西左布政使。次年，以都察院右副都御使，巡抚河南。年余，改巡抚陕西。所至惠爱及民。嘉靖五年（1526年）十月，改工部右侍郎，兼都察院右佥都御史，总理大木。

明萧彦《掖垣人鉴》卷十二记载："胡镇，字斯靖。明高安（今江西）人。弘治进士，历南京工科给事中，后除户科，屡升浙江右参议。"

《明史》卷二八六《文苑二》记载："方豪，字思道，开化人。正德三年进士。除昆山知县，迁刑部主事。谏武宗南巡，跪阙下五日复受杖。历官湖广副使，罢归。"方豪三人做伴，当时王荩还应是浙江布政司右参政，胡镇为浙江右参议，方豪为刑部主事。自石屋洞上山，观烟霞洞、佛手岩留题，并附刻于宋人题记左右。

而佛手岩区域则因宋明旧刻，成为后人访古的一个地点。如"民国二十四年傅增湘佛手岩题刻""民国二十三年张维佛手岩题刻"皆为观宋明旧刻而题。

龙井区域的石刻内容与"神运石""龙井八景"关系密切。神运石因"击石则云生"，"黑云四匝"的求雨传说渲染着龙井"有龙居之"的神话色彩。神运石上刻有明正统十三年，中贵李德淘井始末，还有一则"景泰二年岁在辛未仲秋子日此辰雾霾行者不见"。有人认为其为记载天气雾霾的一则题刻，但根据"神运石"与"龙井"的传说，以及题记年代为景泰二年（1451年），距淘出"神运石"年代相近，此石刻内容可能与加强烘托"神运石"的求雨色彩更为贴近。

二 南高峰摩崖石刻游人题记及其价值

根据对游人题记内容的分析，北宋至近现代来到南高峰的游人包含了复杂的成分，不同于烟霞

洞和石屋洞的造像题记（贵族或普通百姓为信仰功德而集体出资塑像而留名）；摩崖石刻的作者自唐以来，大多为士大夫阶层，喜游访山川名胜，对书法篆刻颇有研究，具有一定的历史价值和艺术价值。

（一）南高峰石刻群的史料价值

仇鹿鸣提到，“过去对于石刻的关注仅仅将其视为保存史料的载体，事实上每一个碑建造的背后都有相关的政治或社会背景，努力将石刻从文献还原到当时的情境中去，挖掘出其中的故事才能丰富我们理解历史的维度。”摩崖石刻虽与碑刻的体裁、内容有所区别，但是同样作为文字的载体，也保留了一定的历史信息。根据其行文格式，题记一般可反映游人的籍贯生平、家族及交游情况。并且由于刻石的不可移动性，题记可以最大限度地证实作者的活动轨迹。其信息与地点相照的真实性可作为研究历史文化名人生平轨迹的证据和补充资料，具有一定的历史价值。

秦明在《黄易<访古纪游图册>误改纪年新证》一文中提到，清代金石学者黄易，绘制有一套《访古纪游图册》，共十二张，记录了自己曾经游访的古迹与金石藏家所在。依据图册题跋中的“辛卯”纪年，一般认为此图册作于1772年年初（农历十二月），但其艺术风格与黄易同时期即早期山水作品差异极大，却与得碑访碑图等晚期作品相似。后来在实地考察中，在水乐洞发现了黄易的题名，为误改纪年提供了力证。题刻完整信息如下：“无锡秦瀛、钱塘黄易、海盐张燕昌、山阴陈广宁、金匮钱泳、嘉兴戴经戴光曾、江宁刘徽良、长洲吴国宝以乾隆六十年十月十日来此。”（图三）

黄易（1744—1802）字大易，号小松，别署秋景庵主。清代篆刻家、书画家。浙江仁和人（今杭州）人。曾任山东济宁府同知。工诗文，擅长碑版鉴别考证。长于篆刻，曾师丁敬，为“西泠八家”之一，与丁敬、蒋仁、奚冈齐名。绘有访碑图，如《访古纪游图》《嵩洛访碑图》《岱麓访碑图》《得碑图》等。

图册里水乐洞“题跋中‘茂苑刘吴两君’当是题名中的‘江宁刘徵、长洲吴国宝’，将黄易‘先与秦观察小岘诸公题名合刻’正是二人所为，确切地讲，当是出自吴国宝之后”。此图册实作于乾隆乙卯（1795年），因黄为避免政敌作祟，改年月以自保。

此外，题记还可以厘清文人士夫间的交游状况。方国平在《风水洞摩崖题记明清人物钩沉》中根据瞿世瑛和方可中同一时期的两处题记推测二人私交甚密。这一点在南高峰佛手岩摩崖题记中得到证实：“柳浦瞿颖山同澄江方可中丁未九日游”。

瞿世瑛（1816—1886），字良玉，号颖山，浙江钱塘人。手抄罕见古书，积数十年，得千册，对金石书画，靡不考索。校刊也多善本。筑“清吟阁”以贮书籍。曾编《清吟阁书目》四卷。方可中，活跃于晚清时期，江阴人士（今江苏无锡），清代著名碑估者（碑估指以售卖碑帖为业的商人）拓工，精于拓碑、碑刻研究，曾与沈霞西、赵之谦金石游。赵之谦补作寰宇访碑录，搜访石本，皆得之江阴拓工方可中。考证其生平可看到，二人相伴游玩九日又均喜金石书画，至佛手岩观宋明题刻也在情理之中。

（二）南高峰石刻群的书法艺术价值

南高峰石刻群还向世人展示了宋以来名人书家的墨迹，书体楷行草隶篆兼有，构成了千姿百态、精彩绝伦的书法大观，具有极高的书法艺术审美价值。

宋代游人题记约有8方，基本为楷书书写，右

图三 清乾隆六十年黄易等水乐洞题刻

起竖行，书写者大部分为进士出身或是北宋时期于杭州任职的官员，如，时任熙宁年间杭州知州郑獬、杭州通判鲁有开、两浙提点刑狱转运使王廷老（图四）、绍圣年间杭州知州林希、其子林虡、侄子林虑等（图五），文化水平及文学素养较高，集中展现了北宋时期精英阶层的书法笔风。

明代游人题记约有 20 方，书体较宋时多样，楷行篆隶兼有，更具个人特色。书写者中除了明代官员，也不乏一些明代的书画名家，如松江画派的孙克宏、董其昌。

图四 宋熙宁七年王廷老等佛手岩题刻

图五 宋元祐七年林虑等佛手岩题刻

图六 明孙克宏水乐洞题刻

水乐洞题刻“清响 华亭雪居书”（图六），隶书，位于水乐洞洞口上方，为孙克宏手书。孙克宏（1532—1611），一作克弘，字允执，号雪居。明松江府华亭县人，能诗，工书画，精“宋嵌”。山水宗马远、米芾；花鸟初学徐熙、赵昌，后师法沈周、陆怡；亦善书法，楷书仿宋克，隶篆上追秦汉，均很有名。

龙井区域的“明天启二年董其昌书《游龙井记》碑”，通高 191 厘米，宽 89 厘米，碑文右起竖行，共 18 行，每行 40 字，行书书体。此碑内容为宋代秦观撰写的《游龙井记》原为北宋书法家米芾书写，并刻石立碑。后碑石不存，现此碑为明代书法家董其昌补书。

董其昌（1555—1636），字玄宰，号思白、香光居士。明代书画家、鉴赏家，华亭人。少时致力于科举，万历十七年（1589 年）举进士、官至礼部尚书，谥文敏。临书甚勤，习宋人二十余年，后参学赵孟頫，习古法而广集之。绘画上善山水、汲取宋元诸家之长，提出山水画南北分宗之论，对后世画坛影响深远。此碑刻纪年为“壬戌”，公元 1622 年，为董其昌晚年时期，此时已达到了艺术上的成熟期，形成了鲜明的个人风格。碑文末尾写道“米法以补”，董其昌对“米书”用功最多，此碑刻兼具米芾和董其昌的书法元素，具有很高的艺术价值。

清代因朴学大盛，金石学与考据学使得篆隶复兴，这也影响到了游人题记的书写。南高峰石刻群中，晚清至民国时期游人题记最多，其书写者无论是书法名家还是普通游人，皆可看到对篆隶复古书体的偏好。

位于水乐洞外的张大千题刻，原文为“汉安张虎痴及其弟丽诚文修大千君绶五人来游于此”（图七），右起竖行，隶书，为张大千手书，是仅见的张氏兄弟题名最全者。张大千（1899—1983），著名书画家，四川内江人。画风工写结合，重彩、水墨融为一体，被西方艺坛赞为“东方之笔”。张善孖，为张大千二哥，号虎痴，以善画虎著称；张丽诚，为张大千三哥亦是张大千早年从艺的资助人；张文修排行第四，早年从教，中年行医，以医术行世。

龙井区域有一则游人题记，原文为“中华民国第一年西五月廿二上海顾树炘景炎 嘉定周振浴尘沦茗于此磨崖歆之”，右起竖行，篆书（图八）。

顾景炎（1895—1970），字树炘，世居上海城内，熟悉上海地方历史。掌故、风俗民情，收藏古代字画、钱币、地方文献，新中国成立前曾经营房地产，1955 年参加上海历史与建设博物馆筹建工作。

周振（1887—1954），字浴尘，号籀农。娄塘人，鸣社诗人。工汉隶，能治印，旁知医理。家藏历代碑拓达几百通。与郑质庵、吴琴木、顾景炎等为诗书画友。此题记作于 1912 年，两人皆爱好书画篆刻，同游至此刻石以记。

三 结 语

通过以上分布特征研究及价值梳理，南高峰石刻群具有时间跨度大、石刻书法风格多样、地理分布与内容联系紧密的价值特点。南高峰的景观营造自五代吴越国开始，据题记可知游观路线自北宋已然成熟，并且石刻题记分布于游观路线左右，“文以地生辉，地以文益秀”展现了西湖独特的题名文化。现今游人依然可以沿着古代的路线，目光所及之处不只有南高峰的烟霞缭绕、林泉洞石还有古人散落于山石间的法书钤印，可与古人同感同行。

石刻题记书写者出身于各个阶层，书体形式多样，具有各自独特的文化气息，南高峰石刻群是物质与精神的双重互动，蕴涵了南高峰区域丰富的人文内涵。挖掘南高峰石刻群的价值内涵，可深入了解南高峰的历史文化，为后续的保护工作提供资料借鉴。

图七 民国张大千石屋洞题刻

图八 民国顾景炎题刻

（本文由《钱江管理处辖区范围内的历代珍贵摩崖石刻研究发掘》课题组成员联合完成，参与者：倪振恒、胡玲玲、张婷、杨宏伟、李若曦、干张楠、李佳佳、周美芳、王金华、马荣、陈晓瑜。执笔：倪振恒、胡玲玲、马荣、杨宏伟）

---

[1][明]张岱.西湖梦寻[M].孙家遂，校注.杭州：浙江文艺出版社，1984：213.

[2]章巍，沈旸，朱亚云.杭州佛寺寻踪[J].建筑遗产，2021(3)：77-91.

[3][宋]潜说友.咸淳临安志：第2卷[M].江苏广陵古籍刻印社，1986.

[4]常青.杭州石屋洞造像调查与资料辑录[J].石窟寺研究，2017(00)：36-85，426.

[5]陆嘉娴，陈汪丹，鲍沁星.基于《南巡盛典》与《御制龙井八咏图》的龙井八景景观研究[J].建筑史，2020(1)：148-157.

[6][明]冯梦祯.龙井寺复先朝赐田记.

[7]章巍，沈旸，朱亚云.杭州佛寺寻踪[J].建筑遗产，2021(3)：77-91.

[8][清]叶昌炽.语石[M].沈阳：辽宁教育出版社，1998：143.

[9][元]脱脱等.宋史//简体字本二十六史：第338-441卷[M].刘浦江，等，标点.长春：吉林人民出版社，1955：8817.

[10][明]萧彦撰.掖垣人鉴[M].文海出版社，1970.

[11][清]张廷玉，等.明史：第15卷[M].长春：吉林人民出版社，2005.

[12]仇鹿鸣.读者还是观众：石刻景观与中国中古政治[N].文汇报，2016-05-27(6).

[13]秦明.黄易《访古纪游图册》误改纪年新证[J].杭州文博，2018(1)：13-21.

[14]郭玉海.金石传拓的审美与实践[M].北京：故宫出版社，2015：75.

[15]罗世平，如常.世界佛教美术图说大典·人物[M].长沙：湖南美术出版社，2017：407.

[16]包立民.张大千家书.增订V版[M].北京：生活·读书·新知三联书店，2016：33.

从宋代巴蜀石刻造像探究孔雀明王信仰的中国化地域流变

黎静波

四川文化产业职业学院文博学院，成都四川，610213

Exploration on the Sinicized Regional Evolution of the Belief of Peacock Ming King from Stone Statues of Bashu Area in the Song Dynasty

Li Jingbo

Sichuan Vocational College of Cultural Industries, Chengdu 610623, China

摘　要： 孔雀明王是佛教密教极为重要的一尊明王本尊，唐宋时，在中原、西藏地区（当时的吐蕃）和日本多有出现，其表现方式基本以孔雀明王的单尊造像为主。而在巴蜀地区的宋代部分石窟中，却出现了独特的孔雀明王经变故事造像。本文主要以南宋时开凿的巴蜀地区各孔雀明王龛窟经变造像为研究对象，根据佛教典籍相关记载对其进行造像基本内容考释的同时，结合当时的社会背景和历史事件，对这些造像中明显具有地域化色彩的中国化流变特征进行解读分析，探究其背后主导这种流变的民间信众与工匠的动机及其演变模式。

关键词： 印度密教　孔雀明王　安岳大足石刻　佛教造像　中国化流变

Abstract: The Peacock Ming King is a very important statue of the Ming king in Tantric Buddhism. It appeared in central China, Japan and Tibet Region (Tubo at that time) in the Tang and Song Dynasties, and its expression is basically based on the single statue of the Peacock Ming King. However, in some grottoes of the Song Dynasty in Bashu area, there are unique statues of the Peacock Ming King Sutra transformed story. In this paper, we mainly take the scripture transformed statues of each Peacock Ming King's niche cave in Bashu area excavated in the Southern Song Dynasty as the research object, the basic contents of the statues are examined according to the relevant records of Buddhist classics; meanwhile, combined with the social background and historical events at that time, we interpret and analyze the sinicization characteristics of statues with obvious regional color, and explores the motivation and evolution model of folk believers and craftsmen who lead the change behind it.

Key words: Indian Tantric Buddhism; Peacock Ming King; AnyueDazu stone carving; Buddhist statues; Sinicization and evolution

一 孔雀明王的起源和传播演变

孔雀明王，这是佛教中密教的本尊之一，梵文名是 Mahā -mayūrī -vidyā -rājñī，音译成汉语就是摩诃摩瑜利罗阇，其意为孔雀王、佛母孔雀大明王、佛母大孔雀明王等，一般佛教徒统一简称为孔雀明王。

孔雀明王信仰的兴起，目前可以追溯到公元 4 世纪之前，随着印度佛教的大乘密教兴起而产生，当时即相传其为毗卢遮那佛或释迦牟尼佛的等流身，这是大乘密教所立的法、报、应、化、等流这五身之一，其意为佛所显示出和人、天、鬼、畜等类相同的外形之身。

事实上，孔雀明王信仰起源于印度密教的早期杂密时代，这种信仰的出现，我们今天推测应该和古代印度咒法的盛行有关，另外还因为孔雀形象的华美富丽，也得到了古代印度人的喜爱，如著名的孔雀王朝，其创始人旃陀罗笈多就出身于世代喂养孔雀的家族。孔雀明王信仰起源同时也可能和佛教早期的本生故事有关，王惠民先生就提出，小乘时代所流行的《六度集经》卷三和《旧杂譬喻经》中都有孔雀王本生故事。而任曜新和杨富学先生则指出，巴利藏《小部经典》里《本生经》中也出现了相似的孔雀本生故事 [1]，即其第二篇第一章《刚强品》第一五九《孔雀本生谭》。其次则与古印度人认为孔雀是一种特异的飞禽有关，古代印度人认为孔雀好食毒虫、毒草，且毒不能害其身，反增其羽色泽，且具有不可思议的解毒能力 [2]。因此这一能力也被移用到了孔雀明王身上，比如南朝刘宋时期前来中国的天竺高僧求那跋陀罗所翻译的《杂阿含经》卷九第 252 节，提到优波先那比丘为毒蛇所害，佛即告阿难，可诵“咒术章句……蛇毒不能中其身。” [3] 这些内容，都在后来的《孔雀明王经》中有所体现。同时还有学者认为，孔雀明王信仰的出现，很可能还与古印度大力弘扬佛教的阿育王有着十分密切的关系。因为阿育王是孔雀王朝的国王，而孔雀王朝的守护神灵就是孔雀，所以阿育王也被称为孔雀王。而随着佛教大乘密教的兴起，逐渐将佛教弘扬者兼守护者的阿育王吸收进佛教，以孔雀王的形象出现，从而演变出密教的孔雀明王 [4]。重庆大足宝顶山大佛湾第 13 号南宋孔雀明王经变相龛中，其左壁上层中部刻有一只雕饰云彩向上直伸的巨手，巨手手部虽经风化剥落，但其掌痕轮廓清楚，五根手指清晰可辨（图一）。陈灼先生根据孙修身先生对敦煌莫高窟佛教史迹画的考证 [5]，认为这只巨手所表现的，同样是阿育王造八万四千塔时“一手遮天”的故事，而这也正是为了表明孔雀明王与阿育王之间的渊源和关系 [6]。

根据记载，孔雀明王信仰出现后，迅速得到当时佛教的重视，古印度佛教的大小二乘、僧俗二众都十分重视孔雀明王的修持。在印度北方邦即出土有公元 5 世纪左右的孔雀明王砂岩造像，具有较强的马图拉造像艺术特点 [7]（图二）。由此可见此时在印度地区，孔雀明王的信仰已属常见。

图一 大足宝顶山大佛湾第 13 号
南宋孔雀明王经变相龛“一手遮天”形象

最晚于公元 4 世纪以后，孔雀明王相关经典就已经传译到中原地区，其译本不一而足，从东晋到唐代，即 4 世纪到 8 世纪前后，《孔雀明王经》先后至少出现了 6 个以上的不同汉文译本。其中具有最大影响的，还是不空三藏法师所译的《佛母大金曜孔雀明王经》（后文统一简称为《孔雀明王经》）。

图二 印度北方邦出土公元5世纪左右红砂岩孔雀明王造像（采自《从印度到蓝田孔雀明王雕塑的形象看佛教美术中国化的过程》）

《孔雀明王经》主要讲述释迦牟尼传教时，有一位叫莎底的比丘打柴的时候，被朽木中钻出的大黑蛇咬伤右足脚趾，毒气遍及全身，口吐白沫两眼翻白，痛苦僵卧于地。弟子阿难见其形状，遂疾告释迦牟尼，释迦牟尼就即授阿难以孔雀明王经咒，称其咒可以灭诸毒，使阿难持此咒以救护莎底比丘。经文中，释迦牟尼还告诉阿难，说曾经居住在雪山的有金曜孔雀王，平日惯于诵咒自护，却因一时大意，忘记诵读大孔雀明王咒，与众多孔雀婇女游戏山林时被捕猎者所获。但金曜孔雀王被缚之时，立刻复诵此咒，立时得到解脱。而这只得到解脱的金曜孔雀王，释迦牟尼声称即是自己的前生。

从佛教发展的历程来看，《孔雀明王经》属于印度佛教大乘密教时代较有代表性的一部杂密佛典。佛母孔雀明王，正是此时密教所创立和尊奉的五大护世佛母明王之一，因其“有大神力，求者皆验。五天之地、南海十洲及北方土货罗等二十余国，无问道俗、大乘小乘，皆共尊敬，读诵求请，咸蒙福利，交报不虚。”由于其强调现世功德的回报，所以信众极多，对孔雀明王进行造像设坛，顶礼持咒。而在印度的大乘密教东传以后，无论是汉传唐密、藏密、滇密，抑或是传到日本的东密、台密等密宗教派，都视孔雀明王经咒为非常重要的本尊修持方法之一，故孔雀明王的信仰在印度、尼泊尔、新疆、西藏、云南、中原、日本等地都受到了广泛的尊奉[8]。

《孔雀明王经》的影响也自然随着孔雀明王的信仰水涨船高，受到了佛教徒们极大的重视，除前述多部汉译经卷之外，《孔雀明王经》还被翻译成了其他多种文字，今天存世译文尚有梵文、西夏文、藏文、日文等不同版本。1889年底，几名寻宝人就在新疆库车地区库木土拉石窟附近的一座佛塔中挖掘出了一批用古代梵语婆罗谜文所书写的经卷写本。1890年3月，在库车逗留的英属印度第17孟加拉骑兵团（17th Bengal Cavalry）中尉哈密尔顿·鲍威尔（Liteutenant Hamilton Bower，1858—1940）买下了这批经卷写本，因此，这批经卷写本被命名为鲍威尔写本（The Bower Manuscripts）。经卷主要由七部独立的写本组成。其中应该成卷于公元4世纪的第六、第七部则正是与《孔雀明王经》的内容相关[9]。写本的第六部，是关于莎底比丘被大黑蛇咬伤，通过阿难念孔雀明王咒得到解救的故事，第七部则是与孔雀王受难之时初次使用孔雀明王咒的本生故事有关的内容。因此六、七部所保留的，正是《孔雀明王经》最核心的故事和内涵[10]。这说明至迟在公元4世纪到6世纪之间，《孔雀明王经》已经出现在西域地区并成为当时流行的佛教经典之一[11]。

鲍威尔写本中所保存的这两部经卷写本也被学者推定为目前已知最古老的《孔雀明王经》梵语文本。根据不同时代的《孔雀明王经》译本内容进行比对比，可以明确地看出，现存《孔雀明王经》的经文最早应该是由很小的两个故事核心不断扩展而来的。因此我们可以判断出，《孔雀明王经》应当是早期佛教的蛇螯比丘故事和金曜孔雀王本生故事融合而成。

随着孔雀明王信仰的进一步东传，在诸多汉文译本中，可以明显地窥见，扩展成形后的《孔雀明王经》，在原有驱除蛇类、解救毒害、脱灾解难的基础上，已经增加了驱除鬼魅猛兽、治疗各类疾病、祈请云雨、延寿安产等诸多功能。因为印度地处热带，丛林密布，蛇类繁多，古印度人深受毒蛇之苦，如前所述，孔雀明王的产生功用之一，就是源于孔雀被当时的人们认为对毒蛇有很强的克制作用。因此，孔雀明王的早期信仰以及《孔雀明王经》最早核心的要点都着重于解除蛇毒这个功用就不出奇了。

传入中国以后，特别是在唐代，由于地理环境的不同，中国人对毒蛇的恐惧并不如古印度人那么强烈，此时《孔雀明王经》的主要功用开始出现较大的变化，最主要的功能演变为求雨、止雨等作用。到了宋代，《孔雀明王经》的主要功用又逐渐演变成了驱逐疠疫、祈求顺产等。至于元明之时，孔雀明王的神通和功能再一次的扩大，这种功能的拓展，今天来看，很可能和道教对孔雀明王信仰及经咒的接纳吸收和利用有很大的关系[12]。

二　孔雀明王图像在中国的确定和周边传布影响

目前来看，最早传入中国的孔雀明王信仰极可能尚无具体的图像，在中国广泛传播的孔雀明王图像应为不空所确定的。由于不空学识渊博，且为密宗大师，对密教仪轨坛场密法等十分精通，因此不空本《孔雀明王经》在校正义净译本的同时，译出了更加完备的《佛说大孔雀明王画像坛场仪轨》，使得《孔雀明王经》由最初只是小乘巴利藏中存在的本生故事和咒语相结合形成的佛教陀罗尼经，加入了孔雀明王的具体形象，由此而最终发展成为内容翔实、坛场画像仪轨完备的重要密教经典[13]，使得孔雀明王的图像开始在中原地区传播。如莫高窟中唐114窟的胎藏界曼陀罗图中，即于东壁门南绘有一铺无冠沙门形孔雀明王像，其图

图三　莫高窟 114 窟中唐孔雀明王像

像右侧尚存墨书“孔雀王”三字（图三）。

公元845年，唐会昌五年四月，唐武宗李炎颁布敕令，下诏废佛，史称会昌法难。多数佛教宗派因为受到这次打击，而从极盛转为衰败，而其中受到打击最大的，莫过于主要依附皇家和高官贵族阶层的唐密。

值得注意的是，或者正是由于会昌法难造成的唐密中断，特别是对大量原有造像的毁弃[14]，其尊奉的孔雀明王像也留存极少，除前述莫高窟中唐114窟外，目前这一时期留存的孔雀明王像仅为唐代开凿、五代改建过的莫高窟205窟甬道顶部所绘五代时期的戴冠菩萨形孔雀明王说法图（图四），以及莫高窟208窟和榆林窟33窟保存的五代孔雀明王绘像。而在两宋时期，虽然孔雀明王信仰依然盛行，但除民间流行凿刻《孔雀明王经》的真言咒语、在《孔雀明王经》木刻单行本中出现其图像外，大量孔雀明王的画像都被绘制在寺院里，今已几乎无存。故现今尚存的宋代孔雀明王图像，除川渝地区的石刻造像外，仅莫高窟第133、165，169、431、456等窟保存有5处宋代孔雀明王的壁画绘像[15]。

孔雀明王的唐宋时期图像目前在日本和西藏地区则留存较多，特别是日本地区，其造型一般为四臂或

六臂，身骑孔雀，或背后绘以孔雀羽毛以表示骑乘孔雀。而西藏地区流传的孔雀明王像则和中原及日本地区造型又有所不同，一般来说为三面六臂或八臂，坐下为莲华座，不乘孔雀。

图四 莫高窟205窟五代孔雀明王说法图

三　巴蜀地区的孔雀明王造像

现存的巴蜀地区宋代孔雀明王造像基本集中在安岳大足地区，根据到目前为止的调查统计，共有7处，包括四川省安岳县石羊镇双龙乡孔雀村孔雀寺的孔雀洞、重庆市大足区北山第155窟、白塔山多宝塔、宝顶山大佛湾第13号龛、石门山圣府洞区第8窟、玉滩第2窟、七拱桥第4窟及泸州报恩寺塔等，其中七拱桥第4窟基本已毁，因此不列入本文探讨的范围。

安岳县石羊镇双龙乡的孔雀洞位置紧邻大足，其开凿时间为南宋年间，遗憾的是其周边数窟造像均毁于“文革”期间，仅此窟得以幸存。但此窟左壁的壁面雕刻也大面积受损，除主尊左侧上方的五身武士造型眷属像及下方的天王像外，其他均已无存。而从右壁现存的天众大战阿修罗众雕刻来看，毫无疑问应为一处孔雀明王经变相窟。

大足北山第155窟则为较为少见的中心柱窟形制（图五），主尊孔雀明王的孔雀尾直抵窟顶，该窟窟壁上凿刻出千佛造像，共计1066身，并无经变故事的内容，根据窟中主尊基座上现存的铭文“丙午岁伏元俊、男世能镌此一身”，对照其干支纪年及对伏氏工匠世家的研究，该窟当开凿于北宋靖康元年，即公元1126年[16]。

宝顶山大佛湾第13号龛的孔雀明王造像为一平顶大龛（图六），该龛开凿时间为南宋，为赵智凤及其教团主导开凿。主尊两侧刻有诸多神将、眷属、比丘、龙、兽等形象，题材繁多，但从其表现经变故事的内容来看，为孔雀明王经变相龛无疑。

石门山圣府洞区第8窟和北山第155窟相似，也是中心柱式的平顶矩形窟（图七），根据研究，其开凿时间约为南宋初的绍兴年间[17]，窟壁上层顶部环刻有十八罗汉的造像，中部及下部则刻有诸多

图五 大足北山第155窟孔雀明王造像

图六 大足宝顶山大佛湾第13号龛孔雀明王造像

图七 大足石门山第 8 窟孔雀明王造像

图八 大足玉滩石窟第 2 窟孔雀明王造像

经变故事内容，故同样为孔雀明王经变相窟。

玉滩石窟同样开凿于南宋，其第 2 窟的孔雀明王及壁面的造像损毁都较为严重（图八），但背后的神将及残留的经变像内容依然可以较明确的看出来，虽然较上述经变相窟龛的内容相对简单，但仍可判定为孔雀明王经变相窟。

白塔山多宝塔和泸州报恩寺塔则为一单独表现的孔雀明王造像，并且两者应当出于同源。

应当注意的是，河西及中原地区出现的唐宋时期孔雀明王造像，并未出现经变内容，更需要注意的是，上述各龛窟中的孔雀明王经变相内容也仅出现在南宋时期的巴蜀区域，这其中的缘由是非常值得探究的一件事。

四　大足安岳地区孔雀明王经变相的异同

就现存经变相龛窟来看，大足宝顶山大佛湾第 13 号孔雀明王龛的经变内容是最丰富的。其主尊为孔雀明王佛母，面南跏趺坐于巨大的孔雀背上的莲座，头上戴有七身化佛宝冠，身有四臂。分别执有孔雀羽、贝叶经、莲蕾荷叶、吉祥果盘四物，身后浅浮雕出双层圆形背光。主尊座下的孔雀面南展翅。

主尊左右均分为三层，左侧除前述巨手外，上层左部及中部还刻有持剑凶相文官及执兵器的武将（图九）。持剑凶相者，很可能是大阿修罗，这也是《孔雀明王经》中提及过的人物。但与四川地区唐代所主要流行的三头六臂手持日月的阿修罗造型不同，这里的阿修罗特征仅表现为面部的凶相和手执利剑[18]。而武将头顶旗帜刻有药叉二字，由是可知其身份应为《孔雀明王经》中所言可以拥护诵经人，消除厄难的大药叉将。右部刻有一树，树上刻出一条钻入树身的巨蛇，只露出尾部，树旁有一殿阁飞檐。树下有一块巨石，石上匍伏一比丘，面露痛苦，旁站另一年轻比丘，双手合十，捧一经书，作张口诵念状。旁刻铭文为："大藏经云，有一苾蒭，名曰莎底，出家未久，新受近圆觉□□中□□□□□若

图九 大足宝顶山大佛湾第 13 号孔雀明王龛左壁

图一〇大足宝顶山大佛湾第 13 号孔雀明王龛右壁

□□□□□为□□□□□出□□□□告足□□□气遍身□□□地□□□士而作。”[19] 从铭文可以明确判断此为《孔雀明王经》所述的莎底比丘被蛇咬伤，阿难念孔雀明王咒解救的故事。而根据《孔雀明王经》经中提到的莎底比丘“为众破薪营造浴室”来看，树旁雕刻的殿阁极可能就是莎底比丘所营造的浴室，左侧中层三身造像已风化过甚，无从辨识，唯右侧尚存一楼阁式建筑，其瓦脊门扇还能勉强看出。左侧下层则刻有造像威猛的老虎、神态恐惧的狗和爬动的乌龟等兽类造像，楼阁式建筑应当是代表经文中提及的佛母明王陀罗尼结界，而犬、龟则很可能代表被结界拒于其外的猛兽[20]。

右侧上层从外往内依次刻有持物武将、持杵神人、执旗武将、骑孔雀持经书女子、捧盘侍女、龙王护法、戴冠老者等七身造像，旗上刻有天胜修罗四字（图一〇）。根据经书仪轨的内容来看，持杵神人极可能就是帝释天，而其旁持器执旗武将应为天众，这与主尊左侧上层的大阿修罗一起，应当都是《孔雀明王经》中所提及“天与修罗共战”的故事。而阿修罗旁的药叉大将，也很符合经书中药叉助战的记载。骑孔雀持经书女子则有可能是《孔雀明王经》中所提及的金曜孔雀王诵孔雀明王陀罗尼得救的故事。龙王护法则可能因为《孔雀明王经》中提及龙王守护佛母孔雀明王，同时又由于前述该经祈请云雨的功能也和龙王有关，这也是信众重要的祈求内容。

右侧中层风化残损较为严重，只能大概分辨为二比丘、一力士、一戴冠捧笏疑似文官，一持物侍者。右侧下层则刻有一条头尾没入石壁的蛇、一条从石壁内探出上半身头部仰起的龙，以及和左侧下层一样刻有一只龟。

由此我们可以根据《孔雀明王经》的经文内容，和现存的经变相来做比对。在经文里有二十八宿守护孔雀明王的记载，四方各有七宿。而根据传统典籍的记载来看，古人认为青龙、白虎、朱雀、玄武为天之四灵，以镇四方。而青龙、白虎、朱雀、玄武更是由此成为代表二十八星宿的四象宫。四川美术学院的李珂珂先生据此认为，该龛中的仰龙、老虎、孔雀及龟蛇，所对应的正是代表守护星宿的青龙、白虎、朱雀、玄武这四象宫。

安岳石羊镇孔雀洞的孔雀明王经变造像则较之以大足宝顶山孔雀明王龛的内容相对简单，虽然很可能两处石刻都属于赵氏教团所开凿，其造像的造型及风格相似度也极高，但是其内容的丰富程度则有所不如，加之左壁的雕刻“文革”时被红卫兵破

图一一 安岳石羊镇孔雀洞孔雀明王经变造像

坏损毁，无法判断原刻内容，因此该龛除主尊及正壁左右的眷属外，仅剩右壁所刻出的经变内容可供辨析（图一一）。

正壁中央所刻主尊孔雀明王现存三只手，各托贝叶经、莲叶莲蕾、桃形俱缘果，正壁左右下侧各刻一身着袍服头戴兜鍪的神将，双手合于胸前。左右上方分刻有两组天人形象，立于云气之中，作供奉礼拜状。

右壁上方外侧刻出三头六臂的阿修罗形象，手

持兵器，神情狰狞。阿修罗相对的右壁上方内侧刻出云气，云气上则分两层刻出四名与之作战的天人神将，分执枪矛、弓矢、旗幡和礌石。与其他孔雀明王经变作对比后，我们推断，缺失损毁的左壁部分很可能雕刻的是莎底比丘伐薪故事。

大足石门山有圣府洞和陈家岩两处区域，第 8 号孔雀明王窟则位于圣府洞区，所凿刻的经变内容也极为丰富，其程度仅次于宝顶山第 13 号龛。根据石门山现存多处的造像及其年代题记如“绍圣元年”“绍圣三年”“镌作匠人文居道”“岳阳文惟一男居道施手镌”“镌作文惟一男居道刻”等内容来判断[21]，石门山石刻群应为安岳的文氏工匠世家于北宋绍圣元年至南宋绍兴年间所开凿[22]。

石门山的孔雀明王窟为巴蜀地区宋代所罕见的中心柱形窟，该窟无前壁，主尊前凿出一条甬道，甬道对面的巨石上凿刻出莲瓣香炉和供花净瓶的形象。该窟整体呈平面矩形，中心的主尊孔雀明王面南端坐于身躯修长的孔雀背承的莲台上，一头四臂，手上托执着孔雀翎、经文匣、长茎莲蕾、牟尼宝珠四物，头戴缠枝纹样宝冠，饰以双珠长珰耳坠、臂钏及网状璎珞，座前垂落披帛衣带，颈后的火焰纹头光及背光向上延伸到窟顶，由此形成了该窟的中心柱。

该窟后壁上层凿造有十弟子，右壁上层则凿造五弟子，左壁上层凿造三弟子，合为十八罗汉。左壁三弟子侧凿刻有三佛一弟子像。

三壁中层凿造有龙、乘孔雀天女、诸文官、天人众与阿修罗作战、武将及侍女等形象。正壁下层右侧所凿造的是莎底比丘被蛇咬及阿难诵经故事，左侧刻有文官形象，左右两壁各凿造有一小屋（图一二）。

该窟造像中，龙身躯折曲，头下尾上，龙头向东，作飞腾之状，与宝顶山龙王造型虽然不同，但与大足南山第 15 号龙洞南宋时为求雨而凿的石龙造像比对，可以明显看出两者的相似性，故此可以确定同样是作为祈请云雨的龙王形象出现，而乘孔雀

图一二 大足石门山第 8 窟孔雀明王经变内容

天女的形象与宝顶山 13 号窟同样应当是金曜孔雀王故事。

该窟文官造像共七身，圆领朝服，头戴方冠或束髻，各呈持笏合十状，均立于祥云上（图一三）。对比石门山第 10 号三皇洞两壁与之相似文官形象的“六部天官”与“丁甲神”造像[23]，可知当为道家天官无疑。四川美术学院的李珂珂先生提出，或者是由于该窟空间有限，因此才以此七星宿而代二十八星宿。

图一三 大足石门山第 8 窟孔雀明王经变天官造像

根据不空所译的《佛说大孔雀明王画像坛场仪轨》相对照来看，左右两壁分别对应的女子和武将，根据其手中的荷叶果品等执物和形象来看，当为仪轨中所描述的以荷叶果品供养孔雀明王的侍女与药

图一四 大足石门山第8窟孔雀明王经变左壁楼阁

图一五 大足石门山第8窟孔雀明王经变右壁楼阁

叉天王的形象。而左右壁下层对应的两栋楼阁，开门有比丘坐于其中的，应为莎底比丘所营建浴室（图一四），而闭门的则象征佛母明王陀罗尼结界（图一五），两壁楼阁外侧相对应的两身文官武将则应为供养人众抑或明王眷属。

左壁上层的三佛则应该是微钵尸如来、释迦和弥勒（图一六），特别是三佛中左侧尊像服饰明显具有菩萨装特征，手执军持，和仪轨中“微钵尸如来乃至释迦及慈氏菩萨等……画慈氏菩萨，左手执军持，右手扬掌向外作施无畏势”的描述基本一致，也可由此得证。对面右壁上层五弟子下方的三身造像为两人虔诚膜拜，一僧侣单跪拱手，则可以对应

图一六 大足石门山第8窟孔雀明王经变左壁上层三佛

仪轨所描述“依此法转读是经”的“苾刍苾刍尼善男子善女人”等。

作为佛教中永住世间护持正法的阿罗汉，佛教传入中国的早期仅有十六罗汉，唐末时方始出现十八罗汉。而目前所知最早的十八罗汉像即为五代时高僧贯休所绘，两宋时，十八罗汉的信仰也由此大为盛行[24]。而尤其值得注意的是，该窟上层三壁所凿的十八罗汉，不但在《孔雀明王经》中并无与其相关联的内容，而其他孔雀明王题材的造像与石窟中也均未出现罗汉的形象。

玉滩石窟的第2号孔雀明王龛，位于大足西南的三溪乡玉河村，方龛中主尊端坐于孔雀背的莲座之上，和其他几处龛窟的孔雀明王造型迥异的是，玉滩孔雀明王仅有两臂，一手抚膝，一手托贝叶经。主尊身侧两边各刻一神将，一双手持刀竖立，一着甲执剑下垂。左右两壁上层又各刻出两名武将形象，或执兵或拱手，立于云中，当为天人或眷属（图一七）。

左壁下层刻一比丘执斧立于树旁，作砍柴状，树干上露出蛇尾，此为莎底比丘破薪故事无疑。右壁下层刻一长身老者，宽袍纶巾，其身份尚不能十分明确，疑为龙王人化之像或星宿神之代表（图一八）。

总体来看，除玉滩第2号龛外，安岳大足地区的孔雀明王造像大多为四臂造型，其经变故事几乎都着重表现莎底比丘受蛇噬、天与修罗共战的故事，同时强调龙王与金曜孔雀王的存在，应当与孔雀明王经相关驱除诸毒、禳雨却灾的作用有关。

五 大足安岳地区孔雀明王经变造像的中国化地域流变

从孔雀明王信仰传入中国后，随着密教的传播而开始盛行，而会昌灭佛后，唐密虽然受到毁灭性的打击，但孔雀明王的信仰却依旧在民间广泛传播。因为与其他诸多佛菩萨信仰的来世功能不同，孔雀

图一七 大足玉滩石窟第 2 窟孔雀明王造像左壁

图一八 大足玉滩石窟第 2 窟孔雀明王造像右壁

明王信仰中所涉及最重要的解除毒害、驱灾避害、祈请云雨等功用，都是民间最实际的现世需求，而五代到两宋期间，除吐蕃与日本等处外，国内这一信仰最盛行的地区，目前来看当以河西与巴蜀地区为主。

与吐蕃、日本及河西地区的单纯供奉孔雀明王尊像不同，巴蜀地区不但出现了大量他处所无的孔雀明王经变像，同时其内容也根据原有的记载，出现了大量中国化乃至巴蜀地域化的流变，这一点可谓是前所未有的。这些流变的题材，大部分是在《孔雀明王经》及《仪轨》的相关内容中有所提及，也有少量属于原经文中并无涉及，根据巴蜀地区当地信众的实际需求，工匠们在此基础上进行本土化再创作后重新形成的。

在巴蜀地区的多组孔雀明王经变龛窟中，莎底比丘破薪故事反复出现，几乎在全部经变像中无一缺席，无疑是为了强调孔雀明王解除蛇虫毒害的功用。巴蜀地区多山丘密林，历来是虫蛇出没较多的区域，对当地民众的威胁也比较大，因此经变造像内容首重此故事，自然和本地区民众的实际需求有关。

《孔雀明王经》中，原本龙王是作为明王眷属的身份，为表现其神通力而提及“降甘雨成熟苗稼”，而在传统中国，对风调雨顺的祈求是农耕社会信众极力想要祈求的。秦汉时，尽管也有认为龙和雨水有关的说法，但并未形成明确的龙王信仰[25]，正是由于佛教传入后，包括《孔雀明王经》、《华严经》等在内的诸多佛教经书中对龙王“兴云布雨”的描述，融合了原来中国传统的龙为“鳞虫之长”、能“致雨”的概念，从唐代开始兴起这种佛教带入中国的龙王崇拜，以唐玄宗封四海龙王、宋徽宗封五方龙王等官方封赠事件为标志，代表唐宋以后中国民间专司求雨的龙王爷民间信仰完整成型[26]。在巴蜀地区，这一现世需求被放大的结果，就是不但在孔雀明王的龛窟中多处出现龙王的形象，更甚者如前所述，在大足南山石刻中，出现了专门用于祈雨的龙窟。而孔雀明王经变造像中的龙王地位提升，并非仅仅是附着于孔雀明王的眷属信仰表现，而恰恰正是这种民间龙王崇拜的

图一九 大足石门山第 8 窟孔雀明王经变后壁金曜孔雀王

体现与孔雀明王信仰的融合。

宝顶山及石门山的经变造像中，金曜孔雀王的形象则均以宋代世俗女子的样貌进行呈现，由此表现出的也正是这样一种世俗化民间化的倾向（图一九）。

在宝顶山孔雀明王龛中，以中国传统的青龙白虎朱雀玄武等天之四灵来代表守护星宿，这一做法应该说是较为少见的。而作为道教的发源地，巴蜀地区从唐代开始就出现了大量唐代石窟造像，从中

晚唐以后，更是开始出现多处佛道造像合龛，在石门山孔雀明王窟中，更是将守护星宿直接以道教天官的形象表现，这也是前所未有的。而且这些道教天官的形象，几乎都是以朝服、梁冠、翘头履等朝官时服的形象出现，这一现象也说明两宋时期巴蜀地区石刻造像中佛道儒三教融合已经到达一个极高的程度。

在石门山的孔雀明王窟中，还出现了罗汉信仰和孔雀明王信仰的组合，这也是一种全新的组合。罗汉信仰虽然是源自于古印度，在印度佛经中也有关于阿育王礼拜宾头卢尊者的记载，但这仅是作为对高僧的礼拜供养而非信仰，而且除此外印度佛教的经卷记载中均并未将罗汉作为信仰或供奉的尊象，印度的造像中也没有出现过罗汉的形象[27]。因此应当说，罗汉信仰是中国僧人所创造出来的。中国的罗汉信仰最早是在六朝时出现的，当时主要流行于南方地域，在唐代才开始在全国盛行[28]。

到了中晚唐之后，由于强大的唐帝国陷入动荡不安和衰败战乱，加之唐武宗发起的灭佛运动，都对佛教的发展造成了剧烈的打击。在这个混乱的时期，根据玄奘所译《法住记》的记载，作为具备佛教护法使命的付法藏者，即十六罗汉的信仰，得以进一步广泛流传。根据石窟造像、史书著录和传世绘画来看，唐末已经开始出现十六罗汉与释迦牟尼的新式图像组合，如大足北山晚唐时期的36号龛和220龛即是此类造像。这种全新的造像组合正是体现了这一思想：十六罗汉是释迦牟尼涅槃前亲嘱的护法使者，可以庇佑信众度过生存的危机。而五代之后，又在此基础上开始出现十六罗汉与三佛的图像组合，即以释迦牟尼、弥勒和阿弥陀佛与十六罗汉搭配在一起，这种组合在陕北地区宋金石窟之中大量可见[29]。

在五代两宋时，传统的罗汉信仰也出现了新的变化，即出现了新增加的组合，在北宋时正式确定为原有的十六罗汉加入降龙、伏虎罗汉，组合成后世所熟悉的十八罗汉。而降龙、伏虎在新样式中的确定，应当与信众将罗汉信仰扩大到祈雨等功用有关。宋代的典籍中就记载说贯休所绘罗汉图能够求雨，而且“无不应验”。而将罗汉与龙虎图像相融合，对信众来说，当和前述龙王信仰影响有关，两者相合，则可以成为更具灵验的祈雨对象[30]。

十八罗汉被民间大规模供奉后，其功用也不断增加，常被民间视为可以祈雨去旱、求福添寿、超度亡灵、保佑平安甚至官途亨通等的尊像。不但出现在大量佛寺石窟中，甚至出现在当时的客厅正堂祠庙等处，甚至还被刻在墓里[31]。可以说，在两宋时，正是佛教的世俗化、功利思想的深化推动了罗汉信仰在民间的这种大规模流行。特别是对罗汉信仰的“果报观念”，即通过对罗汉的供养可以得到相应的福报，这是当时罗汉信仰的主要内容，也是罗汉信仰兴盛的最重要因素[32]。大量宋代典籍都记载和宣扬着罗汉的神通广大，使民间大量信众对供奉罗汉可得功德果报坚信不疑。

石门山孔雀明王窟所出现的十八罗汉及三佛的图像组合，当与上述这种两宋时民间所极为盛行的罗汉信仰及新式组合有直接关系。微钵尸如来、释迦和弥勒的三佛组合出自《佛说大孔雀明王画像坛场仪轨》，而三佛与罗汉的组合，显然可以在陕北地区宋金石窟同类组合寻找到相关联系。同时微钵尸如来为过去七佛的首佛，而阿弥陀在当地除象征净土信仰外，同时也具有过去佛的身份，在陕北石窟中也出现有其与释迦牟尼及弥勒的新三世佛组合，因此两者之间的置换本身也并不存在障碍。因此工匠以孔雀明王仪轨三佛替代竖三世佛，然后由此结构引入十八罗汉的组合，同时还以十八罗汉下方的龙王造像再度强化了这组造像的祈雨功用。这一创作，显然是受到民间信仰需求而产生的全新孔雀明王经变样式。

尤其值得注意的是，在巴蜀地区的孔雀明王经变造像中，出现了一组极为独特的系列天战修罗形象。天众与阿修罗众，原本属于佛教的八部众，即所谓的“天龙八部”。其形象造型最早出现于南北朝时期，到隋唐时期较为流行，现存的造像壁画主要集中在四川和河西地区[33]。

图二〇 广元皇泽寺大佛龛天龙八部造像（图源：作者摄）

与其他地区相比，“天龙八部”这一形象在巴蜀地区尤为流行。大多是以浮雕或线条阴刻的方式作为背景人物雕凿于主尊造像两侧（图二〇）[34]。有时也仅刻出其中四部众或两部众。这类天龙八部造像属于巴蜀地区盛唐时期所独有的样式，在中原及北方同期很少发现有此类半人半神的造型[35]。

在巴蜀地区，传统的天众造像主要为穿甲胄戴盔、身着兽首皮披及手持莲花等三种主要造型，阿修罗造像则有三头四臂、六臂、八臂三种造型，手托日月，各执兵器。而在巴蜀地区孔雀明王经变造像中出现的天与修罗共战共有三组，即安岳石羊镇孔雀洞（图二一）、大足宝顶山 13 号龛、大足石门山 8 号窟等处。

图二一 安岳石羊镇孔雀洞孔雀明王经变造像右壁

安岳孔雀洞的天众身着宋代将士的甲胄，居于云中，阿修罗则三头六臂，托日月，执兵刃。而少有人留意的是，在天众将士中，有一人所举武器为礌石（图二二）。这是非常奇特的，因为礌石属于守城器械而非日常的兵器，只在城池攻守中才会用到，而在所有佛教涉及天与修罗共战的记载中，都不存在攻城之类的战斗。在宝顶山的经变像中，直接以天众所执旗幡上的“天胜修罗”来表现双方作战的结果（图二三）。最有特点的是石门山孔雀明王经变中的天众与修罗众，着宋军装束的两名天众在后方持兵器乘胜追击，前方的阿修罗丢盔弃甲狼狈逃窜（图二四）。

在孔雀明王的经文中，提及天战修罗的经文其实仅有一句，也并未提及胜负。不过其他佛经中有

图二二 安岳石羊镇孔雀洞孔雀明王经变造像天众作战像

天众与修罗众之间的战斗颇有描写，但究其细节，却是天众为阿修罗众所败，求告于无能胜幡王如来，无能胜幡王如来即授予陀罗尼，表示能够使天众在后续的战斗中得胜。这点也与这几组造像所表现的内容不同。

特别是石门山的这组，不但明确表现了双方的胜负，而且阿修罗的形象十分奇特。这里的阿修罗不但身着当时的胸甲战袍，而且其头部雕刻成极为罕见的髡发样式（图二五）。髡发，即为剃光头顶的头发，仅留出周围一圈头发，这种发式是北方的游牧民族传统发式[36]。两宋时期，北方的契丹、女真等民族都保

图二三 大足宝顶山大佛湾第13号孔雀明王龛天众旗幡像

持着这样的发式习俗。但这种发式为何会出现在巴蜀地区的石窟中呢，而且还成了阿修罗的发式形象？这是让人一时难以索解的。

1126年，即北宋靖康元年，金军攻入汴梁，第二年，俘虏徽、钦二帝及北宋宗室臣僚等三千多人北撤，北宋宣告灭亡。1127年五月，康王赵构在河南商丘宣布即帝位，建立南宋，之后为金军所逼，迁都临安府。此时，居江淮上游的四川，战略地位便随之得到了很大的提高。要知道，南宋初年金人大举南下时，对四川地区的进攻，就直接威胁到了南宋朝廷东南的心腹之地，因此时人也提出了“无蜀是无东南也”的明确认知。

图二四 大足石门山第8窟孔雀明王经变天与修罗共战像

正是在与金军长期对峙和战争中，南宋朝廷自东向西逐步规划出了江淮、荆襄、川陕等三大战区。形成了所谓“天下大势，首蜀尾淮，而腰膂荆襄”[37]、“蜀居上流，实东南之首”[38]的战略形式。

建炎四年，宋金爆发了富平之战，此战之后，金军对四川的战略地位更加重视，由此“一意睨蜀”，从之前的重点进攻对象江淮转为四川地区。从1131年，即绍兴元年开始，一直到1134年即绍兴四年间，短短数年时间，即接连发动了和尚原、饶风关、仙人关等三大战役，其战略目标正是欲图打通入川通道，由此夺取巴蜀之地。整个南宋时期，四川地区还是时人认为规复中原的前沿基地，“号令中原，必基于此”[39]。因此，四川是宋金战争的关键战略要点，其得失可说是关系着宋金战争的全局[40]。因此，

图二五 大足石门山第8窟孔雀明王经变髡发阿修罗像

我们可以说，四川地区在整个南宋时期，都是直面金、蒙军队的前线战区。

有鉴于此，我们就能够判断出，巴蜀地区开凿于南宋时期的孔雀明王经变造像中，民间对于战争胜利的祈求和期待必然对其凿造设计造成极大的影响。因此，信众与工匠通过对天与修罗共战的重新解读刻画，将宋金战争的现实形象投射到了艺术的创作中。作为佛法的守护神，天众成为宋军的形象映射，而凶恶的阿修罗众则成为金军的形象映射，这才使得宋代巴蜀石刻中不但演绎出天众大胜阿修罗众的新情节，更出现了独一无二的髡发阿修罗众形象。

同时迫于宋金对峙的严峻形势，南宋政府也大力加强城池的防御功能，在战略要地修筑了大量的军事性城寨，由此形成了这一时期的筑城防御战略[41]。或许正因为如此，安岳孔雀洞才会出现向下投掷礌石作守城状态的天众形象吧。

六 结 语

综合上述所言，我们可以看出，巴蜀地区南宋孔雀明王龛窟经变造像与他处不同的诸多特点，正是因为这段特殊的历史背景及巴蜀地区的战略位置所影响而造成，由此产生了全新的、民间认知和特殊地域造就的中国化流变。这一流变的影响，对我们研究南宋时期巴蜀石刻及其历史背景与营建情况，有着极为重要的意义。

---

[1] 任曜新，杨富学.《孔雀明王经》文本的形成与密教化[J].陕西师范大学学报（哲学社会科学版），2012（9）：107-111.

[2] 夏广兴.孔雀明王信仰及其在宋元文学艺术中的表现[J].北方论丛，2019（2）：75-82.

[3] 王惠民.论《孔雀明王经》及其在敦煌、大足的流传[J].敦煌研究，1996（4）：11.

[4] 夏广兴.孔雀明王信仰及其在宋元文学艺术中的表现[J].北方论丛，2019（2）：75-82.

[5] 孙修身，莫高窟佛教史迹故事画介绍（三）[J].敦煌研究，1982（2）：88-107.

[6] 陈灼.识孔雀明王“巨手”[A].// 四川省社科院大足石刻艺术研究所，重庆大足石刻研究会.重庆大足石刻艺术博物馆.大足石刻研究文选，1995：171.

[7] 王卉.从印度到蓝田孔雀明王雕塑的形象看佛教美术中国化的过程[J].艺术研究，2019（2）：8-9.

[8] 夏广兴.孔雀明王信仰及其在宋元文学艺术中的表现[J].北方论丛，2019（2）：75-82.

[9] 杜斗城，任曜新.鲍威尔写本《孔雀王咒经》与龟兹密教[J].世界宗教研究，2012（2）：51-57.

[10] Rudolf Hoernle A. F. (Ed.).The Bower Manuscript: Facsimile Leaves, Nagari Transcript, Romanized Transliteration and English Translation with Notes [M]. Calcutta: Superintendent Government Printing, 1893-1912.

[11] 杜斗城，任曜新.鲍威尔写本《孔雀王咒经》与龟兹密教[J].世界宗教研究，2012（2）：51-57.

[12] 王卉.从印度到蓝田孔雀明王雕塑的形象看佛教美术中国化的过程[J].艺术研究，2019（2）：8-9.

[13] 任曜新，杨富学.《孔雀明王经》文本的形成与密教化[J].陕西师范大学学报（哲学社会科学版），2012，4（05）：107-111.

[14] 杨学明.圆仁亲历的会昌佛难[J].黑龙江史志，2015（9）：245-246.

[15] 夏广兴.孔雀明王信仰及其在宋元文学艺术中的表现[J].北方论丛，2019（2）：75-82.

[16] 王惠民.论《孔雀明王经》及其在敦煌、大足的流传[J].敦煌研究，1996（4）：37-45.

[17] 李绍彬，雷炀.大足石刻三孔雀明王艺术形态分析[J].时代文学，2013（3）：210-212.

[18] 李树奇.佛教的持物[M].北京：中国社会科学出版社，2003.

[19] 重庆市社会科学院大足石刻艺术研究所、重庆大足石刻艺术博物馆.大足石刻铭文录[M].重庆：重庆出版社，1999.

[20] 李珂珂.大足孔雀明王窟（龛）经变内容初探[R]，四川美术学院，2015（1）.

[21] 重庆市社会科学院大足石刻艺术研究所，重庆大足石刻艺术博物馆编.大足石刻铭文录[M].重庆：重庆出版社，1999.

[22] 胡文和.大足石篆山石门山妙高山宋代石窟与文氏镌匠世家的关系研究[J].中华佛学学报，2001（14）：55-90.

[23] 王家祐，丁祖春.四川道教摩崖石刻造像[J].四川文

物，1986（S1）：55-60，88.

[24] 杨海伦.重庆大足石刻石门山第8窟的艺术符号分析[J].世界家苑，2020（3）：27-32.

[25] 张培锋.中国龙王信仰与佛教关系研究[J].文学与文化，2012（3）：4-11.

[26] 张强.论中国以龙求雨习俗中“龙”由兽向人的转变[J].华北水利水电学院学报（社会科学版），2012，28（6）：25-28.

[27] 阮荣春.唐宋时期的罗汉信仰和罗汉艺术[J].湖南工业大学学报（社会科学版），2012，17（1）：46-51.

[28] 王鹤琴.中国佛教罗汉信仰早期形态研究[J].宗教学研究，2017（1）：146-150.

[29] 张凯.五代、两宋十六罗汉图像的配置与信仰[J].宗教学研究，2020（1）：104-110.

[30] 于向东.五代、宋时期的十八罗汉图像与信仰[J].民族艺术，2013（4）：146-151.

[31] 张凯.五代、两宋十六罗汉图像的配置与信仰[J].宗教学研究，2020（1）：104-110.

[32] 于亮.五代两宋“世态相”罗汉图像研究[J].南京艺术学院学报（美术与设计版），2010（2）：32-35，181.

[33] 陈悦新.川北石窟中的天龙八部群像[J].华夏考古，2007（4）：146-150.

[34] 刘显成.巴蜀地区“天龙八部”造像的遗存与研究现状[J].西华师范大学学报（哲学社会科学版），2017（3）：99-101.

[35] 何恩之，李淞.四川蒲江佛教雕刻——盛唐时中国西南与印度直接联系的反映[J].敦煌研究，1998（4）：47-56.

[36] 李金娟.敦煌莫高窟壁画中的髡发人物[J].敦煌研究，2018（1）：107-112.

[37] 洪咨夔.中华再造善本：平斋文集[M].北京：国家图书馆出版社，2012.

[38] 真德秀.西山先生真文忠公文集[M].上海：商务印书馆，1935.

[39] 何玉红.整体防御视野下南宋川陕战区的战略地位[J].国际社会科学杂志（中文版），2009，26（3）：57-65，6.

[40] 关文发.试论南宋时期四川的战略地位[J].西南师范大学学报（人文社会科学版），1982（1）：49-56.

[41] 吴业国.南宋筑城防御风潮的兴起与实施[J].广东农工商职业技术学院学报，2015，31（01）：67-71.

征稿启事

《文化遗产保护与研究》为陕西省文物保护研究院主持编辑的系列论文集，暂定每年出一辑。主要收录文物保护研究、文物保护修复技术、文化遗产保护、文物鉴定研究等方面的研究论文、翻译文章和调查报告等。《文化遗产保护与研究》以科学严谨、求真务实为宗旨，及时发表国内外文物保护新理论、新技术、新成果，促进文物保护研究成果的推广和应用，准确把握国家的文化遗产保护政策，引领行业规范，总结学术成就，推动文化遗产保护事业高质量发展。

欢迎文博单位从业人员、高校师生和社会各界人士不吝赐稿，一经采用，稿酬从优。

一、稿件要求

1. 稿件必须是未曾正式发表过的原创性论文，主题突出，数据可靠，图片清晰，论证严密，文句精练。

2. 电子版稿件请用 Word 或 WPS 软件排版，发送至编辑部邮箱，计算机打印稿请按照编辑部通信地址投递，来稿请注明作者姓名、工作单位、研究方向、职称、通讯地址、邮编、电话、E-mail 等。

3. 作者投稿时须同意转让作品版权（含各种介质媒体的版权）给编辑部。来稿发表后，文章著作权归作者所有，文责自负。来稿一经刊登，酌付稿酬，并赠送 2 册样书。

二、稿件内容及格式

1. 中英文题目、作者、作者单位、地址及邮政编码。

2. 中英文摘要：限 300 字以内，必须准确概括文章的主要内容，例如研究目的、方法、结果等。

3. 中英文关键词：3–6 个反映文章主要内容的术语。

4. 中国图书分类号：依据中国图书馆图书分类法第四版查索，可用 1–3 个。

5. 正文：一般包括前言、原理、方法、结果、讨论、结论等部分，字数原则上不超过 1 万字。

6. 注释：采用尾注方式，分别用上标号 [] 标引。注释执行《文后参考文献著录规则》国标 GB\T 7714–2015 标准。

7. 来稿请寄：陕西省西安市高新区科技一路 35 号《文化遗产保护与研究》编辑部，邮编：710075, 邮箱：sxwbyk2020@163.com。

本征稿启事长期有效，热忱欢迎您的来稿！